应用型系列法学教材

简明国际法实用教程

主编 / 李伯军

副主编 / 陈永蓉 王 菁 蒋 帅

撰稿人（以姓氏笔画为序）
丁 波 王 菁 王 斐 李江红 李伯军
陈永蓉 罗 洁 黄行文 蒋 帅 蔡高强

武汉大学出版社

应用型系列法学教材 编委会

主任：
覃有土　中南财经政法大学武汉学院院长，教授
余能斌　武汉大学东湖分校法学院名誉院长，教授

编委：（按姓氏笔画排列）
牛余凤　中国石油大学胜利学院，副教授
石茂生　郑州大学法学院，教授
吕　琳　中南财经政法大学法学院，副教授
刘　超　华侨大学法学院
孙孝福　中南财经政法大学武汉学院法学系主任，教授
孙文桢　武汉工程大学民商法研究所所长，副教授
李正华　中山大学法学院，副教授
李伯军　湘潭大学法学**院，副**教授
李艳华　中南财经政法大学法学院，副教授
杨登峰　南京师范大学法学院，副教授
吴加明　厦门大学嘉庚学院
张　弘　中国政法大学法学院，副教授
张建良　湖北警官学院法律系主任，教授
赵德刚　湖北警官学院法律系副主任，副教授
卓冬青　中山大学法学院，副教授
罗　洁　华中科技大学武昌分校新闻与法学系副主任
段　凯　黄河科技学院商贸学院法律系副主任
段丰乐　郑州大学升达学院经贸管理学院文法系主任
秦前红　武汉大学法学院，教授
高利红　中南财经政法大学法学院副院长，教授
崔明霞　武汉大学东湖分校法学院院长，教授
彭宇文　武汉大学东湖分校校长，教授
韩学志　山东潍坊学院WTO法研究所所长，副教授
温世扬　武汉大学法学院，教授
蔡科云　湖北大学政法学院法学系副主任
魏振忠　广西师范大学漓江学院

执行编委： 张琼　胡荣

总　序

　　课本乃一课之"本"。虽然高校的教材一般不会称之为"课本"，其分量也没有中小学课本那么重，但教材建设实为高校的基本建设之一，这大概是多数人都能接受或认可的。

　　无论是教与学，教材都是不可或缺的。一本好的教材，既是学生的良师益友，亦是教师之善事利器。应该说，这些年来，我国的高校教材建设工作取得了很大的成绩。其中，举全国之力而编写的"统编教材"和"规划教材"，为千百万人的成才作出了突出的贡献。这些举全国之力而编写的"统编教材"、"规划教材"无疑具有权威性。但客观地说，随着我国社会改革的深入发展，随着高校的扩招和办学层次的增多，包括法学专业在内的以往编写的各种"统编教材"和"规划教材"，就日益显露出其弊端或不尽如人意之处。最为突出的，一是内容过于庞杂。无论是"统编教材"还是"规划教材"，由于过分强调系统性与全面性，几乎每本教材都是章节越编越长，内容越写越多，不少教材在成书时已逼近百万字，甚至超过百万字，其结果是既不利于学，也不便于教，还增加了学生的经济负担。二是重理论而轻技能。几乎所有的"统编教材"和"规划教材"都犯了一个通病，即理论知识分量相当重甚至很重，技能训练却少有涉及。这样的教材，不要说"二本"、"三本"的学生不宜使用，就是"一本"的学生也未必是合适的。

　　现代高等教育背景下的本专科合格毕业生应该同时具备知识素质与技能素质。改革开放以后，人们都很重视素质教育；毫无疑问，素质教育中少不了知识素质的培养，但是，仅注重学生知识素质的培养而轻视实际技能的获得肯定是不对的。我们都知道，在任何国家或任何社会，高端的研究型人才毕竟总是少数，应用型、操作型的人才才是社会所需的大量人才。因此，对于"二本"尤其"三本"的学生来说，在大学阶段的学习中，其知识素质与技能素质的培养具有同等的重要性；从一定意义上说，为了使其动手能力与实践能力明显强于少数的日后从事高端研究的人才，这类学生技能素质的培养甚至比知识素质的培养还要重要。

　　学生技能素质的培养涉及方方面面，教材的选择与使用是其中重要的一环。正是基于上述考虑，我们以教育部制定的法学课程教学基本原则为依据，结合法学专业"二本"、"三本"学生的培养目标及其文化基础之实际，组织编写了这套"应用型系列法学教材"。法学学科是一门应用型学科。从这一意义上说，任何一本法学教材，它本身就应该是一本应用型教材。我们将这套教材标上"应用型"，是希望它与以往的"规划教材"和"统编教材"有所不同。不同在哪里？其一，体例与内容有所不同。每本教材一般不超过45万字，要做到既利于学，亦便于教。其二，理论与技能并重。在确保基本理论与基本知识不能少的前提下，注重专业技能的训练，增加专业技能训练的内容，让"二本"、"三本"的学生通过本科阶段的学习，在动手能力上明显强于研究生和"一本"的学生。当然，我们的这些努力无疑也是一种摸索。既然只是摸索，其中的不足和漏洞甚至是谬误是在所难免的。

武汉大学出版社高度重视本套教材的组织编写活动。为了确保质量，他们动员了包括武汉大学、中南财经政法大学、中山大学、中国政法大学、南京师范大学、郑州大学及华中科技大学等30多所高校的政法院系以及独立学院的专家学者参加教材编写工作。在这些学者中，既有曾担任国家"规划教材"、"统编教材"的主编或撰稿人的老专家，也有教学经验丰富、参与过多部教材编写的年富力强的中年学者，还有很多具有高学历及高学位的青年才俊。他们之中多数人都已是硕果累累，因而若仅就个人的名利而言，编写这样的教材对他们并无多大意义。但为了教育事业，他们都能不计个人得失，甘愿牺牲大量的宝贵时间来编写这套教材，精神实为可嘉。在教材的编写过程中，我们还得到了众多前辈、同仁及方方面面的关心、支持和帮助。尤其是武汉大学出版社的胡荣编辑，她为本套教材的编写鞍前马后，穿针引线，使得教材编写活动得以顺利进行。在此，对以上为本套教材的面世而付出辛勤劳动的所有单位和个人表示衷心的感谢。

最后，恳请学界同仁和读者对本套教材提出宝贵的批评与建议。

覃有土

2009年9月19日

前　言

在经济全球化的背景下，我们身处的这个世界正发生迅速而惊人的变化：各国相互影响和相互依赖的程度在不断加深，国际关系正变得日趋复杂。在这种情形下，无论是国家，还是我们个人，对国际法规则的需求都在不断增加，国际法对于我们的重要性也在不断增强！然而，令人遗憾的是，在我国，国际法本身的重要性与普通民众对于国际法知识的严重缺乏之间存在巨大的反差！在我们看来，导致这种现象的原因是多方面的，其中与作为普及国际法知识之重要环节的国际法教材密切相关。

据我们站在教学第一线教师的深切感受，近年来，和其他学科领域的教材一样，我国国际法教材在编写风格方面存在理论化的倾向，晦涩难懂！而且，所编教材越编越厚，这些弊端都严重挫伤了学生学习国际法的积极性和主动性。本书的问世在一定程度上是我们对上述弊端的一种积极回应和尝试。

在我们看来，一本好的国际法教材，既要能全面反映国际法这个学科领域的基本知识点，使学生能通过该教材窥见国际法这门学科的全貌，同时，这种教材还要能具有非常广泛的适用性，使得不同水平和层次的学生都能通过该教材比较容易地了解和懂得国际法！因此，我们深知，编写国际法教材是一项极其复杂而艰巨的系统工程。我们同意这样一种观点，编写教材的难度绝不亚于"著书立说"，在某种意义上有过之而无不及！显然，这对于我们编者的要求是非常高的。

因此，在具体编写过程中，我们主要把握了两个原则：一是"简明"，既然是简明教材，不可能对国际法所有的知识点都面面俱到，而国际法的体系却在不断膨胀，因此，如果材料取舍处理不当，这很可能会导致学生不能全面把握国际法的整个全貌。为了克服和避免这种问题，我们在编写过程中尽量依据每个章节内容在整个国际法体系中的地位和作用来进行取舍和侧重，并同时提供给读者进一步阅读的书目。二是"实用"，在具体编写过程中，我们尽可能地去理论化，尽量将基本概念和内容编写得使人通俗易懂。另外，我们还试图通过穿插案例和提供有关网站来达到这个目的。但愿我们的这种努力能为培养和激发我们读者学习、了解国际法的兴趣和热情尽一点微薄之力！

主编：李伯军

2010年4月25日

目 录

第一章　导论 ……………………………………………………………… 1
　第一节　国际法的概念与性质 ………………………………………… 2
　第二节　国际法的渊源与编纂 ………………………………………… 11
　第三节　国际法与国内法的关系 ……………………………………… 17
　第四节　国际法的历史与发展 ………………………………………… 21

第二章　国际法的基本原则 ……………………………………………… 25
　第一节　概述 …………………………………………………………… 26
　第二节　国际法基本原则的历史发展 ………………………………… 28
　第三节　国际法基本原则的编纂 ……………………………………… 30
　第四节　国际法基本原则的主要内容 ………………………………… 34

第三章　国际法上的国家 ………………………………………………… 43
　第一节　国家的要素和类型 …………………………………………… 44
　第二节　国家的基本权利 ……………………………………………… 49
　第三节　国家豁免 ……………………………………………………… 51
　第四节　国家和政府的承认 …………………………………………… 54
　第五节　国家和政府的继承 …………………………………………… 58

第四章　外交与领事关系法 ……………………………………………… 67
　第一节　外交关系法 …………………………………………………… 68
　第二节　领事关系法 …………………………………………………… 83

第五章　国际组织法 ……………………………………………………… 91
　第一节　概述 …………………………………………………………… 92
　第二节　国际组织的基本制度 ………………………………………… 94
　第三节　联合国及其专门机构 ………………………………………… 97

1

第四节　区域性国际组织……………………………………… 107

第六章　国际法上的居民…………………………………………… 114
　　第一节　国籍………………………………………………………… 115
　　第二节　外国人的法律地位……………………………………… 123
　　第三节　引渡与庇护……………………………………………… 128
　　第四节　难民的保护……………………………………………… 132

第七章　国际法上的人权…………………………………………… 137
　　第一节　概述………………………………………………………… 138
　　第二节　全球性的人权国际保护制度…………………………… 142
　　第三节　区域性的人权国际保护制度…………………………… 147
　　第四节　中国的人权保护………………………………………… 150

第八章　条约法……………………………………………………… 156
　　第一节　条约的概念、种类和名称……………………………… 157
　　第二节　条约的缔结、保留与生效……………………………… 161
　　第三节　条约的遵守、适用及解释……………………………… 169
　　第四节　条约的修订、终止和无效……………………………… 173

第九章　国际法上的领土…………………………………………… 180
　　第一节　概述………………………………………………………… 181
　　第二节　国家领土的组成………………………………………… 186
　　第三节　领土的取得与变更……………………………………… 190
　　第四节　边界与边境……………………………………………… 194
　　第五节　南极和北极地区………………………………………… 200

第十章　国际海洋法………………………………………………… 204
　　第一节　概述………………………………………………………… 205
　　第二节　基线与内水……………………………………………… 208
　　第三节　领海与毗连区…………………………………………… 212
　　第四节　两种特殊的国际海洋法律制度………………………… 216
　　第五节　专属经济区……………………………………………… 221
　　第六节　大陆架…………………………………………………… 223

第七节　公海 228
第八节　国际海底区域 231

第十一章　国际空间法 235
第一节　概述 236
第二节　国际航空法 237
第三节　外层空间法 244

第十二章　国际环境法 254
第一节　概述 255
第二节　国际环境法的基本原则 261
第三节　国际环境法的主要内容 264

第十三章　国际法律责任 271
第一节　概述 272
第二节　国际不法行为的责任 275
第三节　国际损害行为的责任 283
第四节　国际刑事责任 288

第十四章　国际争端的和平解决 293
第一节　概述 294
第二节　和平解决国际争端的方法 299
第三节　国际争端的强制解决方法 307

第十五章　战争法 312
第一节　概述 313
第二节　战争进行之规则 315
第三节　战时人道保护规则与人道救援组织 325
第四节　战争犯罪及其责任 329

推荐阅读书目 335

后　记 341

第一章 导 论

【引言】本章是整个国际法这门课程的一个基础,通过对本章的学习,我们能深切了解和把握什么是国际法以及国际法在维护国际社会正常秩序、促进世界各国人民福祉当中所扮演的重要角色。

【学习的目的与要求】对于本章的学习,我们需要知晓国际法的基本概念及性质,领会国际法的渊源与编纂,掌握国际法与国内法的关系,认识到国际法是不同于国内法的一个独特法律体系,同时它又与国内法律体系有着非常密切的关系。最后,我们还要了解国际法的历史与发展,由此认识到国际法是在国际关系中产生和发展起来的。

【知识结构简图】

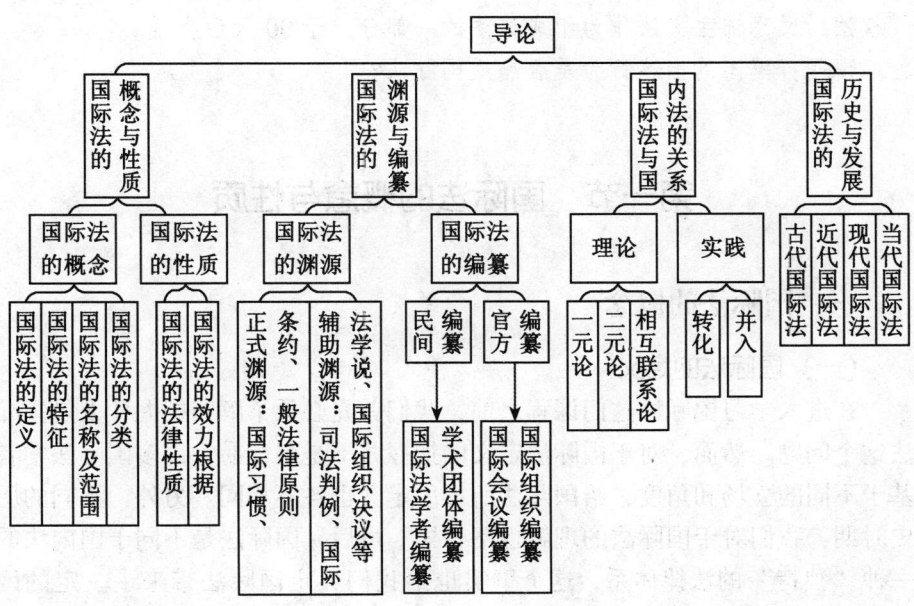

【引例】

联合国总部协定第21条仲裁义务的适用问题案

1947年6月26日,联合国秘书长赖伊和美国国务卿马歇尔就联合国总部问题在纽约签署了《联合国纽约总部协定》。根据该协定,联合国的官员和常任职员以及各会员国常驻联合国或其专门机构的代表和常任职员在会址内外均享有特权与豁免。该协定于1947年11月21日开始生效。1974年11月22日,联合国大会通过3237(XXIX)号决议,邀请巴勒斯坦解放组织以观察员的身份参加联合国大会的会议和工作。该年,巴勒斯坦解放组织在纽约联合国总部区外设立了办事处。1987年5月,美国参议院提出一项法案,该法案第3条规定该法案生效后下述情况为非法:尽管其他法律条文有相反的规定,但在美国管辖范围内,巴勒斯坦解放组织有权命令、指示或用该组织提供的资金建立和维持办事处、总部、馆舍或其他设施、机构。1987年秋,美参议院提交上述法案作为修订1988年和1989年财政年度的外交关系授权法。如果该法案成为法,美国就要关闭巴勒斯坦解放组织在美的办事处。

1987年12月22日,美国总统签署了1988—1989年财政年度外交关系授权法,反恐怖主义法作为组成该法的一部分,于90天后生效。

请问:美国的上述行为是否违反国际法?

第一节 国际法的概念与性质

一、国际法的概念

(一)国际法的定义

在进入学习国际法这门课程之前,我们首先必须了解和把握什么是国际法这个问题。然而,对于国际法定义的把握并不是很容易,许多国际法学者基于不同的立场和角度,给国际法所下的定义也各不相同。另外,不同的历史时期,我们对于国际法的理解也不一样。最后,国际法是不同于国内法的一种"独特"的法律体系,这个事实也给我们界定国际法带来了一定的困难。说到国际法,我们往往很容易将其与国内法相提并论。如果我们将国内法理解为一种"人际"法,即人与人之间的法律,那么,国际法当然是"国际"法,也就是国家与国家之间的法律。传统国际法曾经认为,所谓国际法纯粹只是调整国家之间关系的法律制度,与我们个人无关,个人只是国际法的客体。从目前来看,个人在一定范围内已经成为了国际法的主体。尽管如此,当代国际法的大部分规则仍然主要规范国家的外部行为,只有极少数部分的规则是约束我们个人行为的,这也使得我们很容易得出这样一个结论:国际法离我们的现实生活好像遥不可及!

然而,我们现在正身处于一个全球化的"地球村"时代,各国人民之间的相互联系和交往已经变得日益频繁,国际法规则正快步向我们走来!因此,如果说传统国际法纯粹是调整国家之间关系的法律制度,那么,今天的国际法已经发生了革命性的变化。除了中国、美国和汤加等主权国家之外,联合国、国际卫生组织、红十字国际委员会、跨国公司、"人权观察"(Human Rights Watch)以及"国际地球之友"(Friends of the Earth International,FOEI)等非政府组织(NGO),甚至包括我们自然人也在一定条件下、一定范围内成为了国际法的主体,如在国际经济法、国际人权法、国际刑法以及国际人道法领域等,我们个人的身影开始频频出现。第二次世界大战结束后,为了惩处战犯,国际社会于1945年成立了两个国际军事法庭,分别对德国战犯和日本战犯进行了著名的"纽伦堡审判"与"东京审判",其判决否定了只有国家是国际法主体,个人不可能因为违反国际法而承担国际刑事责任的主张①。个人对于从事危害人类、国际恐怖主义以及海盗等严重国际犯罪行为负有直接的责任,这些事实都说明:在一定条件和范围内,个人在国际法上也可以直接享有权利和承担义务,国际法也正在通过各种方式和途径深刻影响着我们的日常生活。

这样看来,所谓国际法是在国际交往当中形成的,并用来调整国际关系(这种国际关系主要是指国家之间的关系,但又不限于调整国家之间的关系,还包括调整国家与国际组织、个人等之间的相互关系)的一整套有法律约束力的各种规则、制度和原则的总和。

(二)国际法的特征

由以上国际法的定义可知,相对于国内法,国际法在法律关系主体、立法方式、实施方式以及责任承担等方面都有着不同的特征,具体可参见下表:

---

① 参见李浩培.国际法的概念与渊源.贵阳:贵州人民出版社,1994:24.

	国际法	国内法
法律主体	国家、国际组织、争取民族独立的解放组织、其他政治实体以及个人	自然人、法人及其他社会组织
立法方式	主要由国家通过协议或实践的方式制定	由专门的立法机关制定或认可
实施方式	主要依靠国际法主体自身的行动来加以实施	依靠法院、警察、监狱、军队等专门的强制机关来加以实施
责任承担	主要由国家代表侵害人承担法律责任	侵害人自身直接承担法律责任

需要强调的是，国际法是适用于国际社会的法律，国际社会与国内社会有着本质的差别。相对于国内社会，国际社会是一个"无政府状态"的社会，也就是说，国际社会并不存在一个集中和统一的"世界政府"。因此，在国际法规则的制定、国际司法以及国际执法方面都不存在国内法意义上的专门机构，这也决定了国际法不是"世界法"，而是一种不成熟的"弱法"。

（三）国际法的名称及范围

1. 国际法的名称

"国际法"这个词，在汉语里又称"国际公法"，当19世纪中叶国际法最早被介绍到中国来的时候，使用的名称就是"万国公法"。后来，到清朝末年，日本使用的"国际法"一词传到中国，很快被接受，国际法便成为普遍使用的中文名称。现在，国际法在英文里对应的词，最经常的表述是"International Law"或者"Law of Nations"，这个名称的出现经历了一个长期的历史发展过程。在古代社会，国际法规则就已经出现了，但那个时期并不叫国际法。国际法的词源最早可以追溯到古罗马法。罗马法由调整罗马人之间关系的市民法（*Jus Civile*）和调整罗马人与外国人之间关系的万民法（*Jus Gentium*）组成。而万民法就成为了当时人们对国际法的表述，如"近代国际法之父"——荷兰国际法学家格老秀斯（Hogo Grotius，1583—1645）在其名著《战争与和平法》中即使用"万民法"来指称国际法。1650年，英国牛津大学法学教授苏支（Richard Zouche，1590—1661）在其著作《国际法与法院》中借助西班牙法学家维多利亚所创制的"*Jus Inter Gentes*"这个罗马法术语[①]，在英文里，通过类推方式采用了"国家间的法"（Law of

---

① 参见王铁崖. 国际法引论. 北京：法律出版社，1998：14.

Nations）的表述来指称国际法。直到18世纪末，英国哲学家和法学家边沁（Jeremy Bentham，1748—1832）在其著作《道德和立法原理入门》中首次使用"国际法"（International Law）这个名称。由于"国际法"这一名称科学地反映了国际法的本质特征，所以为当时各国普遍接受并沿用至今。值得注意的是，"国际法"一词既用来指具体的国际法规则本身，有时也被用来指"国际法学"这门学科。

2. 国际法的范围

事实上，随着经济全球化进程的不断深入和发展，各种跨越国境之间的交往日趋频繁，为了适应这种国际交往的需要，国际法规则体系有了巨大的膨胀和扩张。如果我们从所谓"大国际法"的角度来理解国际规则的话，国际法除了狭义上的国际公法外，还包括国际私法（Private International Law）、国际经济法（International Economic Law）、国际商法（International Business Law）等法律部门。当然，如果没有特别所指的话，一般我们所说的国际法就是指"国际公法"。国际公法、国际经济法、国际商法、国际私法之间的关系非常密切，也很复杂。有时，为与国际私法（Private International Law）相区别，人们才习惯于把国际法称为"国际公法"（Public International Law）。国际私法，狭义上又称"冲突法"（Conflicts Law），它是指涉及两个或两个以上不同法域的民商事法律对该民商事关系的不同规定，却又竞相要求适用于该民商事关系，从而造成该民事关系在法律适用上产生冲突的现象。简言之，法律冲突就是对同一民事关系因所涉各国民事法律规定不同而发生的法律适用上的冲突，其所调整的对象主要是各国涉外的私人之间的关系，而不是国家之间的关系，具体包括财产关系与人身关系两大类。国际经济法所调整的国际经济关系既存在于国家、国际组织等国际公法主体之间，也存在于国家、国际组织等国际公法主体与自然人、法人等国内法主体之间，还存在于自然人、法人等国内法主体之间。国际商法主要是调整国际商事关系的法律规范的总称，而国际商事关系是指含有涉外或跨国因素之平等商事主体之间的各种横向经济关系，其主体主要是私人主体。

（四）国际法的分类

为了进一步加深对国际法概念的理解和把握，我们可以站在不同的角度对国际法进行分类。

（1）按照国际法的历史发展阶段，国际法可以分为古代国际法、近代国际法、现代国际法和当代国际法。古代国际法是指1648年威斯特伐利亚公会之前的国际法，近代国际法是指1648年威斯特伐利亚公会至第一次世界大战为止的、以欧洲为中心的国际法体系；而现代国际法则开始于第一次世界大战的结束到第二次世界大战的结束；当代国际法是指"二战"结束以来的国际法。

（2）按照国际法适用的效力范围，国际法可以分为一般国际法和特殊国际法。一般国际法是对世界上所有国家或绝大多数国家都有拘束力的国际法规则、原则和规范的总称，是普遍意义上的国际法，如国际习惯法。而特殊国际法仅指适用于某些特殊国际关系或仅对于某些少数国家具有拘束力的国际法，如国际条约。

（3）按照国际法适用的空间地理范围之大小，国际法可以分为普遍国际法和区域国际法。普遍国际法是指适用于全球地域范围内的国际法，而区域国际法则是仅适用于某个特定区域的国际法，如欧洲国际法、非洲国际法、美洲国际法等。

（4）按照国际法的表现形式，国际法可以分为协定国际法和习惯国际法。协定国际法是指通过各国间协议来确定其交往的行为规则，或者确认、改变或废止已有习惯规则所形成的国际法原则、规则的总称。条约只能对缔约国具有法律约束力，对非缔约国一般不具有约束力。而习惯国际法则是指通过各国惯常的实践所形成的国际法原则和规范的总称，习惯国际法对所有国家都具有法律拘束力。

二、国际法的性质

由以上可知，相对于国内法律体系，国际法确实是一种非常"独特"的法律体系，它和国内法在制定、实施以及执行等各个环节都存在显著的差异。国际法的这种"另类性"特征使得许多学者、外交家、政治家以及普通民众都对国际法产生了怀疑。许多人认为，国际法不过是一种"国际礼仪"或"国际道德"规范而已。因此，在这里，我们必须回答这样一个问题，国际法在其本质上的性质如何？也就是说，国际法到底是不是"法"？如果是法的话，国际法又是依据什么来对国家产生法律拘束力？

（一）国际法的法律性质

国际法的法律性质实际就是关于国际法到底是不是法的问题。从学理上来看，这是一个比较复杂的问题，不同的学者存在不同的看法。如15世纪意大利著名政治思想家、外交家马基雅弗利、17世纪英国著名政治哲学家霍布斯、19世纪英国分析法学派创始人奥斯汀以及德国古典唯心主义哲学家黑格尔等都从不同角度否认国际法是法。如果我们纯粹按照国内法的标准以及过分倚重权力政治斗争观来看待国际法的话，我们确实将很容易得出国际法不是法的结论。不过，从目前来看，绝大多数学者、政治家和外交家等都认为国际法是法。"有社会，就有法"。国际法是适用于国际社会或国际共同体的法律。相对于国内社会，作为最基本的主体，国际社会里的国家数量比较稀少，并且，也不存在所谓"世界政府"、"世界议会"和"世界法院"等，这些都决定了国际法很容易受国家自身对外政策以及国家力量对比的影响，但不能依此就武断地认为国际法不是法。事实上，从国家的实践以及国际关系的现实来看，国际法是法已经成为了不争的事实，这主要基于以下四个方面的理由：

其一，世界各国政府一般都承认国际法是对国家有法律拘束力的法律。到目前为止，还没有哪个国家公然宣布不受国际法的约束，并且一般都在其本国宪法中直接或间接地规定了国际法对本国的法律效力。而且，各国还通过缔结众多国际法律文件来表达对国际法的认同与接受。另外，国家还通过联合国等国际组织宣示其对国际法的尊重。《联合国宪章》在其序言中就宣称，"创造适当环境，俾克维持正义，尊重由条约与国际法其他渊源而起之义务，久而弗懈……"另外，联合国自成立以来陆续通过了"关于国际法教学的决议"（1946年）、"关于联合国对国际法教学、研究、传播和广泛了解的援助计划的决议"（1981年）、"关于指定20世纪90年代为国际法十年的决议"（1989年）、"关于在联合国国际法十年内国际法逐渐发展的优先地位以迎接21世纪挑战的多哈宣言"（1994年）等来在世界各国传播和普及国际法。1995年，为纪念"联合国国际法十周年"，联合国在纽约联合国总部还专门召开了国际公法大会①。鉴于国际法教学对于普及国际法的重要性，1997年，国际法研究院也专门通过了"关于国际法教学的决议"。②

其二，国际法主要是国家为了国际交往的需要所制定的一系列行为规范，确定的是国际社会成员之间的权利与义务关系，而这种权利和义务关系本质上属于法律关系的范畴。这种权利与义务关系在各国所缔结的众多条约里体现得尤为明显。如1979年第34届联大通过的《指导各国在月球和其他天体上活动的协定》（《月球协定》）第11条明确规定，一方面，缔约各国有权在平等基础上和按照国际法和本协定的规定探索和利用月球，不得有任何性质的歧视。但同时也宣布月球是全人类的共同财产，各国要承担不得以任何方式据为己有的国际义务。

---

① 我国著名的国际法学者王铁崖先生作为特邀代表，在大会上发表题为"国际法教学与国际法普遍性"的讲演。

② 参见梁淑英．如何学好国际法之建议．http：//www.whtvu.com/zhuye/zyzx/kecheng/faxueben/guojigongfa/jxfd1.htm，2009年11月22日访问。

其三，国际法和国内法一样具有一定的强制性，但人们经常将法律本身的强制性与对法律的强制执行这两个问题混为一谈。事实上，和国内法一样，国际法也具有对国际法主体行为的强制性规范效力，其差异就在于对法律的强制执行的不同处理方式上。国内法实施所依靠的强制方式主要是通过直接建立监狱、警察和军队等专门的暴力人员、机构或设施来加以实现，而国际法的强制力主要是通过国家单个或集体的力量来实现，受侵害国家可对施暴方国家进行单独或集体的报复或制裁等方式来实现自身的救济，如《联合国宪章》第7章规定了对有关国家实施侵略行为的集体制裁措施等。

其四，国际法在国际关系当中尽管有时遭到破坏，但同时在大多数情况下得到了有关国家的自觉遵守。国内法也常常有被破坏的情形，所以不能认为因为国际法在实践中遭到破坏而否定其法律性质。在国家实践中，有关国家破坏国际法的极端事例事实上并不经常，如像2003年美国对伊拉克使用武力的情形，即使当时美国作出了这种严重违法国际法的行为，美国也不遗余力地运用现行国际法来为自己的行为进行辩解。除此之外，我们还应看到这样一个事实，世界各国在国际贸易、国际运输、国际旅游、国际通讯、日常外交与领事关系等领域都很好地遵守了有关国际法规则。

（二）国际法效力的根据

既然国际法是法是不争的事实，那么，国际法到底依据什么对国家和其他国际法主体发生法律效力？或国际法为什么对国家和其他国际法主体有拘束力？换言之，国际法对国际法主体具有约束力的根据和基础是什么？这个问题其实就是关于"国际法效力的根据问题"（The Basis of International Law）。对此，国际法不同学派对于该问题有着不同的回答。

1. 自然法学派

自然法学派（Naturalist School）产生很早，早期代表人物之一为西班牙学者弗朗西斯科·德·维多利亚（Victoria, 1483—1546），被后人称为"国际法曾祖父"。该学派盛行于17、18世纪，19世纪以前自然法学派一直占据主导地位，初期受到神学思想的影响，后来摆脱神学的影响，认为国际法是自然法的一部分，国际法之所以有效力是因为以自然法为依据，而自然法是指人类的良知、正义和理性等。该学派主要代表人物为德国的普芬道夫（Pufendorf, 1632—1694），他在1672年的《自然法与万民法》一书中认为，人类理性和人类法律意识是国际法效力的根据。该学派固然很重视国际法在内容上的正义性，但其理论缺乏确定性，将国际法效力的根据归结于一些抽象或者主观的概念，从而使法律规范和道德规则含混不清。因此，人类的良知、理性和共同的法律意识只能为国际法提供道义和伦理上的支持，并不能确定国际法效力的法律依据。到了19世纪，该派学说遭到了越来越多的抨击，也正是在这个时候，实在法学派开始逐渐兴起。

2. 实在法学派

实在法学派（Positivist School）出现于17世纪，其早期代表人物为英国牛津大学教授苏支（Richard Zouche，1590—1661）。该学派在19世纪末20世纪初开始取代自然法学派占据优势地位。其主要代表人物为英国法学家奥本海（Oppenbeim，1858—1919），认为"国家的共同意志"是国际法效力的根据。该学派反对将人类理性这一抽象概念作为国际法的效力根据，主张国际法是建立在习惯和条约基础上，强调国际法是人定法。国家的同意可以是明示的，如体现在国家之间所缔结的条约中，同意也可以是默示的，如体现于国家参与制定国际习惯法规则之中。该学派比抽象的自然法学派前进了一大步，将国际法建立在事实和实践的基础上，强调法律在形式上的有效性。但其对所谓"共同意志"解释不清，忽视了国际法内容的正义性。而且，该学派过于偏重于事实上的有效性，对"共同意志"常常作形式主义的解释，进而忽略了国家间实质上的"共同意志"，即国家间真实的共同意志，由此可能导致这样一个消极后果：即使是一项不平等条约，只要有关国家是依正式程序而订立，该条约也具有法律拘束力。

3. 格老秀斯学派

格老秀斯学派（Grotians）因"国际法之父"格老秀斯（Hugo Grotius，1583—1645）创立而得名，又称"折中学派"（Eclectic School），其代表人物为德国的沃尔夫（Wolff）和瑞士的瓦泰尔（Vattel）[①]，他们秉承格老秀斯（Hugo Grotius）的主张，认为国际法效力的根据既在于"人类理性"，又在于"国家的共同意志"。也就是说，国际法可分为两类：一是以理性为渊源的国际法，即"自然国际法"；二是根据各国共同的意志所制定的国际法，即"意志国际法"。这个学派承认协定是国际法效力的根据之一，这是应该肯定的，但它依然认为国际法效力的根据首先主要在于自然法，其次才是国家的意志。而且，该学派采取了折中主义的立场，认为"人类理性"也是国际法效力的根据，结果在某种程度上导致了后来西方国际法学说分裂为两

---

① 瓦泰尔（Emmerich de Vattel，1714—1767）是18世纪瑞士著名的国际法学家，他的代表作是1758年出版的法文本《国际法，或适用于各国和各主权者的行为与事务的自然法原则》(The law of Nations, of the law of Nature, Applied to the conduct and affairs of Nations and sovereigns)。该书出版后，在欧洲法学界和外交界都获得了很高的赞誉，成为各国外交人员的国际法实用指南，同时也被看做国际法学史上经典著作之一。

个互相对立的派别：自然法学派和实在法学派。

4. 新自然法学派

第一次世界大战后，自然法学派在西方国家出现了复兴的态势，被人称为"新自然法学派"（Neo-Natural Law School），社会连带主义法学派（School of Social Solidarity）和规范法学派（Normativist School）的出现就是这一学派的两个分支流派。

社会连带主义法学派是社会学法学派的一个支派，其主要代表人物是法国法学家狄骥（Léon Duguit，1859—1928），认为社会连带关系不是道德义务，而是一个永恒不变的事实，即人们必须生活在社会中，必然具有社会连带关系。这种关系包括"同求"的连带关系，即人们有共同需要，只能通过共同生活以满足这种需要，以及"分工"的连带关系，即人们有不同的能力和需要，必须通过相互交换服务以满足这些需要。因此，国际法的根据是社会连带关系的事实，并由统治阶级把这种连带关系的事实制成条约或其他法律的形式，于是"各民族的法律良知"成了国际法的唯一根据。

规范法学派或纯粹法学派的主要代表人物为奥地利法学家凯尔森（Kelsen，1886—1973），认为国际法与国内法同属一个法律体系，其中的法律规范有不同的等级，每一级规范的效力来自上一级规范，国际法规范高于国内法规范，"最高规范"是由人类的法律良知所产生的"约定必须遵守"这个基本规范，而此基本规范的效力不在法律本身，而在法律之外。

5. 新实在法学派

新实在法学派（Neo-positivists）又称"现实主义法学派"，其主要又包括两种学说：一是权力政治学说（Theory of Power Politics），其主要代表人物是美国学者汉斯·摩根索（Hans J. Morgenthau，1904—1980）和英国学者乔治·施瓦曾伯格（Georg Schwarzenberger），他们主张国际政治中的"势力均衡"是国际法存在的基础，强调政治势力对国际法的决定作用，权力是国际政治和国际法的核心，国际法的效力根据来自"势力均衡"。必须承认，国际法虽与国际政治有密切的联系，但是单纯从国际政治来说明国际法的效力根据，实际上会有将政治权力处处凌驾于国际法之上的危险。二是政策定向学说（Policy-oriented School），产生于20世纪60年代，其主要代表人物为美国耶鲁大学的梅勒斯·麦克杜格尔（Myres McDougal）和哈诺德·拉斯维尔（Harold D. Lasswell）两位教授。他们认为国家权力表现为政策，国际法效力因而取决于国家的对外政策。事实上，国际法与各国外交政策虽有密切联系，但并不等同于外交政策。总体看来，这两派学说基于实用主义的立场都很容易否定国际法在国际关系中的应有价值和地位。

6. 我国学者的观点

我国大部分国际法学者认为，国际法效力的根据是"各国协调意志"。这个意志并不是某个国家的意志，也不是各国的共同意志，而是各国的意志经过协调而取得的一致。而且，现代国际法调整范围扩大了，人类的共同利益已越来越突出，国际法效力的根据不但在于各国自身利益相互之间的协调，而且还在于各国与全人类共同利益之间的协调。

第二节 国际法的渊源与编纂

一、国际法的渊源

国际法的渊源一般是指国际法规范存在、表现的形式或形成的过程、程序。理解国际法渊源的意义在于能帮助我们识别某一条规则是否国际法规则，我们应去哪里寻找国际法有关规则，以及如何识别一项规则是否有效的国际法规则等。

一般认为，1945年《国际法院规约》第38条的规定被认为是对国际法渊源的最权威列举，虽然该条款原本是对国际法院审理案件时适用法律所做的规定，该条规定如下：

1. 法院对于呈诉各项争端，应依国际法裁判之，裁判时应适用：

（1）不论普通或特别国际协约，确立当事国明白承认之规条者；

（2）国际习惯作为通例之证明而经接受为法律者；

（3）一般法律原则为文明各国所承认者；

（4）在第59条规定之下，司法判例及各国权威最高之公法学家学说，作为确定法律原则之补助资料者。

2. 前项规定不妨碍法院经当事国同意本着"公允及善良"原则裁判案件之权。

由此可见，国际法的主要渊源为国际条约、国际习惯和一般法律原则，而其他各项只是确立法律原则时的辅助资料。

（一）国际条约

国际条约（International Treaty）是当代国际法规则的主要表现形式。在全球化的背景下，随着国际法调整范围的不断扩大以及国与国之间相互依赖与相互影响程度的不断加深，国际关系正变得日益复杂，相对于国际习惯法规则，当事方缔结条约的这种快捷性、确定性和可预见性无疑适应了国际社会的这种发展趋势，国际法主体通过缔结条约的方式来达成国际合作与安排正变得日益重要。关于条约方面的具体内容和制度，我们可详细参见条约法一章。

(二) 国际习惯

相对于国际条约，国际习惯（International Custom）是不成文的，它是国际法中最古老、最原始的渊源。国际习惯又称"国际习惯法"或"习惯国际法"，它是指在国际交往中由各国前后一致地、不断重复所形成，并被广泛接受为有法律拘束力的行为规则或制度。其中所谓"广泛接受"并不一定要求被当时国际社会所有国家都接受，只要包括主要大国在内的绝大多数国家接受就行，并且没有数量众多的国家对其表示一致的反对。国际习惯的构成要素有两个：一是"物质要素"或"客观要素"，即存在各国反复一致地从事某种行为的实践；二是"心理要素"或"主观要素"，它要求上述的重复一致的行为模式被各国认为具有法律拘束力，即存在所谓"法律确信"（Opinio Juris）。因此，一项国际习惯法规则的形成必须同时具备这两个要素。一般来说，习惯国际法形成过程比较缓慢，历史上一项国际习惯的形成过程往往需要很长时间。在当代，由于科学技术的飞速发展以及各国往来的日益密切，一项国际习惯规则可以在较短的时间迅速形成，如国际海洋法上的大陆架制度以及外层空间法上的某些法律原则等国际习惯法规则都在比较短的时间内得以形成。因此，仅仅一个短时间的过程不一定会妨碍在原来纯粹为协定规则的基础上形成一项新的国际习惯法规则。另外，国际习惯法规则识别起来也比较困难，一般需要从国家的外交、立法、司法、执法等实践以及国际组织和机构的实践所形成的有关各种文件中去查找。虽然现在许多的国际习惯被编纂进条约，但是从效力的普遍性上讲，条约并不能替代被其编纂的国际习惯。

值得注意的是，"国际习惯"与"国际惯例"（International Usage）是两个不同的概念，前者专指具有法律拘束力的国际惯例，后者是指尚未具有法律拘束力的"通例"（General Practice）或称"常例"（Usage）。但在实践中，二者常常被交叉使用。我国国内法中经常将国际惯例和国际习惯不作区分。如我国《民法通则》第142条第3款以及《海商法》第268条第2款都规定："中华人民共和国法律和中华人民共和国缔结或者参加的国际条约没有规定的，可以适用国际惯例。"因此，我国相关法律、法规所使用的"国际惯例"一词，可以认为它既可能包括有拘束力的国际习惯，也可能包括那些本身没有法律拘束力的国际商事惯例。

(三) 一般法律原则

"一般法律原则为文明各国所承认者"中的一般法律原则（The General

Principles of Law）主要指的是世界各个主要法系所承认或共同适用的那些原则。确切地说，这些原则是各国在其国内法中普遍加以适用的那些共通性原则，如"时效原则"、"禁止反言原则"等。一般法律原则的作用是填补国际法院审理案件时可能出现由于没有相关条约和国际习惯可以适用而产生的法律空白。目前，国际社会对于一般法律原则用来填补国际法律体系漏洞的需求在减少，其在国际司法实践中处于补充和辅助地位，很少被单独适用。

（四）确定法律原则的补助资料

按照《国际法院规约》第38条第1款第4项的规定，"司法判例、各国权威最高之公法学家学说"被列为确立法律原则的辅助资料。也就是说，它们本身不是国际法的渊源，而只是可以用来作为某项国际法规则是否存在的证明或证据。

1. 司法判例

司法判例首先主要是指国际法院的判决，同时包括其他国际司法机构和仲裁机构的判例，还包括各国国内法院适用国际法的判决。对于国际法院的判例，《国际法院规约》第59条规定："法院之裁决，除对当事国及本案外，无拘束力。"所以，国际法院判例不是国际法的渊源之一，而只能作为确立法律规则的辅助材料或证据。但由于国际法院是当今世界唯一具有全球性和普遍性的国际司法机构，而且汇集了世界各大法系的法学权威，其判决可以说是最权威的"补助资料"。

2. 各国国际法权威学者的学说

各国权威国际法学者的学说既包括国际法学家个人的学说，同时也包括国际法学术团体的学说，前者如"近代国际法之父"格老秀斯的折衷法学派的学说，后者如国际法学会的学说。国际法学家权威的思想和学说曾经对确立和阐明某些国际法规则、甚至国际法学科的形成等帮助都很大，但现在由于通讯和传播媒介的高度发达以及政府档案资料的不断解密，我们获取国际法资料的途径和方法比以前增加了，国际法学说的地位相对也就下降了。

此外，需要强调的是，《国际法院规约》第38条的规定并不是对国际法渊源的最详尽列举，国际法渊源的种类和数量正处于不断变化和发展之中。虽然国际组织的决议并没有出现在《国际法院规约》第38条里，然而，随着国际组织的大量涌现，某些国际组织如联合国大会和安理会通过的有关决议对国际法规则的制定和形成产生了很重要的影响。虽然联合国各个机关通过的大部分决议并没有严格的法律约束力，但这些决议对于确认某一项国际法规则的存在或者是某个"法律确信"的形成都提供了非常重要的证明或证据。因此，国际组织的有关决议已经获得了"确立法律原则的补助资料"之地位。

二、国际法的编纂

现有国际法中大部分都是习惯法规则，如前所述，国际习惯法规则往往缺乏明确性和系统性，查找和识别起来也非常困难。加之，国际社会缺乏一个专门的立法机关，各种国际法的规则和制度日益增多，而且它们往往比较分散和凌乱，彼此之间相互冲突、相互矛盾，国际法规则的"不成体系或碎片化"（Fragmentation of International Law）现象日益严重，为了克服这些现象，国际法的编纂（Codification of International Law）就显得非常重要。所谓国际法的编纂，就是指将各种既定的国际法规则，特别是现有国际习惯法规则加以系统化、成文化和法典化的活动。因此，既不能将国际法的编纂等同于简单的国际法规则汇编（Collection of International Law），也不能将其完全等同于严格意义上的国际立法（International Legislation）。

（一）民间编纂

民间编纂主要是由国际法学者个人或学术团体来进行。一般认为，国际法的编纂开始于18世纪末期，英国学者边沁最早提出关于编制一部国际法法典的思想，"编纂"一词即是由他所首创。在边沁的倡导下，许多学者和学术团体也陆续开始对国际法进行编纂，他们纷纷起草和出版各种国际法法典或国际公约草案。其中某些学者甚至尝试过对国际法所有规则进行全面而系统地编纂，如瑞士的布伦奇利（J. K. Bluntschli）于1868年发表了《现代国际法》（862条），美国的D. D. 菲尔德（Field）于1872年发表了《国际法典纲要草案》（982条），意大利的菲奥雷（P. Fiore）于1890年发表了《国际法法典》（1985条）等。然而，随着国际法规则的不断增多，对国际法进行全面编纂实际已经变得日益困难。因此，后来许多学术团体基本都只是针对国际法个别领域或部门进行了编纂。如国际法学会（Institut de Droit International）① 进行的国际法编纂主要有《国际仲裁程序条例草案》（1875

---

① 又名"国际法研究院"（The Institute of International Law），1873年9月8日在比利时Ghent Town Hall创立，该学会是独立的学术团体，它是私人组织，由准会员、会员和荣誉会员组成。没有任何官方背景，其目的是为了促进国际法的发展（章程第1条）。学会每两年召开一次大会。法文是其官方文本，英语由法语翻译而成（章程序言）。

年)、《陆战法规手册》(1880年)、《国际海上捕获条例》(1883年)、《海战法规手册》(1913年)以及《国际人权宣言》(1929年)等;而国际法协会(International Law Association),原名"国际法革新和编纂协会",该学术团体编纂过《国际仲裁程序规则》(1895年)、《领水管辖权规则》(1895年)、《交战与中立法》(1905年)、《战俘待遇条例》(1921年)、《国际刑事法庭规约》(1926年)以及《海上中立公约》(1928年)等;美国哈佛大学国际法研究部编纂过关于"国籍"、"领水"、"条约法"、"中立"等方面的国际法条款。然而,以上学者个人和学术团体对国际法的编纂都只是属于民间编纂。

(二) 官方编纂

1. 国际会议的编纂

国际法的官方编纂开始于1814—1815年的维也纳会议,该会议上编纂了关于禁止贩卖黑奴、国际河流自由航行以及瑞士中立制度等方面的国际公约。后来,国际社会又陆续召开有关编纂国际法的国际会议:1818年的亚琛会议对有关外交使节等级制度进行了编纂;1856年的巴黎会议制定了《巴黎海战宣言》;1864年日内瓦会议制定了《改善战地武装部队伤员境遇公约》;1899年第一次海牙会议制定了3个公约(关于和平解决国际争端、陆战法规和习惯、海战中实施1864年日内瓦红十字公约)、3个宣言(关于战争中使用的武器)等;1907年第二次海牙会议制定了13个公约(关于和平解决国际争端和战争法规等)、1个宣言等;1908—1909年伦敦会议制定了《海战法规宣言》(未批准);1919年巴黎和会产生了《国际联盟盟约》和《国际常设法院规约》;1945年旧金山会议产生了《联合国宪章》和《国际法院规约》等。

2. 国际组织的编纂

事实上,召开临时性的外交会议来编纂国际法具有一定的局限性。目前,国际社会中最重要、最有意义的国际法编纂就是来自国际联盟和联合国等国际组织的编纂活动。

1930年3—4月,国际联盟在海牙召集国际法编纂会议,47国参加,讨论了国籍、领水、国家责任3个问题。关于国籍问题通过了《关于国籍法抵触的若干问题的公约》和3个议定书(关于双重国籍者服兵役问题、无国籍问题、原国籍国接受其前国民的义务问题)和8项建议。关于领水问题通过了两项原则(航行自由原则、沿海国对领水的主权原则)、一项决议(外国船通过领水)和两项建议(外国船在内水的地位、渔业保护问题)。

第二次世界大战以来,国际法的编纂活动主要是在联合国的主持下进行的，这也是目前最重要的国际法编纂运动。1945年《联合国宪章》第13条第1款第1项规定：大会应发动研究并做成建议以"提倡国际法之逐渐发展与编纂"。为了履行此职责，1947年11月21日，联合国大会通过《国际法委员会章程》专门设立了国际法委员会，作为联合国大会之下负责编纂国际法工作的主要机构①。联合国国际法委员会章程第1条第1款规定，"委员会以促进国际法的逐渐发展和编纂为宗旨"。该章程第15条"为便利起见"在"逐渐发展"与"编纂"之间作了如下区分："逐渐发展"意指"就国际法尚未订立规章或各国惯例尚未充分发展成法律的各项主题，拟订公约草案"，而"编纂"意指"更精确地制定并系统整理已有大量国家惯例、判例和学说的国际法规则"。② 委员会的任务主要是编纂国际公法，但也可以涉及国际私法。国际法委员会的工作程序是，委员会向联合国大会提出选题，或者大会自己提出选题，然后由委员会草拟公约草案或条款草案，然后公约草案一般由大会决定召开外交会议讨论通过，开放给各国签字和批准。目前，经联合国国际法委员会拟订的公约草案和条款草案主要包括《国家权利义务宣言》、《纽伦堡法庭宪章及法庭判决所承认的国际法原则》、《危害人类和平及安全治罪法》、《减少无国籍状况公约》、《外交关系公约》、《领事关系公约》、《特别使团公约》、《国家在普遍性国际组织中代表权公约》、《条约法公约》、《消除未来无国籍状况公约》、《领海和毗连区公约》、《公海公约》、《捕鱼和养护公海生物资源公约》、《国家责任条文》、《大陆架公约》、《防止和惩处侵害应受国际保护人员包括外交代表的罪行的公约》、《关于国家在条约方面的继承公约》、《关于国家在财产、档案和债务方面的继承公约》、《关于国家和国际组织间或两个以上国际组织间条约法公约》等。

---

① 当然，联合国国际法委员会并不是联合国系统下唯一对国际法规则进行编纂的机构，联合国还成立了各种特设委员会以草拟有关特定领域的公约。例如联合国人权委员会草拟了1966年通过的《经济、社会、文化权利国际公约》和《公民权利和政治权利国际公约》；联合国大会于1966年12月17日通过决议设立国际贸易法委员会草拟了《国际销售货物时效期限公约》(1974年)、《货物海运公约》(1978年) 和《联合国国际货物买卖合同公约》(1980年) 等；联合国大会于1968年设立的海底委员会在国际法委员会的研究基础上准备了《海洋法公约草案》；联合国大会下属的和平利用外层空间委员会草拟了《空间物体所造成损害的国际责任公约》(1971年)；联合国大会第六委员会的特设委员会草拟了《反对劫持人质国际公约》(1979年) 等。

② 具体可参见联合国国际法委员会网址：http://www.un.org/chinese/law/ilc/index.html。

第三节 国际法与国内法的关系

一、理论

国际法和国内法的关系在理论上历来是有争议的，其争论的焦点问题在于：国际法与国内法是属于同一个法律体系还是两个不同的法律体系？从逻辑上讲，对于这个问题的回答，我们可得出三种答案："国内法优先说"（一元论）、"国际法优先说"（一元论）以及"国际法与国内法平行说"（二元论），即可概括为所谓的"两种理论、三种学说"。

（一）一元论

一元论中的国内法优先说之主要代表人物是德国 19 世纪末的法学家佐恩、耶利内克和考夫曼等。他们首先认为国际法与国内法同属于一个法律体系，国内法的效力高于国际法。国际法是低一级的法律，只有依据国内法，国际法才具有法律效力，国际法是国内法的一部分，被称为"对外公法"，这实际上将导致国家从根本上否定国际法。因此，现在完全支持这种理论的人已经越来越少。

而一元论中的国际法优先说的主要代表人物有凯尔森、狄冀、波利提斯、菲德罗斯等。该学说认为国际法与国内法虽然同属于一个法律体系，但主张国际法位于国内法之上，各国国内法的效力是由国际法赋予的，而国际法的效力则来自一个最高规范"约定必守"。然而，这一学说最终无法说明这个最高规范自身的效力根据，模糊地称是依据整个人类社会的所谓"法律良知"。该学派强调国内法从属于国际法，可能导致国际法对国家主权的全面否定，乃至于最终可能得出国际法等同于世界法的错误结论。

（二）二元论

二元论或"平行说"的主要代表人物有德国的特里佩尔、意大利的安茨洛蒂、英国的奥本海、菲茨摩里斯等人。该学说认为国际法与国内法是两个不同的法律体系，二者在法律关系主体、法律渊源、效力根据、调整对象和适用范围等方面存在明显差别，二者互不隶属，相对独立。二元论的最大贡献在于指出了国际法与国内法是两个不同法律体系的事实，其缺陷在于过分强调二者的对立而忽略了二者之间的种种联系。

（三）"相互联系论"

我国多数学者认为，虽然国际法与国内法分别属于不同的法律体系，但是由于国际法与国内法的制定者主要都是国家，二者之间有着密切的联系。

这就是由我国著名的国际法学者梁西先生提出有关国际法与国内法关系的"相互联系论"。该理论认为，一方面，二者在性质、主体、渊源、效力根据、适用范围以及调整范围等方面有显著区别，但另一方面，现代国际实践表明两个不同法律体系的存在与发展并不是孤立无关，而是相互联系着的。① 也就是说，一方面，国家在制定国内法时，应考虑国际法的原则和规则，不得违背其所承担的国际义务；而另一方面，国家在参与制定国际法时，应考虑到国内法的立场，不能干预国内法。国际法的原则和规则可以从各国的国内法得到补充和具体化，国内法可以从国际法的原则和规则得到充实和发展。二者是互相补充、互相渗透的。因此，国际法与国内法相互联系论更为符合国家在这方面的有关实践。

二、实践

国家在处理国际法与国内法关系方面的实践问题较之于国际法与国内法关系的理论问题要复杂得多。在国际层面，国家和其他国际法主体经常要援引国际法来处理其对外关系，国际法只是原则上规定，国家不得以其国内法规定为理由而违背其国际法上所承担的有关义务，或以国内法规定为理由来逃避其有关国际法律责任。同时，国际法不干预一国国内法的规定，除非该国承担了相关的特殊义务。在国内层面，可以说，情况非常复杂，不同的国家有不同的做法。国际法对此并没有作出明确而具体的规定，因为国际法在国内法上的效力问题主要是一国主权范围内的事情，各个国家的实践很不统一。有些国家在成文宪法中对此作出明确规定，有些国家在其他法律中进行规定，有些国家对此没有明确的规定，而有些国家只是在原则上做了某些规定。

不过，从各国实践中可以概括出：国际法与国内法关系的实践问题主要涉及国际法规则如何在一个国家国内适用的问题，以及国际法在一国国内适用过程中如果与该国国内法发生冲突时应如何解决的问题。

（一）国际法在一国国内的适用问题

这个问题具体又分别涉及国际习惯与国际条约如何在国内的适用。条约和国际习惯在国内适用的情况不能一概而论，其差异性非常大。从技术层面上讲，不论是国际习惯还是国际条约，国家关于国际法在国内的适用的实践主要采取"转化"（Transformation）和"采纳"（Adoption）两种方式。所谓"转化"（或间接适用），即要求所有的条约都必须逐个经过相应的国内立法

---

① 参见梁西主编．国际法．武汉：武汉大学出版社，2002：18．

程序转化成为国内法之后，才能在国内适用。而所谓"采纳"（或直接适用），则是指国际法规则不需要事先转变为国内法的形式，即可直接在国内加以适用。在国家实践中，单纯地只采取上述某一种方式的国家很少，许多国家是兼采上述这两种方式。因此，各国的具体情况和做法需要查阅和研究该国的国内法及相关实践。

1. 国际习惯的适用

由于国际习惯具有一般或普遍性的效力，大部分国家的实践是，如果国际习惯法规则不与现行国内法相抵触，可以直接作为本国法的一部分来加以适用，也就是采取所谓直接适用的纳入方式。如在英国，国际习惯法规则被认为是英国法律的一部分，只是不能与现在或将来的国内成文法相抵触。德国基本法第25条规定，国际法的一般规则（指国际习惯法）构成联邦法律的一部分，并对其领土内居民直接发生权利和义务。我国宪法并没有对国际法在中国国内的适用问题作出明确的规定。只是在宪法序言中强调，坚持和遵守作为国际法基本原则核心的和平共处五项原则。这一做法仅仅表明，从国际法的基本原则出发，中国尊重和遵守国际法的体系，履行自己的国际义务。从立法实践来看，我国对于国际习惯的态度一般采取直接纳入的方式。如我国《民法通则》第142条第3款规定，中华人民共和国法律和中华人民共和国缔结或参加的国际条约没有规定的，可以适用国际惯例。而第150条还规定，依照本章规定适用外国法律或者国际惯例的，不得违背中华人民共和国的社会公共利益。可见，至少在民事法律范围内，国际习惯或国际惯例可以在我国国内直接加以适用，它们的适用次序在国内法和条约之后，作为对国内法和条约的一种补充，并且对适用国际惯例作了公共利益的限制和保留。

2. 国际条约的适用

对于条约而言，由于其只对缔约国有法律拘束力，它在国内的效力问题比起国际习惯要更为复杂，各国的实践也是五花八门。一般来说，在国际法上有效的条约不能直接和自动地在国内发生法律效力，还必须经过国家的批准、接受、赞同以及核准或加入等转化程序后方能加以适用。如在英国，某些影响私人权利的条约一经英王批准，该条约便在国际法上对英国生效，但如果没有经英国议会的授权程序，它在英国国内法上便没有法律效力，个人不能援引该条约作为在英国法院主张权利或义务的依据。除了英国外，某些英联邦国家以及意大利等国对于条约也采取转化的适用方式。而法国、瑞士、荷兰和日本等国则采取纳入的方式来适用条约。如《瑞士宪法》第85条规定，条约不需要经过立法程序，而只要在联邦政府的法令公报上颁布之后，即具有联邦法律的效力，并可约束本国法院和人民。而在国家实践中，大多数国家都是两种方式并用，更多的国家采取混合的方式来适用条约，典型的如美国和德国。美国在司法实践中将条约分为自动执行条约（Self-executing Treaty）和非自动执行条约（Non-self-Executing Treaty）两种。前者可直接由国内法院或行政机关加以适用，而后者必须经过国内立法机关的补充或具体化才能在国内加以适用。整体来看，我国对于条约的适用问题也是采取混合式。因为尽管我国《民法通则》第142条、《海商法》第268条、《刑法》第9条等许多法律、法规规定，中国缔结或参加的条约可在国内直接加以适用，但有些国内立法也对部分国际条约采用转化的适用方式，如为了实施《维也纳外交关系公约》、《联合国海洋法公约》、《世界版权公约》等国际公约，我国相应制定了《中华人民共和国外交特权与豁免条例》、《中华人民共和国领海及毗连区法》以及《著作权法》等。另外，加入世界贸易组织之后，鉴于我国目前的司法实际情况，我国有将WTO有关协议采取"转化"适用方式的倾向。

（二）国际法与国内法发生冲突的问题

这个问题实际涉及的是国际法与国内法的效力等级关系。关于国际法与国内法冲突的解决问题，也包括国际习惯和国际条约两个方面，各国的做法也不一致。

1. 国际习惯与国内法发生冲突

对于这个问题，各国做法差异很大。如意大利和德国等国明确规定国际习惯法优先。基于国际习惯的不成文和有弹性的特点，一般推定国内法与国际习惯法不冲突，如果这种冲突不可调和，在明确规定成文法优于习惯法的国家里，如英国和荷兰等国规定国内成文法优先于国际习惯法，但这种国际习惯法规则不应是强行法规则。对于我国而言，许多法律法规规定，"中华人民共和国法律和中华人民共和国缔结或者参加的国际条约没有规定的，可以适用国际惯例"。由此可推定，我国法律在许多情况下采取的是国内法或国际条约优先于国际习惯。

2. 国际条约与国内法发生冲突

对于这种冲突，各国做法也不一样。有的国家采取国内法优于条约的做法，如《危地马拉宪法》规定："共和国宪法的效力高于任何其他法律或国际条约。"有的国家将二者等而视之，即国内法与条约的地位相等，如美国宪法规定，宪法与依宪法制定的联邦法律以及条约均为全国最高法律。实践中，如果发生国内法与国际条约冲突问题，有的国家则采取"后法优于前法"的原则。还有的国家采取"条约优于国内法"的规定，如《法国宪法》

第55条规定，经正式批准或核准的条约一经公布，即具有优于法律的效力，即使法律制定在条约之后，当宪法与条约抵触时，也应修改宪法。1983年《荷兰宪法》第94条也规定，在荷兰境内有效的制定法规定，如果与自动执行的条约规定或国际机构的决议相抵触，就不应予以适用。关于条约与我国国内法的冲突解决问题，上述民法通则和民事诉讼法中的规定很典型，其他有些法律中也有类似的规定，反映了条约优于国内法的原则是我国处理条约与国内法冲突的一般性原则。总之，国家加入了一个条约，即受条约义务的约束，如果国内法院拒绝适用，国家应对此行为承担违反条约义务的责任。

第四节 国际法的历史与发展

国际法到底是什么时候产生的？对于这个问题，国际法学者可能众说纷纭。然而，我们可以肯定的是，国际法是与国际关系平行发展起来的，也就是说，国家在国际社会中什么时候开展国际关系，国际法也就在那个时候产生的。因为从国家的实践来看，一个很简单的事实是，国家之间进行各种交往必然产生对规则的需求，在这种情况下，拘束和规范有关国家行为的国际法规则也就诞生了。概括起来，国际法的历史与发展大概经历了以下几个发展阶段：

一、中古时期的国际法

国际法是国际关系产生、发展的产物。古代希腊、古代埃及、古代印度以及古代中国社会就已经有了关于发动或进行战争、缔结条约、互派外交使节等方面的国际法规则，但它们都是零星的，所关涉的领域也非常有限。而在中世纪，世界各个地域文明国家对于国际法的发展并没有什么质的推动，发展非常缓慢。尤其是在欧洲大陆的中世纪，由于罗马教皇成为欧洲社会的最高权威，国际法的发展甚至处于停滞状态，只是后来西方自由资本的兴起，才使得国际法又面临新的发展机遇。

二、近代时期的国际法

直到近代，国际法才成为一门独立的学科，或成为独立于国内法的另一个法律体系，这主要基于三个方面因素的推动：一是随着西方自由资本的发展、海外殖民的开展以及新航路的开辟，欧洲原本一统的基督教世界开始分裂，近代民族国家开始在欧洲率先出现，这是近代国际法形成的先决条件。

二是随着17世纪30年代（1618—1648年）战争在欧洲的结束，威斯特伐利亚和会的召开以及《威斯特伐利亚和约》的缔结对国际法的发展具有划时代的意义，更多领土主权国家开始出现，国家主权平等原则、条约必须遵守原则、外交使节制度、解决国际争端等制度的确立，宣示一个欧洲国际社会的初步形成，这是近代国际法发展的基础和源头。三是许多国际法学者对国际法零散的规则、制度进行了系统的梳理，使得国际法终于成为一个独立的法律体系和学科。这方面，具有突出贡献的学者包括英国的苏支、意大利的真提利、西班牙的维多利亚、荷兰的格老秀斯等，其中荷兰人格老秀斯所做的贡献最大，他于1625年发表了《战争与和平法》，第一次从理论上对国际法的规则和基本问题进行了系统全面的论述，并努力使国际法从神学的桎梏中解放出来。这部著作还对上述威斯特伐利亚和会产生了积极影响，为近代国际法学的形成奠定了基础，格老秀斯因而被后人称为"近代国际法学之父"。而拿破仑战争结束后，欧洲各国于1815年签署的维也纳公会法律文件确立了关于外交使节、废除黑奴、国际河流自由航行以及瑞士中立等方面的制度。这又是国际法的一个重要历史发展时期。

国际法学对于中国来说是个"舶来品"。在近代中国，尤其是1840年鸦片战争之后，在"西学东渐"运动的影响下，国际法才开始从西方传入中国。1862年清政府设立京师同文馆，聘任美国传教士丁韪良（William Martin）为总教习，将美国国际法学者惠顿（Henry Wheaton）的《国际法原理》（Elements of International Law）一书于1863年翻译成中文，名为《万国公法》，这是介绍到中国来的第一本国际法著作。从此，西方国际法学著作开始陆续在中国出版，国际法学在中国也开始不断得到发展。

三、现代时期的国际法

这个时期的国际法主要是指"一战"结束到第二次世界大战结束这段时期的国际法。第一次世界大战及其和约的缔结等都对国际法的发展产生了重大的影响。第一次世界大战结束后，随着《国际联盟盟约》的生效，国际联盟以及后来国际常设法院的成立成为人类社会首次通过成立政府间常设机构来追求世界和平的伟大尝试，同时，国际联盟对国际法的编纂与发展起到了巨大的推动作用。

四、当代时期的国际法

"二战"结束后，联合国的成立则是当代国际法发展的基础，对我们现在的国际法产生了非常重大而深远的影响。联合国主导的非殖民化运动的开展使得许多殖民地、半殖民地国家相继获得了独立,国际法才开始普遍适用于世界所有国家和地区。国际法在此之前主要只适用于西方"基督教文明国家"之间,其他地区的国家和民族是"非文明国家"或"野蛮民族"。按照西方国家的观点,这些野蛮国家没有资格来适用国际法,那时的国际法仅仅是欧洲列强支配下的国际法。另外,在联合国的推动和努力下,当代国际法所调整的领域也不断扩大,国际海洋法、国际环境法、国际航空法、外层空间法、国际人权法等国际法的新分支陆续形成。只有到这个时候,国际法才成为了真正普遍意义上的国际法。

冷战结束以来,随着经济全球化的不断深入发展,当代国际法发生了巨大的变化。国际法其他新领域正逐步发展和确立为国际法的新分支,诸如国际发展法、国际水法、国际刑法、国际行政法、国际旅游法等。为了应对传染病、毒品问题、跨国移民、内战问题、环境问题、跨国犯罪等全球性威胁,世界各国开始在国家利益和全人类整体利益之间进行平衡。从而,国际法不再纯粹成为国家谋求一己私利的工具。国际社会的法治化进程正在不断向前推进,国际法正处于深刻变革和发展之中!

【难点追问】

国际法到底是不是"法"?

无论是从理论层面,还是从实践层面,我们实际都可以作出肯定的回答。从理论上分析,如果我们不是机械地套用国内法的标准和逻辑来考察国际法的性质,就很容易证明国际法是法。因为法或法律的存在有多种形式,国内法只是法律的一种,专门的、统一的立法机关、司法机关和执法机关的存在与否并不是判断一项规则是否法的标准,其标准在于是否能和道德、宗教和礼仪等其他社会规范进行区分就行了。从实践层面来看,证明国际法是不是法律,关键只要证明国家在其对外关系中是否视国际法为法并予以遵守就可以了。从各国的实践来看,世界各国都承认国际法是法律,并且在大多数情况下遵守了国际法。

【前沿提示】

目前,国际法学界对国际法主体的种类还存在很大的争议。学者们通常以国际法的性质为标准来判断国际组织、个人等是否为国际法的主体,认为成为国际法主体应包括独立进行国际交往和参加国际关系、直接承受国际法上的权利和义务以及进行国际求偿等3个条件。而1949年国际法院在"关于联合国损害赔偿案咨询意见案"中认为,"只是说它(联合国)是一个国际法主体,能够享有国际法上的权利和承担国际法上的义务,并有能力通过提起国际请求来维护它的权利"。这说明,这种以权利能力和行为能力作为国际法主体的标准已日益受到重视。

【思考题】
1. 国际法的定义和特征如何?
2. 国际法是不是法?如果是法,国际法的效力根据又是什么?
3. 我们应如何正确理解国际法与国内法的关系?

第二章 国际法的基本原则

【引言】本章主要先从国际法的基本原则之概念及其特征入手，详细分析了国际法基本原则与国际强行法的关系，然后对国际法的八项基本原则做了细致的讲述，力求使学生对国际法基本原则有较深入的了解。

【学习的目的与要求】通过本章的学习，要求学生掌握国际法基本原则的概念与特征，了解国际法基本原则的历史与发展，掌握国际法基本原则的编纂，以及国际法的八项基本原则的主要内容。

【知识结构简图】

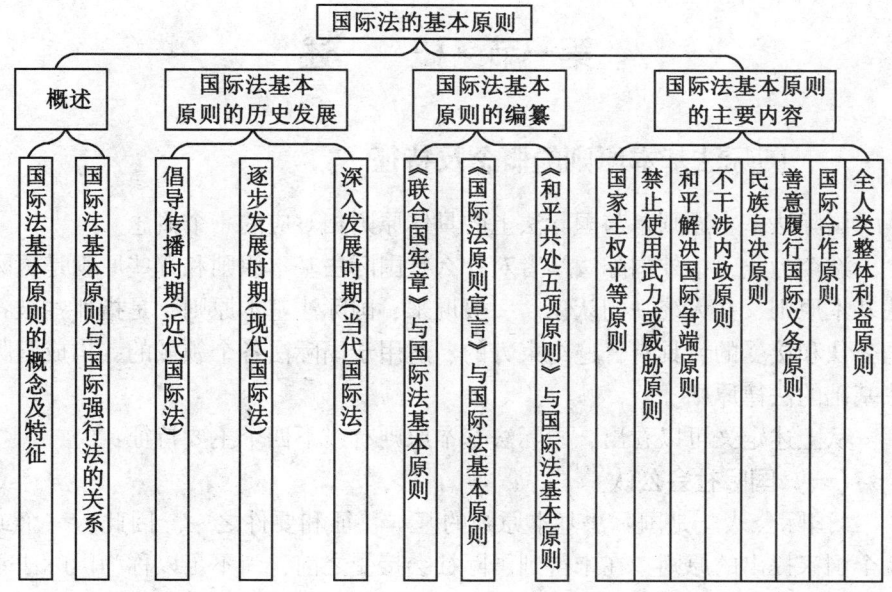

【引例】

在尼加拉瓜境内针对尼加拉瓜的军事与准军事活动案

从1984年2月开始，在美国的资助和直接参与下，尼加拉瓜反政府武装组织在尼加拉瓜几个重要港口布设水雷，这严重威胁到尼加拉瓜的安全和航行，并造成了重大事故和损失。美国还支持尼反政府武装攻击尼加拉瓜港口、石油设施等。为此，尼加拉瓜于1984年4月9日向国际法院控告美国在其港口布雷、出动飞机袭击尼加拉瓜石油设施和港口以及进行其他军事和准军事活动。尼加拉瓜请求法院宣布美国的行为构成非法使用武力和以武力相威胁、干涉其内政和侵犯其主权的行为，请求法院责令美国立即停止上述行为及对其本身和其国民所受损害予以赔偿，并指示临时保全措施。

1984年5月，国际法院指示了临时保全措施。同年11月，法院作出初步判决，否定了美国的初步反对意见。法院认为尼加拉瓜于1929年发表的接受国际常设法院强制管辖的声明依《国际法院规约》第36条第2款具有法律效力。至于美国1984年的通知，应受其1946年声明中的"6个月后生效"的约束。因此，国际法院对本案有管辖权。1986年6月，国际法院对本案的实质问题作出了判决。

请问：美国在尼加拉瓜境内的行动违反了国际法上哪些基本原则？

第一节 概　　述

一、国际法基本原则的概念及特征

国际法基本原则是与国际法上的具体原则相对应的一个概念。

迄今为止，中外国际法学者对什么是国际法基本原则和哪些原则是国际法基本原则，并无统一的认识。一般说来，国际法基本原则，是指那些被各国公认和接受的、具有普遍约束力的、适用于国际法各个领域的、构成国际法基础的法律原则。

从上述定义可以看出，国际法基本原则有以下四个主要特征：

（一）国际社会公认

"国际公认"是国际法基本原则的基本特征和要件之一。因此，一个或几个国家提出的原则，在未得到国际社会接受之前，尚不足以称为国际法基本原则。只有当一项原则在国际社会中反复出现，并被作为整体的国际社会认定为指导国际关系的一般准则时，它才有可能成为国际法基本原则。现代国际法基本原则的认定方式是各种各样的，各国可通过立法、判例和政府声明等国内方式来认定，也可以发表联合声明或宣言、签订双边或多边条约、制定国际组织尤其是普遍性国际组织的章程以及通过这类组织的决议等国际的方式表示承认。

（二）具有普遍约束力

这是针对国际法基本原则的适用对象而言的。这一特征意味着国际法基本原则一经确认，不仅对某些国家或某一类国际法主体具有约束力，而且对所有国家及所有的国际法主体都具有约束力。从这个意义上讲，国际法基本原则具有强行法的特征。

（三）适用于一切国际法领域

这是基本原则区别于各种具体原则的一个重要标准。国际法的具体原则仅适用于特定的国际法领域或部门，而国际法基本原则是适用于国际法各个领域的原则，对国际法的各个分支部门具有一般性的指导作用。

（四）构成国际法体系的基础

国际法基本原则是整个国际法体系的法律基础，国际法的具体规则和规范是从国际法基本原则中派生和引申出来的，它们必须符合国际法基本原则，不能与国际法基本原则相违背。如果说国际法是主权国家在人类这个"地球村"里栽培的一棵参天大树，国际法基本原则就是树干，国际法的具体原则、规则和规章、制度就是这一树干上伸展的茂盛枝叶。

二、国际法基本原则与国际强行法的关系

国际强行法是当代国际上一个比较新的概念，自奥地利国际法学者菲德罗斯首次将国内法上的强行法概念引入国际法中以来，国际强行法的概念逐步得到各国国际法学家和国际社会的普遍接受，标志着当代国际法的成熟与发展。强行法，亦称为"绝对法"、"强制法"或"强制规律"，指必须绝对执行的法律规范，是与任意法相对应的一个概念。强行法起源于国内法。1969年《维也纳条约法公约》第一次正式使用了国际强行法概念。该公约第53条规定："一般国际法强制规范指国家之国际社会全体接受并公认为不许损抑，且仅有以后具有同等性质之一般国际法规范始得更改之规范。条约在缔结时与一般强制规律抵触者无效。"但是，国际法上哪些规范属于强制规律以及国际法基本原则是否就是强制规律？公约对于这些问题并未作出明文规定，理论上也一直有争议。不过，从上述规定中可以推定，国际法基本原则应该属于强行法的范畴，而不是任意选择的法律规范。从概念上来说，国际法基本原则和国际强行法有诸多共同之处，因此，有的国际法学者甚至将两者等同视之。例如，童金教授就认为，所有公认的国际法基本原则都是国际强行法的一部分。同时，也有其他学者持同样的看法。

应该说，国际法基本原则和国际强行法是既有联系，又有区别的两个概

念。它们的联系体现在下列几个方面：（1）国际法基本原则和国际强行法本质上都与国际公共秩序或公共利益有关，它们都是国际公共秩序的组成部分。（2）国际法基本原则完全符合国际强行法的特征，国际法基本原则同样是国际社会全体接受并公认为不得损抑，且仅有同等性质的原则方可对其更改的原则。（3）国际法基本原则和国际强行法一样，其法律拘束力优于其他国际法原则和规则。（4）违反国际法基本原则会产生与违反国际强行法相同的法律后果，如导致有关条约或其他国际行为无效，甚至使有关行为构成国际犯罪。总之，国际法基本原则具有国际强行法的性质。

但另一方面，国际法基本原则与国际强行法又有区别。国际法基本原则的特征之一是其具有普遍意义，可以适用于国际法的一切领域，而国际强行法并不以具有普遍意义为特征。因此，只适用于国际法某一特定领域被公认为不许损抑的国际法规范可能属于国际强行法，但不是国际法基本原则。在内容上，虽然联合国国际法委员会和各国学者对于哪些规范具有国际强行法的性质看法并不一致，不过，从他们的列举来看，有的国际强行法规则，如国家平等、禁止违反《联合国宪章》使用武力或以武力相威胁等本身就是国际法基本原则，这说明国际法基本原则和国际强行法可能会有重叠。然而，大多数规则，如禁止奴隶贩卖、禁止奴隶制度、禁止海盗行为、禁止种族灭绝、禁止种族隔离、禁止战争犯罪、公海自由等，虽然属于国际强行法的范畴，但它们并非国际法基本原则。总的来说，国际强行法的内容较国际法基本原则更为广泛，其数量也比后者更多。

第二节 国际法基本原则的历史发展

国际法基本原则是随着国际关系的需要而产生和发展起来的。每一种法律制度都含有一些基本原则来指导整个法律关系的产生、变更和发展。在每个法律体系中，相对于某些具体的法律原则，总有一些对该法律体系中所有具体领域的规则具有统领功能和指导价值的规范，这类抽象的规范就是所谓的基本法律原则。如同国内法一样，国际法也需要一定的基本原则来统领国际关系。但是，国际社会是平等者之间组成的社会，在这个社会中不可能有一个最高权力机关来制定此等基本准则，国际法基本原则只能在主权国家的交往中逐渐得以形成。概括起来，国际法基本原则的形成和确立经历了以下三个历史发展阶段：

一、倡导传播时期

自从近代众多独立国家同时并存并逐渐形成一个广泛的国际社会之后，国际法基本原则开始引起各国的注意。到17、18世纪，国家主权观念已在欧洲大陆非常盛行。英国、法国、美国等西方新兴的资产阶级国家为了巩固新生的政权以及抵制来自沙俄、普鲁士和奥地利等封建君主专制国家的干涉，这些国家一般都在其国内宪法及宪法性法律文件里记载了诸如国家主权平等原则、不干涉内政原则等。如1776年美国的《独立宣言》、1793年法国的《法兰西宪法》、《国家权利宣言》等都对上述原则进行了阐述。然而，在20世纪以前，如同整个国际法一样，国际法基本原则的适用范围仍主要局限于所谓基督教欧美"文明国家"之间的关系，而国际法基本原则的数量在当时也相当有限。

二、逐步发展时期

第一次世界大战之后，国际社会成员的数量进一步扩大，许多殖民地国家相继获得了政治独立，而且在这个时期，国际社会还出现了一个崭新的成员——社会主义国家苏联。从此，国际法基本原则进入了一个新的发展阶段。列宁执政的苏联在原有国际法基本原则的基础上提出了一些革命性的崭新原则，如该国政府在《和平法令》、《告俄国和东方全体伊斯兰劳动人民书》等法律文件里明确提出了不侵犯原则、民族自决原则、和平共处原则等。后来，这些原则又得到了1919年《国际联盟盟约》和1928年《巴黎非战公约》等国际文件的确认和发展。

三、深入发展时期

第二次世界大战，使人类惨遭空前的浩劫，同时也推动了全世界反对侵略战争、维护世界和平与安全以及民族解放运动的深入发展。从战争废墟上孕育出来的《联合国宪章》确立了一系列的国际法基本原则。战后，随着民族解放运动的高涨，一大批独立国家兴起，这些发展中国家倡导了若干指导国家间关系的基本原则，如中国与印度、缅甸共同倡导的和平共处五项原则、亚非会议提出的十项原则等。自20世纪60年代以来，根据国际格局的变化和时代的要求，联合国大会先后通过了一系列载有国际法基本原则的决议，其中较为重要的有：1960年《给予殖民地国家和人民独立宣言》、1965年《关于各国内政不容干涉及独立与主权之保护宣言》、1970年《关于各国依联合国宪章建立友好关系及合作之国际法原则宣言》(简称《国际法原则宣言》)、1974年《各国经济权利和义务宪章》等。20世纪80年代联合国大会又通过了一系列阐释国际法基本原则的重要决议，如1981年《不容干涉和干预别国内政宣言》、1982年《关于和平解决国际争端的马尼拉宣言》和1987年《加强在国际关系上不使用武力或进行武力威胁原则的效力宣言》。这些决议极大地丰富和完善了现代国际法基本原则的内容和体系。

第三节 国际法基本原则的编纂

国际法基本原则体系到底应包括哪些原则？或者说，哪些国际法规范能成为为国际法的基本原则？对此，国际法学界还没有普遍一致的看法。这个问题实际涉及国际法对于国际法基本原则的一个编纂问题。目前，归纳起来，在所有有关确立国际法基本原则的国际法律文件中，1945年《联合国宪章》、1970年《国际法原则宣言》以及1954年《和平共处五项原则》对于国际法基本原则的编纂最为重要，下面将分别进行论述。

一、《联合国宪章》与国际法基本原则

在现代国际法基本原则的体系中，《联合国宪章》所确立的七项原则处于核心地位。这七项原则是会员国主权平等、善意履行宪章义务、和平解决国际争端、禁止武力相威胁或使用武力、集体协助、确保非会员国遵守宪章原则和不干涉内政。上述宪章的原则之所以构成现代国际法基本原则的核心，这是因为：

第一，宪章是国际文件中第一次系统地规定国际关系的基本准则。在此之前，虽然有一些国际公约如《国际联盟盟约》、《巴黎非战公约》、《关于美洲原则的宣言》等曾规定过一些原则，但均不如宪章规定得那样明确、具体和系统。所以，在联合国成立以前，国际法基本原则仍处在零散的状态。宪章标志着国际法基本原则的发展进入了较为系统的新时代。

第二，宪章是迄今拥有缔约国最多的一个多边条约，联合国是迄今拥有会员国最多的一个全球性国际组织。由几乎世界上所有国家都参加的组织的章程所确立的原则，无疑最具有权威性，最能充分表明其公认和接受的普遍性。

第三，宪章是现代国际法基本原则的体系趋于完善的重要标志。宪章之后的各种国际文件所列的原则，虽然数目不等，内容不尽相同，措辞也不完全一样，但都是在宪章的基础上引申和发展的。不论是中国同印度、缅甸共

同倡导的和平共处五项原则或是亚非会议提出的十项原则，还是联合国大会通过的《国际法原则宣言》、《各国经济权利和义务宪章》等决议，均与宪章原则的精神是一致的，其中有的是进一步宣示、解释、强调或重申宪章的原则，有的则是对宪章原则的发展。

总之，虽然《联合国宪章》是从组织法的角度规定联合国及其会员国应遵守的基本原则，但是由于联合国组织成员国的广泛代表性和宪章本身的造法性，已使得这些原则具有最为普遍的法律意义。特别是其中的主权平等、真诚履行国际义务、和平解决国际争端、禁止武力相威胁或使用武力、不干涉内政等原则，已经成为国际社会公认并接受的国际法基本原则，其实际效力已超出了一个国际组织章程的效力范围。诚然，宪章中的个别原则只能专门适用联合国组织及其会员国，但这并不影响宪章所确立的七项原则作为一个整体在国际法基本原则体系中的核心地位和最高的权威性。

二、《国际法原则宣言》与国际法基本原则

为了对国际法基本原则进行编纂和发展，联合国大会于1962年成立了特别委员会，进行这项工作，历时数年。联合国大会在1970年全体一致通过了《关于各国依联合国宪章建立友好关系及合作之国际法原则之宣言》，简称《国际法原则宣言》，宣布了七项基本原则，并分别指出这七项原则的含义和要素，要求"所有国家在其国际行为上"，作为"国际法之基本原则"予以"严格遵守"[①]。

这七项原则为：(1) 不使用武力威胁或使用武力；(2) 和平解决国际争端；(3) 不干涉任何国家内政；(4) 各国依照宪章彼此合作；(5) 各民族权利平等与自决；(6) 各国主权平等；(7) 善意履行宪章义务。这是国际社会第一次以联合国大会通过宣言的形式来列举并确认国际法的基本原则，这对所有国家在其国际行为上遵守国际法和贯彻《联合国宪章》的各项宗旨和原则，具有非常重要的意义。如果说《联合国宪章》所记载的上述七项原则还只是调整联合国各个会员国之间的关系的话，那么，《国际法原则宣言》所确立的上述七项原则对于国家关系的调整已经扩展和上升到了所有国家之间的关系上。至此，一个由若干原则构成的现代国际法基本原则的体系正式得以形成。

---

① 参见《国际法原则宣言》的"总结部分"。

三、和平共处五项原则与国际法基本原则

（一）和平共处五项原则的产生与发展

"互相尊重主权和领土完整、互不侵犯、互不干涉内政、平等互利、和平共处"这五项原则是中国政府与印度、缅甸共同倡导建立的。1953年12月31日，当中国政府代表团和印度政府代表团就两国在中国西藏地方的关系问题在北京举行谈判时，周恩来总理在谈话中首先提出了这五项原则。其后正式写入了1954年4月29日《中华人民共和国和印度共和国关于中国西藏地方和印度之间的通商和交通协定》的序言中，并声明以这五项原则作为该协定的基础。同年6月28日中印两国总理发表联合声明，重申这些原则为指导两国间关系的原则，并认为两国"与亚洲以及世界其他国家的关系中也应该适用这些原则"。6月29日，中缅两国总理在联合声明中重申了这五项原则。继中印、中缅联合声明之后，中国在20世纪50年代分别与苏联、印度尼西亚、越南民主共和国、尼泊尔、德意志民主共和国、柬埔寨、老挝等国签署的联合文件中，均确认了五项原则为国际关系的准则。至此，和平共处五项原则已基本上成为中国与周边国家间关系的基本原则。

20世纪60年代，随着一大批独立国家的诞生，中国同古巴、索马里、阿联（今埃及和叙利亚）、马里、坦桑尼亚、突尼斯、阿尔及利亚等非洲和拉美国家签署了载有和平共处五项原则的文件。这标志着和平共处五项原则的确认与接受已超出了亚洲的范围。

20世纪70年代，和平共处五项原则的发展进入了一个新的阶段。除了一大批发展中国家承认这五项原则外，一些发达国家也逐步认可了这五项原则，如意大利、比利时、美国、日本、澳大利亚等。这些国家与中国的建交公报或双边条约中均明确规定和平共处五项原则为指导双边关系的基本原则。和平共处五项原则的传播已遍及各大洲，其适用的范围除不同社会制度国家之间的关系外，还包括相同社会制度国家之间的关系，即适用于一切国家间的关系。

和平共处五项原则还在一些重要的多边文件中得到反映。1955年4月在印度尼西亚万隆召开的亚非会议具有重要的历史意义。会议的最后公报中宣布了各国和平相处和友好合作的十项原则。其中有的原则与和平共处五项原则的内容完全相同，有的是五项原则的具体化。在联合国范围内，上述联大通过的有关决议中列举的原则，或者含有五项原则的内容，或与五项原则的精神基本一致。

（二）和平共处五项原则的含义

互相尊重主权和领土完整，是五项原则中的首项，也是国际关系和国际法的一条最根本的原则。它包括两个方面的内容，即互相尊重主权和互相尊重领土完整。由于国家的主权和国家的领土完整密切地联系在一起，尊重一国主权首先意味着尊重该国的领土完整。因此，将这两个不尽相同但又密切不可分的概念合并为一项原则提出来是一种伟大的创举，对于国际关系的健康开展具有重要意义。

互不侵犯原则，是从互相尊重主权和领土完整原则直接引申出来的，也是第一项原则的重要保证，根据《国际法原则宣言》的规定，互不侵犯原则的内容主要有：各国有义务不首先使用武力；有义务用和平方法解决争端；有义务避免侵略战争的宣传；有义务不侵犯他国国界和侵入他国领土，对侵略战争应负国际法上的责任；不得以国家领土为军事占领的对象；不得采取任何强制行动剥夺被压迫民族行使民族自决的权利等。

互不干涉内政，是久经公认的一项国际法原则。但是，在传统国际法中，不干涉内政原则实际上只适用于欧美列强之间的关系，广大的亚非拉国家和民族则被排斥在适用之外。和平共处五项原则不只是简单地继承了这一原则，而且加上一个"互"字，使其富有新时代的含义。互不干涉内政原则意味着，在现代国际关系中，国家不分大小、强弱均不应进行非法的武装干涉、经济干涉、外交干涉和其他方式干涉。

平等互利，是在传统的平等原则基础上发展起来的一项新原则。其新意就在于：它更强调国家间的真正平等，即真正的平等应该是与互利相联系的，形式上的平等不一定是互利的，而只有互利的平等才是真正的平等。

和平共处，既是五项原则的总称，又是一项单列的原则。和平共处作为一种外交思想和政策最初是由列宁提出来的①。在《联合国宪章》的序言中，载有各国必须"和睦相处"的字样。中国和印度、缅甸将和平共处作为一个单项基本原则提出来，可以说是一个创举。和平共处原则的深刻含义是，各国不应因社会制度、意识形态和价值观念的不同，而在国际法律地位上有所差别，而应在同一个地球上和平地并存，友好地往来，善意地合作，并利用和平方法解决彼此间的争端。

---

① 列宁在1919年12月2日俄共（布）第八次全国代表会议《关于国际政策问题的决议草案》中写道："俄罗斯社会主义联邦苏维埃共和国希望同各国人民和平相处，把自己的全部力量用来进行国内建设。"列宁全集．（中文第2版）．北京：人民出版社，1986（37）：354．

(三) 和平共处五项原则在国际法基本原则中的地位

和平共处五项原则是现代国际法基本原则的重要组成部分。在整个基本原则体系中，和平共处五项原则占有重要地位，主要表现为：

(1) 和平共处五项原则与《联合国宪章》的宗旨和原则是一致的。早在1954年，周恩来总理就明确指出："中国同印度和缅甸共同倡议的和平共处的五项原则，完全符合于联合国宪章的宗旨。"可以设想：如果没有这种一致性，和平共处五项原则就不可能被世界上越来越多的国家所接受。实践也表明，正是由于这种一致性，才使得五项原则如同《联合国宪章》的宗旨和原则一样，具有巨大的生命力。

(2) 和平共处五项原则科学地反映了现代国际法基本原则的体系。虽然五项原则中的每一单项原则早已存在，但是将它们作为一个彼此既有区别的含义又有密切的内在联系的整体提出来，这无疑是一个创造性的发展。在这五项原则中，第一项是根本，其他几项既是延伸，又是保证，相互联系，密不可分。

(3) 和平共处五项原则准确地体现了国际关系的基本特征。五项原则中的前四项都有一个"互"字，后一项有一个"共"字。这不是简单的措辞技巧，而是高度概括了国际社会中主权国家间相互依存、共同发展的最基本特征。它意味着：以国际法基本原则为核心的国际法只有建立在主权国家"互相尊重"、"和平共处"的基础上，才能成为一种真正有效的法律秩序来促进人类和平与发展。

第四节 国际法基本原则的主要内容

一、国家主权平等原则

国家主权平等，是传统国际法的一项重要原则。无论是《联合国宪章》，还是其他有关国际法律文件，均列有国家主权平等原则，并将其列为各项原则之首。这一原则是现代国际法基本原则体系的核心。

国家主权，是国家的根本属性，在国际法上是指国家有独立自主地处理其内外事务的权力。主权是每一个国家所固有的，并非外界所赋予。国家主权具有两方面的特性：一是对内的最高权，即国家对其领土内的一切人和物以及领土外的本国人享有属地优越权和属人优越权；二是对外的独立权，即国家在国际关系上是自主的和平等的。虽然自近代以来，对主权有不同的理论解释，但各国在实践上都十分重视自己的主权，并特别强调主权平等的重要性。

国家主权平等原则之所以是一项最重要的国际法基本原则，是由国际社会及国际法的基本特点所决定的。国际社会是主权国家林立的社会，在这一社会的法律秩序中，国家既然都是彼此独立的主权者，相互之间就应该是平等者间的关系。因此，在国际法中，每个国家不论大小、强弱和政治经济制度如何，都应互相尊重主权，平等交往。国际法的其他原则、规则和制度，都必须以国家主权平等原则为出发点。

根据1945年旧金山会议的一个专门委员会起草的报告，主权平等应有四个要素：各国在法律上平等；每一国家享有充分主权所固有的权利；国家的人格、领土完整与政治独立受到尊重；各国在国际秩序中应善意履行其国际义务与责任。1970年《国际法原则宣言》将主权平等的要素分为六项，其中除了重申上述四个要素外，还特别强调各国均有义务尊重其他国家的人格和均有权利自由选择并发展其政治、社会、经济及文化制度。

20世纪90年代后，国际上出现了一种"主权过时"、"人权高于主权"等贬低、损抑国家主权的议论。对此，一方面不可因冷战后时代的一些特殊国际现象而渲染国家主权危机，而模糊主权与国家间的属性关系，从而动摇主权不可侵犯的神圣地位；另一方面也不可将国家主权推至绝对化，国家主权还受制于国家间的相互依存性。诚然，在纷繁复杂的现代国际社会中，制约国家主权的因素是很多的，但归根结底，真正的制约者恰恰是主权者（国家）自身，而且各种制约仍须在国际法允许的范围之内①。

二、禁止以武力相威胁或使用武力原则

禁止以武力相威胁或使用武力，是一项较新的国际法基本原则。1945年《联合国宪章》是第一个明文规定禁止以武力相威胁或使用武力的国际公约。宪章第2（4）条规定："所有会员国在它们的国际关系中，不得以武力相威胁或使用武力来侵害任何其他国家的领土完整或政治独立，亦不得以任何其他同联合国宗旨不符的方式以武力相威胁或使用武力。"可见，禁止以武力相威胁或使用武力的含义不仅在原则上重申禁止正规的侵略战争，而且进一步确认一切武装干涉、进攻或占领以及以武力相威胁的其他行为，都是违反国际法的。不过，宪章也规定，依宪章有关规定采取的集体强制措施、单独或集体自卫和区域机构采取的强制行动等，不受这一原则的限制。此外，殖民地或半殖民地的人民为摆脱殖民统治而进行的武装斗争，是实行

---

① 参见曾令良．论冷战后时代的国家主权．中国法学，1998（1）．

民族自决权的合法途径，不应被解释为与禁止武力相威胁或使用武力原则相抵触。

在《联合国宪章》的基础上，《国际法原则宣言》郑重宣布，禁止以武力相威胁或使用武力是各国建立友好关系及合作的国际法原则。宣言明确指出，侵略战争构成危害和平之罪行，使用威胁或武力构成违反国际法及联合国宪章的行为，永远不应用为解决国际争端的方法。

1987年《加强在国际关系上不使用武力或进行武力威胁原则的效力宣言》更为具体地规定："每个国家都有义务在其国际关系上不进行武力威胁或使用武力……武力威胁或使用武力构成对国际法和《联合国宪章》的违反，应承担国际责任。"该宣言特别强调，"在国际关系上不得进行武力威胁或使用武力的原则，不论各国政治、经济、社会或文化制度或结盟关系，一律适用并有约束力"；"任何性质的考虑都不得作为违反《联合国宪章》进行武力威胁或使用武力的理由"。

三、和平解决国际争端原则

自1899年第一次海牙会议上被提出以来，和平解决国际争端原则又经过1907年《海牙和平解决国际争端公约》、1919年《国际联盟盟约》以及1928年《巴黎非战公约》等国际法律文件的强调，第二次世界大战结束后不久，该原则才正式得以确立为国际法上的一项基本原则。事实上，和平解决国际争端的原则也是从上述禁止武力威胁或使用武力原则中直接引申出来的。1945年《联合国宪章》第2条第3项规定：所有会员国应该用和平的方法解决它们的争端。经宪章确认，这一原则构成宪章解决国际争端各条款的基础，并成为国际法上集体安全制度的重要原则之一。国际实践反复证明：国际争端，不论是政治的、经济的，还是法律上的或事实上的，如果长期得不到解决，均有可能发展成为武装冲突，甚至酿成国际战争。历史也同样表明：国际争端只有通过和平解决，才能真正促进国际和平与安全，以战争、武力或以武力相威胁等的强制方法，不仅不能从根本上解决争端，反而会激化有关国家间的敌对情绪，而且有可能使争端扩大和升级，成为引发国际冲突和战争的祸根。因此，《联合国宪章》第33条还专门规定了一些和平方法，如谈判、调查、调停、和解、斡旋、仲裁、司法解决、利用区域机构或区域协定等。

后来，1970年《国际法原则宣言》也强调："每一国应以和平方法解决其与其他国家之国际争端，俾免危及国际和平、安全及正义。"宣言还进一步规定，争端当事国如未能就某一和平方法解决有关争端时，"有义务继续以其所商定之他种和平方法寻求争端之解决"。这就意味着，和平解决国际争端原则本身是强制性的，至于具体采用哪种和平方法，有关国家可以任意选择，但必须用尽和平方法。1982年《关于和平解决国际争端的马尼拉宣言》进一步庄严宣告："所有国家应只以和平方法解决其国际争端，俾免危及国际和平与安全及正义。"而且，"任何争端当事国不得因为争端的存在，或者一项和平解决争端程序的失败，而使用武力或以武力相威胁"。

四、不干涉内政原则

不干涉内政，是指国家在相互交往中不得以任何理由或任何方式，直接或间接地干涉他主权管辖范围内的一切内外事务，同时也指国际组织不得干涉属于成员国国内管辖的事项。

不干涉内政原则与国家主权原则相伴而行，是一项较早的国际法原则。自从近代国际法形成以来，各种国际文件均将它列为国家间关系的准则。《联合国宪章》第2（7）条规定："本宪章不得认为授权联合国干涉在本质上属于任何国家国内管辖之事件，并且不要求会员国将该项事件依本宪章提请解决；但此项原则不妨碍第七章内执行办法之适用。"上述规定表明：在现代国际法中，除国家根据协议而产生相应国际义务的那些事项外，各国可以根据主权自由处理本国的一切事项，彼此间不得干涉。

需要指出的是，这一原则中的"内政"具有极为广泛的内容，它不仅仅指一国的国内事务，还包括一国与其他国际法主体间的事务，即对外事务。然而，随着国家间相互依存关系的日益发展，一些过去属于国内管辖的事项正在逐步被纳入国际法所调整的范围之中。然而，包括《联合国宪章》在内的国际文件，并未规定判断"内政"的标准，因此，在实践中国家间常因某一事项是否为"内政"的问题发生争论。无论如何，国际法上的内政不是一种地域概念，它一方面包括国家生活的各个方面，另一方面又和国际法律秩序发生联系。从国际法角度来看，所谓"内政"或"国内管辖事项"，一般是指国家不受国际法约束而能独立自主处理的那些事项，如一个国家的政体、内部组织、法律主体间关系、对外政策等。

虽然在国际法上未能详尽列举国家"内政"的范围，但是国际社会对于不干涉内政原则却曾多次予以重申。继《联合国宪章》之后，联大于1965年通过了《关于各国内政不容干涉及其独立与主权之保护宣言》，其中特别强调：任何国家或国家集团，不论为何理由，均不得直接或间接干涉其他国家的内政、外交；不得使用政治、军事、经济等措施威逼他国，以使它屈服；不得组织、协助、制造、资助、煽动或纵容他国内部颠覆政府的活动；不得干涉另一国的内乱。1970年的《国际法原则宣言》再次重申了不干涉内政原则和上述决议的内容。1981年《不容干涉和干预别国内政宣言》明确指出："充分遵守不干涉和不干预别国内政和外交的原则对维持国际和平与安全和实现《宪章》的宗旨和原则都最为重要。"《宣言》不仅再次庄严宣告"任何国家或国家集团均无权以任何方式或以任何理由干涉或干预其他国家的内政和外交"，而且较为全面、系统地规定了不干涉和不干预别国内政和外交原则应包括的各项权利和义务。

由于现代国内事务和国际事务之间具有联系，又由于国际法受制于国际政治，因此不干涉内政原则虽然被公认为不许损抑的国际法基本原则，但实践中一国干涉他国内政的事件，却时有发生。特别是某些强国，常以他国"违反基本人权"为借口而进行的所谓"人道主义干涉"，除直接的武力干涉外，还频繁地运用经济干涉、外交干涉、舆论干涉以控制弱国按其意志行事。可见，如何确保不干涉内政原则的实施，将是国际社会要长期为之努力的一项艰巨任务。

五、善意履行国际义务原则

国际惯例和条约必须遵守，是传统国际法中的一项重要原则。《联合国宪章》重申了这一原则，在序言中明确指出会员国应"尊重由条约与国际法其他渊源而起的义务"。宪章第2（3）条规定：各会员国为了保证全体会员国得享有由于加入本组织而产生的权利与利益，应善意履行依照本宪章所承担的义务。继宪章之后，一些重要的条约和国际组织的决议也强调这一国际法基本原则，如1948年《美洲国家组织宪章》、1969年《维也纳条约法公约》、1970年《国际法原则宣言》、1982年《联合国海洋法公约》等。此外，这项原则还得到一系列国际司法判例的认可。

善意履行国际义务成为国际法基本原则之一，是由国际法本身的特点所决定的。国际法是通过互相平等的国家间的协议而形成的，国际法所约束的对象主要是国家，依国际法而建立的国际合作制度也主要是在国家自愿承担义务的基础上进行运作的，国际社会缺乏国内社会那种具有强制管辖的司法机关来保证国际法的遵守与执行。因此，国际法的有效性和国际法律秩序的稳定性，在很大程度上取决于各国忠实遵守国际法的规范和善意履行其承担的国际义务。否则的话，整个国际法律体系的大厦就将濒临崩溃，正常的国际关系就将不复存在，国际社会成员在其行为交往中就无所适从。所以，对一个相对松散和软弱的国际法体系而言，善意履行国际义务原则尤为重要。

应该注意的是，善意履行国际义务不应理解为与国家主权原则相冲突。

在一般情况下，国际义务只有在依国家主权原则自愿承担的情况下才具有国际法上的约束力；违背国家主权原则的一切义务都是没有法律效力的。

六、国际合作原则

国家间的合作，由来已久。从近代开始，随着国际贸易和国际经济关系的发展，国家间的合作范围越来越大，并由临时性合作逐渐向长期性合作发展。但是，在20世纪以前，国际合作基本是属于双边的或地区性的，不是一般的国际义务，更谈不上是一个基本的法律原则了。

第一次世界大战后，国际合作的重要性显得愈来愈突出。1919年《国际联盟盟约》曾表达了会员国必须"增进国际合作并保证其和平与安全"的愿望。然而，国联时期的合作主要是大国间为安排彼此间的利益或为应对突发事件而进行有限的政治合作。

第二次世界大战后，各国平等的国际合作迅速上升为一项具有普遍意义的现代国际法基本原则。《联合国宪章》的序言指出：为维护国际和平与安全，促进人类经济与社会的进步和发展，会员国"务当同心协力"。宪章还明确地将"促成国际合作"列为其宗旨之一。为实现这一宗旨，宪章还作出了一系列的具体规定。宪章的生效及联合国的诞生，标志着一个以联合国为中心的各国平等的全球政治、经济、社会、文化等国际合作体制已基本形成。

除《联合国宪章》外，其他的国际法律文件均载有国际合作的精神或条款，其中尤以《国际法原则宣言》最为重要。宣言庄严宣布：各国依照联合国宪章彼此合作是一种必须"严格遵守"的"义务"，此等合作"构成国际法之基本原则"；"各国应与其他国家合作"，"采取共同及个别行动与联合国合作"，维持国际和平与安全，促进国际经济、社会、文化、教育、科学与技术等方面的进步。

国际合作原则，是现代国家间相互依存、共同发展的根本体现。在这一原则的指导下，现代国际合作的发展趋势主要表现在：第一，合作的形式各式各样，除传统的双边和多边合作外，区域性合作、集团化合作和全球性合作平行发展；第二，合作的层次愈来愈多，其中除国家间的合作外，国际法特别强调国家与有关国际组织进行合作的义务；第三，合作的领域不断拓宽，国际合作由战时发展到平时，从过去的政治合作发展到现在的政治、经济、文化、教育、科技等合作，在现代人类生活的各个方面，几乎都有程度不等的国际合作。总之，虽然各国所处的地理位置不同，政治制度不一样，经济发展水平有差异，但都需要依法进行国际合作。只有国际社会成员真诚合作，进一步建立和完善国际合作的法律制度，人类才能在同一个"地球村"中和平相处，共同发展。

七、民族自决原则

最初，民族自决主要是一个政治概念，其渊源可追溯到1776年的《美国独立宣言》。后来法国革命使这一概念得到进一步明确。不过，当时的民族自决还不是一个国际法的概念。1916年，列宁在《论社会主义革命和民族自决权》中正式提出了民族自决原则。第一次世界大战和十月革命后，这一原则在国际上得到了广泛的传播和一定的承认。

在两次世界大战的间隙时期，民族自决原则在欧洲得到很大程度的实施。但是《国际联盟盟约》所建立的"委任统治制度"表明：民族自决原则并未适用于殖民地国家。当第二次世界大战进入末期时，重建战后国际秩序的问题开始显露出来。虽然1941年的《大西洋宪章》宣称了民族自决原则，但是丘吉尔在解释这一宪章时指出，宪章的自决概念只针对欧洲国家以及纳粹统治下的其他民族恢复其主权和自治政府，不适用于殖民地国家。

在旧金山制宪会议上，民族自决的范围是与会国讨论和争执的问题之一。经大多数国家代表的同意，《联合国宪章》第1（2）条宣布："发展国家间以尊重人民平等权利及自决原则为根据之友好关系，并采取其他适当办法，以增强普遍和平。"宪章是第一个正式规定民族自决的条约，其使民族自决原则成为具有约束力的国际法规范。

"二战"后随着民族解放运动的高涨，殖民主义体系的瓦解，民族自决原则进入了一个新的发展时期。在联合国范围内，联大通过了一系列宣言和决议，使民族自决原则得到进一步明确和发展，其中最主要的有：1952年《关于人民与民族的自决权》、1960年《给予殖民地国家和人民独立宣言》、1970年《国际法原则宣言》、1974年《各国经济权利和义务宪章》等。至此，民族自决作为一项国际法基本原则，已得到国际社会的普遍承认和接受。

一般说来，民族自决原则主要适用于下述几种情形：第一，这一原则包含了一个现存国家的人民自由选择其政治、经济、社会和文化制度。这是民族自决原则的最原始含义，它与国家主权平等和不干涉内政原则的精神是一致的。第二，当领土主权的存在处于不确定的情况下，该领土上的民族拥有自决的权利，如巴勒斯坦人民的民族自决。第三，凡是殖民地、半殖民地或其他非自治领土的民族和人民，均享有自由决定其政治命运的权利。①

需要强调的是，不可将民族自决原则理解为与国家主权原则相冲突。对于一个由多民族自愿组成的国家而言，如果它已建立了合法政府并实行有效的统治，任何国家就不得以民族自决为借口，制造、煽动或支持民族分裂，破坏该国的统一和领土完整。否则，就是对国家主权的侵犯，违反了不干涉别国内政这一国际法基本原则，从而从根本上违背了民族自决原则的真实意义。

八、全人类整体利益原则

进入 21 世纪以来，在经济全球化浪潮的冲击下，各国之间的相互依赖、相互影响和相互制约的程度日益加深。一方面，当前人类正面临越来越多的全球性问题，诸如海盗问题、毒品问题、环境恶化问题、国际恐怖主义犯罪问题、贫穷问题、难民问题、传染病问题、武器走私问题等，这些问题越来越需要所有国家共同合作才能加以解决。国际社会为了应对这些挑战相继制定了大量的国际多边公约。另一方面，在当代国际法上，像公海、国际海底、南极、北极以及外太空等"人类共同继承的遗产"、"人类公地"等概念的提出也使得公海制度、国际海底制度、南极法律制度、外太空法律制度得以确立。全人类整体利益原则的确立是新时期国际法的一项新原则，对原有的国家主权原则进行了补充和发展，对人类的生存与发展产生了极其重要而深远的影响。

【难点追问】

国际法的基本原则与国际强行法的关系。

国际法的基本原则与国际强行法既有联系又有区别，二者不可以截然分开，也不可以完全等同。国际法基本原则应该属于强行法的范畴，而不是任意选择的法律规范。国际法基本原则与国际强行法在确认的程度和效力的性质上有相同之处。但是，基本原则并不等于强行法，反之亦然。基本原则是适用于一切国际法领域的一般指导原则，而强制规范有可能是某一特定国际

---

① 很多欧美学者认为，民族自决权应由两部分组成，即对内自决权和对外自决权。前者主要指自主权、自治权以及发展自我经济、文化、宗教、习俗等权利；后者则主要指独立权或脱离权，即从原主权国家脱离开组建新的独立国家的权利。这种论调实际是假借人权来倡导所谓民族分离权，很容易为一个国家国内的民族分离主义势力所利用，而所谓民族分离权是不为现行国际法所承认的。

法部门的具体规则。

【前沿提示】

　　对于国际法体系中到底应该有多少项基本原则这个问题，不同的学者有不同的观点。有的学者主张有七项，有的学者主张有十项。联合国在对国际法基本原则进行编纂的时候列举了七项，这是国际社会对国际法基本原则主要内容的一个基本共识。然而，随着经济全球化的不断深入发展，许多全球性问题不断出现，全人类作为一个整体的利益在不断增多，国际法的基本原则的主要内容也应随之逐渐发展和完善。所以在本教材中，笔者认为国际法的基本原则可以增加到八个，即在国际社会达成七项国际法基本原则的共识基础上增加了"全人类整体利益原则"。

【思考题】

　　1. 阐述国际法基本原则的概念、特征以及与国际强制规律的相互关系。
　　2. 简述《联合国宪章》的原则及其在现代国际法基本原则体系中的地位。
　　3. 和平共处五项原则的内容是什么？应该怎样认识它的重要意义及其与现代国际法基本原则的关系？
　　4. 简述国家主权原则、禁止以武力相威胁或使用武力原则、和平解决国际争端原则、不干涉内政原则、善意履行国际义务原则、国际合作原则和民族自决原则的基本含义。
　　5. 应如何正确认识国家主权与民族自决之间的关系？

第三章　国际法上的国家

【引言】国家是国际法的基本主体，也是国际社会的基础。国家在国际法上的主体地位以及与之相关的法律制度，是国际法上的重要内容，也是理解国际法原则和规则的关键。

【学习的目的与要求】通过本章的学习，了解国家的类型和在国际法律关系中的地位，掌握国家的要素和基本权利，了解国家豁免的相关理论和实践，掌握与国家有关的国际法上的承认和继承制度。

【知识结构简图】

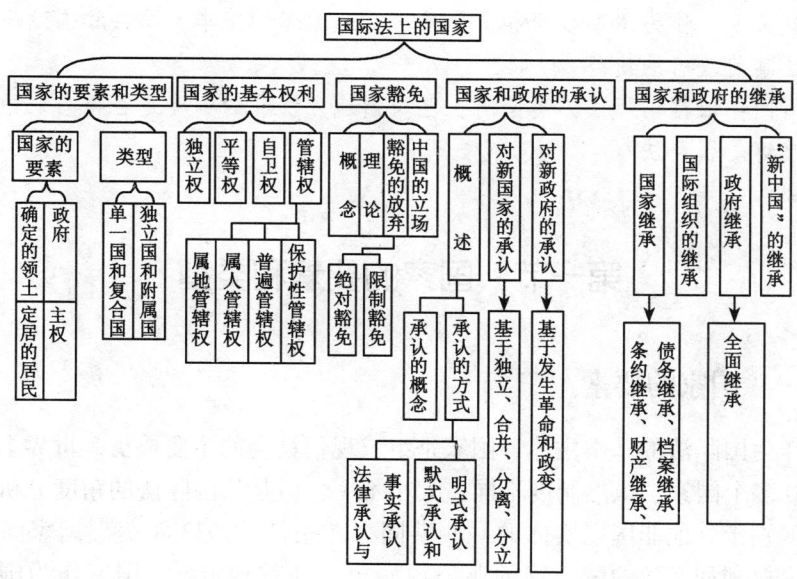

【引例】

湖广铁路债券案

1911 年，清政府为修建湖北至广东等地的铁路，向美、英、法、德等国的银行财团借款，签订了总值为 600 万英镑的借款合同。合同规定，上述外国银行以清政府名义在金融市场上发行债券,即"湖广铁路五厘利息递还英镑借款债券",年息五厘,合同期限为40年。但该种债券从1938年起即停付利息,1951年本金到期也未归还。后来一些美国人在市场上收购了这种债券。1979年,美国公民杰克逊等人在美国阿拉巴马州地方法院对中华人民共和国提起诉讼,该法院受理此案并向中华人民共和国发出传票,要求中华人民共和国在收到传票20日内提出答辩,否则将作出缺席判决。杰克逊等人要求中华人民共和国政府偿还湖广铁路债券的本息,指称这笔债券是清朝政府发行的商业债券,清政府被推翻后,国民政府在1938年以前曾支付过利息。因此,中华人民共和国政府有义务继承这笔债券。中国政府拒绝接受传票和出庭,并照会美国国务院,声明中国是一个主权国家,享有司法豁免权,不受美国法院管辖。

1982年9月1日,阿拉巴马州地方法院作出缺席裁判,判决中华人民共和国偿还原告41313038美元,外加利息和诉讼费等,并声称:如果中国政府对该判决置之不理,美国法院将扣押中国在美的财产,以强制执行判决。其理由为:根据现行国际法原则,一国的政府更迭通常不影响其原有的权利和义务,作为清朝政府和国民政府的继承者的中华人民共和国政府有义务偿还其前政府的债务。

请问:依据国际法,美国阿拉巴马州地方法院的判决是否得当?中国的上述抗辩是否合法?

第一节 国家的要素和类型

一、国家的要素

作为国际法的基本主体,国家是组成现代社会的主要成员。世界上现有的190多个国家,虽然制度不同,大小不一,但是从国际法的角度分析,都具备区别于其他非国家实体的一些共同存在条件。1933年美洲国家间《关于国家权利和义务的蒙得维的亚公约》第1条就规定,"国家作为国际法人,应具备如下四个条件:

甲、定居的居民;

乙、确定的领土;

丙、政府;

丁、与他国进行交往的能力。"

而第四项条件"与他国交往的能力"通常被理解为"主权",这样,概括起来,现代国际法通常将上述这些条件称为国家在国际法上的构成要素。

(一) 确定的领土

领土是指位于国家主权下的地球表面的特定部分,以及其底土和上空。领土是国家存在和发展的物质基础,是国家行使主权的空间,同时也是国家行使主权的对象。领土是国家构成要素之一,国家必须具备一定的领土,因此逐水草而居的游牧部落,在国际法上不构成国家。有了确定的领土,国家才能建立起来并有效地行使国家主权;没有领土,国家就没有管辖的空间。世界上没有无领土的国家,至于领土的大小,是否存在边界争端,或者是否有边界未划定,均不妨碍其作为国家而存在。

(二) 定居的居民

居民是国家的基本要素之一。居民是指居住于国家领土内的那些人。有了一定数量的居民才能形成社会,形成一定的经济和政治结构,组成国家;没有在国家领土上长久定居的居民,国家就不可能形成和发展。至于各国居民数量的多少、种族和民族的异同,并不影响国家的存在。实际上,一国领土内的居民,往往属于不同的民族或种族,具有不同的宗教信仰,但只要定居于国家领土之内,就是该国的居民。

(三) 政府

政府是执行国家职能的机构,是国家的组织特征。广义的政府包括立法机关、行政机关、司法机关、军事机关。狭义的政府仅指行政机关。一个国家的政府又可分为中央政府和地方政府。中央政府代表国家对外进行国际交往,对内实行统治或管理。没有中央政府的国家是不存在的,至于政府采取何种政权组织形式,则是各国自己的内政。

(四) 主权

主权是一国独立自主处理对内、对外事务的最高权力。主权是国家的根本属性,也是国家的固有属性。主权是国家区别于其他实体的根本标志,在一个确定的领土之内,如果只有政府和定居的居民,而没有主权,它就只能是一个国家的地方行政区、殖民地或其他政治实体,不能成为国际法意义上的国家。

以上四个要素密切联系在一起,将国际法上的国家与其他非国家实体区别开来。因此,任何一个独立的主权国家都必定具备上述四个要素,而任何一个非国家的政治实体也只有具备了上述四个要素才能独立成为一个主权国家。在这个意义上,我们可以把国际法上的国家定义为:国家是具有确定的领土、定居的居民、政府和主权的社会政治实体。

二、国家的类型

从不同的角度、依据不同的标准可以把国家分为各种不同的类型。这些不同类型的国家情况各不相同，是否都是国际法意义上的国家呢？这就需要对下列各类国家作一具体分析。

（一）单一国和复合国

按照国家的结构形式，可将国家分为单一国和复合国。

1. 单一国

单一国是由若干行政区域构成的具有统一主权的国家。全国只有一个最高立法、司法和行政机关，只有一个中央政府和一部宪法，实行统一的中央集权，全体国民都具有统一的一个国籍。单一国在对外关系上，由中央政府代表国家；在国际关系中，是一个单一的国际法主体。单一国在内部也划分行政区域，各行政区域的地方政府，都受中央政府的统一领导。实践中，单一国的地方行政区域在法定范围内往往享有一定的自治权，但这些地方行政区域都不是国际法主体，对外不能代表国家。

现代国家多数都是单一国，中国就是典型的单一制国家。中华人民共和国作为一个统一的多民族国家，在对外关系上，就是一个单一的国际法主体，它的省、直辖市、民族区域自治地方、特别行政区等都受中央政府统一管辖，不是国际法主体。如中国香港、澳门特别行政区以及台湾地区都享有高度的自治权，甚至还包括某些对外交往权。例如香港特别行政区可以"中国香港"的名义，在经济、贸易、金融、航运、通讯、旅游、文化、体育等领域单独地同世界各国、各地区及有关国际组织保持和发展关系，并签订和履行有关协定；对不以国家为单位参加的国际组织和国际会议，可以"中国香港"的名义参加。可见，香港特别行政区只是在经济贸易等方面享有一定程度的对外交往权，但并不因此而具有国际法主体资格。而台湾作为中国领土不可分割的一部分，其本身也不具有任何国际法主体的地位。

2. 复合国

复合国是指两个或两个以上的邦或国家组成的联合体。现在的复合国主要有两种：联邦和邦联。

联邦又称联邦国家，是由两个以上的成员邦（州或国）联合组成的复合制国家。联邦是复合国中最主要、最典型的形式。美国、加拿大、德国等国都是联邦国家。联邦具有统一的宪法，有统一的武装力量，设有最高权力机关和最高行政机关。联邦各成员邦（州或国）具有一定的自主性，也有自己的宪法和法律，但不得与联邦宪法和法律相抵触。联邦内的公民具有一个共同的国籍，联邦成员邦的公民同时也是联邦公民。在联邦和联邦成员邦的关系上，在联邦宪法中划分联邦政府和各成员邦政府的职权范围，联邦成员邦的对外交往权取决于各个联邦国家宪法的具体规定①。一般认为，即使联邦成员根据联邦宪法享有一定的自治权和对外交往权，仍然不是国际法主体，联邦国家才是国际法主体。

邦联则是指两个以上的主权国家为了某种共同利益根据国际条约组成的国家联合体。邦联没有统一的中央政权，没有统一的宪法与法律体系，各成员国的公民也没有统一的国籍。邦联的各成员国对内、对外享有全部主权，各成员国经过平等协商把各自的一部分权力委托给邦联机构。严格地讲，邦联并非真正意义上的国家，只是一种比较松散的国家联盟。邦联本身不是国际法主体，各成员国才是国际法主体。随着各成员国政治、经济联系的加强，邦联有可能发展成为联邦制国家，如美国、瑞士就是由邦联转变为联邦制的。历史上比较典型的邦联有1982年塞内加尔和冈比亚结成的塞内冈比亚邦联，后已于1989年解散。也有学者认为，1991年由独立的11个苏联共和国组成的独立国家联合体和1999年俄罗斯和白俄罗斯组成的俄白联盟即为邦联。②

（二）独立国和附属国

按照国家享有主权的程度，可将国家分为独立国和附属国。

独立国是行使全部主权的国家，这类国家可能是单一国，也可能是联邦国家，但它们都是国际法主体。

附属国是指主权受到控制而从属他国的国家。这类国家往往由于封建统治残余关系或者由于帝国主义、殖民主义的外来压力，对他国居于从属地位，只行使部分主权。附属国在历史上主要有附庸国和被保护国两种。附庸国是指对外交往全部或部分受他国控制的国家，控制国被称为"宗主国"，附庸国一般被视为宗主国的一部分。被保护国则是指一些国家依据条约将本国重要的对外事务交由一个强国处理而使两国之间形成保护与被保护的关系。被保护国作为一个国家，仍是国际法主体，并非保护国的一部分。

现代国际社会中的国家一般都是独立国，附属国已经基本成为历史的遗

---

① 例如，美国全部对外交往权都集中于联邦政府，各州无对外交往的权力；而瑞士联邦所属各州则享有一定的对外交往权，可就某些地方性事务与外国签订协定。

② 程晓霞，余民才．国际法．北京：中国人民大学出版社，2008：49．

迹，仅就被保护国这一类型尚有个别的例子存在，例如摩纳哥。根据法国与摩纳哥有关双边条约，法国承诺保护摩纳哥独立、主权和领土完整①。

应该注意的是，一国在外交政策上追随另一国的现象在现代国际社会中是经常存在的，但这并不意味着追随国就是附属国，也并不影响追随国的国际法主体资格。

（三）永久中立国

永久中立国是以国际条约或国际承认为依据，在对外关系中承担永久中立义务的国家。一般来说，永久中立国的形成必须具备两个条件：一是主权国家自愿承担永久中立义务，二是其他国家承认并保证该国的永久中立国地位。

永久中立国是具有特殊地位的主权国家，它所承担的永久中立义务主要表现在：除自卫外，不得对他国进行战争；不得缔结与中立地位相抵触的条约或协定，如军事同盟条约；在他国的战争中，遵守中立规则；不采取任何使其卷入战争的行动或承担这方面义务，如不得允许外国军队过境或在其境内建立军事基地，不得接受附有损害中立地位条件的援助等。

目前世界上的永久中立国有瑞士、奥地利和土库曼斯坦。1815年3月20日，英国、奥地利、法国、俄国、普鲁士、葡萄牙等国在维也纳公会上签署宣言，承认并集体担保瑞士的永久中立。奥地利则是依据"二战"后1955年《莫斯科备忘录》、《重建独立和民主的奥地利的国家条约》和《关于奥地利永久中立的联邦宪法法律》等文件确认其永久中立地位。1999年12月12日，第50届联大通过决议，承认土库曼斯坦为永久中立国。

（四）微型国家

国际法上对于微型国家的概念并无严格定义，一般是指领土面积非常小，居民和人力以及自然资源都特别少，但却作为独立国家出现的政治实体。目前，较为典型的微型国家包括梵蒂冈、卢森堡、摩纳哥、圣马力诺、安道尔、列支敦士登、瑙鲁等。

根据国家主权平等原则，不论国土面积大小或资源多寡，只要符合了国家的构成条件即为国际法意义上的国家。这些微型国家虽然领土面积小、居民少、资源缺乏，但并不影响其国际法主体地位及所应享有的权利。它们仍是独立的主权国家，其中，卢森堡、摩纳哥、圣马力诺、安道尔、列支敦士

---

① 2002年10月24日，摩法两国签署新的双边关系条约，取代1918年摩法关系条约。该条约首次明确区分摩、法两国领土，进一步确认了摩独立地位，摩首次获得对外正式建交权。

登、瑙鲁都是联合国会员国。

微型国家中较为特殊的一个，是世界上最小的国家——梵蒂冈。梵蒂冈又称"梵蒂冈城国"，其面积只有 0.44 平方公里，是欧洲一个独立的主权国家①。梵蒂冈是一个政教合一的国家，是以教皇为首天主教教廷的所在地。梵蒂冈的元首即教宗（教皇），由枢机主教选举产生，享有最高立法、司法、行政权。梵蒂冈同 174 个国家和地区有正式外交关系，并在联合国设有常驻观察员。

"二战"后在国际社会还出现了一些所谓"私人国家"，较典型的如西兰公国等，普遍认为它们由于不享有主权而不是国际法意义上的国家，也就不是国际法主体。

第二节 国家的基本权利

作为国际法的基本主体，国家是国际法权利和义务的主要承受者。国家的基本权利是由国家主权引申出来的，是国家所固有的权利。根据《联合国宪章》及联合国大会的许多决议，参照 1949 年联合国国际法委员会通过的《国家权利义务宣言草案》，国家的基本权利应包括以下四项：独立权、平等权、自卫权和管辖权。这些权利既是主权所派生出来的，也是主权内涵具体化的表现。

一、独立权

独立权是指国家按照自己的意志处理本国对内、对外事务而不受外来控制和干涉的权利。独立权是国家主权的根本体现，是国家主权的标志。它包含两个方面的含义：一是国家独立自主地确定和处理主权范围内的事务，二是不受任何外来势力的干涉。

在传统国际法上，国家的独立权主要指政治上的独立。在现代国际法上，独立权的内容有了新的发展，它不仅指国家的政治独立，还包括国家在经济上的独立等，国家可以独立自主地选择它的社会制度、政治制度、经济制度。

二、平等权

平等权是指每个国家都享有平等的国际法律地位的权利。在国际法律关

---

① 1929 年，意大利政府同教皇庇护十一世签订了《拉特兰条约》，意大利承认梵蒂冈为主权国家，其主权属教皇。

系中，国家不问其大小、强弱和贫富，也不问其社会制度的性质和发展水平如何，其地位一律平等，平等地享受权利、承担义务和责任。

国家的平等权与国家主权是紧密相关的，国家作为主权者，彼此之间就应该是平等的。各国无论在领土、人口以及政治、经济和社会制度方面存在多大的差异，都是国际社会的平等成员，在国际法上具有平等的地位。这种平等在实践中不仅仅局限于国家在国际组织中和国际会议上的代表权和投票权、外交位次等形式上的平等，而应该是一种真正的实质意义上的平等。

三、自卫权

自卫权是指国家使用武力反击外来武力攻击的权利。它不同于传统国际法上的自保权。一般认为，自保权包含国防权和自卫权，国防权是指国家有权使用自己的一切力量，进行国防建设，防备可能来自外国的侵犯；而自卫权则是指国家遭到外来的武力攻击时，有权实施单独的或集体的武装自卫。根据传统国际法，国家为了维护自己的安全，可采取包括战争在内的一切方式，来实现自保权。在现代国际法中，战争权已经不被认为是国家固有的权利，国家不能以自保为借口对他国使用武力。1986年6月27日，国际法院在就"尼加拉瓜诉美国军事与准军事活动案"的判决中指出，自卫仅仅保证"与武力攻击相称且是回应进攻所必要的措施"。

现代国际法在对传统的自保权进行限制的同时，自卫权的内容得到了进一步的明确和发展。根据《联合国宪章》的规定，自卫权的行使应以遭到外国武力攻击为条件；行使自卫权必须遵守必要性和比例性原则；自卫行动应立即报告安理会，并不得影响安理会采取其所认为必要行动的权责。在一定程度上，自卫行动被纳入了联合国集体安全机制当中。①

四、管辖权

管辖权是指国家对其领域内的一切人（享有豁免权者除外）、物和事以及境外特定的人、物和事件进行管辖的权利。管辖权通常包括以下四个方面：

（一）属地管辖权

属地管辖权又称"领域管辖权"、"属地优越权"，它是指国家对其领域内的一切人、物以及事件均有管辖的权利。这里的领域包括一国的领陆、领海、领空及其底土。凡在一国领域内的人、物、事，除享有豁免权者之外，

---

① 余民才. 自卫权适用的法律问题. 法学家，2003（3）.

都受该国管辖。例如，外国人必须遵守居留国法律；外国船舶通过领海必须遵守沿海国的法律和规章。

（二）属人管辖权

又称国籍管辖权、属人优越权，是指国家对具有其国籍的人，无论他们在国内还是在国外，均具有管辖的权利。国家不仅有权管辖其境内的本国人，而且可以对在外国的本国人行使管辖权。例如，国家对其本国人在外国的犯罪行为有审判和处罚的权利，还可以对在外国的本国人实行外交保护。当然，国家对其在外国的本国人的管辖要受所在国属地管辖权的限制。

（三）保护性管辖权

保护性管辖权是指国家对外国人在该国领域之外侵害该国国家或其国民的犯罪行为行使管辖的权利。基于保护性管辖，对于外国人在外国所做的危害本国的犯罪行为，国家有权进行管辖。从国际实践看，这种管辖权的行使一般基于两个条件：（1）外国人在该国领土外的行为所侵害的是该国或其公民的重大利益，构成该国刑法规定之罪行或应处一定刑罚以上的罪行；（2）该行为根据行为地的法律同样构成应处刑罚的罪行。例如我国《刑法》第8条规定，外国人在中华人民共和国领域外对中华人民共和国国家或公民犯罪，而按本法规定的最低刑为3年以上有期徒刑的，可以适用本法，但是按照犯罪地的法律不受处罚的除外。保护性管辖权的行使受犯罪行为发生地国属地管辖权的限制，如未经该国的同意受害国不得进入该国逮捕人犯。

（四）普遍性管辖权

普遍性管辖权是指根据国际法，对于普遍地危害国际和平与安全以及全人类利益的某些特定的国际犯罪行为，不论这些犯罪行为发生的地点和犯罪人的国籍，各国均有权进行管辖。普遍性管辖权主要是基于惩治国际犯罪的需要而赋予各国的一种管辖权。这种管辖权只能在本国领土或本国管辖的范围内或不属于任何国家管辖的地方行使，而不能在别国领土上行使，因为别国领土受其所属国家的属地管辖。行使普遍性管辖权，也只能针对被国际法认定为危害国际和平与安全以及全人类利益的某些特定的国际犯罪行为，如战争罪、破坏和平罪、海盗罪、种族灭绝罪等。

第三节　国家豁免

一、概念

国家豁免，又称"国家主权豁免"或"国家管辖豁免"，泛指一国的行为和财产不受另一国的立法、行政和司法等方面的管辖。根据罗马法"平等者之间无管辖权"的格言，国家作为主权者是平等的，所以一国的国家行为和财产不受他国管辖，享有管辖豁免。

在实践中，国家豁免主要表现在司法豁免方面，通常是指一国法院非经外国国家同意，不得就对该外国国家提起的诉讼行使管辖，不得对该外国或其国家财产采取强制措施。具体来说，国家司法豁免主要表现在司法管辖豁免、诉讼程序豁免和执行豁免三个方面。

二、绝对豁免与限制豁免

国家豁免是从19世纪逐渐形成和发展起来的。在20世纪之前，国家的一切行为和财产在外国均享有豁免，这种做法被称为绝对豁免主义或者绝对豁免原则。然而，进入20世纪以来，特别是"二战"以后，国家大量地参与跨国贸易、金融、投资等商业活动，绝对豁免原则使得外国个人或法人在与国家进行交易中处于不利地位，于是一些国家的法院在处理有关国家豁免问题的案件时，开始把国家行为分为"主权行为"（非商业行为）和"非主权行为"（商业行为），前者可以享受豁免，后者则不能，这种理论和做法被称为相对豁免主义或限制豁免原则。目前，限制豁免的基本观点已经逐渐得到越来越多的国家和学者的接受，如美国（1976）、英国（1978）、加拿大（1982）、澳大利亚（1985）等国的国家豁免法和1972年的《欧洲国家豁免公约》都采用了限制豁免的理论。

绝对豁免原则和限制豁免原则在实践中应用各有缺陷：绝对豁免将国家同国有公司或企业在豁免问题上等同起来，依据该原则处理国家与外国私人之间的纠纷往往会上升为国家之间的外交纠纷，不利于纠纷的及时解决和对外关系的稳定；而对限制豁免来说，虽然很多国家都依据该理论制定了相关国内法，但如果作为被告的国家不愿意接受法院管辖，即使法院强行进行了裁决也几乎不可能得到执行，这样不仅浪费时间和金钱，甚至可能导致外交上的对立。其实任何国家行为从根本上说都是主权行为，人为地划分主权行为和非主权行为，在理论上和实践上都比较困难。

由于各国在国家豁免上的观点和立场不同，因此在实践中处理有关国家豁免的案件时往往会出现严重分歧。经过联合国国际法委员会多年不懈的工作，2004年12月，联合国大会通过了《联合国国家及其财产管辖豁免公约》，并于2005年1月17日供各国开放签署。公约规定国家在8种诉讼程序中不得援引管辖豁免，并允许法院地国在一定条件下对被诉外国的财产采取强制措施。公约反映了多数国家的立法和司法实践，标志着限制豁免原则将成为国家豁免立法的发展趋势。虽然该公约仍未生效,但是它的通过无疑将有利于协调各国在国家豁免这一领域的立法和实践,成为国家豁免规则进一步规范化的开始。

三、国家豁免的放弃

国家可通过明示或默示的方式放弃国家豁免。明示放弃是指国家通过条约、协议或声明,以明白的语言表示就某一事项或案件放弃豁免。默示放弃则是指国家通过某种与特定诉讼直接有关的积极行为,表示其放弃豁免而接受法院管辖,包括作为原告在外国法院提起诉讼、正式出庭应诉、提起反诉或作为诉讼利害关系人介入特定诉讼等。但是国家为主张其豁免权而出庭阐述立场并不构成默示放弃。

需要注意的是,国家管辖豁免的三个方面——司法管辖豁免、诉讼程序豁免和执行豁免的内容既相互联系又彼此独立,放弃一个不等于放弃其他。例如,对于管辖豁免的放弃并不意味着对执行豁免的放弃,执行豁免的放弃必须另行明示作出。

四、我国关于国家豁免的立场

实践中,我国关于国家豁免的立场主要表现在以下几个方面:第一,我国坚持国家豁免是国际法上的一项原则,但是又不是原来意义上的绝对豁免;第二,坚持国家本身或以国家名义从事的一切活动享有豁免,除非国家自愿放弃豁免;第三,主张实践中应当把国家本身的活动和国有公司、企业的活动区别开来;第四,赞成通过国际条约来消除各国在国家及其财产豁免问题上的分歧;第五,如果外国侵犯中国的国家豁免权,中国可以采取相应的报复措施;第六,中国到外国法院特别出庭抗辩该外国法院的管辖权,不得视为接受该外国的管辖。我国在湖广铁路债券案和光华寮案①中均表明了这一立场。

《联合国国家及其财产管辖豁免公约》通过后,我国于2005年9月14日签署了该公约。2005年10月25日,第十届全国人民代表大会常务委员会第18次会议通过了《中华人民共和国外国中央银行财产司法强制措施豁免法》。该法一共只有四条,仅依该法解决国家与财产豁免问题显然是不够的。因此,如何善用公约的规定,在既符合我国根本利益又符合国际社会共同利益的前提下处理国家及其财产豁免问题,还需要进一步地建立、完善国

---

① 更多典型案例可参见人大国际法网:http://www.rucil.com.cn/。

内相关法律制度。

第四节　国家和政府的承认

在国际社会的发展过程中，新国家和新政府是时有出现的，这就产生了国际法上对新国家和新政府的承认问题。

一、概述

（一）承认的概念

国际法上的承认是指既存国家以一定的方式对新国家、新政府出现这一事实的确认，并表明愿意与之建立正式外交关系的国家行为。现代国际法上承认的对象除了上述新国家和新政府外，还包括交战团体和叛乱团体；承认的主体一般是既存国家，有时还包括既存的政府间国际组织[①]。承认作为国际法上的一项重要制度，具有以下特征：

首先，既存国家对新国家或新政府，是否承认，何时承认，以何种方式承认，完全由其自由决定，无须征得对方同意。所以，承认是承认主体的单方面行为。一国对新国家或新政府的承认，主要是从本国利益出发，基于政治上的考虑，并非其应承担的国际法义务。

其次，承认具有两方面的含义。一是事实上的确认，二是愿意发展外交关系。实践中，宣告承认后往往着手开始建立外交关系，但是承认并不意味着一定要建交，仅仅是表达了一种建交的愿望，建交还是要由国家间通过协议进行。承认是一种单方面行为，而建交则是双方行为；承认不可撤销，而外交关系却可以断绝，当然断交也不能取消承认的效果。

再次，承认既是政治行为也是法律行为。承认并非承认者的法律义务，承认者是否承认，何时承认，完全基于政治上的考虑而决定。从这个意义上说，承认是一种政治行为。但是承认一经作出，会引起一系列的法律后果，直接影响承认者和被承认者间的权利义务关系。所以，承认又是一种法律行为。

最后，国际法上的承认按照承认对象的不同可以分为对国家的承认、对政府的承认、对交战团体和叛乱团体的承认，实践中出现最多的则是前两种。

[①] 例如，联合国就通过接纳会员国、接受观察员等方式表示其对有关国家和政府的承认。

（二）承认的方式

从国际实践来看，无论是对国家的承认还是对政府的承认，其方式可做如下分类：

1. 明示承认和默示承认

明示承认是一种直接的、明文表示的承认，承认者往往通过照会、声明、函电或缔结条约等形式表示承认。

默示承认则是一种间接的、通过某种行为表示的承认，具体形式包括：承认者与被承认者建立正式的外交关系和领事关系、缔结正式的政治性条约、正式投票支持被承认者参加政府间的国际组织等。但是承认者与被承认者仅仅参加同一国际会议或者同为某一国际组织成员的行为，并不构成默示的承认。

2. 法律上的承认和事实上的承认

法律上的承认也称"正式承认"，是指承认方给予被承认方一种表示愿意与之全面交往的永久的正式承认。这种承认不可撤销，会产生全面而广泛的法律效果。国际法上的承认除了特别说明的，一般都是法律上的承认。

事实上的承认又称"非正式承认"，是指承认方给予被承认方一种愿意与之进行某种交往的暂时和非正式承认。这种承认是不完全的、临时的、可撤销的，是在承认者不愿意与被承认方进行全面交往的情况下采用的。这种承认只引发一定范围内的经济及其他事务性关系而不涉及政治外交关系。

二、对国家的承认

（一）国家承认的概念与情势

对国家的承认又称国家承认，一般是指既存国家和国际组织对新国家存在这一事实以一定方式表示接受，并表示愿意视其为国家而与之交往的行为。国家承认即为对新国家的承认，而新国家的出现，主要有以下几种情况：

1. 独立

这是指殖民地或争取独立的民族独立建立起新国家。"二战"之后，国际社会出现了一批这样的新国家，尤以20世纪60—70年代为甚。

2. 合并

两个或两个以上的国家合并为一个新国家。比较典型的如1990年10月，德意志联邦共和国与德意志民主共和国的合并。

3. 分立

分立称为分裂，指一个国家分解为两个或多个新国家而母国不再存在。

例如1992年南斯拉夫社会主义联邦共和国解体，2006年塞尔维亚和黑山的分立。

4. 分离

一国的一部分或几部分从该国分离出去成立一个新国家，母国还存在。例如1971年东巴基斯坦从巴基斯坦分离出去成立孟加拉国，而母国巴基斯坦还存在。对分离出来的新国家的承认要慎重，如果过早承认则有干涉母国内政之嫌，印度在1971年对孟加拉的承认就被国际社会普遍认为属于过早承认的典型。

（二）国家承认的性质

关于国家承认的性质，国际法学界一直存在两种学说："构成说"和"宣告说"。

构成说认为，承认可以创造新国家的法律人格，新国家只有经过承认，才能成为国际法主体；否则即使完全符合国际法主体的条件，也不是国际法主体。这种学说主要流行于19世纪①，却有着无法避免的理论缺陷。我们知道，新国家总是先于外国的承认而实际存在的，并不是在承认后才被创造出来。一个实体，只要满足了国家的构成要素即构成国家，它一经产生，就享有主权和其他基本权利，能够参与国际关系并承担国际法义务，就是国际法主体。如果依构成说来推论，就会出现一个自相矛盾的结果：一个新国家由于被某些既存国家所承认，同时却又不被另一些既存国家承认，这样它既是国际法主体，同时又不是国际法主体，这种结果无疑是荒谬的。

宣告说则与构成说相反，它认为承认仅仅是一种宣告性的行为，只是对新国家存在这一既存事实的确认，国家的成立及国际法主体资格的取得，并不依赖于他国的承认。这种学说较为合理并且接近于现实，现已获得大多数学者的支持，也为多数国际条约和国际实践所接受。

根据宣告说，一个新国家即使未被承认，仍是国际法主体，并不能据此认为它同不承认它的国家完全没有关系，它可以与这些国家一起参加国际会议、成为同一国际组织的成员或者进行非正式的、事实上的交往。但在实践中，如果其他国家和国际组织没有承认新国家，新国家就难以和这些国家和国际组织进行实际的国际交往。因此，国家承认对于新国家的重要意义更多地体现在国际交往权的实现上。②

---

① 19世纪以来持这种观点的学者主要有奥本海、劳特派特、凯尔森等。
② 邵沙平. 国际法. 北京：中国人民大学出版社，2007：110.

三、对政府的承认

对政府的承认即为政府承认,一般是指既存国家或国际组织对他国新政府产生这一事实予以确认,表示愿意把该政府作为其国家的合法代表并与其进行正常交往的行为。

在国际实践中,各国正常的政府更迭,例如依宪法进行的正常的选举和换届,并不发生政府承认,只有一国由于剧烈的社会革命或政变而产生新政府才可能发生政府承认。一般认为,对新政府的承认应依据"有效统治原则",即新政府必须有效控制本国领土并能在其控制的领土上有效地行使权力,各国才能予以承认。一国可以对新政府予以承认或不承认,但是绝不能利用承认干涉他国内政。

由于新国家出现时总是同时建立新政府,一般情况下,承认新国家的同时也就表示承认了新政府,反之也成立。然而,新政府的产生并不总是和新国家的出现联系在一起,如果既存国家的政府是由于革命或政变而更迭,就只涉及对新政府的承认问题。政府承认主要强调新政府具有代表国家的资格,而国家的国际法主体资格并不受政府更迭的影响。

(一)不承认原则

所谓"不承认原则",它是指承认主体对于违反国际法基本原则造成的事实或情势不得予以承认,具体到国家承认和政府承认层面,则是指承认主体对违反国际法基本原则建立的政治实体不得予以承认。

根据国家主权原则,一个新国家或新政府出现后,既存国家是否承认是其主权范围内的事情,但是国家在某些情况下应承担不承认的义务。对于违反国际法基本原则,由外国武力建立起来的,或在外国武力支持下建立起来的傀儡政权,不论它是以国家还是政府的名义出现,都不应获得国际社会的承认。

不承认原则起源于美国国务卿史汀生于1932年给中日两国政府的照会①,该照会声明"美国绝不承认损及中国主权独立或领土及行政完整等的任何情势、条约或协议;不承认采用与1928年《巴黎非战公约》及其义务相抵触之手段导致的任何情势、条约或协议"。美国的上述主张得到国际社会的广泛赞同,被称为"史汀生主义",后为一系列国际文件和国家实践所接受,发展成为国际法上的不承认原则。

---

① 当时美国发布该照会主要基于这样一种背景,1931年9月18日,日本发动侵略中国东北的"九·一八事变"后,于1932年在中国东北策划成立了"满洲国"。

在国际实践中，不承认原则也得到了国家和国际组织的遵守和适用。1976年，南非建立所谓"特兰斯凯独立国家"，联合国大会认为所谓"特兰斯凯独立国家"是南非推行种族隔离政策的产物，要求各国政府"对所谓独立的特兰斯凯不给予任何形式的承认"。

（二）对中华人民共和国的承认问题

中华人民共和国的建立，从根本上改变了中国的社会制度和国家性质。但是从国际法的角度看，中华人民共和国的建立并没有改变中国的国际法主体资格，它既没有使原来的国际法主体——中国消失，也没有因此而增加另一个新的国际法主体，中华人民共和国中央政府是中国的新政府，需要其他国家承认其为中国的唯一合法代表。所以，对中华人民共和国的承认，实际上是对中华人民共和国中央政府的承认，属于对新政府的承认，而不是对新国家的承认。

中华人民共和国成立后，苏联于1949年10月2日表示承认新中国，是第一个承认新中国并与之建交的国家。1950年1月6日，英国政府宣布承认中华人民共和国，但是由于种种原因迟迟未与中国正式建立外交关系。瑞典于1950年1月14日承认新中国，1950年5月9日与中国正式建立外交关系，是第一个与中国建交的西方国家。法国戴高乐政府则于1964年1月27日和中国政府发表联合公报，宣布建立外交关系，法国承认中华人民共和国政府是中国唯一合法政府，成为第一个与中国建交的西方大国。

第五节 国家和政府的继承

一个新国家或新政府出现后，不仅面临国家承认或政府承认问题，而且还会产生如何处理前国家或前政府的国际权利与义务这一问题，即国家和政府的继承问题。

一、概述

国际法上的继承是指由于某种法律事实的出现，国际法上的权利和义务由一个承受者转移给另一个承受者所发生的法律关系。在国际法上，继承法律关系的主体，即继承者和被继承者主要是国家或政府，还可能是国际组织；继承的对象是国际法上的权利和义务；发生继承的原因是由于某种法律事实的出现，这种法律事实或者由国际条约明文规定，或者由国际实践所认可，包括国家领土的变更、国际组织的变更和政府的变更。

根据参加继承关系的主体不同，国际法上的继承可分为国家继承、政府继承和国际组织的继承。不同类型的继承，其发生的原因和适用的规则也有所不同。

二、国家继承

（一）国家继承的概念和特征

国家继承是指一国由于丧失其国际法律人格或一部分领土而引起的该国国际法上的权利和义务被别国所取代的法律关系。在一国完全丧失其国际法律人格时会引发全面的国家继承；当一国国际法律人格仍然存在，只是丧失一部分领土时则仅就与所丧失领土有关的国际法权利和义务发生部分的继承。根据该定义我们可以总结出国家继承的几方面特征：

（1）国家继承的主体是国家。权利和义务被他国所取代的国家称为被继承国，取代别国权利和义务的国家称为继承国。

（2）引起国家继承的原因主要是领土变更。国家领土变更的情况除了上节所述的独立、合并、分立和分离外，还有割让，即一国领土的一部分移交给另一国。除割让外，独立、合并、分立和分离都会引起新国家的出现，新国家和前国家之间自然会出现国家继承问题，而割让则是在割让国与被割让国之间发生权利和义务的移转。

（3）国家继承的对象是与变更的领土有关的国际法上特定的权利和义务，而不是国家的基本权利和义务。实践中这些特定的权利和义务是从国家基本权利和义务派生出来的，主要是涉及条约、国家财产等事项的具体的权利和义务，并且与所涉领土有关联。国家的基本权利和义务是国家固有的，并不发生继承问题；而任何与国际法相抵触的权利和义务，也不在国家继承范围内。

（二）国家继承的主要内容

关于国家继承的原则和规则，主要反映在1978年《关于国家在条约方面的继承的维也纳公约》和1983年《关于国家对国家财产、档案和债务的继承的维也纳公约》两个国际公约中。根据这两个国际公约的规定，国家继承主要包括条约的继承、国家财产的继承、国家债务的继承和国家档案的继承四个方面。

1. 条约的继承

条约的继承是指继承国对被继承国有效条约所规定的权利和义务的继承。实质上就是在发生国家继承的情况下，被继承国的条约对继承国是否有效的问题。按照国际法，与国际法主体资格相关联的条约，如参加某一国际组织的条约，是随着被继承国的消灭而消灭的；政治性的条约，如同盟条约、友好条约、共同防御条约等，又被称为"人身条约"，由于情势变迁，一般不继承；处理与所涉领土有关事务的所谓"非人身条约"，如有关边界条约，有关河流使用、水利灌溉、铁路交通等方面的条约，一般是继承的；有关中立化或非军事区的条约，一般应予继承。

根据1978年《关于国家在条约方面的继承的维也纳公约》，实践中常见的条约继承情况主要适用以下规则：

(1) 部分领土变更情况下的条约继承。当一国领土的一部分成为另一国领土的一部分时，在国家继承所涉领土内，被继承国的条约失效，继承国的条约生效。

(2) 国家合并情况下的条约继承。当两个或两个以上的国家合并为一个国家时，对其中任何一个国家有效的条约，继续对原来适用该条约的那部分领土有效，除另有协议外，并不适用于合并后的全部领土。

(3) 国家分离或分立情况下的条约继承。一国的一部分或几部分领土分离或分立而组成一个或一个以上国家时，不论母国——被继承国是否存在，除非另有协议，原来对被继承国全部领土有效的条约，应继续对其所有继承国有效；原来仅对部分领土有效的条约，仅对与该部分领土有关的继承国有效；被继承国如果继续存在，对被继承国有效的任何条约，继续对该国的其余领土有效，除非该条约只与被继承的领土有关。

(4) 新独立国家的条约继承。新独立国家，尤其是那些从宗主国获得政治独立的殖民地国家对于前国家所签订的条约，没有维持其效力的义务，有权决定是否继承，当然也有权拒绝继承，这种新独立国家原则上拒绝承担前国家任何条约义务之"从头开始"的主张，被称之为"白板主义"或"白板规则"(Clean Slate Doctrine)。

2. 国家财产的继承

国家财产的继承是指继承国对被继承国的国家财产的继承。这里的"国家财产"是指国家继承发生时，按照被继承国国内法为该国所拥有的财产、权利和利益。

按照国际法，被转属的国家财产与领土之间应有关联，并且将国家财产区分为动产和不动产分别适用两项不同的原则：位于国家继承所涉领土内的被继承国的不动产一般随领土的转移而转移给继承国；位于国家继承所涉领土内的被继承国的动产则按照"所涉领土的实际生存原则"来处理，也就是依该动产是否与国家继承所涉领土活动有关为依据，与所涉领土活动相关的动产，不论其位于所涉领土之内或之外，都应转属继承国；而与所涉领土活动无关的动产，即便其位于所涉领土之内，继承国也不能自动接受该动产。

将上述原则适用于不同类型的国家财产继承时，主要有以下几种典型情况：

（1）一国将一部分领土移交另一国时，应按被继承国与继承国之间的协议解决。如无协议，则位于所涉领土内被继承国的不动产以及与所涉领土活动相关的动产，均应转属继承国。

（2）两个或两个以上国家合并成一个新国家时，被继承国的国家财产，包括动产和不动产均应转属继承国。

（3）一国领土的一部分或几部分分离组成一个新国家，或一国解体分立为两个或两个以上新国家时，其继承的规则为：除另有协议外，位于继承国领土内的被继承国的不动产应转属继承国；与继承所涉领土的活动有关的被继承国的动产，也应转属相应的继承国；位于被继承国领土外的被继承国的不动产和上述以外的被继承国的动产均应按照公平的比例转属各继承国。

（4）继承国为新独立国家时，原则上依财产继承的两项原则处理，但应充分考虑作为继承国的新独立国家与被继承国（原宗主国或殖民国）之间关系的特殊情况。新独立国家关于财产继承的规则是：原属继承所涉领土所有，而在附属地期间成为被继承国的动产，应转属新独立国家；与所涉领土的活动有关的被继承国的动产，应转属新独立国家；不属于原所涉领土所有或与所涉领土活动无关的被继承国的动产，如果新独立国家的人民对创造财产曾作出贡献，应依所作出的贡献，按比例转属新独立国家；如果被继承国与新独立国家之间另订协定，则这种协定不应违反国际法基本原则。

3. 国家债务的继承

国家债务的继承是指继承国对被继承国债务的继承。这里的国家债务是指国家继承发生时，被继承国对他国、国际组织或任何其他国际法主体所负的财政义务，国家对外国企业或私人所承担的债务则不在国家债务继承的范围内。就国家继承而言，国家债务可分为两类：一类是以国家名义所借并用于全国的债务，称为"国债"；另一类是以国家名义所借但用于国家领土某一部分的债务，称为"地方性债务"。而纯粹由地方当局所借并用于该地区的债务，称为"地方债务"，则不属于国家债务的范围。

至于"恶债"，也不属于国家继承的范围。所谓"恶债"，是指违背国际法基本原则或者具有与国家及其人民根本利益相违背的用途的债务，如战争债务等。从形式上看，"恶债"似乎是国债，但其用途不正当，并且违反国际法基本原则,"恶债不予继承"已经成为一项公认的国际法原则,因此不在国家继承范围之列。所以,可以成为国家继承对象的只有国家以国家名义向外国国家、国际组织或其他国际法主体所负的合法国债与地方性债务。

在实践中,国家债务的继承因国家领土变更的情况不同而适用不同的规则:

(1)一国部分领土移交给另一国时,被继承国的国家债务转属继承国的问题应按照它们之间的协议解决,如无协议,被继承国的国家债务应按公平的比例转属继承国。

(2)两个或两个以上的国家合并成一个国家时,债务随财产一并转移,被继承国的国家债务应转属继承国。

(3)一国领土的一部分或几部分分离组成一个或几个新国家,或一国解体分裂为两个或两个以上新国家时,除另有协议外,被继承国的国家债务应按公平的比例转属继承国。

(4)新独立国家的债务继承,其实就是新独立国家是否承担前宗主国或殖民国家的债务问题。被继承国的国家债务,原则上不应转属新国家。但并不排除有关双方依协议解决,但此种协议不应违反国际法基本原则,也不应损害新独立国家的经济发展。

4. 国家档案的继承

国家档案(State Archives)的继承是指继承国对被继承国国家档案权利的继承。国家继承中的国家档案是指国家继承发生时,按照被继承国国内法属于被继承国所有并由被继承国作为国家档案收藏的一切文件,不包括第三国在被继承国内的档案。关于国家档案继承方面的国际法规则,除了联合国大会于1983年在维也纳通过的《关于国家对国家财产、档案和债务继承的公约》外,还包括联合国教科文组织于1954年在海牙通过的《关于发生武装冲突时保护文化财产的公约》以及1970年在巴黎通过的《关于采取措施禁止并防止文化财产非法进出口和所有权非法转让公约》等。国家对国家档案继承的一般规则是,除新独立国家作为继承国这一特殊情况外,其余各种类型的国家继承,首先由继承国与被继承国通过订立国际协议的方式来解决国家档案的转属,如无协议,则按国家档案与所涉领土之"关联原则"来确定档案的转属。值得注意的是,由于档案的不可分割性,继承时应保持档案的完整,但其他继承国有复制权。

三、政府继承

政府继承是指因革命或政变导致政权更迭,旧政府在国际法上的权利和义务转移给新政府。与国家继承不同,政府继承主要有以下几方面特征:(1)政府继承发生的原因是由于革命或政变导致的政权更迭;而国家继承则是由于国家领土变更的事实而引起。(2)政府继承发生在同一国际法主体内部的新旧两个政府之间;而国家继承则发生在不同的国际法主体之间。(3)政府继承一般是全面继承。这里所说的"全面继承",是指凡是符合国际法的权利和义务,均应由新政府完全予以接受,而非新政府无条件地继承旧政府的一切权利和义务;而国家继承则因领土变更的情况不同,有全面继承和部分继承之分。

同政府承认一样,并非一切政权更迭都引起政府继承,按照宪法程序而进行的政权更迭,一般不发生政府继承。只有因革命或政变而导致的政权更迭,并且新政权在本质上不同于旧政权时,才发生政府继承问题。从理论上说,政府变更并不影响国家作为国际法主体的地位,但是当新政权在本质上根本不同时,必然会引发政府继承问题,即新政府如何对待旧政府在国际法上的权利和义务的问题。

政府继承的基本规则为:新政府对于一切不平等的、掠夺性以及与新政府所代表的国家利益根本对立的条约不应继承;新政府可无条件废除一切恶债;除此之外,新政府应继承其他条约以及一切财产。1949 年,中华人民共和国的成立就为政府继承提供了一个典型的例子。

四、国际组织的继承

国际组织的继承是指一个国际组织由于解体或合并,其在国际法上的权利和义务通过协议转移给另一国际组织所发生的法律关系。国际组织的继承应与国际组织成员资格的继承相区别,后者往往是由国际组织的章程来规定具体的继承规则。

由于各个国际组织的建立和职能的行使,都是按照缔约国所缔结的条约和组织章程的规定进行的,所以,一个国际组织解体,即使它与另一个新成立的国际组织会员国相同或者宗旨、职能相似,也并不必然导致其职能自动地移转。要实现国际组织的继承,原则上必须经过原缔约国签订国际协定,或者经过原国际组织作出决议,明确表示将其职能转移于某一国际组织,才使两者之间发生继承关系。而关于国际组织财产、债务和文书档案等方面的继承,通常也是按照特别协定或决议来解决的。

实践中比较典型的如国际民航组织继承国际航空委员会的组织职能,世界卫生组织继承国际卫生局的组织职能,都是通过订立国际协定的方式进行的;联合国国际法院继承国际联盟的国际常设法院的规约,则是通过《联合国宪章》予以规定的。①

五、中华人民共和国的继承实践

1949年10月1日,中华人民共和国中央人民政府取代国民党政府,成为中国的唯一合法政府。如前所述,中华人民共和国的建立并未改变中国的国际法主体资格,因此,中华人民共和国的继承属于政府继承,而不是国家继承。中华人民共和国对于旧政府在国际法上所承担的权利和义务,总的继承原则是对条约和债务视其内容和性质而决定继承或不继承,对财产则是一律予以继承。

在条约继承方面,中华人民共和国政府根据条约的性质和内容,逐一审查,区别对待。任何旧条约没有经过中国政府表示承认之前,外国政府不得据以向中华人民共和国提出要求。

在财产继承方面,自中华人民共和国成立之日起,对当时属于中国所有的国家财产,包括动产和不动产,不论位于何地,也不论其所在地的国家或政府是否承认了新中国政府,一律归新中国政府所有。

在债务继承方面,中华人民共和国政府根据债务的性质和情况区别对待。对于恶债,包括历届旧政府为进行内战、镇压革命而向外国政府借的债务,不予继承。清政府1911年发行的湖广铁路债券由于是维护反动统治和掠夺人民的产物,所以也是恶债,当然不予继承。对于合法债务,则通过与有关国家友好协商以求公平合理地解决。

在国际组织成员资格继承方面,中华人民共和国对于旧政府在国际组织的代表权或成员资格享有合法继承的权利。我国政府通过声明等形式表明了继承旧政府在国际组织的代表权或成员资格的严正立场:中华人民共和国政府是中国唯一合法政府,是中国在一切国际组织中的合法代表。

【难点追问】

1. 实践中哪些国家行为构成对国家豁免的默示放弃?

实践中,国家是通过在外国法院与特定诉讼直接有关的积极行为来表示对国家豁免的默示放弃,包括作为原告在外国法院提起诉讼、正式出庭应诉、提起反诉或作为诉讼利害关系人介入特定诉讼等,但是国家仅仅出庭阐述立场并不构成对国家豁免的默示放弃。

---

① 梁西. 国际法. 武汉:武汉大学出版社,2003:88-89.

2. 国家承认的性质及其与政府承认的联系和区别。

首先，承认是否决定国家的存在？当然不是，国家只要具备确定的领土、定居的居民、政府和主权四个要素即为国家，就是国际法主体，承认与否并不影响国家的国际法主体地位。由于新国家出现时总是同时建立新政府，在这种情况下，承认新国家的同时也就表示承认了新政府，反之也成立。然而新政府的产生并不总是和新国家的出现联系在一起，如果既存国家的政府是由于革命或政变而更迭，就只涉及对新政府的承认问题。政府承认主要强调新政府具有代表国家的资格，而国家的国际法主体资格并不受政府更迭的影响。

【前沿提示】

对于国家的自卫权是否包括"预先性自卫"、"先发制人的自卫"或"预防性自卫"，理论界尚存在不同意见。预先性自卫通常指国家在武力攻击实际开始之前对迫近的武力攻击或武力攻击威胁事先采取的武力行动。2002年美国《国家安全战略》首次确立的先发制人的自卫概念比预先性自卫概念走得更远，它不是对迫近的攻击威胁事先使用武力，而是对潜在的或未来的威胁首先使用武力。这就把原来行使自卫权时较为客观而明确的标准，变成了完全可以自由裁量的主观标准，很容易导致武力的滥用。面对当前国际形势的变化尤其是恐怖主义活动在全球的蔓延，联合国应在集体安全体制框架之下，建立相应的决策和监督机制，防止国家以行使自卫权为借口侵犯他国主权、干涉别国内政，同时发挥安理会在反恐行动上的主导作用，由安理会认定使用武力的必要性，决定使用武力的时间，监督使用武力的规模和范围，从而避免国家对自卫权的滥用。

综观现代国际社会各国的立法和实践，关于国家豁免问题，多数国家都采用了限制豁免原则。2004年《联合国国家及其财产管辖豁免公约》也体现了该原则。我国已签署了此公约，并于2005年通过了《外国中央银行财产司法强制措施豁免法》，从而拉开了我国有关国家豁免立法工作的序幕。但此法内容太过单薄，缺乏实践性，有不少学者都建议应尽早制定我国的《国家及其财产豁免法》，既给我国法院处理相关诉讼提供法律依据，也给我国的自然人和法人在与他国进行商业交易时提供公约所规定的法律保护。

【思考题】

1. 试述国家的要素和类型。

2. 什么是国家的基本权利？国家的基本权利有哪些？
3. 试比较绝对豁免原则和限制豁免原则。
4. 什么是国家承认？其性质如何？它与政府继承有什么联系和区别？
5. 结合所学知识，分析中华人民共和国的承认和继承实践。

第四章　外交与领事关系法

【引言】外交关系法律制度，主要包括外交关系和使馆的建立、使馆的职务、使馆人员及其派遣与接受、外交特权与豁免；领事关系法律制度，主要包括领事关系和领馆的建立、领馆的职务、领馆人员及其派遣与接受、领事特权与豁免。

【学习的目的与要求】通过对本章内容的学习，要较为全面的掌握外交关系和领事关系的法律制度，其中包括掌握外交特权与豁免以及外交代表对接受国的义务；理解外交关系与领事关系之异同；了解我国有关外交和领事方面的立法。

【知识结构简图】

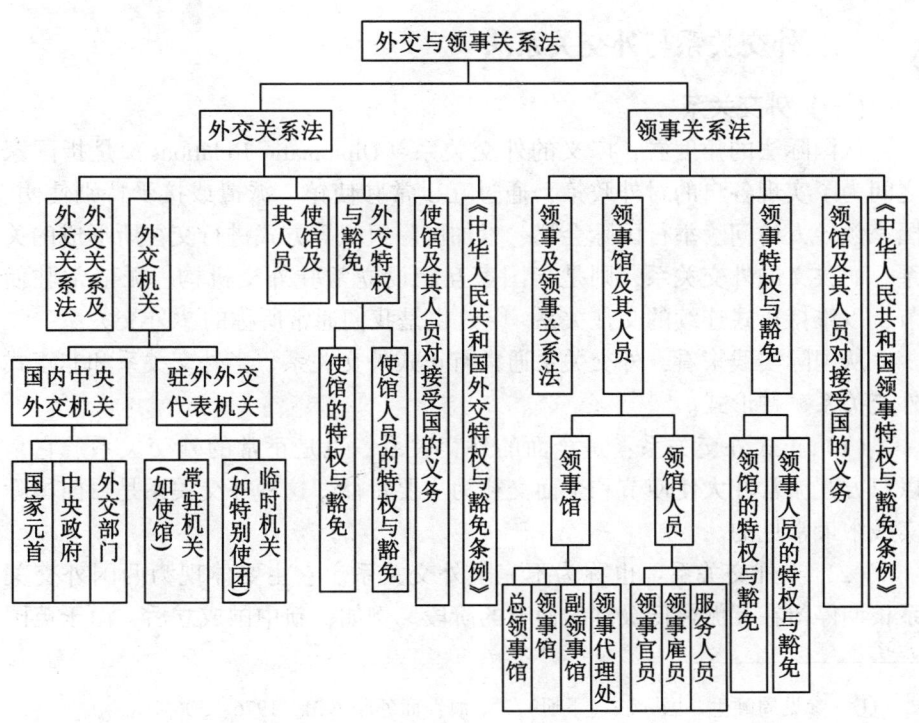

【引例】

美国驻德黑兰外交和领事人员案

1979年11月4日，在美国驻伊朗大使馆外进行游行示威的伊朗人袭击了大使馆馆舍。尽管大使馆曾多次呼吁伊朗当局给予援助，但伊朗保安部队并没有干预或控制这种局势，结果大使馆馆舍被占领，使馆人员，包括领事及非美籍人员和当时在大使馆的来宾，均被拘禁。11月5日，在伊朗的领事馆也发生了同样的事件。从那时起，该大使馆和领事馆馆舍一直在占领者手中，占领者搜索并掠夺外交和领事档案与文件。除释放13人外，其余的被拘禁人员均被扣作人质，以迫使美国政府满足他们提出的要求。1979年11月29日，美国向国际法院就美国驻伊朗大使馆的处境及美国驻伊朗的外交和领事人员被扣为人质的问题对伊朗提起诉讼。

请问：在本案中，依据国际法，美国提起诉讼的理由是什么？

第一节 外交关系法

一、外交关系与外交关系法

（一）外交关系

从国际法的角度看，广义的外交关系（Diplomatic Relations）是指国家之间为了实现各自的对外政策，通过互设常驻使馆、派遣或接受特别使团、国家领导人访问、举行国际会议、参加国际组织等方式进行交往所形成的关系。而狭义的外交关系，则是指国家互相设立常驻外交机构、派遣常驻使节，以维持正式连续的交往关系。① 这也是我们通常所称的"外交关系"。

从国际实践来看，外交关系通常有正式外交关系、半外交关系和非正式外交关系三种形式。

（1）正式外交关系：是全面的外交关系，也是正常的外交关系。它是以双方互派常驻大使使节和全面交往为主要特征，这种外交关系是目前国际实践中最常见的。

（2）半外交关系：也称为不完全外交关系。它主要体现为两国外交关系长期停留在互派最低级别的使节的阶段。例如，新中国成立后，由于英国

---

① 参见周鲠生. 国际法（下册）. 上海：商务印书馆，1976：506-518.

不肯与台湾断绝关系，中英在1954—1972年期间就一直处于代办级外交关系。这种代办级关系通常表明，两国虽然在政治上有了一定的交往，或者已经建交，但是在一些原则性的问题上没办法达成共识或者出现了分歧，在政治上两国关系此时不是处于完全友好、正常、健康的状态。当然，也可说代办级关系是一种政治手段的运用，或是两国关系存在或出现某种问题或危机时的一种过渡的手段。当问题解决后，国家间的外交关系一般都将升格到大使级别。

（3）非正式外交关系：是指两个尚未正式建交的国家直接进行外交谈判，并且互设某种联络机构。例如，中美两国在正式建交前，就曾经进行了长期的大使级的谈判，并在1973年双方在对方首都互设了联络处。

此外，国家之间的外交关系还有一种补充形式——国民外交关系，或者称为"民间外交"。它主要表现为两国非官方的个人或民间团体互相进行友好访问，就某些具体事务或两国关系的问题达成民间协议协定，发展两国非政府间的外交关系。事实上，这种关系往往还没有上升到国家对国家的层面上，严格来讲，它并不属于外交关系的一种。

（二）外交关系法

外交关系法主要是调整国家之间外交关系，规范外交关系机关及人员的组成、地位、职能及活动方式、程序的国际法原则、规则的规章、制度的总称。

外交关系法的主要内容涉及：（1）建立外交关系及互设使馆；（2）派遣或接受外交代表机关及其人员；（3）使馆及其外交人员的职务；（4）外交代表机关及人员的特权与豁免；（5）外交代表机关及人员与接受国的其他关系；（6）国际组织与东道国的其他关系；（7）特别使团的派遣及职责等。

外交关系法的发展经历了一个漫长的过程。在过去主要表现为国际习惯，条约仅有1815年《维也纳议定书》、1818年《亚琛议定书》和（区域性的）1928年《哈瓦那外交官公约》。第二次世界大战后签订了一系列公约、条约，其中主要有1946年《联合国特权与豁免公约》、1947年《联合国专门机构特权与豁免条约》、1961年《维也纳外交关系公约》、1969年《特别使团公约》、1973年《关于防止和惩处侵害应受国际保护人员包括外交代表的罪行的公约》、1975年《维也纳关于国家在其对普遍性国际组织关系上的代表权公约》等。

在上述公约中，最重要的是《维也纳外交关系公约》，公约对外交关系制度作了全面而具体的规定。该公约于1961年4月18日签署，1964年4月

24日生效。我国于1975年11月25日加入该公约，但对第14条、第16条和第37条第2、3、4款作了保留。1980年9月16日，中国政府撤回了对公约第37条第2、3、4款的保留。

二、外交机关

国家为了实现其对外政策，进行外交活动，须由特定的国家机关进行工作，这种负责执行国家对外政策，从事外交活动的机关，即国家的外交机关。它包括国内的外交机关和派往国外的外交代表机关。

（一）国内中央外交机关

国内的外交机关又称为"中央外交机关"，包括国家元首、中央政府和外交部门。它们由各国按照其国内法的规定组成和划定职权范围。这些机关是国家进行外交决策和活动的基本机关。

1. 国家元首

国家元首是国家对外关系中的最高机关和最高代表，它可以是个人也可以是集体。个人元首，如美国的总统、英国的女王、卢森堡的大公等；集体元首，如前南斯拉夫的联邦主席团、瑞士的联邦委员会等。国际法上，国家元首拥有全权代表权，在国际交往中他有权代表国家，其所作出的一切具有法律意义的行为，都被当然地视为其所代表的国家的行为。国家元首的具体职权由其国内法规定，一般都包括：派遣和接受外交使节；批准和废止条约；宣战和媾和；参加国际会议、进行谈判、缔结条约等。国家元首在外国享有完全的外交特权与豁免以及最高的外交礼遇。

我国《宪法》规定，由国家主席作为国家元首代表中国。我国元首职权由国家主席与国家最高权力机关结合起来行使。1982年《宪法》规定：国家主席可根据全国人民代表大会和人大常委会的决定，在国家遇到武装侵略或必须履行国际间共同防止侵略的条约时，宣布战争状态（第80条、第67条）；可代表国家接受外国使节；根据全国人大常委会的决定，派遣和召回驻外全权代表；批准和废除同外国缔结的条约和重要协定（第81条）。

2. 中央政府

政府是指一国的最高行政机关，它一般是国家对外关系的领导机关。不同的国家对政府的称谓会有差异，如内阁、部长会议等。我国称为国务院。政府首脑，即政府的最高行政首长，如内阁首相、部长会议主席、国务院总理等。政府首脑在对外关系活动中承担首要工作，享有广泛的职权，一般包括：领导外交工作，管理对外事务；进行对外谈判；参加国际会议；缔结条约；任免一定等级的外交人员等。按照国际法，政府首脑在外国也享有完全的外交特权与豁免，并享受相应的礼遇，他在进行外交活动中，无须出示全权证书。

3. 外交部门

外交部门是政府中专门执行国家外交政策、具体负责处理日常对外事务的机构。对外交部门的称谓也不尽相同，如美国称国务院，英国称外交与联邦事务部，日本称外务省，但多数国家则称外交部。外交部门的对外职权一般包括：代表本国与外国进行联系和交涉；领导和监督外交代表机关的工作与活动；与外国的外交代表机关保持接触、联系和谈判；提请政府审议重大对外政策问题；保护本国及本国公民在国外的合法权益等。对外交部门的长官各国的称谓也不同，大多数国家称外交部长，英国称外交大臣，美国称国务卿等，习惯上将其统一简称为"外长"。外长负责执行国家的对外政策，领导并处理外交部门的日常工作；同外国政府代表团谈判、签约；参加国际会议和签约。由于外长的特殊的身份，对外活动时也无须出示或提交全权证书。在国外期间，外长同样享有完全的外交特权与豁免。

（二）驻外外交代表机关

一国的外交代表机关通常可分为常驻和临时两类。常驻外交代表机关一般指一国派驻另一国或者国际组织的处理日常外交事务并保持对外关系的机构，如使馆、常驻某国际组织的代表团等。临时外交代表机关只是一国派遣到他国或国际组织的执行临时外交任务的外交使团，又称为"特别使团"。另外，根据其任务又可分为事务性使团和礼节性使团两种。

国际法上国家拥有派遣和接受外交代表的权利，历史上称为"使节权"。这是国家的一种权利能力或资格。同时，任何国家没有必须向某个国家派遣或必须接受某个国家的外交代表的一般义务。因此，外交代表机构的设立或派遣必须经过有关双方的协商同意。任何国家不得单方面强迫对方与自己建立或维持某种外交关系。

三、使馆及其人员

（一）使馆

1. 使馆的建立

使馆是一国派往另一国的常驻外交代表机关，是两国建立正式外交关系的表现形式。《维也纳外交关系公约》第2条规定："国与国间外交关系及常设使馆之建立，以协议为之。"至于协议所采取的形式，在国际实践中多采用条约、换文、公报、声明等，如1979年我国与美国建交时就采用了联合公报的形式。

提出或接受建交要求，确定建交条件和程序，是由各国自行决定的。例如，在建交条件方面我国一向坚持"承认中华人民共和国中央人民政府为中国唯一合法政府"的条件，接受这一条件的即可以进行建交谈判，否则，对建交之事不予考虑。另外，由于某种原因，在建交并设立使馆后，一国也可以单方面暂时关闭使馆、中止甚至断绝两国间的外交关系，这是国家主权的体现。例如，2008年9月2日，格鲁吉亚由于南奥塞梯和阿布哈兹问题，宣布与俄罗斯正式断绝外交关系，并要求俄使馆立即停止工作。另外，建立什么样的外交关系，互设哪一级的使馆，也应由双方协商确定。现在各国依平等和相互的原则，使馆一般设于对方的首都，且互派的使馆馆长等级是相同的。如果两国关系改善或恶化，双方均可提出外交关系升格或降格。

2. 使馆的职务

根据《维也纳外交关系公约》，使馆的职务主要包括以下五项：

（1）代表。作为派遣国在接受国的代表，在处理派遣国和接受国间的交往事务中，全面代表派遣国。

（2）保护。在国际法许可的范围内，保护派遣国及其人民在接受国内的各项利益。

（3）谈判和交涉。代表派遣国政府与接受国政府进行各项事务的谈判和交涉。

（4）调查和报告。可以一切合法的手段，调查接受国的各种情况，并及时向派遣国作出报告。

（5）促进。促进派遣国和接受国之间的友好关系，发展两国政治、经济、文化各方面的合作。

此外，在国际法许可和接受国同意的情况下，由本国政府授权，使馆还可以执行一些其他的职务，例如执行领事职务，受托保护第三国侨民及其利益等。

（二）使馆人员

1. 使馆馆长

在19世纪，因各国对使馆馆长的等级划分不统一而经常发生位次的争执。1815年的《维也纳议定书》将外交使节划分为大使、公使、代办三个等级，从而统一了划分规则。这种划分方式为1961年的《维也纳外交关系公约》所采纳。该公约第14条规定使馆馆长分为三级，即大使或教廷大使、公使或教廷公使、代办。

（1）大使或教廷大使。大使，又称"特命全权大使"，是由一国元首向另一国元首派遣的最高一级使馆馆长和外交代表。大使享有完全的外交特权与豁免，也享有高于其他两级馆长的礼遇，并可以随时请求谒见驻在国元首，进行直接谈判。19世纪以前，只有大国间才能互派大使，这反映了当时大小国之间的不平等。现代主权国家均有权派遣大使，无论其大小强弱。

教廷大使是由罗马教廷向一些国家派遣的、代表罗马教皇的、相当于大使一级的教廷使节。在一般国家里，教廷大使与大使位次相同，而在信奉天主教的国家给予教廷大使以优先地位，视其为外交团的团长。这在《维也纳外交关系公约》中也有所反映，但对于该公约有关教廷使节的条款，我国在1975年加入该公约时作了保留。

（2）公使或教廷公使。公使，亦称"特命全权公使"，也是由国家元首向另一国元首派遣的第二级使节。他们不被认为是国家元首的私人代表，因此在享有的礼遇上也次于大使，不能随时请求谒见驻在国元首，进行直接谈判。① 由罗马教廷派遣的相当于公使一级的使节称教廷公使。

20世纪以前，国家互派公使较为常见，例如，我国清朝末年与列强的外交关系均采用公使形式。而第二次世界大战后，任命公使一级的情况越来越少，绝大多数国家将公使升格为大使。

（3）代办。代办是由一国外交部长向另一国外交部长派遣的最低一级使馆馆长。他代表本国及外交部与接受国办理外交事务，是代办处的馆长。代办的派遣在现代国际关系中并不常见，多在两国关系不正常或存在严重分歧时才采用。例如，1981年初，由于荷兰政府批准向台湾出售潜艇，中国要求把两国互派的大使馆降格为代办处。直到1984年，荷兰方面改变其错误决定后，双方才再次恢复为大使级外交关系。必须注意的是，临时代办不同于代办，他不是一级馆长，而是在使馆馆长（大使或公使或代办）因故不能理事或空缺时，被委派暂代馆长职务的外交人员。临时代办一般由使馆中主管政务的、级别最高的外交人员担任。外交人员被委派为临时代办均不必事先征得接受国同意，但应由馆长或派遣国外交部长通知接受国外交部。

使馆馆长的等级不同，除了位次和礼仪上有所区别外，在其他方面不应有任何差别。至于同一级的使馆馆长的优先位次问题，《维也纳外交关系公约》第13条和第16条规定，使馆馆长在其各等级中的位次应按照其开始执行职务的日期及时间先后确定；根据接受国的通行惯例，在呈递国书②后或

---

① ［英］詹宁斯，瓦茨修订. 奥本海国际法（第1卷，第2分册）. 北京：中国大百科全书出版社，1998：482.

② 国书是一国派遣或召回大使、公使或代办时由国家元首致接受国元首的正式文书。

在向接受国外交部或另经商定的其他部门通知到达并将所奉国书正式副本送交后,即视为已在接受国内开始执行职务。呈递国书或递送国书正式副本的次序则依使馆馆长到达的日期和时间先后来确定。

2. 使馆其他人员

在外交实践中,各国使馆中属于在编的使馆人员可分为外交人员、行政技术人员和服务人员。

(1) 外交人员。外交人员是一国派往他国办理外交事务并具有外交职衔的人员。除使馆馆长外,一般包括:参赞、秘书、武官、随员等。

参赞,使馆内帮助馆长办理外交事务的高级外交官。依其专业性不同,参赞可包括商务参赞、文化参赞、新闻参赞、科技参赞等。参赞是馆长关于国际法和外交实践的助手和顾问。在馆长离职期间通常是由参赞担任临时代办来代理馆务。

秘书,使馆内秉承馆长旨意办理外交事务以及文书的外交官,位于参赞与随员之间,分一、二、三等秘书。一等秘书往往负责重要业务方面的事务,对外办理一些政治性或事务性的交涉。二等秘书是仅次于一等秘书的业务级官员,而三等秘书更多地是从事事务性工作的官员,单独承担对外交涉的任务很少。

武官,派遣国武装力量的代表。武官由派遣国国防和军事部门指定,同大使一样,武官需征得接受国同意后方可派出。武官按职别可分国防武官、军种武官、技术武官以及与这些武官相对应的副武官、武官助理、武官秘书和有关工作人员。当使馆派有数名武官时,由国防武官或某一军种武官担任"首席武官",其等级与参赞相近。武官的基本任务是从事军事外交和军事情报工作,同时,他又是使馆馆长军事方面的顾问和助手。

随员,由外交部或其他部门派遣的办理各种外交事务的最低一级外交官,位于秘书之后。随员根据工作任务的不同,通常又有商业随员、文化随员、新闻随员、农业随员等。

当然,有些国家的使馆中还有低于随员的外交官,称为"档案秘书"。

(2) 行政和技术人员。行政和技术人员,是使馆中从事行政及技术工作的人员。他们负责处理使馆内日常行政和技术性事务,如办公室负责人(又称使馆主事)、登记员、速记员、译电员、打字员、翻译、无线电技术员、会计等。

(3) 服务人员。服务人员是使馆中从事后勤服务工作的人员,包括司机、传达员、厨师、司阍(门卫)、维修工、清洁工等勤杂人员。

此外,私人仆役指充当使馆人员佣仆而非为派遣国雇用之人,为使馆人员的私人服务员，如保姆等。私人仆役不在使馆人员编制之列。

3. 使馆人员的派遣与接受

使馆人员一般是由派遣国任命的，不过，由于使馆人员，特别是使馆馆长，对于派遣国和接受国的关系往往会产生直接的影响，因此，使馆人员，特别是使馆馆长应该是接受国能够接受的。《维也纳外交关系公约》对使馆人员的派遣和接受问题也作出了原则性的规定。

派遣驻外使馆的人员，首先按照国内法及程序，由有关主管机关提名和决定人选，对于重要的使馆人员，如大使的任命，许多国家都规定需要国家最高权力机关或国家元首的批准同意，或由政府委派。例如，美国指派大使级使馆馆长要由总统提名、国会通过后，才能成为正式的人选。我国的驻外全权代表由全国人民代表大会常务委员会决定，国家主席派遣；驻外使馆参赞及相当职衔的外交人员由国务院负责任命。

通常在正式任命前，派遣国须向对方提供新馆长的简历，并征得接受国的同意。在接受国同意后，派遣国才能依国内法的程序予以正式任命。作为接受一方，各国都有权拒绝他认为不愿接受的人为驻本国的代表，而且无须说明任何理由。这是国家行使主权的表现，况且拒绝只是针对某一特定的人，不应视其为国家的不友好行为，更不应以此为借口制造国家间的纠纷。但这种拒绝往往会使派遣国感到难堪，因此，各国在实践中为避免发生不愉快，对人选的征求同意多以保密方式进行，直到正式任命时才公开。

使馆馆长一般都是派驻某一特定国家，有时也可兼驻两国或几国，例如新中国历史上，曾有驻坦桑尼亚大使同时兼任驻科摩罗、塞舌尔大使；有时也可兼驻某国际组织，如我国驻比利时大使同时兼任驻欧洲共同体大使。但兼任须征得有关各方面的同意。

除武官外，其他使馆人员原则上可以由派遣国自由委派，无须征得同意。而武官的任命应按《维也纳外交关系公约》第7条之规定，"接受国得要求先得提名，征求该国同意"之后，再由派遣国任命。

此外，依照《维也纳外交关系公约》的规定，接受国可以随时不具体解释即通知派遣国宣告使馆外交人员为"不受欢迎的人"或其他人员为"不能接受的人"。从实践来看，这种宣告常见情形主要有两种：（1）使馆馆长或武官的提名在就任前征得接受国同意时被拒绝，或者对其他人员接受国不予接受。即对于使馆任何人员，接受国可以在他到达接受国国境前宣告为不受欢迎的人或不能接受，从而拒绝给以入境签证或拒绝其入境。（2）在外交人员或其他人员就任后从事了与其身份不符的行为，而被终止职务的情况下，也可被宣布为不受欢迎的人或不能接受。在这种情况下，派遣国应酌情召回该人员或终止其在使馆中的职务。

4. 使馆人员的赴任与到任

征得接受国同意后派遣国即可按国内法程序予以任命、公布，并为赴任做准备。依规定，大使、公使到任要携带国书。国书是派遣国元首为派遣或召回大使、公使致接受国元首的正式文书。派遣国书是派遣国元首的委任状，一般写明使馆馆长的任命和等级，表示发展两国关系的愿望以及请求接受国对代表给以信任等内容。国书由派遣国元首签署，外长副署。代办不带国书，而携带由派遣国外长签署并向接受国外长发出的介绍书。

按照惯例，已建交的国家的新任馆长在启程前，往往通过本国外交部礼宾司联系拜会接受国派驻本国的使馆馆长。新任馆长启程，接受国在该国的外交官员应前往送行。新任馆长到达接受国边境和首都时应及时通知接受国外交部，接受国应派官员迎接。

使馆馆长到达接受国后，由接受国安排尽快拜会接受国外长，商谈递交国书事宜和程序，并将其国书副本、颂词副本交于对方。递交国书有专门的仪式，在仪式上由新任馆长亲自向国家元首递交国书。代办一级的馆长到任不递交国书，只向接受国外长递交本国外长签署的介绍书。

依《维也纳外交关系公约》之规定，在呈递国书后或在向接受国外交部或另经商定之其他部通知到达并将所奉国书正式副本送交后，即视为在接受国内开始执行职务。在实践中，也有的国家规定自馆长一踏上接受国国土就算已经到任。在我国，外国使馆馆长抵达后，即可开始活动，但到任日期以递交国书时间为准。

除使馆馆长外，其他外交官的职务是以其到达接受国担任使馆职务为开始。

（三）使馆及其人员职务的终止

从外交实践看，除任期届满外还有种种原因会引起使馆人员职务终止，其主要原因可归纳为两类：一类是体现在使馆人员个人方面，一类是体现在国家方面。

1. 个人方面原因

（1）使馆人员由于调职、辞职等原因而被本国召回。

（2）使馆人员死亡或失去理事能力。

（3）使馆人员从事了接受国不能容忍的活动，诸如敌对、破坏、间谍等活动，被接受国宣布为不受欢迎的人或不能接受。

2. 国家方面原因

（1）国家、政府变更。国家变更涉及国际法主体资格和变更，必使原有外交关系受到影响，使使馆职务不能继续保持而终止。例如1958年埃及与叙利亚合并，原与两国有外交关系的国家又必须重新对其加以承认再行建交，原有关系自然终止。政府变更是由于革命或政变，新政府取代了旧政府，原外交代表使命告终。

（2）外交关系变格，是指由于两国关系的变化，外交关系的升格、降格。变格也必须经两国协议，更改国书或介绍书，同时终止原使馆人员的职务，重新委任。

（3）两国中止外交关系，即由于两国关系恶化以至发生冲突或战争，虽然保留外交关系而实质上使馆活动已无法开展，现任使馆人员职务终止，以后两国关系改善还需重新委任。

（4）两国外交关系断绝，两国断交的原因很多，断交可由一方单方提出，也可双方共同宣布。断交的直接后果之一就是各自撤回使馆，使馆人员职务即行终止。

四、外交特权与豁免

外交特权与豁免是指根据国际法或相关协议，外交代表机关及其人员在接受国或国际组织所享有的特殊权利、优惠待遇和一定豁免的总和。

长期以来外交特权与豁免的内容主要是习惯国际法规则，1961年《维也纳外交关系公约》对这些内容进行了系统的编纂，内容包括使馆和外交人员两方面。

为什么要给予外交人员以外交特权与豁免？对于这个问题，法学界有三种学说：（1）治外法权说；（2）代表说；（3）职务需要说。《维也纳外交关系公约》兼采职务需要说与代表说，将二者有机结合起来解释给以外交特权与豁免的根据。公约序言指出："此等特权与豁免之目的不在于给与个人以利益而在于确保代表国家之使馆能有效执行职务。"这也是当今普遍接受的观点。

（一）使馆的特权与豁免

根据《维也纳外交关系公约》的规定，使馆作为一国派驻另一国的外交代表机构，主要享有以下特权与豁免。

1. 使馆馆舍不得侵犯

使馆馆舍指供使馆使用和供使馆馆长寓所之用的建筑物或建筑物的各部分，以及其所附属的土地，不论其所有权属于谁。所谓使馆馆舍不得侵犯，根据《维也纳外交关系公约》第22条的规定，包括三层含义：（1）未经馆长许可，接受国人员不得进入。这表明接受国官员在没有得到使馆馆长同意时，不得擅自进入使馆馆舍执行公务，甚至在火灾、瘟疫等紧急情况下也不能例外。（2）接受国应"采取一切适当步骤"对馆舍加以特别保护，使其免受侵入或损害，若违反这一规定，接受国应承担国际责任。（3）接受国不能对馆舍进行任何司法程序，也不得对馆舍内的设备、财产、交通工具进行搜查、征用、扣押或强制执行。

2. 使馆档案及文件不得侵犯

《维也纳外交关系公约》第24条规定："使馆档案及文件不论何时，亦不论位于何处均属不得侵犯。""不论何时"，包括两国发生武装冲突或断绝外交关系时在内。"不论位于何处"指不论是在馆舍内还是在馆舍外，也不论是否在外交信袋之内，均不得侵犯。

3. 通讯自由

根据《维也纳外交关系公约》第27条的规定，使馆通讯自由主要包括：（1）使馆为一切公务目的有使用外交信使及明、密码通讯的权利，包括与派遣国政府及该国其他使馆和领馆通讯，接受国应予以保护。但使馆非经接受国同意，不得装置并使用无线电发报机。（2）外交信使人身不可侵犯，不受逮捕或拘禁。（3）来往公文和外交邮袋不可侵犯，不得开拆、检查、扣押和毁坏。

4. 免纳捐税、关税

按照《维也纳外交关系公约》第23、28、36条的规定，使馆免纳的捐税、关税包括：使馆所有或租赁之馆舍，免纳国家、区域或地方性捐税，如房地产税，但为其提供的特定服务应付之费用，如水、电、煤气费等，不在免除之列；使馆办理公务所收的规费及手续费免征一切捐税；使馆公务用品准许入境并免除一切关税和其他课征，如办公室家具、车辆等，但是储存、运送及类似的服务费用除外。

5. 使用国旗和国徽

使馆及其馆长有权在使馆馆舍、使馆馆长寓邸和交通工具上使用派遣国的国旗和国徽标志。

（二）外交人员的特权与豁免

1. 主要内容

（1）人身不可侵犯。《维也纳外交关系公约》第29条规定："外交代表人身不得侵犯。"该条有两方面的含义：①接受国不得对外交人员进行人身搜查、侮辱、拘禁、逮捕，即使触犯了接受国法律，也应通过外交途径解决，而不能采取逮捕或扣留的方式。但这并不排除对这种人员行凶时进行的防卫，也不排除当其破坏驻在国的法律而进行犯罪时采取必要的措施加以制止。②接受国有义务采取必要措施对外交代表加以保护，防止其人身自由或尊严受到侵犯。接受国对侵犯外交人员人身者，应予严惩或引渡给有关国家惩处。

（2）寓所、文书信件和财产不可侵犯。寓所，即外交人员的私人寓所，指与馆舍相分离的、馆长以外的外交人员的私人住宅。这里的寓所与住所不同，寓所要广泛些，可以包括外出时临时居住的处所。外交人员的私人寓所不得侵犯并应得到保护，接受国的官员、司法人员等未经外交人员的许可不得进入。

《维也纳外交关系公约》规定，外交人员的私人文书和信件，同样不可侵犯。一般不得命令外交人员交出文书和信件，不得对外交人员的文书和信件采取开拆、扣留、检查或查封等措施。

财产主要是指外交人员寓所中的私人财产，也包括供其个人使用的物品、交通工具等。这些财产除按《维也纳外交关系公约》规定的民事管辖豁免的三种例外情况外，均不得实施搜查、查封、扣押、征用或强制执行。

（3）管辖的豁免。依《维也纳外交关系公约》第31条，外交人员不但对接受国刑事管辖享有豁免，而且对民事和行政管辖也享有豁免。

刑事管辖豁免是指外交人员对接受国的刑事管辖享有完全的豁免，也就是说，外交人员触犯接受国刑律时，免受接受国当局司法管辖，接受国不得对他加以传讯、起诉和审判。这种豁免是绝对而无例外的，但这并不意味着外交人员可以无视接受国法律、规章，也不是说他犯罪可以不受惩处，仅是指接受国对其违法犯罪行为不得行使管辖权，而应通过外交途径与派遣国交涉解决。我国《刑法》第11条规定，"享有外交特权与豁免的外国人的刑事责任问题，通过外交途径解决"，这同公约的精神是一致的。

关于民事管辖豁免：外交人员对接受国的民事管辖也享有豁免。一般情况下，接受国的法院不得对外交人员进行民事管辖，包括不进行审判和处罚，也不采取强制执行措施。然而，根据《维也纳外交关系公约》，外交人员的民事管辖豁免有以下例外：①关于接受国境内私有不动产之物权诉讼，但其代表派遣国为使馆用途置有之不动产不在此列；②关于外交代表以私人身份并不代表派遣国而为遗嘱执行人、遗产管理人、继承人或受遗赠人之继承事件的诉讼；③关于外交代表在于接受国内在公务范围以外所从事的专业或商业活动引起的诉讼。此外，《维也纳外交关系公约》第33条第3款还规定，如外交代表主动提起诉讼，就不能对与主诉直接相关的反诉主张管辖的豁免。凡遇上述情况，外交人员不能援引民事管辖的豁免为理由，主张享有豁免权。

关于行政管辖豁免，公约规定：外交人员对接受国的行政管辖享有豁免权。如外交人员不需作户籍登记，不服兵役和劳务；外交代表死亡、子女出生等都不须履行接受国的有关行政手续。

另外，《维也纳外交关系公约》第31条第2款规定：外交人员无以证人身份作证之义务。但在一定条件下，如某一外交人员为某一案件的目击者，此事又不涉及使馆，经派遣国同意，外交官也可出庭作证。

应该指出，管辖豁免亦可放弃。外交人员管辖的豁免可以由派遣国放弃，而且放弃必须是明示的。对管辖豁免的放弃可以是刑事的，也可以是民事的或行政的，应该分项单独放弃，特别是在民事或行政诉讼程序上管辖豁免的放弃与判决执行豁免的放弃，更需分别进行。也就是说，在派遣国没有明确放弃执行豁免的情况下，不能对外交代表进行执行之处分。应特别强调一点，外交人员享有的上述管辖豁免个人不得随意放弃，而必须由派遣国明示放弃才有效力。

（4）免纳捐税。捐税豁免是一个极复杂而细致的问题。由于社会制度和国情不同，各国具体做法也各不相同，国际上一般认为，捐税可分为直接税和间接税。直接税指对纳税人的收入、财产征收的捐税及对消费者直接征收的捐税；间接税指计入商品或劳务价格中的捐税。一般原则是对外交人员应免征直接税，而不免征间接税。

按照《维也纳外交关系公约》规定，外交人员免纳一切对人或对物课征的国家、区域或地方性的捐税，如个人所得税、公用房地产税、汽车税、娱乐税、印花税、购买税等。但公约同时作了例外的规定，如私有不动产应纳之捐税、遗产税、继承税、不动产登记费、抵押税以及前述之间接税等。由于各国税收制度不同，许多国家都要求在免税问题上达成协议，而《维也纳外交关系公约》第34条在这方面提供了以上的基本统一的规则。

（5）免除关税和查验。外交人员及其家属的私人用品入境时免征关税，而且其私人行李免受查验。但有重大理由推定其中装有不在免税之列的物品，或接受国法律禁止出、入境或检疫条例加以管制的物品时，则可以检查。而检查时须有外交人员或授权代理人在场。

（6）其他特权和豁免。外交人员免于适用接受国所施行的社会保险办法，并免除一切劳务和各种公共服务；免除军事募捐、征用等军用义务。

2. 适用范围

（1）适用的人员范围。根据《维也纳外交关系公约》规定，除使馆馆长及外交人员享有外交特权与豁免外，与外交人员构成同一户口的家属，如系非接受国国民，亦享有与外交人员相同的特权与豁免。一般认为，外交人员的配偶和未成年子女属于"构成同一户口的家属"。

使馆的行政技术人员及与其构成同一户口的家属，如非接受国国民且不在该国永久居留者，也享有外交人员享有的一般特权与豁免，但有一些限制和修改，包括：其执行职务范围以外的行为不享有民事和行政管辖的豁免；除其最初到任时安家的物品外不能免纳关税及其他课征；其行李不免除海关检查。

使馆的服务人员如非接受国国民且不在该国永久居留者，仅就其执行公务的行为享有豁免，其受雇所得报酬免纳捐税，并免于适用接受国所施行的社会保险办法。服务人员的家属不享有特权和豁免。此外，使馆人员的私人仆役如果系非接受国国民且不在该国永久居留者，仅享有其受雇所得报酬免纳捐税的优遇。

对于除使馆馆长和外交人员以外的其他人员所享有的特权与豁免，各国应通过双边协议或国内法加以明确规定。但应指出的是，接受国对其他人员行使管辖不应对使馆职务的执行有不当的妨碍。

（2）适用的时间范围。享有外交特权与豁免的人员，自其被接受国接受而进入接受国国境就任之时起享有此等特权与豁免，其已在该国境内者，自其委派通知接受国外交部或两国另经商定之其他时刻开始享有。

享有外交特权与豁免人员的职务如已终止，其上述特权与豁免通常是在该人员离境之时或给予其离境的合理期间结束之时终止。即使两国有武装冲突发生，其特权与豁免也应继续有效至上述时间为止。如遇使馆人员死亡，其家属应继续享有其应享有的特权与豁免，直到给予其离境的合理期间结束时为止。

五、使馆及其人员对接受国的义务

使馆及其人员在接受国内享有特权与豁免，并非意味着他们可以无视接受国的国内法律秩序，其行为和活动必须遵守公认的国际法原则和规则，并对接受国负有一系列的义务。

（1）尊重接受国的法律、规章。在不妨碍外交特权与豁免的情况下，使馆人员负有尊重接受国法律规章的义务，例如治安规则、交通规则、卫生规章等。

（2）不得干涉接受国的内政。使馆人员必须避免作出任何直接或间接地干涉接受国内政的言论和行动。例如，不得公开批评接受国领导人及其政策，不参加亦不支持反对接受国政策的集会、游行示威活动等。

（3）馆舍不得用于与使馆职务不相符合的用途。例如，不得在使馆内拘留人，即不得利用使馆馆舍拘留或拿捕任何人，如发生拘留人的事件，接受国有权要求将人交出。不得在使馆内庇护人，世界上大多数国家不承认使馆拥有庇护权，一般不允许在使馆内庇护当地政府通缉的人。如遇有罪犯避入馆舍，或不享有外交特权与豁免的人在使馆内犯罪，接受国要求交人时，使馆应予交出。所谓"外交庇护"，仅有一些拉丁美洲国家间缔结的有关庇护条约给予了承认，当然只能在这些拉美国家间适用，不能影响一般国际法的规定。

（4）使馆及其人员不应在接受国内从事专业或商业活动。使馆与接受国洽谈公务，应与接受国外交部或另经商定的其他部门按照相关程序进行。外交人员不应在接受国内为私人利益从事任何专业或商业活动。

六、《中华人民共和国外交特权与豁免条例》

1986年9月，我国颁布了《中华人民共和国外交特权与豁免条例》（以下简称《外交特权与豁免条例》），这是我国第一部由国家最高权力机关制定的外交特权与豁免方面的法律文件。该《外交特权与豁免条例》依照《维也纳外交关系公约》，参照国际习惯及新的发展并结合我国具体情况和外交实践，对外交特权与豁免的根据、内容、适用及用语含义作了明确规定。总体来看，《外交特权与豁免条例》与《维也纳外交关系公约》在实体内容与主要精神上基本一致，但该条例结合我国具体情况和新的国际实践又对《维也纳外交关系公约》内容做了完善和补充，概括起来，具有以下几个特点：

（一）条例扩大了特权与豁免的适用范围

该《外交特权与豁免条例》规定，在中国境内享有外交特权与豁免的人员除使馆人员、外交信使、途经中国的驻第三国的外交人员外，还有持有中国外交签证或外交护照（仅限于互免签证的国家）来中国的外交官员；经中国政府同意给以特权与豁免的其他来华访问的外国人士，以及来中国访问的外国的国家元首、政府首脑、外交部长及其他同等身份的官员。

（二）体现了我国国情和主权的结合

《外交特权与豁免条例》第2条规定，使馆外交人员原则上应具有派遣国国籍，若委派属中国或第三国国籍的人为使馆外交人员，则必须征得中国主管机关的同意，中国主管机关可以随时撤销此项决定。又如第19条规定，使馆和使馆人员携运自用枪支、子弹入境，必须经中国政府批准，并且按中国政府的有关规定办理。

（三）强调了对等原则

《外交特权与豁免条例》第 26 条规定，如果外国给以中国驻该国使馆、使馆人员以及临时去该国的有关人员的外交特权与豁免，低于中国本条例给以该国驻中国使馆、使馆人员以及临时来中国的有关人员的外交特权与豁免，则中国政府根据对等原则，得给予相应的外交特权与豁免。

《外交特权与豁免条例》还规定，来中国参加联合国及其专门机构召开的国际会议的外国代表、临时来中国的联合国及其专门机构的官员和专家、联合国及其专门机构驻中国的代表机构和人员的待遇，按中国已加入的有关国际公约和中国与有关国际组织签订的协议办理。

第二节　领事关系法

一、领事关系及领事关系法

（一）领事关系

早在古希腊时期，就有了领事的萌芽，但一般认为领事制度起源于中世纪后期。19 世纪中期以后资本主义处于上升时期，国际贸易、航海和航运普遍发展，领事制度受到更大重视并得到了发展。随着资本主义向外侵略扩张，领事制度成为它的一种重要工具。西方大国在这一时期，不但把领事制度带到了东亚各国，而且在这些国家，特别是在中国攫取了领事裁判权，形成"国中之国"。所谓领事裁判权，是指一国领事根据不平等条约享有的按照其本国法律对其本国侨民行使司法管辖的片面特权。领事裁判权制度严重侵犯接受国的主权，干涉接受国的内政，在这方面中国受害极深。直到第二次世界大战结束后，领事裁判权才被废除。

领事（Consul）是一国根据与他国的协议，派往该国某一城市或地区执行领事职务，以保护派遣国及其公民和法人在当地的合法权益的代表。领事关系是指根据国家间协议，互派执行领事职务的常驻机构而形成的一种国家关系。领事关系与外交关系都属于国家对外关系的范畴。驻外外交常设机构与领事常设机构之间既有联系又有区别。

两者间的联系主要表现在：（1）两者都是执行派遣国对外政策的常驻国外的机关；（2）两者都是根据协议而建立，使馆馆长和领馆馆长同由派遣国国家或政府派遣；（3）均受派遣国外交部的领导，在国外，领事还须受外交使馆的领导；（4）领事关系与外交关系有一定联系，同意建立外交关系即包括同意建立领事关系，但断绝外交关系，并不当然断绝领事关系。

例如，2008年格鲁吉亚和俄罗斯断绝外交关系时，却保留了两国间的领事关系。此外，在两国尚未建立外交关系的情况下，领事关系的存在可对促进两国外交关系的建立起一定作用。

两者的区别主要表现在：（1）名义、地位不同。外交使馆是全面代表派遣国，同接受国政府就涉及两国关系的带有全局性的重大问题进行交涉；而领事馆则是在其职务范围内同接受国地方当局进行交涉，它不能直接同接受国中央政府打交道，如确有必要，须经由其使馆进行。（2）职务不同。使馆所保护的利益对派遣国来说，是属于全局性的重大利益，而领事馆的主要职责则是保护派遣国关于商务及侨民的具体利益。（3）工作地域范围不同。使馆可及于接受国全境，而领事馆一般以其辖区为限，仅与该地方当局进行交涉。（4）享受特权与豁免的程度不同，包括礼仪上的待遇不同。总地来讲，领事与领馆享受的特权与豁免要比外交使用权使馆少。

（二）领事关系法

领事关系法主要是关于领事关系的建立、领事的派遣和接受、领事职务、领事特权与豁免等原则和规则的总称。在20世纪60年代以前，国际上大量存在的是有关领事制度的习惯法规则。1963年4月22日在联合国主持下制定的《维也纳领事关系公约》是国际上第一个全面规定领事关系一般规则的国际公约，公约于1967年3月19日生效，我国于1979年7月3日加入该公约。

二、领事馆及其人员

（一）领事馆

《维也纳领事关系公约》规定："国与国间领事关系之建立，以协议为之"；"除另有声明外，两国同意建立外交关系亦即同意建立领事关系，但是断绝外交关系并不当然断绝领事关系。"国家间达成领事关系的直接标志一般是设立领事机构，即领事馆（Consulate）。

关于领事馆的设立，《维也纳领事关系公约》规定，领馆须经接受国同意始得在该国境内设立。领馆的设立地点、领馆的类别及其辖区，由派遣国决定，但须经接受国同意。实践中，领事馆一般设立在派遣国国民聚居或频繁出入的城市，或者设在派遣国船舶经常出入或者有广泛商业关系的港口城市。领馆的设立地点、领馆的类别及其辖区确定后，派遣国须经接受国的同意才能变更。领事馆分一般为四级：总领事馆、领事馆、副领事馆和领事代理处。目前，中国在外国只设立总领事馆和领事馆。外国在中国设立的领馆均为总领事馆。此外，总领事馆或领事馆如欲在本身所在地以外的地点设立副领事馆或领事代理处，或者在原设领馆所在地以外开设办事处作为该领馆的一部分，均须经接受国的同意。

（二）领事馆人员

1. 领馆人员的组成

领馆人员包括领事官员、领事雇员和服务人员。领事官员，通常简称为领事，是指执行领事职务的人员，包括总领事、领事、副领事和领事代理人。领事雇员指行政和技术人员，包括办公室秘书、译员；服务人员包括汽车司机、传达员等担任领馆杂务的人员。领馆人员的私人服务员不在领馆人员之列。

领事有两种：专职领事和名誉领事。专职领事，又称"派任领事"，就是国家正式派遣的领事官员，由派遣国国民担任，除执行领事职务外，一般不从事其他职业活动。名誉领事，又称选任领事，指一国政府选任执行领事职务的兼职官员。一般从当地的本国侨民中选任，也可以在接受国的国民中选任，通常都选用有实力的经济界人士或律师。名誉领事不属于派遣国国家人员编制、不领取薪金，其报酬从领馆手续费、规费中支付。名誉领事一般只担任核发签证、出具原产地证明和公证等职务。中国目前既不委派、也未接受名誉领事。

2. 领事的委派与接受

领馆馆长由派遣国委派，并由接受国承认准予执行职务。委派及接受领馆馆长的手续分别依两国的协议及两国的国内法律规章办理。领馆馆长奉派任职时，应由派遣国发给委任书，委任书中写明领馆馆长的全名、国籍、性别、官衔、简历、开始执行职务日期、领事类别、所在地和领事区。派遣国应将领事委任书通过外交途径或其他适当途径送至接受国政府，由其发给"领事证书"或在领事委任书上予以批准确认后，方可开始执行职务。对领事人选接受国是否同意，一般通过是否发给领事证书来表示，而无须预先征求对方意见。如接受国不同意可拒发领事证书，且无须向派遣国说明拒绝的理由。

领馆其他人员的委派原则上由派遣国自由决定。但若委派具有接受国国籍的人或第三国国民则须经接受国明示同意。此外，《维也纳领事关系公约》还规定，接受国可随时通知派遣国，宣告某领事人员为不受欢迎的人或宣布其他领馆馆员为不能接受的人，并视情形于必要时，"撤销关系人员之领事证书或不复承认该员为领馆官员"。采取上述措施，接受国亦无须说明其理由。

3. 领事职务

根据《维也纳领事关系公约》第5条的规定,领事职务的主要内容可归纳为:

(1) 保护。保护本国及其侨民和法人在接受国的利益。

(2) 促进。促进本国与接受国间的商业经济、文化和科学关系的发展,并在其他方面促进两国间的友好关系。

(3) 调查。以一切合法手段调查接受国内商业、经济、文化及科学活动的改善及发展情形,向派遣国政府具报,并向有关人士提供资料等。

(4) 办证。办理护照、签证、公证、认证以及侨民的出生、死亡和婚姻登记事项。

(5) 帮助。给予本国侨民以及进入接受国境内的本国飞机,船舶及其人员以所需要的帮助。

此外,《维也纳领事关系公约》规定,一国受第三国(与驻在国断绝领事关系,或不存在领事关系)的委托,并经接受国同意后,可代表该国执行领事职务。

4. 领馆人员职务的终止

领馆人员职务终止一般有以下情况:被派遣国召回;领事证书被撤销;接受国通知派遣国,接受国不再承认该人员为领馆人员,即领事官员被宣告为"不受欢迎的人"或任何其他领馆人员被宣布为"不能接受的人";领馆关闭或领事关系断绝等。

三、领事特权与豁免

领事特权与豁免是指领馆及其人员在接受国所享有的特殊权利、优惠待遇和一定豁免的总称。领事特权与豁免分为领馆的特权与豁免和领馆人员的特权与豁免两类。1963年《维也纳领事关系公约》对领馆及其人员的特权与豁免作了规定。

(一) 领馆的特权与豁免

根据《维也纳领事关系公约》的规定,领馆的特权与豁免主要有:

1. 领馆馆舍在一定限度内不可侵犯

领馆馆舍是指专供领馆使用的建筑物及各部分和其所属土地。所谓"领馆馆舍一定限度内不可侵犯"主要表现为:(1) 专供领馆工作之用的那部分馆舍未经许可不得进入,而馆舍的其余部分不包括在内;此外,遇紧急情况时,如火灾和其他灾害须迅速采取措施的场合,可推定领馆馆长已经同意而采取保护行动。(2) 依《维也纳领事关系公约》规定,接受国对馆舍负有特殊责任,应采取一切措施避免任何扰乱领馆安宁或损害领馆尊严之事件的发生。(3)《维也纳领事关系公约》还规定,领馆馆舍、设备及其财产在一般情况下应免受征用。但在确有必要征用时,则可征用,然后应给予赔偿,并应采取措施,避免对领馆职务的执行造成妨碍。

2. 领馆档案及文件不可侵犯

领馆的档案包括一切文书、文件、函电、簿籍、胶片及登记册,以及明密电码、记录卡及供保护或保管这些文卷之用的任何器具,以及单行的文件。领馆档案及文件无论何时,也不论位于何处,都不得侵犯。

3. 通讯自由

此项特权与使馆的规定基本相同,包括三方面的内容:(1)领馆享有使用一切适当方法,包括外交、领事信使、外交或领馆邮袋及明、密码电信在内的通讯的权利,但非经接受国许可,不得装置和使用无线电发报机。(2)对领馆的来往公文不得侵犯。(3)领馆邮袋不得予以开拆或扣留。但如有重大理由怀疑邮袋所装之物品并非公文时,可请求派遣国指派一人在当场开拆,如对方拒绝,可将邮袋退回原发送地点。

4. 与派遣国国民通讯和联络

由领事职务性质决定,领事官员有权与派遣国国民接触和联系。包括:(1)领事官员可以自由与派遣国国民通讯和会见;(2)在领馆辖区内,有权按接受国法律的规定,探访受监禁、羁押或拘禁的派遣国侨民,进行交谈和通讯,并可以代其聘请法律代表等。

5. 行动自由

除接受国为国家安全设定禁止或限制进入区域所订法律规章另有规定外,接受国应确保所有领馆人员在其境内行动及旅行之自由。

6. 免纳捐税、关税

领馆馆舍免纳国家、区域或地方性捐税;领馆执行职务所收的规费和手续费免除捐税;领馆的公务用品免除关税及其他课税,但储存、运送等服务费,以及因提供特定服务而应缴纳的费用不在免除之列。

(二)领馆人员的特权与豁免

依《维也纳领事关系公约》的规定,领馆人员的特权与豁免有:

1. 一定限度的人身不可侵犯

根据《维也纳领事关系公约》第40、41条的规定,接受国对于领事官员应表示适当尊重,应采取一切适当步骤,保护其人身自由和尊严免受任何侵犯。除非领事官员犯了严重罪行或为了执行有确定效力之司法判决,一般不得予以逮捕或羁押候审。如对领事官员提起刑事诉讼,其须出庭,但接受国应顾及对该员所任职务的尊重,并应尽量避免妨碍其职务的执行。

2. 一定限度的管辖豁免

领馆官员执行职务的行为不受接受国的司法和行政管辖,但以下情况例外:(1)领馆馆员凡以私人身份订立契约所发生的诉讼;(2)第三者因车辆、船舶、飞机在接受国内造成意外事故而要求损害赔偿之诉讼。此外,如果领馆官员或领馆雇员主动提出诉讼,即不得对主诉直接相关的反诉要求管辖权的豁免。

领馆人员就其执行职务所涉及的事项,没有担任作证或提供有关来往公文及文件的义务。领馆人员有权拒绝以鉴定人身份就派遣国的法律提出证言。对于领馆官员,要求其作证的机关应避免妨碍其执行职务,在可能情况下,可以在其寓所或领馆录取证言,或接受其书面陈述。如果领馆官员拒绝作证不得对其施行强制措施。

上述特权和管辖豁免的放弃必须由派遣国明示作出,并以书面通知接受国。诉讼管辖豁免和执行豁免的放弃必须分别明确作出。

3. 捐税、关税和查验的免除

领事官员和领事雇员及与其构成同一户口之家属免纳一切国家、区域或地方性的捐税,但间接税、对私有不动产课征的捐税、遗产税、为供给特定服务所征收的费用等不在此列。领馆服务人员由于其服务所得的工资免纳捐税。领事官员及与其构成同一户口之家属的私人自用品,包括初到任时定居之用的物品免纳关税,但消费品不得超过本人直接需要的数量。领事官员及与其构成同一户口之家属的私人行李免受查验,只是在某种特殊情况时,才可依一定程序加以查验。

4. 其他特权与豁免

领馆人员免除接受国法律规章对外侨登记和居留证所规定的义务;免除作证的义务;免予适用接受国的社会保险办法;免除个人劳务和公共服务,及有关征用、捐献、屯宿等军事义务。

四、领馆及其人员对接受国的义务

领馆及享受特权与豁免的人员同样对接受国负有一定的义务,根据《维也纳领事关系公约》第 55 条的规定,领馆及其人员对接受国主要负有下列义务:尊重接受国的法律规章;不得干涉接受国的内政;不得将领馆馆舍用做任何与执行领事职务不相符合的用途;专职领事不应在接受国内为任何私人利益从事任何专业或商业活动。

五、《中华人民共和国领事特权与豁免条例》

1990年10月30日，我国颁布了《领事特权与豁免条例》，这是我国第一部对领馆及领馆人员享有的特权与豁免作了专门规定的法规。

《领事特权与豁免条例》规定的领馆及各类型人员享有的特权与豁免同1963年《维也纳领事关系公约》的基本精神是一致的，规定的主要内容也是大致相同的。但条例也兼顾到我国的实际情况和我国现行的政策、法规精神，对上述公约未作规定或规定不够明确的地方作了必要的补充，使其更明确、更具体。例如，《领事特权与豁免条例》第12条规定："领事官员不受逮捕或者拘留，但有严重犯罪情形，依照法定程序予以逮捕或者拘留的不在此限。领事官员不受监禁，但为执行已经发生法律效力的判决的不在此限。"第14条规定："领事官员和领馆行政技术人员执行职务的行为享有司法和行政管辖豁免。领事官员执行职务以外的行为的管辖豁免，按照中国与外国签订的双边条约、协定或者根据对等原则办理。条例还较公约更具体地规定了不适用民事管辖豁免的情况：①涉及未明示以派遣国代表身份所订的契约的诉讼；②涉及在中国境内的私有不动产的诉讼，但以派遣国代表身份所拥有的为领馆使用的不动产不在此限；③以私人身份进行的遗产继承的诉讼；④因车辆、船舶或者航空器在中国境内造成的事故涉及损害赔偿的诉讼。进口枪支、子弹出入境，必须经中国政府批准，并且按照中国政府的有关规定办理。"《领事特权与豁免条例》还把"家属"定义为"共同生活的配偶及未成年子女"，显得更加明确具体。

【难点追问】

通过"美国驻德黑兰外交和领事人员案"如何认识使馆和外交人员不可侵犯？

外交、领事特权与豁免是使领馆及其人员的代表性和职务需要所必不可少的，不仅是条约法的规则，而且是习惯法的规则，任何国家均应尊重这些特权与豁免，并给予使领馆及其人员特别保护。如果一国未履行其义务，就引起国家责任。在本案中，伊朗对武装分子袭击、占领使领馆和扣留人质的行为本来不负责，但它在美国使馆请求伊朗当局给予援助和保护时采取不作为的态度，这就违反了其应采取一切适当步骤保护使领馆及其人员的国际义务。而且，伊朗政府还赞同和支持武装分子的行为。通过这种国家行为，武装分子的非法行为就可归于伊朗国家而成为伊朗的国家行为，这构成伊朗对其国际义务的再次违反。因此，伊朗要承担国家责任。

【前沿提示】
　　在现代国际关系中，由于国际组织的兴起以及国际传播媒介和交通的迅猛发展，国家与国家之间开展外交关系对于各国驻海外的使领馆的依赖性相对有所下降。尽管一个国家驻海外的使领馆在当代国际关系中的外交地位下降了，但是随着国际恐怖主义、海盗等非传统安全威胁的不断涌现，一个国家驻他国的使领馆在保护其海外侨民方面的地位和作用却日益提升。当然，经济全球化对于各国使领馆外交官行使传统外交职能也产生了更多的挑战。在应对各种全球性问题方面，各国使领馆外交官与东道国政府进行各种交涉、磋商、谈判、协调的任务愈来愈繁重。

【思考题】
　　1. 试述外交关系和领事关系的联系与区别。
　　2. 简述外交机关的分类。
　　3. 谈谈外交特权与豁免和领事特权与豁免的内容是什么？并比较两者之间的异同。
　　4. 使领馆及其人员对接受国有哪些义务？
　　5. 我国外交和领事特权与豁免条例与维也纳外交和领事关系公约之间的关系。

第五章　国际组织法

【引言】 当代国际社会的一个重要特点，是众多国际组织的存在与发展，并对人类生活的所有领域产生着深刻影响。特别是以联合国为代表的数百个政府间国际组织，对维护世界和平与安全，促进人类社会的进步与发展发挥着越来越重要的作用。任何全球性或区域性重大问题的处理，如果没有相关国际组织的参加，都难以获得圆满解决。当今世界，衡量一个国家的对外交往能力是否充实，一个政府的对外政策是否成熟，一个重要的标志就是对国际组织的理解和参与程度。作为国际社会重要角色的国际组织，是在以国际法为基础的国际法律秩序中存在与活动的。而与政府间国际组织相关的法律原则与规则，则在第二次世界大战后逐渐成为国际法的一个重要分支——国际组织法，并极大地推动着现代国际法的发展。

【学习的目的与要求】 对于本章的学习，我们需要了解国际组织的概念及特征、种类、国际组织法的含义；理解和把握国际组织的法律地位、国际组织成员资格的取得与丧失、国际组织的机构、国际组织的决策方式等；掌握联合国的宗旨与原则、联合国的会员国、联合国主要机关的职权、联合国专门机构的概念及特征、类型、职能等以及几个重要的区域性国际组织。

【知识结构简图】

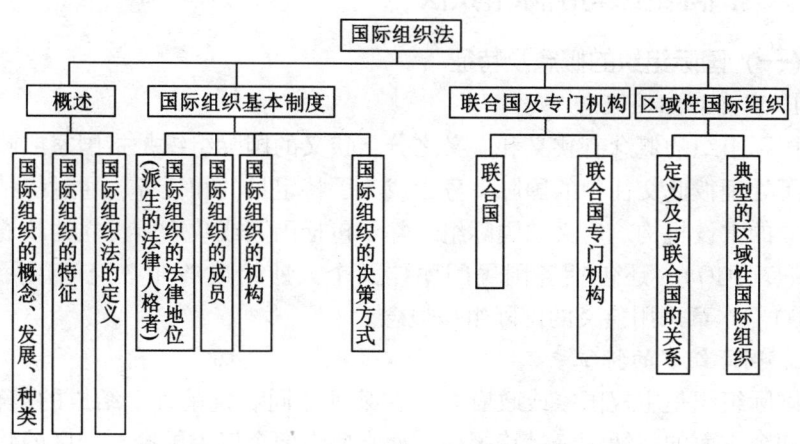

【引例】

所谓台湾"重返联合国"案

台湾"重返联合国"问题源于李登辉上台后在国际上推行的所谓"双重承认"外交。1990 年 6 月,台湾当局明确提出,"冷战结束后,中华民国要赶快走出去","要有尊严、有国格地走进国际社会",以及强调在国际社会搞"双重承认"。另外,所谓"中华民国"从 1971 年失去联合国代表权后,台湾当局都一直想"重返联合国及其他被迫离开的国际组织",并把"重返联合国"作为外交工作重点。

自 1993 年以来,台湾当局大肆鼓噪"重返"或"加入"联合国,并使用"银弹外交",诱使少数美洲和非洲国家图谋把台湾"代表权"提案塞入联大议程。台当局年复一年地于每年 9 月在联合国大会期间抛出所谓台湾"重返"联合国提案,少数国家也极力推动将该提案纳入联合国大会议事日程,中国政府常驻联合国代表对此表示了坚决反对和强烈谴责,敦促这些国家改弦更张,严格遵守《联合国宪章》和联大第 2758 号决议,在台湾问题上采取和广大会员国一致的立场。其结果是,台湾当局历年推出的所谓"重返联合国"提案无一例外地遭到联大总务委员会的否决。

请问:为什么联大总务委员会总是否决台湾当局提出的"重返联合国"案?

第一节 概 述

一、国际组织与国际组织法

（一）国际组织的概念及特征

1. 国际组织的概念

国际组织的概念有狭义和广义之分,狭义的国际组织是指国家或政府之间为了处理彼此交往中的国际事务,或为了特定目的和任务,通过缔结条约而建立的常设机构。广义的国际组织除了包括国家或政府所设立的政府间国际组织（IGO）,还包括各国民间团体及个人所组成的非政府间国际组织（NGO）。本章采用狭义的国际组织概念。

2. 国际组织的特征

国际组织是主权国家或政府之间在某种共同利益基础上结成的集合体,它有四个方面的特征:一是跨国性,通常要由两个以上国家、地区的政府才能建立。二是目的性，根据国际条约或其他国际法上的文件而建立，有特定的宗旨和目的，有明确的章程。三是组织性，有常设的组织机构来开展活动，实现其宗旨和目标。四是自主性，代表各成员的共同利益，自主开展活动，独立运作。

（二）国际组织法

"二战"后国际组织的发展对整个世界产生了更加重大的影响，也推动了传统国际法的发展，国际组织法逐渐作为国际法的一个新分支发展起来。国际组织法（Law of International Organizations）是用以调整国际组织的创立、法律地位、组织的内部和外部活动以及有关法律关系的法律规范的总称。国际组织据以建立的国际条约通常就是该国际组织的基本文件，一般称为宪章、规约或协定等。基本文件规定了该国际组织的宗旨、会员、组织结构、工作程序等内容。

二、国际组织的形成及发展

国际政治、经济、文化的飞速发展，使得国际交往变得非常频繁，国际合作的形式逐渐被常设性的国际组织所取代。19世纪最早在欧洲出现了如莱茵河、易北河等国际河流委员会。19世纪后半期，出现了国际电信联盟（1865年）、万国邮政联盟（1875年）等，这种专门以业务性和行政性为国际合作目的的国际行政联盟组织成为现代国际组织的雏形。20世纪后，国际组织的发展经历了三个阶段：一是两次大战期间，以国际联盟的成立为标志，出现了如国际劳工组织一类的专门机构、国际常设法院这样的国际司法机构以及一批非政府组织。第二阶段自"二战"结束前至20世纪80年代末，是国际组织发展史上的黄金时期，以联合国的诞生为标志，一大批全球性、区域性政府间国际组织雨后春笋般涌现。第三阶段自冷战结束后至今，是国际组织处于全球化时代的发展阶段，也是国际社会组织化程度大幅度增强的阶段，国际社会的日益组织化不仅表现在国际组织数目的增长，更重要的是体现在国际组织范围的扩大，它早已冲破初创时期的地域、领域局限，活跃在当今人类社会的所有方面。

三、国际组织的种类

国际上的国际组织多种多样，可从不同的角度可将其归纳为若干种类型：

根据活动宗旨和职权范围，可分为一般综合性国际组织和专门性国际组织。前者的职能广泛，涉及政治、经济、社会等各个方面，如联合国，而后者只具有专门职能，如国际海事组织。

根据地域特点，可以分为全球性国际组织与区域性国际组织。前者向国际社会所有成员开放，各国都可以依法参加，如联合国、世界卫生组织等。后者一般有某一特定区域的国家组成，其职能也以该地区为限，如欧洲联盟、非洲联盟等。

其他分类还有根据对成员资格条件的限制，分为开放性国际组织与封闭性国际组织；依据与联合国的关系，可以分为与联合国有关的国际组织（即联合国的专门机构）和与联合国无关的国际组织。

四、中华人民共和国与国际组织

从中华人民共和国成立初期到1971年，中华人民共和国被排斥在联合国等国际组织之外，为恢复在联合国的合法席位进行了不懈的斗争。从1971年到改革开放前这个阶段，中华人民共和国恢复了在联合国的合法席位，并与一大批国际组织建立、恢复了友好合作关系。改革开放以来，中华人民共和国恢复了在世界银行和国际货币基金组织的席位，然后又加入了世界贸易组织、亚太经合组织等重要的国际经济组织。依据国际组织年鉴的统计，截至1998年底，中华人民共和国加入的政府间组织为52个，非政府间国际组织为1191个，总计为1243个；而美国同时期这些数字分别为64个、2560个和2624个；英国分别为72个、3227个和3299个；法国分别为88个、3440个和3528个。① 这些数据表明，中国加入国际组织的数量已经逐步接近西方发达国家，同时也体现了中国政府已经开始积极、主动地融入到现有国际法律秩序之中。

中华人民共和国奉行独立自主的和平外交政策，坚持对外开放，广泛参加各种国际组织，主动参与各个领域的多边外交活动，在国际事务中发挥着积极作用，提升了我国的国际地位，并为我国改革开放和社会主义现代化建设创造了良好的国际环境，也为促进人类和平、发展与合作发挥了重要作用。

第二节 国际组织的基本制度

一、国际组织的法律地位

国际组织的法律地位也就是其是否具有国际法主体资格的问题。1949

---

① See UIA ed., Yearbook of International Organizations, 1998/1999, Vol.2, Appendix 3: Table 3, pp.1761-1764.

年，国际法院在关于"执行联合国职务时遭受伤害赔偿案"的咨询意见中认为，国际组织具有参加国际法律关系，享受国际法律权利，承担国际义务的资格或能力。但是，这种能力不能与主权国家同日而语，其能力一般是通过成员国的协议所赋予，权利能力和行为能力受基本法律文件的严格限制，只在其章程范围内拥有有限的权利能力和行为能力。因此，国际组织是一种派生的法律人格者。国际组织在对外关系方面的权利能力和行为能力表现为：缔约权、对外交往权、国际求偿权、享受特权与豁免等。

二、国际组织的成员

（一）国际组织成员的类型

国际组织的成员一般是国家。但在特定情况下，正在争取独立的民族、政治实体，甚至国际组织本身也可以成为国际组织的成员。国际组织的成员有正式成员和非正式成员之分。正式成员包括完全成员和部分成员，非正式成员包括联系成员、准成员及观察员等。

1. 完全成员

完全成员是国际组织的正式参加者，通常参与该组织的全部活动和承担该组织的全部权利义务。许多国际组织的基本文件都规定了只有国家才能成为国际组织的成员。但是，少数国际组织也允许非国家实体作为完全会员参加。例如，世界贸易组织就允许中国香港、中国台湾等以单独关税区的身份参加，但是并不意味着承认其有主权国家的地位。

2. 部分成员

有些国际组织允许非会员参与该组织的一个或几个机关的工作，作为这些机关的正式成员，但不是该组织的成员。例如，巴勒斯坦解放组织不是联合国的正式会员，但参加了联合国西亚经济委员会。

3. 联系成员

联系成员主要来源于世界旅游组织的实践。该组织就设置了一种有别于正式成员的联系成员，只要与该组织活动有关的国际实体，无论是政府间的还是非政府间的实体都可以申请成为该组织的联系成员，该组织还专门成立了一个联系成员委员会，由其选派代表出席该组织某些有关会议和活动，但其权利范围极其有限。

4. 准成员

在某些国际组织中有一些权利受到特殊限制的成员国，即准成员。在多数情况下，这些国际组织设立准成员的目的原本主要是便利那些没有独立的非自治领土参与其有关活动。这些准成员在这些组织内只能列席有关会议，索取某些会议资料,参与某些讨论,但没有表决权、选举权和被选举权等实质性权利。

5. 观察员

观察员作为非正式成员,在国际组织中的活动一般受到很大限制。例如,巴勒斯坦解放组织在联合国设有常设观察员代表团。观察员在国际组织有关会议上一般没有发言权也没有表决权,但是可以取得会议的全部文件,也可以提出一些提议。

(二)国际组织成员资格的取得与丧失

成员资格的取得有两种方式,一种是创始会员国的资格取得方式,一种是纳入会员国的资格取得方式。创始会员国资格的取得通常要符合如下条件:出席创建国际组织的会议的国家;区域性国际组织的成员国必须是该特定区域的国家;根据章程的规定,必须是某特定国际组织的成员;能够和愿意履行该国际组织成员的义务。

国际组织成员资格的丧失有三种方式:一是成员国的退出。二是开除,国际组织将不履行其义务或故意违反章程的成员开除出组织,是一种惩戒违规成员的措施。三是成员资格的自动消失和丧失。

三、国际组织的机构

国际组织一般都有三级机构:最高权力机关、执行机关和行政机关。最高权力机关,通常是由全体成员国组成,一般称为"大会",由会员国派代表团或全权代表参加。最高权力机关的职能主要是制定该组织的方针政策,制定及修改规章,监督其下属各机关的工作,选举下属机关之成员,审核组织的预算与决算等。执行机关为国际组织内负责执行其决定的机关,通常称为理事会或执行局,或者执行委员会。行政机关为国际组织中负责处理日常工作的行政机构,一般称为秘书处,由行政长官或专门工作人员组成。行政长官一般称为秘书长或总干事,其职能主要是处理行政管理方面的事务。

四、国际组织的决策方式

表决是国际组织决策程序的核心,表决制度大致有以下四种:

1. 一致同意制

组织内所有成员国都平等享有一个投票权,组织的决议须经出席会议并参加投票的会员国一致同意方可通过。一致同意制是建立在国家主权平等的基础之上的。但是,它过于强调成员国的个别意志,实际上赋予每个成员国否决权。

2. 多数表决制

这种制度在坚持一国一票的基础上，以出席并参加投票的成员国的多数同意通过组织的决议，分简单多数和特定多数两种。简单多数就是指超过半数成员国的同意票即可通过。而特定多数是指一些国际组织对于重要问题或特定事项的表决，必须经规定过半数的多数同意才能通过，有时还要求包含某些特定成员国的同意票方可。

3. 加权表决制

根据一定标准，给予成员国不同数量或不同质的投票权，即所谓的加权投票权。加权的标准包括人口、出资额、贡献与责任或其他能够显示在该领域重要性的指标，它主要适用于国际经济和金融组织。加权表决制比较真实地反映了成员国在人口，经济势力，对组织贡献大小方面的差异，有助于保障组织的资金来源和决议的形成和执行。

4. 协商一致原则

这种方式是20世纪60年代在国际组织和国际会议中发展起来的一种新的决策程序。这种方式具有灵活性和实用性，在对某些议案作出决定前先行充分协商，彼此妥协让步，如果已经对该议案基本点取得一致，而只是对非基本点问题上有异议，也不正式提出反对，即可合意作出决定，其最大的特点在于广泛协商，取得一般"共识"（Consensus）的基础上不经表决而通过决议。例如，1982年《联合国海洋法公约》就是在第三次海洋法会议上通过协商一致的程序通过的。

第三节 联合国及其专门机构

一、联合国

（一）概述

联合国诞生于"二战"的废墟之上。1944年8月21日至10月7日，美、苏、英三国和中、美、英三国分别在美国宾夕法尼亚州敦巴顿橡树园举行建立联合国的会议，为联合国的成立作了重要的准备。1945年2月，苏、美、英三国首脑在苏联克里米亚半岛雅尔塔举行会议，签订了《雅尔塔协定》，就表决程序问题达成一致协议，决定由中、苏、美、英四国为发起国，负责邀请在《联合国家宣言》中签字的国家，在旧金山举行制宪会议。

1945年4月25日50个国家在旧金山召开了制宪会议，中国派出"联合政府"代表团，董必武作为中国代表团成员参加了会议。会上讨论了敦巴顿橡树园会议制定的方案、《雅尔塔协定》以及各国政府提出的修正案。经过两个月的激烈讨论，终于在1945年6月25日一致通过了《联合国宪章》，6月26日，出席会议的各国代表在宪章上签字，经中、苏、美、英、法和其他签字国之过半数交存批准书，于1945年10月24日宪章开始生效，联合国宣布正式成立，这一天定为"联合国日"。

联合国是一个建立在集体安全原则基础之上、以维持国际和平与安全为宗旨以及具有广泛职能的多边国际组织。因此，联合国是当今世界最大、最重要、最具有权威性的国际组织，许多专门性国际组织成为联合国的专门机构，各种区域性组织与联合国关系密切，它在维护国际和平与安全、促进经济社会发展、保障人权、推动人道主义事务等方面发挥了主导作用。[①] 当今，国际安全与和平的内涵已经发生了重大变化，联合国也面临着新的挑战。

（二）联合国的宗旨与原则

1. 联合国的宗旨

《联合国宪章》是联合国的根本法，由序言和19章组成，正文共111条。宪章的主要内容为：联合国的宗旨和原则，联合国的会员，联合国主要机关的组成、职权范围、活动程序及主要工作以及有关联合国组织的地位和宪章的修正等。《联合国宪章》序言、第1条和第2条确认或发展了公认的国际法原则，成为当代国际关系和国际法的重要文献。依据1945年《联合国宪章》第1条的规定，联合国的宗旨如下：

（1）维持国际和平及安全；为此目的采取有效集体办法以防止且消除对于和平之威胁，制止侵略行为或其他和平之破坏；并以和平方法且依正义及国际法之原则，调整或解决足以破坏和平之国际争端或情势。

（2）发展国家间以尊重人民平等权利及自决原则为根据之友好关系，并采取其他适当办法以增进普遍和平。

（3）促成国际合作，以解决国际间属于经济、社会、文化及人类福利性质之国际问题，且不分种族、性别、语言或宗教，增进并激励对于全体人类之人权及基本自由之尊重。

（4）构成一协调各国行动之中心，以达成上述共同目的。

---

① 联合国网站地址：http://www.un.org.

2. 联合国的原则

为了实现上述宗旨，《联合国宪章》第 2 条还规定了联合国及其会员国应遵循的七项原则：

（1）联合国系基于各会员国主权平等之原则建立；

（2）各会员国应一秉善意，履行宪章义务；

（3）各会员国应以和平方法解决国际争端；

（4）各会员国在其国际关系上不得使用武力威胁或武力，或以与联合国宗旨不符之任何其他方法，侵害任何会员国或国家之领土完整或政治独立；

（5）各会员国对于联合国依宪章规定而采取的行动，应尽力予以协助；

（6）在维持国际和平及安全之必要范围内，应保证非会员国遵行上述原则；

（7）宪章不得被认为授权联合国干涉在本质上属于任何国家国内管辖事项。

（三）联合国的会员国

联合国的会员国主要分为两类：第一类为创始会员国，凡参加旧金山制宪会议或以前签署联合国宣言的国家，以及签署和批准了宪章的国家都属于这一类，联合国共有 51 个创始会员国。第 2 类为纳入会员国，"一切爱好和平的国家，接受宪章所载义务，经联合国组织认为确能并愿意履行这些义务的，均得成为联合国会员国"。接纳新会员国须经安理会推荐，并经大会以 2/3 多数表决通过，创始会员国和纳入会员国在享有权利和承担义务方面并无不同。在安理会对某一会员国采取防止行动或强制措施时，大会可以根据安理会的建议，中止该国行使会员国的权利和特权。凡一再违背宪章原则的会员国，大会根据安理会的建议将其开除。

中国是联合国的创始会员国之一，也是联合国安理会五个常任理事国之一。1949 年 10 月 1 日，中华人民共和国中央人民政府宣告成立，它取代了中华民国政府而成为代表全中国的唯一合法政府。1971 年 10 月 25 日，第 26 届联大终于以压倒多数通过了恢复中华人民共和国在联合国的一切合法权利，并立即将台湾当局的代表从联合国一切机构中驱逐出去的第 2758 号决议。根据《联合国宪章》的有关规定和公认的国际法原则，只有主权国家才能成为联合国组织的会员国，因此，台湾当局的所谓"重返联合国"的活动绝不会被国际社会所承认，这种分裂国家的活动必将遭到包括台湾人民在内的全体中国人民的反对。

(四) 联合国的主要机关

联合国设有六个主要机关：大会、安全理事会、经济和社会理事会、托管理事会、国际法院和秘书处。

1. 大会（General Assembly）

联合国大会是联合国的最高权力机关。大会由全体会员国组成，一会员国在大会之代表不得超过 5 名，大会每年举行一届常会。在一定条件下，还可以召开大会特别会议或紧急特别会议。特别会议是由秘书长经安理会或者过半数会员国请求而召集；凡经安理会根据任何 9 个理事国的可决票提出请求，经联合国多数会员国提出请求，或经一个会员国提出请求并为多数国家所同意，可在 24 小时内召开紧急特别会议。

大会是联合国的主要审议和提出建议的机关，具有广泛职权。根据《联合国宪章》，大会的职能和权力包括以下各项：就维护国际和平与安全进行合作的原则，包括有关裁军和军备管制的原则进行审议和提出建议；除安理会正在讨论的争端或局势外，讨论有关国际和平与安全的任何问题并提出建议；讨论宪章范围内的任何问题并提出建议；研究和提出建议以促进政治上的国际合作，促进国际法的发展和编纂，促进实现一切人的人权和基本自由，促进经济、社会、文化、教育和卫生领域内的国际合作；就和平解决任何可能妨碍友好关系的局势提出建议；接受并审议安理会和其他机构的报告；审议和批准联合国预算，分派会员国应付的会费；选举安理会非常任理事国，经社理事会和托管理事国的理事国；与安理会共同选举国际法院法官；根据安理会推荐任命秘书长。

每一会员国在大会中享有一个投票权。关于重要问题的决议，以出席并参加投票的会员国 2/3 的多数决定，如修改宪章，接纳会员国，提出和平与安全的建议，安理会、经社理事会、托管理事会理事国的选举，中止会员国权利或开除会员国，实施托管制度、预算等；一般问题以过半数决定。有时大会采用协商一致通过决议。

2. 安全理事会（Security Council）

安理会是联合国的执行机构，它由 15 个理事国组成，中、法、俄、英、美五国是常任理事国，其余 10 国是非常任理事国。每一理事国有代表一人，各理事国应有代表常驻会所。

（1）安理会的职能：①解决争端方面：促请各争端当事国用谈判、调查、调停、和解、仲裁、司法解决、利用区域机构或区域协定或各当事国自行选择其他方法解决争端；调查任何争端或可能引起国际摩擦的任何情势，以断定其继续存在是否足以危及国际和平与安全；对于上述性质的争端和情势，可以在任何阶段建议适当的调整程序和方法。②维护和平方面：断定任何对和平有威胁、破坏的行为或侵略行为是否存在；促请争端当事国遵行安理会认为必要或适当的临时措施办法；决定采用武力以外的办法；如非武力方法不足以解决争端时，可以采取必要的武力行动，以维持和恢复国际和平与安全。③其他方面：负责拟订军备管制方案，在属于战略性的地区行使联合国的托管措施，与大会平行投票选举国际法院法官，向大会推荐新会员国和联合国秘书长等。

（2）安理会的决策机制：安理会每个理事国有一个投票权。安理会的表决区分程序性问题和实质性问题。表决时，程序性事项以任何9个理事国的可决票决定。实质性事项以包括5个常任理事国同意票在内的9个理事国之可决票决定，即任一常任理事国的反对票都可否决该事项，但常任理事国不参加投票或弃权，不构成否决，这就是安理会的"大国一致原则"或者每个常任理事国的否决权。但如果安理会对某一事项是程序性的还是实质性的问题发生争执，必须先投票决定该事项是否属于程序性事项，投票时也必须包括5个常任理事国同意票在内的9个理事国之可决票决定，这样，5个常任理事国也都可行使否决权。由此可见，安理会5个常任理事国实际就拥有了所谓"双重否决"权。

3. 经济及社会理事会（Economic and Social Council——ECOSOC）

经济及社会理事会设有10个职司委员会、5个区域性机构以及5个常设委员会，处理有关工作。它还同14个有关经济、社会、文化方面的联合国专门机构建立工作关系，以及与400~500个非政府组织、各国议会联盟、国际红十字会等建立咨询关系。

经济及社会理事会的主要职能包括：协调联合国及各专门机构的经济和社会工作；研究有关国际间经济、社会、发展、文化、教育、卫生及有关问题；就其职权范围内的事务，召开国际会议，并起草公约草案提交联合国大会审议；其他联合国大会建议执行的职能。

4. 托管理事会（Trusteeship Council，TC）

托管理事会是联合国实行国际托管制度的主要机构，适用于国际托管的土地是第二次世界大战结束时尚未独立的前国际联盟的委任统治地和战后割离自敌国的土地。1994年，美国管理下的太平洋岛屿战略托管地密克罗尼西亚群岛中的部分岛屿独立，所有托管地区都已获得独立或自治，托管理事会使命已完成。但它修改了工作规则，在需要时还将履行职责。

5. 国际法院（International Court of Justice，ICJ）

国际法院是联合国的主要司法机构，设在荷兰的海牙，亦称"海牙国际法庭"。它依据《联合国宪章》和所附的《国际法院规约》于1946年4月成立。①

国际法院主要功能是对各国提交的法律争端根据《联合国宪章》规定以及有关条约及公约作出判决，或对联合国其他机构提出的法律问题提供咨询意见。国际法院是民事法院，只受理主权国家之间的争端，它没有刑事管辖权，不能审判个人，例如战犯。按照有关规定，只有当事国一致同意提交国际法院的法律争端，国际法院才能受理并作出裁决。如当事国一方不履行国际法院的判决所规定的义务，当事国的另一方可提请安理会确定应当采取的措施以执行判决。

6. 秘书处（Secretariat）

秘书处是联合国的行政机构，它是在纽约联合国总部和外地进行联合国组织日常工作的国际工作人员班子。秘书处为联合国其他机构服务，并执行这些机构制定的方案和政策。它由秘书长和联合国组织所需要的职员组成，秘书长是联合国的行政首长。秘书长是大会根据安全理事会的推荐而任命的，任期为五年。秘书长和秘书处职员只对联合国负责，不得请求或接受任何政府的指示。

二、联合国的专门机构

（一）联合国专门机构的概念及特征

依据《联合国宪章》第57条及第63条的规定，由各国政府间协定所成立的各种专门机构，通过与联合国经济及社会理事会订立协定同联合国发生关系，这类协定须经联合国大会核准。

1. 联合国专门机构的概念

联合国专门机构就是在联合国体系内于特定的专门领域内从事国际活动，根据协定与联合国建立特殊法律关系，或根据联合国决定成立的负责特定领域事务的政府间国际组织。

2. 联合国专门机构的特征

（1）在专门领域从事活动。只有在经济、文化、社会、教育、科学、卫生等领域负有广泛活动职能的国际组织才能成为联合国专门机构。

（2）与联合国建立联系。联合国承认专门机构的职权范围，专门机构承认联合国有权向它提出建议并协调其活动。专门机构定期向联合国提出工作报告，双方互派代表出席彼此的会议，交换情报与文件，协调在人事、预

---

① 国际法院网站地址：http：//www.icj.org.

算和财政方面的安排。由联合国经济及社会理事会负责协调联合国与专门机构的关系。

(3) 有独立的法律地位。专门机构有其本身的会员国、联系会员国和观察员,联合国的成员国并不当然是专门机构的成员国。专门机构有其本身的组织约章、机关体系、议事规则和经费来源,其决议不须经联合国批准。

(二) 联合国专门机构的类型

1. 经济、贸易和金融类

(1) 联合国工业发展组织①(United Nations Industrial Development Organization, UNIDO)是联合国大会的多边技术援助机构。1967年1月正式成立,1985年6月正式改为联合国专门机构,其宗旨是促进和加速发展中国家的工业化进程及实施可持续发展战略。总部设在奥地利维也纳。

(2) 1994年4月15日,在摩洛哥的马拉喀什市举行的关贸总协定乌拉圭回合部长会议决定成立更具全球性的世界贸易组织②,简称"世贸组织"(World Trade Organization, WTO),以取代成立于1947年的关贸总协定。1995年1月1日,WTO正式开始运作,总部设在瑞士日内瓦。世贸组织的组织机构主要包括部长会议、总理事会以及秘书处和总干事。部长级会议是世贸组织的最高决策权力机构,由所有成员国主管外经贸的部长、副部长级官员或其全权代表组成,一般两年举行一次会议,讨论和决定涉及世贸组织职能的所有重要问题,并采取行动。总理事会:在部长级会议休会期间,其职能由总理事会行使,总理事会也由全体成员组成。总理事会可视情况需要随时开会,自行拟订议事规则及议程。同时,总理事会还必须履行其解决贸易争端和审议各成员贸易政策的职责。秘书处与总干事:由部长级会议任命的总干事领导的世界贸易组织秘书处(下称秘书处),设在瑞士日内瓦,大约有500人。秘书处工作人员由总干事指派,并按部长会议通过的规则决定他们的职责和服务条件。

世贸组织的宗旨为:在提高生活水平和保证充分就业的前提下,扩大货物和服务的生产与贸易,按照可持续发展的原则实现全球资源的最佳配置;努力确保发展中国家,尤其是最不发达国家在国际贸易增长中的份额与其经济需要相称;保护和维护环境。世贸组织管辖的范围包括货物贸易、知识产权、投资措施和服务贸易等。它具有国际法人地位,在调解成员争端方面具有更高的权威性和有效性。

---

① 联合国工业发展组织网站地址:http://ww.unido.org。
② 世界贸易组织网站地址:http://www.wto.org。

世贸组织的目标是建立一个完整的、更具有活力的和永久性的多边贸易体制。世贸组织的基本职能包括：管理和执行世贸组织的协定；作为多边贸易谈判的讲坛；寻求解决贸易争端；监督各成员贸易政策，并与有关的国际机构进行合作。

（3）国际货币基金组织①（International Monetary Fund，IMF），是政府间国际金融组织。1945年12月27日正式成立，1947年11月15日成为联合国的专门机构，在经营上有其独立性。总部设在华盛顿。

国际货币基金组织的宗旨是通过一个常设机构来促进国际货币合作，为国际货币问题的磋商和协作提供方法；通过国际贸易的扩大和平衡发展，把促进和保持成员国的就业、生产资源的发展、实际收入的高水平，作为经济政策的首要目标；稳定国际汇率，在成员国之间保持有秩序的汇价安排，避免竞争性的汇价贬值；协助成员国建立经常性交易的多边支付制度，消除妨碍世界贸易的外汇管制；在有适当保证的条件下，基金组织向成员国临时提供普通资金，使其有信心利用此机会纠正国际收支的失调，而不采取危害本国或国际繁荣的措施；按照以上目的，缩短成员国国际收支不平衡的时间，减轻不平衡的程度等。

该组织的资金来源于各成员认缴的份额，1969年又创设"特别提款权"，作为国际流通手段的一个补充，以缓解某些成员的国际收入逆差。成员有义务在外汇政策和管理方面接受该组织的监督。基金组织的最高权力机构为理事会，由各成员派正、副理事各一名组成，一般由各国的财政部长或中央银行行长担任。

（4）国际复兴开发银行②（International Bank for Reconstruction and Development，IBRD），通称"世界银行"（World Bank）。1944年7月，在美国布雷顿森林举行的联合国货币金融会议上通过了《国际复兴开发银行协定》，1945年12月27日，28个国家政府的代表签署了这一协定，并宣布国际复兴开发银行正式成立。1946年6月25日，该组织开始营业，1947年11月5日起成为联合国专门机构，是世界上最大的政府间金融机构之一。其总部设在美国华盛顿。

世界银行成立初期的宗旨是致力于战后欧洲复兴，后转向世界性经济援助，通过向生产性项目提供贷款和对改革计划提供指导，帮助欠发达成员国实现经济发展。

---

① 国际货币基金组织网站地址：http：//www.imf.org.
② 世界银行网站地址：http：//www.worldbank.org.

世界银行主要下设机构有：最高权力机构理事会，由成员国的财政部长、中央银行行长或级别相当的官员担任理事。执行董事会由21名执行董事组成，其中5名由拥有股份最多的美、英、法、日、德国委派，另外16名由其他成员国按地区选出。该行历届行长一般由美国总统提名，均为美国人。行长同时兼任国际开发协会会长，国际金融公司主席，多国投资保证机构的主席等职。

（5）联合国粮食及农业组织①，简称"粮农组织"（Food and Agriculture Organization of the United Nations，FAO），它是根据1943年5月召开的联合国粮食及农业会议的决议，于1945年10月16日在加拿大魁北克正式成立。总部设在意大利罗马。

联合国粮农组织的宗旨是通过加强世界各国和国际社会的行动，提高人民的营养和生活水平，改进粮农产品的生产及分配的效率，改善农村人口的生活状况，以及帮助发展世界经济和保证人类免于饥饿等。

2. 科学技术类

（1）国际民用航空组织②（International Civil Aviation Organization，ICAO）是协调世界各国政府在民用航空领域内各种经济和法律事务、制定航空技术国际标准的重要组织。总部设在加拿大的蒙特利尔。

（2）万国邮政联盟③（Universal Postal Union，UPU）是联合国为商定国际邮政事务而专门设立的政府间国际组织，总部设在瑞士首都伯尔尼。

（3）国际电信联盟④（International Telecommunication Union，ITU）是联合国负责国际电信事务的专门机构，是世界上历史最悠久的国际组织。总部在日内瓦。

（4）世界气象组织⑤（World Meteorological Organization，WMO）的前身是国际气象组织，1947年9月，国际气象组织组织在华盛顿通过《世界气象组织公约》，决定成立世界气象组织。1950年3月23日，公约正式生效。1951年，它成为联合国的专门机构并开始运作。

该组织的宗旨是促进国际合作以进行气象、水文以及与气象有关的地球物理观测；促进设置和维持各中心以提供气象和与气象有关的服务；促进建

---

① 联合国粮食及农业组织网站地址：http://www.fao.org.
② 国际民用航空组织网站地址：http://www.icao.org.
③ 万国邮政联盟网站地址：http://www.upu.org.
④ 国际电信联盟网站地址：http://www.itu.org.
⑤ 世界气象组织网站地址：http://www.wmo.org.

立和维持气象及有关情报快速交换系统；促进气象和有关规则的标准化，确保以统一的规格出版观测和统计资料；推进气象学应用于航空、航海、水利、农业和人类其他活动；促进业务水文活动，增进气象和水文部门间的密切合作；鼓励气象及有关领域内的研究和培训，帮助协调研究和培训中的国际性问题。

（5）国际海事组织①（International Maritime Organization，IMO）是负责处理国际海运技术、专业问题的联合国专门机构，总部设在伦敦。该组织宗旨为促进各国间的航运技术合作，鼓励各国在促进海上安全，提高船舶航行效率，防止和控制船舶对海洋污染方面采取统一的标准，处理有关的法律问题。

（6）1967年7月14日，"国际保护工业产权联盟"和"国际保护文学艺术作品联盟"的51个成员在瑞典首都斯德哥尔摩共同建立了世界知识产权组织②（World Intellectual Property Organization——WIPO）。1970年4月26日，《建立世界知识产权组织公约》生效。1974年12月，该组织成为联合国系统的一个知识产权专门机构。世界知识产权组织是现今世界最主要的管理知识产权条约的国际组织，总部设在瑞士日内瓦。

世界知识产权组织的宗旨为：通过国家之间的合作，必要时通过与其他国际组织的协作，促进全世界对知识产权的保护；确保各知识产权联盟之间的行政合作。该组织管理一系列知识产权条约。

（7）国际原子能机构③（International Atomic Energy Agency，IAEA）是一个同联合国建立关系，并由世界各国在原子能领域进行科学技术合作的政府间机构，1957年10月正式成立。国际原子能机构的宗旨是谋求加速扩大原子能对全世界和平、健康和繁荣的贡献，确保由机构本身，或经机构请求，或在其监督管制下提供的援助不用于推进任何军事目的。

国际原子能机构在促进核能和平利用、防止核武器扩散方面做了大量卓有成效的工作，赢得了国际社会的高度赞誉。为进一步健康发展，国际原子能机构应该：大力加强技术合作活动；建立和推广核安全文化；为核不扩散和核保安提供有力保障；为解决热点核问题发挥积极作用，通过机构和各成员国的共同努力，在机构框架下讨论和妥善解决诸如朝核、伊核、核燃料供应以及打击核恐怖主义等问题。

---

① 国际海事组织网站地址：http://www.imo.org。
② 世界知识产权组织网站地址：http://www.wipo.org。
③ 国际原子能机构网站地址：http://www.iaea.org。

3. 社会、文化类

这方面的专门机构主要包括国际劳工组织①、世界卫生组织②、联合国教育、科学及文化组织③、世界旅游组织④等。

（1）国际劳工组织（International Labor Organization，ILO）的宗旨是促进充分就业和提高生活水平；促进劳资双方合作；扩大社会保障措施；保护工人生活与健康；主张通过劳工立法来改善劳工状况，进而获得世界持久和平建立社会正义。总部设在瑞士日内瓦。

（2）世界卫生组织（World Health Organization，WHO）的宗旨是使全世界人民获得尽可能高水平的健康，主要职能包括：促进流行病和地方病的防治；改善公共卫生；推动确定生物制品的国际标准等。总部设在瑞士日内瓦。

（3）联合国教育、科学及文化组织（United Nations Educational, Scientific and Cultural Organization，UNESCO）的宗旨是通过教育、科学和文化促进各国间合作，对和平和安全作出贡献。总部设在法国巴黎。

（4）世界旅游组织（World Tourism Organization）的宗旨是促进和发展旅游事业，使之有利于经济发展、国际间相互了解，以及和平与繁荣。总部设在西班牙马德里。

第四节 区域性国际组织

一、概述

区域性国际组织是指在特定区域内的国家或政府为了共同利益或政策而建立的国际组织。《联合国宪章》第八章确认了区域性国际组织的法律地位以及同联合国的关系。《联合国宪章》强调，区域性国际组织的基本职能是以区域行动来维护国际和平与安全，区域组织的存在与活动不得违反《联合国宪章》的宗旨和原则。

在维持国际和平与安全方面，区域性国际组织与联合国是处于合作与补充的地位。区域性国际组织的联合国会员国，在把地方性争端递交到联合国

---

① 国际劳工组织网站地址：http://www.ilo.org。
② 世界卫生组织网站地址：http://www.who.org。
③ 联合国教育、科学及文化组织网站地址：http://www.unesco.org。
④ 世界旅游组织网站地址：http://www.unwto.org。

之前，应通过地区组织争取和平解决；协助安理会依职权而采取的强制行动，但此行动必须要安理会授权；区域性国际组织所进行或正在考虑进行的活动，不论何时，均应向安理会作出充分报告。

《联合国宪章》将区域组织纳入联合国维持国际和平与安全的世界体制，但是，区域组织本身并不是联合国的组成部分，它们有自己独立的法律人格和地位。

二、几个主要的区域性国际组织

（一）欧洲联盟

欧洲联盟①，简称"欧盟"（European Union，EU）是由欧洲共同体发展而来，集政治实体和经济实体于一身，该区域组织是世界上最具有影响的、区域一体化程度最高②的组织。1991年12月，欧洲共同体马斯特里赫特首脑会议通过《马斯特里赫特条约》（以下简称《马约》）。1993年11月1日，《马约》正式生效，欧盟正式诞生，总部设在比利时首都布鲁塞尔。欧盟的铭言是"多元一体"，每年的5月9日为"欧洲日"，欧元（Euro）为欧盟的统一货币。欧洲联盟的主要机构如下：

欧洲理事会（European Council）：即欧盟首脑会议，是欧盟的最高决策机构。它由欧盟成员国国家元首或政府首脑及欧盟委员会主席组成。其主要负责制定"总的政治指导原则"，决策采取协商一致的原则。

欧盟理事会（Council of European Union）：即欧盟各国部长理事会，是欧盟的决策机构，由欧盟首脑会议和部长理事会组成。

欧盟委员会（Commission of European Union）：是欧盟的执行机构，负责起草欧盟法规，实施欧盟条约、法规和理事会决定、向理事会提出立法动议并监督其执行情况。代表欧盟负责对外联系及经贸谈判，对外派驻使团。

欧洲议会（European Parliament）：是欧盟的立法、监督和咨询机构，其地位和作用及参与决策的权力正在逐步扩大。议会议员由成员国直接普选产生，任期5年。欧盟机构还包括设在卢森堡的欧洲法院和审计院。

---

① 欧洲联盟网站地址：http://www.eu2010.es.

② 2009年12月1日，历经"磨难"的欧盟宪法条约《里斯本条约》正式生效，这标志着欧洲一体化进程又向前迈出了一大步。作为《欧盟宪法条约》简化版的《里斯本条约》保留了宪法条约的实质性内容，条约对于促进欧盟作为区域性组织的领导能力、加速成员国内部的一体化进程具有巨大的推动作用。经过50多年的一体化建设，欧盟已经发展成为一个超级经济体，成员国也从最初的6个增加到27个。

（二）东南亚国家联盟

东南亚国家联盟①，简称"东盟"（Association of Southeast Asian Nations, ASEAN），其前身是东南亚联盟。1967年8月，印度尼西亚、泰国、新加坡、菲律宾4国外长和马来西亚副总理在曼谷举行会议，发表了《东南亚国家联盟成立宣言》，即《曼谷宣言》，正式宣告东盟成立。2007年11月东盟10国领导人在新加坡举行的东盟首脑会议上签署的《东盟宪章》，它是东盟1967年成立以来的第一份具有普遍法律意义的文件。《东盟宪章》确立了东盟的目标、原则、地位和架构，计划到2015年将东盟建成以政治、经济和社会文化为核心的共同体。至2008年10月，东盟10个成员国已全部批准了该宪章。2008年12月15日，《东盟宪章》在雅加达正式生效。《东盟宪章》生效意味着东盟作为一个组织将进一步得到巩固，以建立共同体为目标的地区合作和经济一体化进程迈入一个更高的阶段。截至2009年10月，东盟10国总面积444万平方公里，人口5.84亿，国内生产总值（GDP）达15062亿美元，是一个具有相当影响力的区域性组织。东盟秘书处设在印尼首都雅加达。

东盟的宗旨为：本着平等与合作精神，共同努力促进本地区的经济增长、社会进步和文化发展，为建立一个繁荣、和平的东南亚国家共同体奠定基础，以促进本地区的和平与稳定。

东盟主要机构有首脑会议、外长会议、常务委员会、经济部长会议、其他部长会议、秘书处、专门委员会以及民间和半官方机构。

（三）阿拉伯国家联盟

1945年3月22日，在埃及倡议下7个阿拉伯国家的代表在埃及首都开罗举行会议，通过了《阿拉伯联盟宪章》，阿拉伯国家联盟②正式成立。

阿盟的宗旨是密切成员国间的合作关系，协调彼此间的政治活动，捍卫阿拉伯国家的独立和主权，全面考虑阿拉伯国家的事务和利益，各成员国在经济、财政、交通、文化、卫生、社会福利、国籍、护照、签证、判决的执行以及引渡等方面进行密切合作。成员国相互尊重国家的政治制度，彼此之间的争端不得诉诸武力解决，成员国与其他国家缔结的条约和协定对其他国无约束力。

阿盟的组织机构包括：首脑会议，最高权力机构，商讨地区性重大问题；理事会，由全体成员国代表组成，理事会下设16个委员会及机构；秘

---

① 东南亚国家联盟网站地址：http://www.aseansec.org.
② 阿拉伯国家联盟驻华代表处网站地址：http://www.arableague-china.org.

书处，负责执行理事会决议，设秘书长1人，由副秘书长和秘书长顾问组成的委员会协助其工作。自1945年成立以来，其始终重视与中国的友好往来，多次派团来华访问。

（四）非洲联盟

非洲联盟①（African Union，AU），简称"非盟"，是一个包含了53个非洲会员国的联盟，2002年7月在南非成立，是属于集政治、经济和军事于一体的全洲性政治实体。非洲联盟的前身是于1963年5月22日在埃塞俄比亚首都亚的斯亚贝巴成立的"非洲统一组织"。非洲联盟于未来有计划统一使用货币、联合防御力量以及成立跨国家的机关，这包括一个管理非洲联盟的内阁政府。此联盟的主要目的是帮助发展及稳固非洲的民主、人权、以及能永续发展的经济，除此之外亦希望减少非洲内部的武装战乱及创造一个有效的共同市场。

主要机构有非盟首脑会议、执行理事会、泛非议会、常驻代表委员会和非盟委员会。首脑会议为非盟最高权力机构，其主要职责是制定非盟的共同政策、监督政策和决议的执行情况、向执行理事会和委员会下达指示等。执行理事会由成员国外长或其他部长组成，负责实施大会决议和对成员国的制裁。非盟委员会是非盟常设行政机构，负责处理日常行政事务。

（五）美洲国家组织

美洲国家组织的前身是"美洲大陆共和国联盟"。1889年10月—1890年4月，美国同拉美17国在华盛顿举行第1次美洲国际会议，4月14日建立了"美洲共和国国际联盟"及其常设机构"美洲共和国商务局"。后来，4月14日定为"泛美日"。1901年10月—1902年1月，第2次美洲国际会议在墨西哥召开，提出改组"商务局"。1910年在布宜诺斯艾利斯举行的第4次会议上，把"美洲共和国国际联盟"改名为"美洲共和国联盟"，把"商务局"改名为"泛美联盟"。1945年3月，在《联合国宪章》签署之前，美洲21国在墨西哥举行的泛美会议决定改组和建立一个美洲区域性组织。1948年在波哥大举行的第9次会议上通过了《美洲国家组织宪章》，改称为"美洲国家组织"②（Organization of American States，OAS）。1967年第3次泛美特别会议通过了《美洲国家组织宪章》的修改议定书，1970年2月27日生效。议定书规定以"美洲国家大会"取代"美洲国际会议"，会期由原每5年举行一次改为每年举行一次，常设机构改称"秘书处"。该组织总部

---

① 非洲联盟网站地址：http：//www.africa-union.org/.
② 美洲国家组织网站地址：http：//www.oas.org/en/default.asp.

设在华盛顿,其主要机构有大会、外长协商会议、大会直属机构、咨询机构、秘书处及专门机构等。

美洲国家组织宗旨为:加强本大陆的和平与安全;保障成员国之间和平解决争端;在成员国遭到侵略时,组织声援行动;谋求解决成员国间的政治、经济、法律问题,促进各国经济、社会、文化的合作;控制常规武器;加速美洲国家一体化进程。

(六) 北大西洋公约组织

1949年4月4日,美国、加拿大、英国、法国、比利时、荷兰、卢森堡、丹麦、挪威、冰岛、葡萄牙和意大利等12国在美国首都华盛顿签订了《北大西洋公约》,宣布成立北大西洋公约组织①,简称"北约"(North Atlantic Treaty Organization,NATO),其总部设在布鲁塞尔。

作为军事政治集团,北约的宗旨是:成员国在集体防务和维持和平与安全方面共同努力,通过政治和军事手段,促进欧洲—大西洋地区的民主、法治和福利,保卫成员国的自由与安全。20世纪90年代,随着华沙条约组织(华约)的解散和苏联的解体,欧洲的政治与安全形势发生了巨大变化,北约开始向政治军事组织转变。

北约曾被称为北大西洋联盟或北大西洋集团。北约的最高决策机构是北约理事会。理事会由成员国国家元首及政府首脑、外长、国防部长组成,常设理事会由全体成员国大使组成。

(七) 上海合作组织

上海合作组织②(Shanghai Cooperation Organization,SCO)的前身是由中国、俄罗斯、哈萨克斯坦、吉尔吉斯斯坦和塔吉克斯坦组成的"上海五国"会晤机制。2001年6月14日,"上海五国"元首在上海举行第六次会晤,乌兹别克斯坦以完全平等的身份加入"上海五国"。同年6月15日,6国元首举行了首次会晤,并签署了《上海合作组织成立宣言》,宣告上海合作组织正式成立。

上海合作组织是第一个在中国境内宣布成立、第一个以中国城市命名的国际组织。根据《上海合作组织宪章》和《上海合作组织成立宣言》,上海合作组织的宗旨为:加强成员国之间的相互信任与睦邻友好;发展成员国在政治、经济、科技、文化、教育、能源、交通、环保及其他领域的有效合作;维护和保障地区的和平、安全与稳定;推动建立民主、公正、合理的国

---

① 北大西洋公约组织的网站地址:http://www.nato.int。
② 上海合作组织的网站地址:www.sectsco.org。

际政治经济新秩序。

上海合作组织对内遵循"互信、互利、平等、协商、尊重文明多样性、谋求共同发展"的"上海精神",对外奉行不结盟、不针对其他国家和地区,以及开放等原则。该组织有两个常设机构,分别是设在北京的秘书处和设在乌兹别克斯坦首都塔什干的地区反恐机构。非常设机构包括元首理事会、政府首脑(总理)理事会、外长理事会、国家协调员理事会及总检察长、国防、经贸、交通、文化、救灾等部门领导人会议。其中,成员国元首理事会是最高决策机构,每年举行一次会议,就重大问题作出决定和指示。

【难点追问】

有关联合国安理会对程序性事项和非程序性事项的决策问题。

安理会在对有关事项进行表决时,在对作为实质问题的该事项表决时,五大国可行使否决权,而程序性事项以任何9个理事国可决票即可决定。另外,安理会的表决还区分程序性问题和实质性问题,如果对某一事项是程序性的还是实质性的发生争执,须先决定该事项是否属于程序性时,常任理事国也可行使否决权。这样,安理会五个常任理事国就获得了所谓的"双重否决权"。

所谓程序性事项包括:通过或修改议事规则;确定推选安理会主席的方法;组织安理会本身使其能持续行使职能;选定安理会会议的时间和地点;设立执行其职能所必需的机构;邀请在安理会中没有代表的会员国在对该国利益有特别关系时参加讨论;邀请在安理会正在审议的争端的当事国参加讨论。

所谓非程序性事项包括:解决争端,调整足以引起争端的情势,消除对和平的威胁及制止对和平的破坏;建议大会接纳新会员国,中止会员国权利,开除会员国和向大会推荐秘书长人选。

【前沿提示】

1. 联合国安理会的改革

联合国安理会的改革由来已久,但自联合国成立以来的60多年里,尽管它有许多不尽如人意的地方,也有很多人提出了许多改革方案,但至今仍然没有一个方案能得到大多数成员国的认可,并在实质上来推动联合国安理会的深层次改革。如果印度、巴西、日本和德国等成员国要想成为联合国的常任理事国,不仅需得到所有联合国会员国中的2/3多数票,而且还需得到现有全部5个常任理事国的赞同票。安理会的改革,首先应优先考虑扩大发展中国家的代表性问题,联合国安理会不是公司董事会,不是按照会费的多少确定其组成。改革目标之一是应该提高工作效率,不能设定一个非常硬性的时间表。但是一个国家如果希望在国际事务中发挥负责任的作用,必须要对涉及自己的历史问题有清醒的认识。

2. 联合国维持和平行动

严格地说,联合国宪章中并没有关于联合国维持和平行动(UN Peace-keeping Activities)的规定。联合国维和行动是根据安理会或联大通过的决议,向冲突地区派遣维持和平部队或军事观察团,以恢复或维护和平的一种行动。因此,维持和平行动及其部署必须事先征得东道国政府同意,并获得安全理事会授权后作出。联合国维和行动主要分为两类:由秘书长直接领导的联合国维和行动(有军事观察团和维和部队两种形式)和由安理会批准、秘书长授权、由地区组织或大国参与指挥的维和行动(有多国部队和"人道主义干预部队"两种形式)。根据《联合国宪章》,联合国可以通过外交方式(斡旋、调解)和强制方式(封锁、禁运、经济制裁乃至派联合国军)等阻止冲突。维和行动是介于外交方式和强制方式之间的"第三种方式"。因此,联合国维和行动具有三大特征:一是国际性,由联合国组织、成员来自各会员国、由联合国秘书长指挥、只对联合国负责;二是非强制性,维和部队必须征得当事国同意又有会员国自愿参加才能建立,它在维和时无权采取强制措施,只有在自卫的情况下才能使用武力;三是中立性,维和行动必须做到公正、不偏不倚、不干涉内部事务。

【思考题】

1. 国际组织的概念、特征及类型有哪些?
2. 国际组织的决策方式有哪些?
3. 简述联合国主要机关的职权。
4. 简述欧洲联盟的宗旨以及主要机关的职权问题。
5. 论述区域性国际组织与联合国的关系。

第六章　国际法上的居民

【引言】国际法上的居民是指在一国境内居住并受所在国法律管辖的人。一国境内的居民根据国籍可分为本国人和外国人，他们的法律地位是不同的。本国人受国籍国的管辖并享有国籍国的外交保护，外国人则在居留国享有国民待遇、最惠国待遇或差别待遇。因此，国籍对于国家和个人都具有重要法律意义。本章从国籍问题入手，分别探讨了有关国籍、外国人的法律地位和外交保护等问题的国际法原则、规则和制度；并结合实践，深入分析了国际法上的引渡和庇护制度。

【学习的目的与要求】通过本章的学习，理解国籍的概念和意义，掌握国籍取得和丧失的方式以及外国人的几种待遇形式，了解外交保护的适用条件和范围，掌握引渡、庇护、难民等相关法律制度。

【知识结构简图】

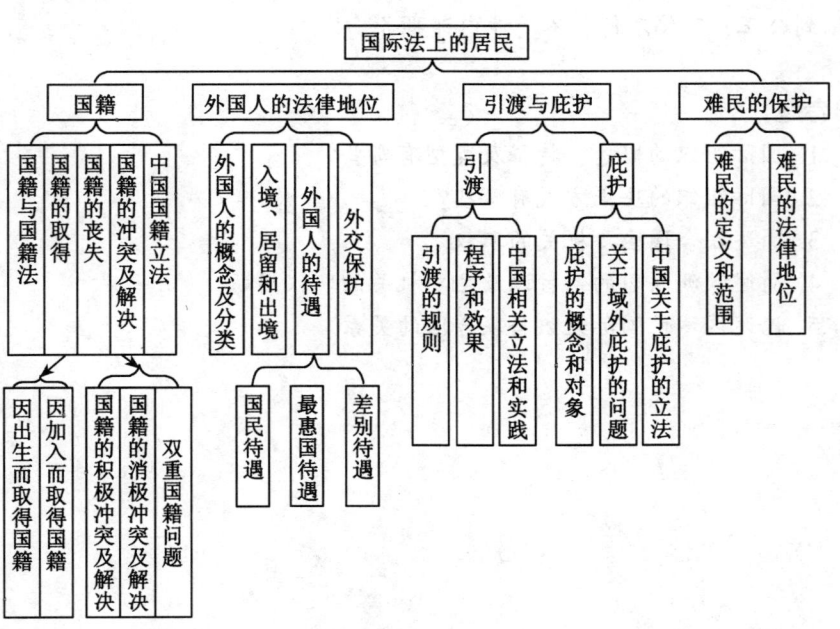

第六章 国际法上的居民

【引例】

诺特波姆案

诺特波姆原是德国人。1905 年他离开德国，开始在危地马拉定居，并把危地马拉作为其事业的中心。1939 年 10 月，他去列支敦士登探望其兄弟时欲申请加入该国国籍。按照《列支敦士登国籍法》，外国人入籍，必须已在该国居住至少 3 年，但在某些例外情况下可以免除这个限制。诺特波姆交了一笔费用后获得该限制的豁免，从而取得了列支敦士登国籍，而按照《德国国籍法》的规定，他也同时丧失了德国国籍。当时，德国已挑起第二次世界大战。1939 年 12 月，危地马拉驻苏黎世总领事在诺特波姆的列支敦士登护照上签证，准予其重返危地马拉。他返回危地马拉后，即向危政府申请将其登记簿上的国籍由德国改为列支敦士登，并经过危政府批准。此后，他一直在危地马拉活动。

1941 年 12 月，危地马拉向德国宣战，德国被列入敌国。1943 年 11 月，诺特波姆被危地马拉警方以敌国侨民为由逮捕，后被移交给美国。1944 年 12 月，危地马拉当局撤销了把他登记为列支敦士登公民的行政决定，随后扣押和没收了他在危地马拉的财产。1946 年，诺特波姆获得释放，他向危地马拉驻美领事申请回危地马拉，遭到拒绝，随后他赴列支敦士登定居。1946 年 2 月，他又向危政府提出撤销 1944 年作出的关于取消对他的国籍登记为列国籍的行政决定的请求，也遭到危地马拉政府的拒绝。

1951 年 12 月 7 日，列支敦士登向国际法院提起诉讼。认为危地马拉当局将列国国民诺特波姆逮捕、拘留、驱逐并且排除于危国境外，以及扣押和没收他的财产是违反国际法的。

请问：国际法院是否会支持列支敦士登的诉求？为什么？

第一节 国 籍

居民是国家不可或缺的要素。国际法上的居民是指在一国境内居住并受所在国法律管辖的人。现代国际社会中，国家间人员交往频繁，几乎每一个国家境内都有外国人或无国籍人。居住在一国境内的本国人、外国人和无国籍人的法律地位是不同的，国籍就是区分他们这种法律地位的标准：具有本国国籍的是本国人，具有外国国籍的是外国人，不具有任何国家国籍的是无国籍人。因此，关注国际法上的居民问题，就必须首先了解国籍问题。

一、国籍与国籍法

(一) 国籍

国籍是指一个人属于某一国家的国民或公民的法律资格，它表明一个人同某一特定国家之间的固定的法律联系。国籍对个人和国家都具有重大意义：首先，国籍是一国确定某人为其国民或公民的根据。一国依法赋予某人以该国国籍，就使得这个人成为该国的国民或公民①，也就和该国发生了一种固定的法律联系，不论他居于何处，都受国籍国的管辖和保护。其次，国籍是确定一个人法律地位的重要依据。个人作为国籍国的公民，享有国籍国法律赋予的公民权利，例如在国际上享受本国的外交保护；同时也承担国籍国法律规定的公民义务，例如在平时或战时有服兵役的义务。最后，国籍对于国家行使管辖权具有重要意义。国家行使属人管辖权和保护性管辖权都必须根据国籍区分外国人和本国人，因此国籍无论是对个人还是国家都具有重要意义。

(二) 国籍法

国籍问题本质上属于国家主权范围内的事项，主要通过国内立法来规定。所谓国籍法就是各国规定国籍的取得、丧失、变更等事项的法律规范的总称。有的国家在宪法中规定国籍问题，但更多的国家则是以单行法来规定国籍问题。

然而，随着现代国际社会里各国人民往来的日益频繁，而各国在国籍立法上的原则和内容不同，往往因此而导致法律冲突，出现个人的国籍抵触问题，如双重国籍问题、多重国籍问题和无国籍人士问题等，进而引发有关国家间的争执。在这种情况下，国籍问题也成为了国际法调整的事项。为了避免和解决国籍冲突，国际上也出现了一些国际公约以解决国籍的冲突问题，如 1930 年的《关于国籍法冲突的若干问题的公约》、《关于某种无国籍情况的议定书》以及《关于双重国籍某种情况下兵役义务的议定书》等。联合国成立后，在联合国国际法委员会的主持下，先后签订的有关国际公约有：1954 年《关于无国籍人地位的公约》、1957 年《已婚妇女国籍公约》、1961 年《减少无国籍状态公约》等，从而使有关国籍问题的一些原则和规则成

---

① 一般来说，国民与公民并无严格区别。但是在某些国家，国民与公民的含义和在国内的法律地位并不完全相同：公民享有完全的政治权利，而国民只享有部分政治权利。如美国法律规定，凡是出生于美国本土并受美国管辖的人，是美国的公民；凡是出生于美国的海外属地的人则是美国的国民而非公民。

为国际法的重要内容。①

二、国籍的取得

国籍的取得是指一个人取得某一国家的国民或公民的资格。根据各国的国籍立法和实践，国籍的取得主要有两种方式：一种是因出生而取得一国国籍；另一种是因加入而取得一国国籍。

（一）因出生而取得国籍

因出生而取得国籍，又称"原始国籍"，这是最主要的一种取得国籍的方式。各国国籍立法在原始国籍上采用的立法原则是不同的。具体说来，主要有以下几种做法：

1. 依血统原则取得国籍

依血统原则取得国籍又称"血统主义"，就是根据血统关系取得国籍，即以父母的国籍来确定一个人的国籍。根据这一原则，凡本国人所生的子女，不论其出生在国内还是国外，当然具有本国国籍。血统主义又可分为单系（父系或母系）血统主义和双系血统主义。单系血统主义通常是指以父亲或母亲一方的国籍决定其子女的国籍，如1945年法国《国籍法典》规定"父亲是法国人，其合法婚生子女都为法国人"，就是典型的父系血统主义。双系血统主义是指以父母的国籍决定其子女国籍，当父母双方国籍不一致时，只要一方是本国人，其子女就可取得本国国籍。现代多数国家国籍立法都采取双系血统主义，例如1973年的《法国国籍法》就改而采用双系血统主义。从现代世界各国的国籍立法情况看，采取纯粹血统主义的国家实践中是很少的。

2. 依出生地原则取得国籍

依出生地原则取得国籍又称"出生地主义"，该原则是指一个人的国籍根据他的出生地来决定。也就是说，一个人出生在哪国，就取得哪个国家的国籍，而不问其父母具有何国国籍。历史上一些地广人稀的国家，为了吸收外来人口，增加人口数量，都曾采取过出生地主义的做法，如墨西哥、阿根廷、巴西等国，不过这些国家现在也已经转而兼采血统原则了。

3. 依混合原则取得国籍

依混合原则取得国籍又称"混合主义"，是指依血统原则和出生地原则相结合的原则取得国籍，亦即一个人出生时既可根据父母的国籍取得国籍，也可根据其出生地取得国籍。在采取混合主义的国家中，立法上也有不同，

---

① 梁西. 国际法. 武汉：武汉大学出版社，2003：201.

有的是以血统主义为主，出生地主义为辅；有的是以出生地主义为主，血统主义为辅；有的则是兼采血统主义和出生地主义。目前世界上大多数国家都是采取混合主义。

（二）因加入而取得国籍

因加入而取得国籍，又称"继有国籍"，是指根据本人的意愿或某种事实，并在具备某国立法所规定的条件后取得该国国籍，这主要包括以下几种情况：

1. 因自愿申请入籍

旧称"归化"，是指外国人或无国籍人通过自愿申请而取得一国国籍。一个国家是否允许外国人或无国籍人加入本国国籍，是一国主权范围内的事。国家可以根据本国法律的规定，或者批准当事人的申请而入籍，或者拒绝当事人的申请而不准入籍，别国无权干涉，任何人也没有权利主张一个国家必须接受他入籍。自愿申请入籍需要具备什么条件以及经过什么法律程序，属一国国内法问题。实践中很多国家都对申请者的年龄和居住期限有要求，如美国就规定了5年的最低居住期限；有的国家还规定了文化程度、健康状况和财产状况等条件。

2. 因婚姻而入籍

这是指一国国民由于与他国国民结婚而取得他国国籍。由于婚姻而变更国籍，主要是指婚姻对女子国籍产生影响。对于因此而入籍，各国法律的规定是不同的。概括起来，主要有以下几种情形：（1）无条件的妻随夫籍。凡是与本国男子结婚的外国女子即取得本国国籍，凡是本国女子与外国男子结婚即丧失本国国籍，如埃塞俄比亚。（2）外国女子与本国男子结婚，无条件地取得本国国籍；而本国女子与外国男子结婚，并不必然丧失本国国籍。如海地等国即采此种规定，目的在于增加本国国民数量。（3）有条件的妻随夫籍。外国女子与本国男子结婚，可以取得本国国籍，但有一定条件；而本国女子与外国男子结婚，原则上丧失本国国籍，但也有一定条件，如萨尔瓦多。（4）婚姻不影响国籍。由于国际社会日益注重男女平等，反映在国籍法中，就是妇女国籍独立原则，规定婚姻不影响国籍。外国女子不因同本国男子结婚而自动取得本国国籍。目前大多数国家国籍立法都采取这一做法。

3. 因收养而入籍

因收养而入籍是指一国国民收养无国籍或具有外国国籍的儿童为养子女，而使被收养的儿童取得收养者国家的国籍。收养是否使被收养者的国籍发生变更，各国的法律大致有如下不同规定：（1）收养影响国籍。即本国国民收养的外国籍或无国籍的养子女，因收养而取得本国国籍。（2）收养不影响国籍。即被收养者不因收养关系成立而取得养父母所属国的国籍。（3）收养虽不影响被收养者的国籍，但对被收养者申请取得养父母所属国国籍给予一定优惠的条件。

4. 因交换领土而入籍

这种入籍法是指一国国民根据国家间缔结的条约，随领土交换而取得他国国籍。也就是说，两国在平等的基础上依据国际条约而交换部分领土，该领土上的居民的国籍是否随领土的交换而变更，一般是依双方的协议解决的。例如1960年中国和缅甸交换了部分领土，根据《中华人民共和国和缅甸联邦边界条约》的规定，原则上所涉领土上的居民应该被认为是该领土所属一方的居民，同时规定居民可自愿选择中国、缅甸两国国籍，或保留原来的国籍或变更为新的领土所属国国籍。

必须强调指出，按照国家主权原则，各国可以自由决定是否允许外国人和无国籍人入籍。但是国家在行使这项自由权利时，要受到国际法的限制，不能违背国际习惯法规则，不能违背其应当承担的国际条约义务。例如，在规定入籍条件时，不能对民族、种族、肤色等带有任何歧视。此外，一个人被批准入籍后，其效力是否及于配偶和子女的问题，各国立法规定并不一致。但从大多数国家的立法与实践来看，基于男女平等、妇女国籍独立以及国籍不能强制给予等原则，配偶一方改变国籍不应直接影响另一方的国籍。至于未成年子女的国籍是否受到影响，应视具体情况区别对待。

三、国籍的丧失

国籍的丧失是指一个人由于某种原因丧失了他所具有的某一国家的国籍，即丧失了某一国家的国民或公民资格。根据各国的立法和实践，国籍的丧失主要有自愿丧失和非自愿丧失两种。

（一）自愿丧失国籍

自愿丧失国籍是指基于本人的意愿而丧失国籍。一般有两种情形：一是本人自愿申请退籍，经批准后丧失本国国籍。各国国籍法都规定了一些退籍的条件，例如1980年《中华人民共和国国籍法》第10条规定，中国公民具有下列条件之一的，可以经申请批准退出中国国籍：外国人的近亲属；定居在国外；有其他正当理由。二是在两个以上国籍中选择一个国籍，从而也发生丧失未选择的国籍的情形。实践中往往都是在双重国籍的情况下，具有双重国籍的人因自愿放弃一国国籍而丧失该国国籍。

（二）非自愿丧失国籍

非自愿丧失国籍是指由于法定原因或某种事实自动却非自愿地丧失本国国籍。实践中主要是由于取得外国国籍、婚姻、收养、认领等原因自动丧失本国国籍，也有由于被剥夺而丧失国籍的情况。但是各国在规定该问题时，应考虑有关保护人权的国际法原则。例如1948年《世界人权宣言》就规定"人人享有国籍"，"任何人的国籍不得任意剥夺"。

四、国籍的冲突及解决

如前所述，国籍问题主要是一个国内法的问题，各国国籍法对国籍的取得和丧失的规定存在很大的差异，从而必然会产生自然人国籍的各种冲突问题。国籍的冲突又称为"国籍的抵触"，具体可分为国籍的积极冲突和消极冲突两种情况。

（一）国籍的积极冲突及解决

国籍的积极冲突是指一个人同时具有两个或两个以上国家的国籍。具有两个国家的国籍为"双重国籍"，具有两个以上国家的国籍则为"多重国籍"。

国籍积极冲突的产生主要是因为各国法律在国籍的取得或丧失上的不同规定。例如，采血统主义国家的国民在采出生地主义国家境内所生的子女，出生时即是双重国籍人，如果父母不属同一国籍还有可能是多重国籍人。由于各国对女子与外国人结婚是否影响其国籍的问题采取不同的立法原则，妇女也可能因为婚姻而取得双重国籍。例如，甲国女子与乙国男子结合，按乙国国籍法规定，外国女子与本国男子结婚自动取得其夫的国籍，而按甲国国籍法规定本国女子不因与外国男子结婚而自动丧失本国国籍，该女子因此也具有了双重国籍。

国籍的积极冲突是一种不正常的国籍现象，这将对个人合法权利和国际关系产生消极影响：首先，对于双重国籍人来说，双重国籍使个人陷入较为尴尬的境地。他虽然可以享受两个国籍国赋予的权利，但他还应同时承担两个国籍国法律规定的义务。如果两个国籍国同时要求他服兵役，他就无法履行这种义务。1951年美国就曾判决一个兼有美、日两国国籍的人犯了叛国罪，因为他曾于"二战"时在日本战俘营虐待美军俘虏。其次，从国家之间的关系来看，双重国籍问题往往引起国家间的纠纷，例如，一个人如果具有双重国籍，两个国籍国可能会因同时对其行使外交保护而引发外交纠纷。最后，对于第三国来说，双重国籍给第三国对外国人的管理也会带来不便。由此可见，国籍的积极冲突不论对个人，还是对国籍国和第三国，都会产生较为不利的后果,因此,必须认真解决。

国籍积极冲突的解决,主要是消除已经存在的双重国籍问题,并防止其以后产生。实践中主要的方法有:

(1) 国内立法。这是防止和减少双重国籍产生的有效方法。各国在制定国籍法时,应制定避免产生双重国籍的条款或避免制定可能产生双重国籍的条款。

(2) 双边条约。就是有关国家在平等协商的基础上,签订双边条约,以解决两国间存在的双重国籍问题。

(3) 多边条约。为了解决双重国籍问题,国际上还出现了一些多边的国际公约。如1930年《关于国籍法冲突的若干问题的公约》及其两个议定书(《关于某种无国籍情况的议定书》、《关于双重国籍某种情况下兵役义务的议定书》)、1933年《美洲国家间国籍公约》等。由于双重国籍问题的复杂性和各国利益的不一致,批准加入有关公约的国家为数不多,已经加入的国家也往往有各种保留。因此,这些公约对国籍积极冲突的解决只能在一定程度上起作用。

(二)国籍的消极冲突及解决

国籍的消极冲突,是指一个人不具有任何国家的国籍,这种人又称为"无国籍人"。一个人不具有任何国家的国籍产生的原因主要也是由于各国国籍法的不同规定造成的。实践中,导致一个人不具备任何国家国籍的情况主要有以下几种:一对无国籍或者采取出生地主义国家的夫妇在采取纯血统主义的国家所生的子女,就是无国籍人;一个采取婚姻影响国籍原则的国家的女子与一个采取婚姻不影响国籍原则的国家的男子结婚,也会出现无国籍人;一个人如果由于某种原因被剥夺了国籍,在未取得新国籍之前,他也是无国籍人。

无国籍人不具有任何国家的国籍,从而也不被视为任何国家的国民。因此,这种人在任何国家都将处于不利地位,得不到应有的法律保护。现在多数国家对于无国籍人通常给予一般外国人的待遇,但当他的利益遭到侵害时,他不能请求任何国家给予外交保护,而任何国家也没有义务给予其外交保护。目前,国际上解决无国籍问题,通常主要采取国内立法的方式,尽量避免无国籍人士的产生,其次就是通过签订双边或多边国际条约的方法来解决。

五、中华人民共和国国籍法

(一)中国的国籍立法实践

1980年9月10日,第五届全国人大第三次会议通过并颁布了《中华人民共和国国籍法》。这是中华人民共和国第一部国籍法，也是我国现行的国籍法。此前，旧中国曾经颁布过三部国籍法，即1909年《大清国籍条例》、1914年《民国三年修正国籍法》和1929年《民国十八年修订国籍法》，这三部国籍法均采取父系血统主义。中华人民共和国成立后，废除了旧的国籍法，在1980年前的30年间，我国处理国籍问题的依据主要是政府有关国籍问题的方针政策。

《中华人民共和国国籍法》共计18条，其基本原则如下：

1. 不承认中国公民具有双重国籍原则

根据这一原则，我国《国籍法》规定：定居外国的中国公民，自愿加入或取得外国国籍的，即自动丧失中国国籍；父母双方或一方定居在外国的中国公民，本人出生在外国，具有中国国籍，但本人出生时即具有外国国籍的，不具有中国国籍；中国公民申请退出中国国籍获得批准的，即丧失中国国籍；外国人申请加入中国国籍获得批准的，即取得中国国籍，但不得再保留外国国籍；被批准恢复中国国籍的，不得再保留外国国籍。①

2. 在赋予原始国籍上采取血统主义和出生地主义相结合的原则

我国《国籍法》第4条规定"父母双方或一方为中国公民，本人出生在中国，具有中国国籍"，第5条规定"父母双方或一方为中国公民，本人出生在外国，具有中国国籍，但父母双方或一方为中国公民并定居在外国，本人出生时即具有外国国籍的，不具有中国国籍"，上述规定反映的就是典型的血统主义。第6条规定"父母无国籍或国籍不明，定居在中国，本人出生在中国，具有中国国籍"，这条规定采取的就是出生地主义。我国采取的混合原则是以血统主义为主，以出生地主义为辅，即绝大多数人都是依血统主义取得中国国籍的，只有少数无国籍人或国籍不明人的子女，为了避免产生无国籍的问题，才依出生地主义赋予其中国国籍。

3. 男女国籍平等原则

这是指男女国籍具有同等的法律效力，不因性别不同而有所差异。主要表现在以下两个方面：第一，在赋予原始国籍方面，采取双系血统主义，否定歧视妇女的父系血统主义。第二，在对待婚姻是否影响国籍的问题上，否定妻随夫籍的原则，采取妇女国籍独立的原则。

4. 自愿申请和审批相结合的原则

这是指根据我国《国籍法》的规定，中国国籍的取得、丧失和恢复，

---

① 参见1980年《中华人民共和国国籍法》第5条、第8条、第9条和第13条的规定。

除因出生而取得中国国籍外，必须办理申请手续，未满18周岁的人，可由其父母或其他法定代理人代为办理申请。加入、退出和恢复中国国籍的申请，由中华人民共和国公安部审批。①

1980年《国籍法》总结了中华人民共和国成立以来我国处理国籍问题的经验，其突出特点是不承认双重国籍，这种做法随着经济全球化的发展在实践中面临诸多问题，也不符合国际上国籍法发展的整体趋势。随着实践中出现的一些新问题、新情况，我国国籍立法也有了新的发展和突破。

（二）中国国籍立法的新发展

随着香港和澳门的回归，基于香港和澳门的特殊历史背景和现实状况，我国对港澳同胞的国籍问题采取了比较灵活的变通做法。根据1996年《全国人民代表大会常务委员会关于〈中华人民共和国国籍法〉在香港特别行政区实施的几个问题的解释》和1998年《全国人民代表大会常务委员会关于〈中华人民共和国国籍法〉在澳门特别行政区实施的几个问题的解释》的规定，凡具有中国血统的香港、澳门居民，本人出生在中国领土（含香港、澳门）者，以及其他符合《中华人民共和国国籍法》规定的具有中国国籍的条件者，不论其是否持有"英国属土公民护照"或者"英国国民（海外）护照"、葡萄牙旅行证件或身份证件，他们都是中国公民。在外国有居留权的香港、澳门的中国公民，可使用外国政府签发的有关证件去其他国家或地区旅行，但在香港、澳门和中国其他地区不得因持有上述证件而享有外国领事保护的权利。上述规定是对中国《国籍法》关于单一国籍规定的变通。② 事实证明，这一灵活的国籍政策，对团结香港、澳门居民发挥了巨大作用。

第二节　外国人的法律地位

一、概述

外国人是指在一国境内，不具有居留国国籍的人。广义的外国人，不仅包括自然人，还包括外国法人；不仅包括具有外国国籍的人，还包括无国籍人。对于双重国籍人来说，如果他所具有的两个国籍都不是居留国的国籍，

---

① 参见1980年《中华人民共和国国籍法》第14条和第16条的规定。
② 刘国福，梁家全. 国际国籍法的新发展与中国国籍法的渐进改革. 华侨大学学报，2009（1）.

则属于外国人；如果他具有的国籍中有一个是居留国的国籍，居留国一般不把他当外国人看待。

按照国际法，外国人可分为两类：一类是根据国际法享有外交特权和豁免的外国人；另一类是一般外国人。前者的法律地位在国际法上有专门规定，一般放在外交与领事关系法中介绍，本节所说的外国人指的是一般外国人。

一国规定给予外国人何种法律地位，是一国主权范围内的事情，别国无权干涉，但是居留国在规定外国人的法律地位时，必须顾及国际法的基本原则和国际习惯法规则以及外国人本国的属人管辖权，并且不能与本国承担的国际义务相违背。

外国人处于居留国的属地管辖之下，他必须遵守居留国的法律和法令。由于外国人同时处于国籍国的属人管辖之下，他仍然负有效忠本国的义务，当他的合法权益受到侵害而用尽当地救济方法未获解决时，可以获得本国的外交保护。

二、外国人入境、居留和出境的制度

各国一般通过国内立法，对外国人的入境、居留和出境作出具体规定。

（一）入境

根据国家主权原则，国家有权准许或拒绝外国人入境。在现代国际社会，各国在互惠的基础上都允许外国人为了合法的目的而入境，但一般都要求持有护照和经过签证。护照指的是一个国家的公民出入本国国境和到国外旅行或居留时，由本国发给的一种证明该公民国籍和身份的合法证件。签证则是一国主权机关在本国或外国公民所持的护照或其他旅行证件上签注盖印，表示允许其出入国境。国家之间根据条约和协定，可互免签证，如欧盟成员国间就依据《申根协议》互免签证。

一国为了本国的安全和利益，有权限制某些外国人入境，如精神病患者、某种传染病患者、刑事罪犯等，但是，这种限制不得违反国际法的基本原则。例如一国不能采取歧视政策，限制或禁止来自特定民族、特定国家的人入境。

（二）居留

合法入境的外国人，根据居留国的法律和有关国际条约的规定，可在该国作短期、长期或永久居留。但是，是否允许外国人居留，是接受国自行决定的事，任何外国人没有主张非国籍国必须准予其居留的权利，任何国家也不能主张它的国民有在外国领土内居住的权利。

外国人在居留期间的权利和义务由居留国的法律规定。外国人应遵守居留国的法律，居留国对外国人的合法权益应予以保护。按照国际实践，外国人的民事权利（如人身权、财产权、著作权、发明权、劳动权、受教育权、婚姻家庭权、继承权等）和诉讼权一般都受到居留国的保护。至于本国人所享有的政治权利，如选举权、被选举权，外国人一般是不能享有的。外国人在居留期间，必须遵守居留国的法律法令，交纳捐税，接受居留国的属地管辖，但外国人一般没有服兵役的义务。

（三）出境

外国人出境，只要符合所在国有关出境的规定，就应允许其出境。各国通常对外国人的离境会规定一些条件，比如要求出境的外国人必须没有未了结的司法案件或债务，交清他应交纳的捐税，依法办理出境手续等。对于合法出境的外国人，应允许其按照居留国法律的规定，带走合法财产。

根据国际法，一国一般不得禁止外国人合法离境。但在特定情况下，为了维护本国的公共秩序或公共安全，居留国可以限令外国人离境或将他驱逐出境。不过，国家不应滥用这种权利。① 如果借此权利迫害外国人中的进步人士或歧视某个特定民族，则违背国际法，会招致当事人国籍国的抗议甚至报复，并引起国家责任。

三、外国人的待遇制度

国家给予外国人何种待遇，国际法上并没有统一的规定。一国给予外国人何种待遇，属于一国自主决定的事项。各国通常在互惠和不歧视的基础上，通过国内立法和国际条约规定外国人的待遇，实践中主要有以下几种待遇形式：

（一）国民待遇

所谓国民待遇是指一国在一定范围内给予外国人与本国人相同的待遇，即在同样条件下，外国人所享受的权利和承担的义务与本国人相同。根据这种方式，第一，国家给予外国人的待遇不低于给予本国人的待遇；第二，外国人不得要求任何高于本国人的待遇。

根据国际实践，国民待遇通常是各国通过条约在互惠的基础上互相给予的，并且是限制在一定范围内的。国民待遇一般限于民事权利和诉讼权利，而不包括政治权利。例如，外国人在居留国不享有选举权和被选举权，也不承担服兵役的义务。

---

① 陈卫东．国际法学．北京：对外经济贸易大学出版社，2007：148-149．

给予外国人以国民待遇，不仅可以防止内国对外国人实行不公正的歧视待遇，也可以避免外国人在内国谋求不合理的特权，从而为内国人和外国人之间的平等经济交往创造条件。

（二）最惠国待遇

所谓最惠国待遇是指一国（施惠国）给予另一国（受惠国）的国民的待遇，不低于现在或将来给予任何第三国国民在该国的待遇。通常一国国民在他国享受的最惠国待遇往往都是来源于其国籍国与他国订立的条约中的最惠国待遇条款。最惠国待遇也是限定在一定的范围内的，通常适用于经济和贸易等方面，一般不适用于以下情形：（1）给予邻国的利益和特惠；（2）关税同盟内的优惠；（3）自由贸易区和优惠贸易区内部的优惠；（4）经济共同体内的优惠。

与国民待遇强调外国人与本国人的平等相比，最惠国待遇主要是强调外国人之间的平等。最惠国待遇的目的主要在于防止和减少在国际经济贸易中的歧视现象。

（三）差别待遇

所谓差别待遇是指国家给予外国人不同于本国公民的待遇，或给予不同国籍的外国人以不同的待遇。它包括两种情况：一是指国家给予外国公民或法人的待遇，在某些方面少于本国公民或法人。二是指对不同国籍的外国公民和法人给予不同的待遇。对于前一种情况，例如，规定某种企业只能由本国人经营，某种财产只能由本国人拥有等；对于后一种情况，由于最惠国待遇是根据最惠国待遇条款约定的范围享受，如果甲国与乙国订立了最惠国待遇条款，而丙国并没有与乙国订立最惠国待遇条款，那么甲国的公民或法人在乙国享受的待遇与丙国的公民或法人在乙国享受的待遇就是一种差别待遇。①

四、外交保护

当一国国民在他国受到不法侵害而无法得到必要的救济时，其国籍国可以通过外交途径对其提供外交保护。国家对其在国外的本国国民的合法权益进行外交保护是国家行使主权的行为，也是国家行使属人管辖权的重要体现。

（一）外交保护的概念和适用条件

国际法上的外交保护通常是指，一国国民的合法权益在外国受到不法侵

---

① 邵沙平．国际法．北京：中国人民大学出版社，2007：223．

害，且得不到该外国的合理救济时，其国籍国可以通过外交途径要求该外国承担责任，以保护其国家或国民的利益。

实践中，各国都是通过本国外交机关对在国外的本国国民提供各种保护，例如，通过外交机关向所在国政府正式提出抗议，或要求其对损害予以赔偿等。由于外交保护是直接涉及所在国权益的国家行为，因此，根据国际法规定和国际实践，一国要行使外交保护，一般须具备以下条件：

（1）须有一国国民的合法权益受到所在国的不法侵害的事实。

（2）被保护的外国人必须具有保护国的国籍，因为外交保护权源于属人管辖权，所以被保护的外国人必须具有保护国的国籍，而不能拥有所在国的国籍。而且，该国籍必须是真正的实际国籍，即被保护的外国人和其国籍国之间应具有实际的真正联系，此即"国籍实际联系原则"，另外，该被保护的外国人从受侵害时起，必须始终具有保护国的国籍，此即"国籍继续原则"。

（3）在提出外交保护之前，受害人必须用尽当地法律规定的一切可以利用的救济方法，包括行政和司法救济，此即"用尽当地救济原则"（Exhausting Local Remedy）。在这些方法用尽之后仍得不到合理救济时，才可以提出外交保护，否则往往会引起所在国的抗辩。

（二）卡尔沃主义

针对19世纪帝国主义、殖民主义强国滥用外交保护，动辄借口保护本国侨民权益而对拉美国家进行干涉的情况，阿根廷著名国际法学家、曾任阿根廷外长的卡尔沃于1868年在其著作《国际法的理论与实践》一书中指出："一国领域内的外国人同该国国民有同等受到保护的权利，不应要求更大的保护；当受到任何侵害时，应依赖所在国政府解决，不应由外国人的本国出面要求任何金钱上的补偿。"这项主张后来为拉美国家所广泛接受，被称为"卡尔沃主义"。其后拉美国家在与外国人订立的投资契约中都要求载入一个条款，即外国人同意由于契约所发生的任何要求或争议由当地法院处理，从而放弃其本国外交保护。国际法上将这一条款称为"卡尔沃条款"。事实上，即使外国人在契约中作了不请求本国外交保护的有关承诺，也不能禁止外国人的本国行使外交保护权，因为该权利是由国家自由裁量行使的。[①]

（三）外交保护领域的新发展

联合国国际法委员会2006年二读通过的《外交保护条款草案》编纂和

---

① 程晓霞，余民才．国际法．北京：中国人民大学出版社，2008：85．

发展了国际法上有关外交保护的原则和规则。根据该草案，外交保护领域的新发展主要表现在以下几个方面：

首先，不再强调一国与其国民之间必须具有实际的真正联系。联合国国际法委员会认为，在经济全球化和移民大量增多的当今社会，很多人由于各种主客观原因，与其国籍国的联系十分薄弱，因此，过分要求国籍的真实而有效的联系，将会导致这些人无法得到外交保护。

其次，该草案规定了对无国籍人和难民的保护。一国可为无国籍人和被该国承认为难民的人提供外交保护，但这些人在受到损害之时和正式提出求偿之日应在该国有合法的惯常居所。该规定突破了"只有本国国民才可享受外交保护"这一传统条件，容许一国对无国籍人和难民进行外交保护。

再次，对双重或多重国籍人的外交保护。按照传统国际法的规定，双重或多重国籍的人，所拥有的双重或多重国籍所属国之间不能相互主张外交保护，但草案肯定了一种例外：只要在发生损害之日和正式提出求偿之日，该国能证明该国国籍为该人的主要国籍。例如，一个同时拥有美国、日本双重国籍的人，日本和美国本来是不能向对方主张外交保护的，但如果美国认为自己为主要国籍国，则可以向日本主张外交保护，不过须举证证明。如果双重或多重国籍人在第三国受到非法侵害，则双重或多重国籍国均可向第三国主张外交保护。

最后，该草案还规定了一些无须用尽当地救济就可寻求或进行外交保护的特殊情况。[①]

第三节　引渡与庇护

一、引渡

（一）引渡概述

引渡是指一国应外国的请求，把在其境内被外国指控为犯罪或判刑的人，移交给请求国审理或处罚的一种国际司法协助行为。提出引渡请求的国家通常称之为请求国，另一方则称之为被请求国。

在国际法上，国家没有引渡罪犯的义务，除非它根据条约承担了这种义务。其中，关于引渡的双边条约数量最多，不胜枚举，但彼此之间内容差异较大。而主要的多边条约有 1933 年《美洲国家间引渡公约》和 1957 年

[①] 万霞. 外交保护国际制度的发展及演变. 国际观察，2009（2）.

《欧洲引渡公约》。此外，许多国际公约中都载有引渡条款，影响较大的有《关于制止非法劫持航空器公约》、《联合国打击跨国有组织犯罪公约》、《联合国反腐败公约》等。在各国引渡法、国家间引渡条约以及国际实践的基础上，1990年联合国大会通过了《引渡示范条约》作为各国的立法和实践指南。

在没有条约约束的情况下，国家是否向他国引渡罪犯，完全是它主权范围内可以自由决定的事。引渡的主体是国家，罪犯本人所属国、犯罪行为发生地国和受害国根据属人管辖权、属地管辖权和保护性管辖权都可以提出引渡请求。如果这三类国家同时对同一罪犯提出引渡要求时，原则上被请求国有权决定把罪犯引渡给何国。引渡的客体即引渡的对象，是请求国指控其为犯罪或判刑的人，可能是请求国人、被请求国人和第三国人。在实践中，国家基于维护本国的属人管辖权，往往不允许向外国引渡本国国民，此即为"本国国民不引渡原则"。

（二）引渡的原则

从国家间签订的引渡条约、各国的引渡法以及各国的引渡实践来看，在引渡罪犯的问题上，已形成以下一些公认的关于引渡的一般原则：

1. 政治犯不引渡原则

所谓政治犯不引渡，是法国资产阶级革命以后，通过西欧一些国家的国内立法和各国间引渡条约的规定，逐渐形成的一项原则，现已成为各国公认的国际法原则。但是，这项原则实施起来是有困难的：第一，关于政治犯的含义和范围缺乏明确性，各国的解释不尽一致。而且有的政治活动兼有普通罪行，即所谓相对的或混合的政治犯罪，因此实践中如何适用该原则就变得很困难。第二，对于某种犯罪行为是否政治犯罪的决定权，属于被请求国，因此该原则有可能会被歪曲或滥用。

2. 双重犯罪原则

双重犯罪原则，又称"相同原则"、"双罚性原则"，是指引渡对象的行为，必须是请求国和被请求国双方法律都认定是犯罪并应受刑罚处罚的行为。该原则实际上是相互尊重国家主权在引渡中的具体体现。由于国家一般只能在其领域内行使刑事管辖权，一旦犯罪人逃到他国，只有依靠他国的协助，通过引渡这种方式，才能实际惩罚罪犯。要依靠他国的协助，必须尊重他国的主权，而尊重他国主权的具体体现就是尊重他国的法律，所以要遵守双重犯罪原则。

3. 罪名特定原则

罪名特定原则，又称"同一原则"、"专一原则"，是指请求国在将引渡对象引渡回国后，只能以请求引渡时所主张的罪名进行审判或惩处，不得以不同于引渡罪名的其他罪名进行审判或惩处。一般认为，该原则的目的是为了防止请求国以引渡为借口，而去迫害被请求国应予保护的人。实践中，被请求国和请求国在贯彻该原则时往往还伴有量刑承诺。在中美两国间的"余振东遣返案"中，我国就适用了引渡制度中的量刑承诺，即我国承诺对余振东的量刑不超过美国对他在美判决的144个月的有期徒刑①。

（三）引渡的程序和效果

引渡的程序一般根据有关国家的国内法规定以及引渡条约来进行，具体包括：引渡请求的提出和答复、负责引渡的机构、引渡的文件材料的传送、移交被引渡人的条件方式等。而引渡请求的提出和答复，一般通过外交途径办理。

关于引渡的效果，请求国将引渡对象引渡回国后，即可根据本国法律对其进行审判。但是，根据罪名特定原则，请求国只能就其请求引渡时所指控的罪名加以审判和处罚，否则，被请求国有抗议的权利。至于被引渡的罪犯是否可以由原来的请求国转交给第三国，国际实践并不一致。有些条约规定，未经被请求国同意，请求国不得将引渡对象再引渡给第三国。

（四）中国有关引渡的立法和实践

改革开放以来，我国司法实践中的涉外刑事案件越来越多，其中许多案件都涉及引渡问题。近年来，贪官外逃现象日趋严重给国家带来了巨大损失。因此，目前迫切需要完善国内引渡制度以指导实践。从国内立法来看，2000年颁布并实行的《中华人民共和国引渡法》是中国第一部关于引渡的专门立法，该法共4章55条，既是对我国引渡制度发展的肯定与总结，也是我国目前解决引渡问题最重要的单行法律。然而，引渡只是国家的单方行为，国家没有引渡义务，所以，通过订立双边引渡协议是解决引渡问题的主要途径。截至2009年2月②，从1993年与泰国缔结第一个双边引渡条约以来，中国已经先后跟32个国家缔结了双边引渡条约，其中多数是周边国家和中小国家，尤以发展中国家居多，如泰国、白俄罗斯、哈萨克斯坦、蒙古、柬埔寨、菲律宾等。2005年，中国与西班牙签署了中国与欧美发达国家之间的第一个引渡条约，拉开了与发达国家缔约的序幕。目前中国已与发

---

① 对犯罪嫌疑人适用遣返程序时，许多国家都参照引渡制度的一些原则和做法，包括量刑承诺。

② 2009年2月28日第十一届全国人民代表大会常务委员会第七次会议批准了2008年7月11日签署的《中华人民共和国和墨西哥合众国引渡条约》。

达国家中的澳大利亚、西班牙、葡萄牙、法国缔结了引渡条约。而从20世纪80年代开始，中国也已经加入或批准了一些含有引渡条款的多边条约，如1971年《关于制止非法劫持航空器公约》、1973年《关于制止危害民用航空安全的非法行为的公约》以及1988年《联合国禁止非法贩运麻醉药品和精神药物公约》等。1989年的张振海引渡案，中日两国当时并没有缔结双边的引渡条约，就是依据《关于制止非法劫持航空器公约》进行的引渡合作。2003年，中国政府还批准了《联合国打击跨国有组织犯罪公约》，2005年又批准了《联合国反腐败公约》等。

实践中，除张振海案外，我国曾于2000年将携款200万元出逃的北京房山区河北信用分社的会计杨彦军从蒙古引渡回国。2007年5月10日，中日双方执法人员在东京办理了引渡交接手续，成功地将涉嫌挪用公款犯罪潜逃日本3年之久的原辽宁某国企副总经理袁同顺引渡回国。这两个成功案例，前者是以我国与蒙古的引渡条约为基础进行的，后者则是在双边引渡条约缺失的情况下通过与日本开展双边司法合作以个案解决的。① 因此，面对日益增加的涉外刑事案件及经济犯罪分子外逃现象，我国一方面要充分利用已缔结的引渡条约向外国提出引渡请求，另一方面要进一步加快与其他国家尤其是外逃罪犯集中地的发达国家签订引渡条约的进程。如厦门远华特大走私案主犯赖昌星之所以很久没有能引渡回国，其中一个主要的原因就在于我国同加拿大政府之间没有双边引渡协议。在没有引渡条约的情况下，则可通过双边谈判、个案解决的方式开展双边司法合作，通过引渡程序或者非法移民遣返方式将外逃的犯罪分子绳之以法。

二、庇护

（一）庇护的概念和对象

庇护是指国家对于遭受追诉或迫害而来避难的外国人，准其入境和居留，给以保护，并拒绝将他引渡给另一国的行为。这种庇护，又称"领土庇护"或"领域庇护"。庇护是一国的主权行为，以国家的属地管辖权为依据。对于请求避难的外国人，是否给予庇护，由给予庇护的国家自行决定。因此，庇护的主要根据是国内法。许多国家的宪法中都有庇护条款。

庇护的对象主要是政治犯，即政治避难者，是指那些不具有庇护国国籍并因从事政治活动而被某一外国追诉或迫害的人。庇护其实是在"政治犯

---

① 更多案例参见中国法律信息网——反腐系列之贪官引渡，http：//www.law-star.com/zt/zt0038/.

不引渡"的基础上发展起来的,但庇护不仅是不引渡,还包括不予驱逐和准其居留。除政治犯外,国家一般还庇护因从事科学和创作活动而受到迫害的人。从第二次世界大战后引渡和惩处战争罪犯的实践看,各国对犯有危害和平罪、战争罪或危害人类罪的人是不予庇护的。另外,被国际公约和国际习惯法确认犯有国际罪行的其他罪犯,如海盗、贩毒、贩奴等罪犯以及一般公认的普通刑事罪犯,也都不属于庇护的对象。

受庇护的外国人同一般外国侨民一样,处于所在国领土管辖权之下,遵守庇护国的一切法律法令,在所在国保护之下,可以在该国居留,不被引渡,也不被驱逐。根据联合国大会于1967年通过的《领土庇护宣言》第4条的规定,给予庇护之国家不得准许享受庇护之人从事违反联合国宗旨与原则的活动。

(二)关于域外庇护的问题

域外庇护(Extraterritorial Asylum)是指在驻在国的使馆、领事馆、军舰甚至商船内给避难者以庇护,即庇护国在外国领土上庇护外国人。由于主要是在外国领土上利用国际法给予使领馆的外交特权和豁免对外国人进行庇护,所以又称"外交庇护"。利用外交特权与豁免庇护外国人会造成对外交特权与豁免的滥用,所以域外庇护并没有得到国际社会的普遍承认。国际法院在1950年"庇护权案"中指出,哥伦比亚驻秘鲁大使馆给予托雷庇护是不正当的事情,哥伦比亚虽然没有义务把托雷移交给秘鲁当局,但庇护应立即停止。

(三)中国关于庇护的立法

尽管中国历史上曾经对遭受迫害的外国人进行过领土庇护,但很长时间内在国内立法中并没有使用"庇护"这一概念。例如1978年《中华人民共和国宪法》中就只规定:"中华人民共和国对于任何拥护正义事业、参加革命运动、进行科学工作而受到迫害的外国人,给以居留的权利",并没有明确规定庇护权。直到1982年《中华人民共和国宪法》对庇护权才予以明确规定:"中华人民共和国对于因为政治原因要求避难的外国人,可以给予受庇护的权利。"

第四节 难民的保护

一、难民问题概述

难民问题引起国际社会的广泛关注,是在20世纪20年代。第一次世界大战后，为了妥善解决战争所造成的难民问题，国际联盟于1921年任命挪威人弗里德约夫·南森为负责难民事务的高级专员。当时国际上出现了一些关于颁发难民证件①的专门协定，在这些协定里开始出现难民的定义。

联合国成立后，即着手解决第二次世界大战所造成的难民问题。1946年第1届联合国大会就优先审议难民问题。1946年年底，美国不顾前苏联的强烈反对，操纵联合国建立"国际难民组织"（International Refugee Organization）取代联合国善后救济总署。国际难民组织的主要作用之一是重新安置"二战"造成的难民和战争难民。1950年成立的联合国难民事务高级专员办事处（Office of the United Nations High Commissioner of Refugee，又译为联合国难民署）取代了国际难民组织，成为联合国系统内开展人道主义救援行动最为活跃的机构②。

1951年7月28日，联合国在日内瓦召开的关于解决难民和无国籍人地位的外交会议上订立了《关于难民地位的公约》，该公约首次以普遍性国际公约的形式对难民的定义和范围作了明确规定。该公约和1967年《难民地位议定书》是目前国际社会有关解决难民问题和保护难民的最重要法律文件。

二、难民的范围

根据1951年《关于难民地位的公约》和1967年《难民地位议定书》的规定，难民包括两部分：一是依国际联盟主持订立的有关协议、公约和议定书或国际难民组织章程而被视为难民的人。二是指因正当理由畏惧由于种族、宗教、国籍、属于某一社会团体或具有某种政治见解的原因遭受迫害而留在其本国之外，并且由于此项畏惧而不能或不愿受该国保护的人，或者不具有国籍并留在他以前经常居住的国家以外而现在不能或由于上述畏惧不愿返回该国的人。这里所列举的因"种族、宗教、国籍、属于某一社会团体或具有某种政治见解的原因"所遭受的迫害通常被称为"政治迫害"，所以1951年公约和1967年议定书中所定义的难民仅指"政治难民"，因经济原因而移居国外以及因自然灾害原因逃离本国或因战争灾难而离乡背井的人都不符合上述公约规定的难民条件。

---

① 当时由南森颁发给难民的临时身份证或旅行证件被称为"南森护照"。
② 有关联合国难民署的更多知识参见联合国难民署中文网站：http://www.unhcr.org.cn。

但是上述规定并不排斥区域性条约、各国国内法以及有关国际机构保护除政治难民以外的经济难民或战争难民等。例如，1969年《非洲统一组织关于非洲难民某些特定方面的公约》在保留了上述普遍性难民定义的同时，还规定："难民"一词也适用于由于其居住国或国籍国部分或全部遭到外来侵略、占领、外国统治或出现严重危害公共秩序事件而被迫离开自己的习惯居住地而在其居住国或国籍国以外的地方寻求避难的任何人。而1984年拉美国家间的《卡塔赫纳宣言》也建议对本区域使用的难民定义作扩大性的解释，包括由于其生命、安全、自由受到普遍暴力、外国入侵、国内武装冲突、大规模侵犯人权或其他严重危害公共秩序的情况的严重威胁而逃离本国的人。这两个文件中的难民范围比1951年公约和1967年议定书都有所扩大。实践中，联合国难民署的职权和工作范围实际上也已经超出了其章程规定的难民定义的范围。

三、难民的法律地位

1951年《关于难民地位的公约》明确规定了难民的"一般义务"和"个人身份"：一切难民对其所在国负有责任，缔约国应对难民不分种族、宗教、国籍来适用公约的规定；难民的个人身份，应受其住所地国家的法律支配，如无住所，则受其居住地国家的法律支配。

《关于难民地位的公约》关于保护难民的一个核心条款就是所谓"不推回原则"（Principle of Non-refoulement），即"任何缔约国不得以任何方式将难民驱逐或送回（推回）至其生命或自由因为他的种族、宗教、国籍、参加某一社会团体或具有某种政治见解而受威胁的领土边界"，简而言之，就是指国家不得以任何方式将难民驱逐或遣回到其生命或自由受威胁的领土边界。公约所规定的"不推回原则"（也有称"不驱回原则"）是对难民进行保护的基本前提，也是难民享受其他待遇的基础。

《关于难民地位的公约》还规定了难民应享受的国民待遇和一般外国人待遇的内容和范围：缔约国境内的任何难民在宗教自由、缺销产品的定额供应、初等教育、行政协助的费用、任何捐税或费用的财政征收等方面与本国国民享有相同的待遇；缔约国境内合法居留的难民在公共救济和救助以及劳动立法和社会安全等方面与本国国民享有相同的待遇；缔约国境内经常居住的难民艺术权利和工业财产的保护以及出席法院等方面与本国国民享有相同的待遇。在动产、不动产以及从事自由职业和行动自由等方面，难民享有不低于一般外国人在同样情况下所享有的待遇。此外，难民有获得身份证件的权利，以便其旅行。在入境方面，应便利难民的入境。①

【难点追问】

1. 关于一国行使外交保护权的条件。

一国要行使外交保护权，首先该国国民的合法权益须受到所在国的不法侵害，同时受害人必须具有保护国真正的实际国籍，并且，从受侵害时起始终具有保护国的国籍，最后还要求受害人必须用尽当地法律规定的一切可以利用的救济方法，包括行政救济和司法救济，如果"用尽当地救济"仍无法得到有效救济时，保护国才可应受害人申请或主动进行外交保护。

2. 有关引渡的一般原则

一般认为，关于引渡的一般原则主要包括政治犯不引渡原则、双重犯罪原则、罪名特定原则、本国国民不引渡原则等，而其中所谓"政治犯不引渡原则"关键在于对于政治犯的界定和理解，目前国际法对其并没有统一而明确的规定，在实践中，被请求国享有单独的解释权，这种自由裁量权经常引发有关国家关于引渡问题的冲突，其结果是，或者将战争意义上的政治犯进行引渡，或者将非政治犯视为政治犯进行庇护。

【前沿提示】

在全球化背景下，双重国籍成为大量发生的客观事实，各国逐渐开始正视双重国籍问题，越来越多的国家在立法中容忍或接受了双重国籍。1997年《欧洲国籍公约》和2002年联合国国际法委员会通过的《关于双重国籍情况下的外交保护草案》都对解决国籍冲突进行了新的制度设计，这表明国际社会对待双重国籍的态度开始从限制发展到承认。近年来，在海外的华人华侨要求我国实施双重国籍的呼声也日益高涨。因此，对我国《国籍法》中的不承认双重国籍原则是否应予重新审视或修改，是当前需要认真考虑的一个问题。

当今世界上不少国家的法律都废除了死刑，因而这些国家对外签署引渡条约时一般都会附加"死刑犯不引渡"条款，认为引渡必须遵循该原则进行。也有一些国家认为"死刑犯不引渡"并未被国际社会普遍接受，尚不能被称为引渡领域里的国际法原则或规则。对于那些尚未废止死刑的国家来说，接受"死刑犯不引渡"就意味着可能出现"同罪不同刑"的结果。但是，从国际实践来看，由于废止死刑的国家越来越多，基于引渡的特点，其

---

① 邵沙平．国际法．北京：中国人民大学出版社，2007：239．

他国家要想与这些国家达成引渡条约就不得不接受"死刑犯不引渡"条款，如果一味反对的话，则可能阻碍国际司法合作的顺利进行。目前，中国与澳大利亚、西班牙、葡萄牙、法国所缔结的引渡条约中，都写入了"死刑犯不引渡"条款，但我国的《引渡法》一直对该原则持回避态度。

【思考题】
1. 什么是国籍的冲突？如何解决？
2. 中华人民共和国国籍法的基本原则有哪些？
3. 试述外国人的法律地位。
4. 试述引渡规则的新发展与中国的现实选择。
5. 领土庇护与外交庇护有什么不同？

第七章　国际法上的人权

【引言】 国际法上的人权是国际法的重要内容之一。人权是指在一定社会历史条件下每个人作为人而享有或应该享有的权利。国家合作通过国际法促进和保障人权主要是第二次世界大战之后形成的，有关的原则和制度被认为构成了一个正在发展的国际法新分支，即国际人权法。为了确保人权公约的履行，由联合国或其他一些机构负责监督有关公约的实施。中国积极参与国际人权组织的活动，同时注意强调生存权和发展权是首要人权，坚决反对任何国家利用人权问题干涉别国内政，支持联合国实现人权的宗旨和原则，对国际人权的保护作出了自己应有的贡献。

【学习的目的与要求】 通过本章的学习，我们需要在了解人权基本知识的基础上进一步认识人权方面的法律概念、法律规范和基本制度，从宏观上把握国际人权领域的法律发展、现状及其实践的有关情况；同时对中国在人权国际保护方面的基本立场、态度以及主要实践有基本的了解；掌握人权的分类及基本内容、全球性国际人权公约的主要精神、人权国际保护的实施机制以及中国政府对人权国际保护的基本立场与态度。

【知识结构简图】

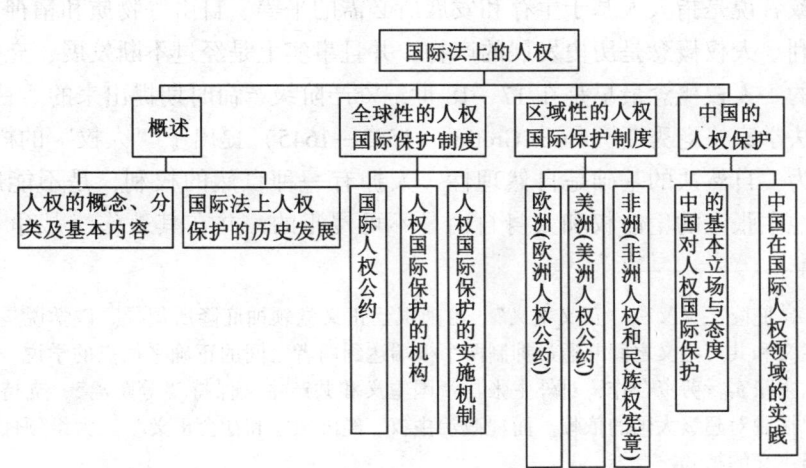

【引例】

伊斯特拉诉乌拉圭——酷刑和不人道待遇案

伊斯特拉（Estrella）是一位阿根廷钢琴家，住在乌拉圭。1977年，他接到官方通知：作为庇隆主义者①，他被认为是乌拉圭政府的反对者。他和朋友在蒙得维地亚的家中被绑架，并遭受了酷刑，绑架者要求伊斯特拉承认他参加了一个在乌拉圭和阿根廷实施军事行动的计划。

1977年12月23日，伊斯特拉被转移到一个军营，1978年1月20日，他被带到另外的监狱，继续受到不人道的酷刑的对待。伊斯特拉在监狱一直被关押到1980年2月13日，他出狱后向联合国人权委员会对乌拉圭提出了控诉。

请问：本案中，乌拉圭是否违反了1966年的《公民权利和政治权利国际公约》？为什么？

第一节 概 述

一、人权的概念、分类及基本内容

（一）人权的概念

人权，是指在一定社会历史条件下每个人作为人所享有或应该享有的权利，或者说是指人人基于生存和发展所必需的平等、自由等物质和精神方面的权利。人权概念是历史发展的产物，并且事实上是经过不断发展、充实和完善的。人权概念最早是在17—18世纪资产阶级革命时期提出来的。首先，荷兰法学家格老秀斯（Hugo Grotius，1583—1645）提出了"人权"的概念。他认为，自然法的基础是自然理性，人拥有一种自然的权利，是不能废除的。他主张人的生命权和人身自由是不可侵犯的，并在其著作《战争与和

---

① 庇隆主义又称"正义主义"，由阿根廷正义党领袖庇隆所倡导。该学说是介乎资本主义和共产主义之间并通过抑制两个极端达到两者之间的正确平衡点的学说。该理论对内主张实行劳资合作，对外主张与帝国主义和共产主义保持"等距离"，支持第三世界以摆脱对超级大国的依赖。而"政治主权、经济独立和社会正义"三大纲领性口号是庇隆主义的精髓。

平法》一书中，首次使用了"人的普遍权利"和"人权"的概念。其后，荷兰的斯宾诺莎（Spinoza，1632—1677）、英国的洛克（John Locke，1632—1704）、法国的孟德斯鸠（Montesqieu，1689—1775）和卢梭（Jean Jacques Rousseau，1712—1778）都进一步提出和阐述了"天赋人权"的重要思想。特别是卢梭全面系统地阐述了"天赋人权"和"社会契约论"，认为每个人都生而自由平等。对此，马克思主义认为，人权不是天赋的，而是历史地产生的。而美国国际法学家亨金主张："所谓'人权'，我的意思仅仅指依照当代共同意见，每个人都要对他的社会和政府提出被认为应当提出的那些道德上和政治上的要求。现代国际文件——《世界人权宣言》和一些国际协定——已列举了这些要求。"[①]

（二）人权的分类及基本内容

第二次世界大战之后，人权从国内社会全面走向国际社会。依照人权主体的不同，我们可以将人权划分为个人人权和集体人权。个人人权是传统意义上的人权，主要包括人身、人格权利、政治权利与自由以及经济、文化和社会权利等；而集体人权是在"二战"结束后发展起来的，主要包括民族自决权、发展权、和平权、环境权等。

1. 个人人权

个人人权是指个人以其自身名义享有的权利，包括属于某一种族、宗教或语言少数群体或者其他某一社会组织的成员，以其个人名义所享有的权利。

个人人权的内容可以分为：

（1）生存权

生存权在人权中居于首要地位，常被称为"第一人权"或者"首要人权"。生存权是指人民享有人身自由权和人身安全权，即人民自由自在地生活的权利。1966年《公民权利及政治权利国际公约》第6条规定："人人皆有生存权，此种权利应受法律保障。"对一个国家和民族来说，没有生存权，其他一切人权都无从谈起。1948年《世界人权宣言》第3条规定的"人人有权享有生命、自由与人身安全"构成生存权的首要部分。生命权是生存权的基础，保障生命权就是指人的生命不能被非法剥夺，不受蹂躏，并使人们享有基本的生活保障。

（2）平等权

平等权是指人们在政治、经济、文化、社会各个方面享有平等权利，并

---

① [美] 路易斯·亨金. 美国人的宪法权利与人权. 法学译丛, 1981 (6): 1.

履行平等的义务。1966年《经济、社会、文化权利国际公约》和《公民权利及政治权利国际公约》均规定，对于人人享有的尊严及平等而且不可割让权利的确认乃是世界自由、正义与和平的基础。任何国家都不得以种族、肤色、性别、语言、宗教、政治或者其他见解、国籍、财产、出身或者其他身份等对人作任何区分。平等权作为一项基本人权，在人权体系中占有重要地位，主要包括法律上的平等、种族平等、男女平等。

(3) 政治、经济和文化权利与自由

1948年《世界人权宣言》和1966年"人权两公约"对政治、经济和文化权利和自由给予了高度重视，规定凡属公民均应有权利"直接或经自由选择之代表参与政事"，"在真正、定期之选举中投票及被选举"。"人人有思想、信念及宗教之自由"，非依法律不受限制。"人人有权享受公平与良好之工作条件"，实行同工同酬，并享有社会保障，包括社会保险。同时有权为自己和家庭获得相当的生活水准，也有权享有达到最高体质和心理健康的标准。任何人都享有受教育的权利，并参加文化生活，享受科学进步及其应用所产生的利益等。

2. 集体人权

集体人权是某一群体、团体、组织或其成员以集体的名义享有的权利。集体人权可以是某一国家、国家集团、种族、民族、宗教或语言群体的人权，也可以是一些社会组织、团体的人权。作为某一集体的成员可以基于集体的名义而享有这些权利。像某个个人属于某一个特定的群体，比如少数民族这个集体所享有的权利，那么，它的成员当然也就享有，集体是由成员所构成的，只是个人并不是仅凭个人的名义而享有集体人权。

集体人权的内容主要包括：

(1) 民族自决权

民族自决权亦称"自主权"，指在外国奴役和殖民统治下的被压迫民族，有决定其政治地位及自由从事其经济、社会与文化的发展，并摆脱殖民统治，建立民族独立的主权国家的权利。民族自决权是国际人权概念的组成部分，构成了实现和享有其他各项人权和基本自由的基础和前提。它不仅包括尚未获得独立的国家和民族，而且也包括已获得独立的国家在国际社会中享有平等权利和按本国情况进行发展的权利，以及不受外国侵略和干涉的权利。

(2) 发展权

发展权指所有国家和民族都有自由谋求他们经济、社会和文化发展的权利。因此，发展权是一项不可剥夺的人权，这已获得国际社会的普遍赞同和接受。《联合国宪章》为发展权提供了坚实的法律基础。1986年联合国大会通过《发展权利宣言》，再次确认发展权是一项不可剥夺的人权，依此权利，"每个人和所有民族均有权参与、促进并享受经济、社会、文化和政治发展，并在其中充分实现所有人权和基本自由"。因此，"发展权既是个人人权，也是集体人权，不应当被解释为仅仅是个人人权，而不属于国家和民族，这是因为个人的发展同国家和民族的发展是不可分割的"。国家的发展和个人的发展是相辅相成的，国家和民族的发展将为个人的发展提供更为有利的政治、经济和社会条件，而个人在此基础上的发展，也必然会推动和促进整个国家和民族的发展。

（3）和平权

和平权，即各国人民要求制止战争并实现国际社会永久安全的权利。1945年《联合国宪章》、1978年联合国大会通过的《为各社会共享和平生活做好准备的宣言》、1981年非洲统一组织通过《非洲人权和民族权宪章》以及1984年联合国大会专门通过的《人民享有和平权利宣言》等国际文件都对和平权进行了规定。

（4）环境权

所谓环境权是指主体对环境所享有的权利。1972年，联合国人类环境会议通过的《斯德哥尔摩人类环境宣言》宣称："人有在足以保持尊严和福利的环境中享受自由、平等和丰富的生活条件的基本权利"，这是国际法上首次提及环境权。事实上，1966年《经济、社会、文化权利国际公约》、1992年《里约宣言》、1994年联合国《人权与环境纲领宣言》、1998年《环境事务中获得信息、公众参与决策和获得法律救济公约》(《阿胡斯公约》)、1950年《非洲人权和民族权宪章》及1969年《美洲人权公约》等有关国际公约都对环境权有过直接或间接的规定。但总的来说，环境权在国际法上还没有正式得以确立，主要由各国国内法予以规定。

二、国际法上人权保护的历史发展

现代人权思想诞生于18世纪西欧的"启蒙时代"。基于自然法意义上的天赋人权是这个时代的最强音，并且在18世纪末的美国和法国革命中起了关键的作用。1789年法国大革命开始时由国民议会通过的《人权和公民权宣言》，正式采用了"人权"的字眼，并且是人类有史以来对人权概念的最全面和系统的论述。《人权和公民权宣言》指出，人权是自然的、不可剥夺的和神圣的，而不知人权、忽视人权或轻蔑人权是政府腐败的唯一原因。在权利方面，人们生来是而且始终是自由平等的。任何政府存在的目的都在于保存人的自然和不可动摇的权利。《人权和公民权宣言》还列出各种主要的人权,如人身自由、不受任意逮捕、无罪推定、信仰、思想、言论、出版等自由。然而,随着19世纪实证主义法学的兴起,在第一次世界大战以前,人权问题主要是国内法问题,作为资本主义国家的一个法律原则和公民权利被规定在宪法、民法和其他法律之中。虽然国际条约有涉及人权的规定,但是涉及人权的地方并不多,而且这种条约数量也不多。

第一次世界大战后,国际条约有关人权的规定逐渐增多了。例如,1919年9月签订的《对奥地利和约》、11月签订的《对保加利亚和约》以及1920年6月签订的《对匈牙利和约》等都把对这些国家内少数民族的保护列为专编,规定了少数民族的一些权利和基本自由。1926年9月25日,国际联盟主持制定的《禁奴公约》、1930年6月28日的《禁止强迫劳动公约》,都是有关人权的国际保护的公约。但是,整体来说,从第一次世界大战结束到第二次世界大战,人权的国际保护还仅限于人权的个别方面。

第二次世界大战期间,德、意、日法西斯大规模践踏基本人权、屠杀人民的暴行,激起了世界人民的愤慨,震惊了整个人类的良知。在这种情况下,人权第一次被规定在一个普遍性的国际组织的组织文件——《联合国宪章》中。《联合国宪章》序言重申"基本人权,人格尊严与价值,以及男女与大小各国平等权利"之信念。《联合国宪章》第1条第3款规定联合国的宗旨之一为:"促成国际合作,以解决国际间属于经济、社会、文化及人类福利性质之国际问题,且不分种族、性别、语言或宗教,增进并激励对于全体人类之人权及基本自由之尊重。"《联合国宪章》涉及人权的条文还有第13条、第55条、第62条、第68条和第76条等。1948年12月10日,联合国大会通过了《世界人权宣言》,对人权的内容作了详细的列举。这是"二战"后第一个关于人权的专门性国际文件。从此,人权问题受到世界的广泛注意。联合国通过或制定的有关人权方面的重要宣言、公约等达到50多件。

第二节 全球性的人权国际保护制度

人权国际保护是国际关系和国际法发展到现代的产物。全球性范围内的人权国际保护制度主要体现为一系列的国际多边公约,从而确立为各国一般接受的国际人权规则和原则,各国因此承担予以尊重和履行这些保护人权的国际义务,并由这些人权公约所规定的国际机构或法律机制对这些国际人权保护义务的实施进行监督和加以保证。目前,联合国通过和制定的人权公约及其他文书已经达到近百件,其内容涉及人类生活的各个方面。

一、国际人权公约

(一) 一般性国际人权公约

一般性国际人权公约主要包括：1945年《联合国宪章》、1948年《世界人权宣言》、1966年《经济、社会、文化权利国际公约》、《公民权利及政治权利国际公约》和《公民权利及政治权利国际公约任意议定书》。

1. 《联合国宪章》

除序言中开宗明义强调基本人权外，《宪章》第1条第3款规定了联合国的宗旨之一，即"增进并激励对于全体人类之人权及基本自由之尊重"。第68条规定，经社理事会"应设立经济与社会部门以提倡人权为目的之各种委员会，并得设立于行使职务所必需之其他委员会"。这一条成为后来人权委员会设立的法律根据。

《联合国宪章》第55条、第56条历来被认为是有关人权内容的关键性条款。第55条规定："为造成国际间以尊重人民平等权利及自决原则为根据之和平友好关系所必要之安定及福利起见，联合国应促进：……全体人类之人权及基本自由之普遍尊重与遵守，不分种族、性别、语言、或宗教。"第56条进一步规定："各会员国担允采取共同行动及个别行动与本组织合作，以达成第55条所载之宗旨。"

一般认为，《联合国宪章》中有关人权的条款是一般性规定，既没有关于人权概念的具体定义，也没有规定对人权实施保障的具体措施，对会员国不能构成直接的法律义务，但存在着对宪章宗旨予以支持的道义义务，而且第56条的实现还有赖于国际实践的确认。

2. 国际人权宪章

"国际人权宪章"是指1948年联合国大会通过的《世界人权宣言》和1966年通过的《经济、社会、文化权利国际公约》与《公民权利及政治权利国际公约》及其任意议定书的总称。

(1) 《世界人权宣言》

《世界人权宣言》是联合国制定的第一份关于人权的纲领性文件。由序言和30条条文组成。其中第1条和第2条规定了宣言的基本思想和原则：自由与平等。第3~28条详细规定了人权的具体内容，这类权利大致可以分成两类：一类是公民权利和政治权利（第3~21条），包括：生命、自由和人身安全的权利；不受奴役的自由；不得加以酷刑和施以残忍、不人道或有辱人格的待遇和处罚的自由；在任何地方有权被承认在法律面前的人格等。另一类是经济、社会和文化的权利（第22~28条），具体有：社会保障和工作权利，选择职业自由以及同工同酬、休息和闲暇、享受为维护本人和家庭的健康与福利的生活水准的权利等。与此同时，《宣言》第29条和第30条规定为人权的行使设定义务和限制，即任何国家、集团或个人不得声称，按照《宣言》有权"进行任何旨在破坏本宣言所载的任何权利和自由的活动或行为"。

《世界人权宣言》是作为联大决议被通过的，严格说来，其本身不具有法律拘束力。但《世界人权宣言》的通过意义重大，正如第三届联大所宣布的："《世界人权宣言》是一切人民和一切国家努力的共同准则。"它被看做是对《联合国宪章》的一个权威性解释，构成了1966年人权两公约及其他各项专门国际人权条约的基础；同时，《世界人权宣言》的条款经常被联合国的决议所援引，并为许多国家宪法和法律所吸收，还成为国际司法判决和各种著作引证的对象。《世界人权宣言》具有重要的历史意义，对第二次世界大战后国际人权活动的开展发挥了积极的推动作用。"该宣言一直以来成为区域性组织及联合国在人权领域内进一步进行国际立法的基础，国际人权条约经常在其序言中引用该宣言。"①

(2)《公民权利及政治权利国际公约》及其任意议定书

该公约首先确认了民族和人民的自决权，同时规定了公民所享有的权利和基本自由，除了《世界人权宣言》已经包含或有所涉及的权利和自由外，公约还有一些新的规定，如任何人不得因无力履行约定义务而被监禁；禁止鼓吹战争或煽动民族、种族或宗教的仇恨；儿童享受保护权等。另外，公约还对缔约国的克减权及其限制作了规定。

《公民权利及政治权利国际公约》规定设立人权事务委员会，作为监督公约执行的机构。人权事务委员会由18名来自不同国家的独立委员组成。《公民权利及政治权利国际公约》第40条要求各缔约国在该公约生效后的一年内及此后每逢委员会要求时，向联合国秘书长送交"关于它们已经采取而使本公约所承认的各项权利得以实施的措施和关于在享受这些权利方面所作出的进展的报告"；此外，委员会还可在缔约国事先声明承认委员会有权接受和审议的条件下，接受和审议一缔约国指控另一缔约国不履行它在本公约下的义务的通知。

《公民权利及政治权利国际公约第一任意议定书》赋予人权事务委员会一项新的职权，即受理在本议定书缔约国的公约缔约国管辖下的个人声称因

---

① 国际人权法教程项目组编. 国际人权法教程（第1卷）. 北京：中国政法大学出版社，2002：49.

公约所载任何权利遭受侵害而为受害人的来文。议定书对人权事务委员会审议受害者来文的条件、程序和规则作了具体规定。1989年12月15日，联大通过了关于废除死刑的《公民权利及政治权利国际公约第二任意议定书》。

（3）《经济、社会、文化权利国际公约》

该公约首先确认了民族和人民的自决权、天然资源永久主权，并规定了公民应享有的各项经济、社会和文化权利。除已包括《世界人权宣言》所阐明的各项权利外，该公约的规定更为详尽具体，并有所发展。如关于公平工资、男女同工同酬、安全和卫生及公共假日报酬等公正和良好的工作条件的规定，关于组织和参加工会的权利的规定等。同时，《经济、社会、文化权利国际公约》也规定了其所载的权利可以用法律加以某种限制。

《经济、社会、文化权利国际公约》没有设立专门的执行机构，而是由经社理事会以及联合国有关机构对秘书长转交的各缔约国的报告进行审议，提出一般性建议，即普通报告制度。后来这一职能由经社理事会专门成立的经济、社会和文化权利委员会担任。

上述两公约及《公民权利及政治权利国际公约第一任意议定书》均于1976年生效，《公民权利及政治权利国际公约第二任意议定书》于1991年生效。中国已分别于1997年和1998年签署了两公约。两公约在《联合国宪章》精神的指导下，以《世界人权宣言》为框架，将人权的国际保护向前推进了一大步，有关权利规定得详细具体，同时辅以实施和执行制度，具有法律上的约束力，使国际人权法初具规模。此外，与《世界人权宣言》规定的权利内容相比，两公约增添并强调了人民和民族的自决权和天然资源永久主权，反映了广大发展中国家的愿望和要求，这无疑是国际人权法上的一大进步。

（二）专门性国际人权公约

专门性国际人权公约主要包括：（1）消除各种歧视方面：《防止及惩治灭绝种族罪行公约》、《消除一切形式种族歧视国际公约》、《禁止并惩治种族隔离罪行公约》、《关于就业和职业歧视公约》、《反对体育领域种族隔离公约》等；（2）妇女儿童权利保护方面：《妇女政治权利公约》、《消除对妇女一切形式歧视公约》、《儿童权利公约》等；（3）禁止奴隶制和强迫劳动方面：《废止奴隶制、奴隶贩卖及类似奴隶制的制度与习俗补充公约》、《废止强制劳动公约》等；（4）保护被拘禁者权利方面：《禁止酷刑和其他残忍、不人道或有辱人格的待遇或处罚公约》等。

二、人权国际保护的机构

(一) 联合国的人权国际保护机构

目前，联合国系统内部设立的专门人权机构多达 40 多个，主要包括一般性的人权机构和专职性的人权机构，前者如联合国大会、经济及社会理事会等；后者如人权委员会（现在的人权理事会①）、促进和保护人权小组委员会、联合国秘书处人权中心、妇女地位委员会、反对种族隔离特别委员会、防止歧视和保护少数小组委员会等。

(二) 依国际人权公约设立的人权国际保护机构

根据有关国际人权公约而设立的特别机构主要负责受理公约规定的缔约国报告、个人来文及其他事项。如《公民权利及政治权利国际公约》设立的"人权事务委员会"、《儿童权利公约》成立的"儿童权利委员会"等。而依据区域性人权公约成立的区域性人权保护机构主要包括欧洲人权委员会、欧洲人权法院和美洲人权法院等。

三、人权国际保护的实施机制

人权国际保护的实施机制是指国家通过条约建立的，旨在促进国家间合作以监督保障国家履行其在人权领域内承担的相关国际义务，防止和惩治违背义务行为的相关制度。目前几乎所有的保护人权条约中都规定了其相应的国际保障或履约机制，其中主要方式有以下几种：

(一) 报告及审查机制

几乎所有的国际人权公约都规定了报告及审查机制。缔约国根据条约承担义务将其履约情况定期或按要求向指定机构提交报告，由该机构进行审查。具体报告、审查形式和程序依不同条约有所不同。如《公民权利及政治权利国际公约》、《经济、社会、文化权利国际公约》、《消除一切形式种族歧视国际公约》、《禁止酷刑公约》等都规定通过联合国秘书长向有关机构提交报告，相关机构对报告审议并提出一般性建议或评论。对于审议机构，不同条约也有不同的规定，如《公民权利和政治权利国际公约》规定的机构是人权事务委员会，《经济、社会、文化权利国际公约》规定的机构

---

① 人权委员会是联合国根据宪章由经社理事会成立的联合国系统内专门处理人权问题的机构，成立于 1946 年 2 月。2006 年 3 月 15 日，第 60 届联合国大会以 170 票赞成、4 票反对、3 票弃权的表决结果通过一项决议，决定设立共有 47 个席位的人权理事会，以取代联合国人权委员会，并将人权理事会改为联大的下属机构。

是联合国经社理事会，上述其他公约则规定由公约专门成立的审议机构进行。另外，有些条约如《废止奴隶制补充公约》则规定仅需提交报告，不再进行专门审议。

（二）国家间指控机制

1966年《公民权利和政治权利国际公约》、1981年《消除一切形式种族歧视国际公约》、1988年《禁止酷刑和其他残忍、不人道或有辱人格的待遇或处罚公约》等都规定了国家间控诉机制，即条约机构可以接受并审议某一缔约国指控另一缔约国未履行该条约义务的来文。依据1966年《公民权利和政治权利国际公约》的规定，如果一国认为他国未实施条约的有关条款，则可以将这一事件提交该公约设立的人权事务委员会，该委员会有权对此进行调查，并在查明用尽可以采取的国内救济办法之后，可就此事进行斡旋、调解以至提交仲裁或司法解决。国家间控诉机制是国际人权实施机制的重要组成部分，对促进缔约国就条约义务的履行情况进行相互监督具有重要作用，从而保证人权条约在国内的有效适用。

（三）个人来文（申诉）机制

个人来文（申诉）机制是指有关个人通过国际机构维护自身权利，促使国家履行国际人权义务的一种机制。个人来文机制有两类：一是根据联合国经济及社会理事会的决议建立的人权委员会及其下设的小组委员会来负责，适用于针对任何联合国会员国提交的个人来文。二是由有关的国际人权公约建立或规定的特定国际机构来负责受理，但一般都是基于条约中的任选条款，并且必须是用尽当地救济才能受理个人来文。如《公民权利及政治权利国际公约任意议定书》规定，凡议定书的当事国，人权事务委员会都有权接受其国民对该国侵害公约权利的指控，并进行审查。

第三节 区域性的人权国际保护制度

区域性人权保护机制已成为当代人权国际保护的重要组成部分。区域性人权条约为国际人权法制化作了有益的尝试，与全球性人权条约相比，它们所规定的权利更全面、更完整，对人权保护的途径更便利、更有效，所建立的保障制度更具多样性和可行性，所保护的权利主体更具体，所适用的人权标准更统一。① 在世界范围内，欧洲、美洲和非洲区域的人权国际保护制度

---

① 万鄂湘，杨成铭. 区域性人权条约和实践对国际法的发展. 武汉大学学报（哲社版），1998（5）：61.

比较成熟，只有亚洲地区尚未形成区域性人权保护体制，这主要是因为亚洲国家之间不仅在政治、经济等社会制度方面存在着明显的不同，而且在历史、文化以及宗教背景方面也存在着巨大的差异。但世界人权会议亚洲区域筹备会议于1993年4月2日通过的《曼谷宣言》提出了探讨在亚洲设立关于促进和保护人权的区域安排的必要性。尽管亚洲地区目前以国家参与为基础的统一的人权机构的设立是有一定难度的，但从未来的发展趋势看是有必要的。

一、欧洲

1950年11月4日，欧洲理事会成员国外交部长在罗马签署了《欧洲保护人权与基本自由公约》（European Convention on the Protection of Human Rights and Fundamental Freedoms），即《欧洲人权公约》（European Convention on Human Rights）。1953年9月3日，该公约正式生效。

《欧洲人权公约》是第二次世界大战后出现的第一个区域性人权公约。该公约的序言明确指出，签订公约的目的在于"作为具有共同思想和具有共同的政治传统、理想、自由与政治遗产的欧洲各国政府，决定采取首要步骤，以便集体施行世界人权宣言中所述的某些权利"。《欧洲人权公约》分为5章，共66条。按照公约第1条的规定，各缔约国负有义务在其管辖范围内为每个人保护公约所规定的权利和自由。这些权利包括：生命权；禁止施以酷刑或予以残忍、不人道或侮辱的待遇或惩罚；禁止奴隶制、奴役或强迫劳动；享有自由和人身安全的权利；在民事和刑事审判中享有公正或公开审判和其他保障的权利；隐私权和家庭生活权；住所和通讯、思想、良心和宗教的自由；言论自由；和平集会和结社的自由；结婚和建立家庭权。可见，公约所保护的人权权利与《世界人权宣言》的内容相似。

此外，《欧洲人权公约》签订后，公约缔约国又通过一系列有关后续议定书，进一步补充、扩大和修改了公约的内容。截至2000年11月，《欧洲人权公约》已有12个议定书，内容包括增加财产权、受教育权、废除和平时期的死刑制度、错案赔偿制度、一般性非歧视条款以及允许个人、非政府组织和个别团体将案件提交法院等。为了使公约获得遵守，公约规定设立了两个机构：欧洲人权委员会（European Commission of Human Rights）和欧洲人权法院（European Court of Human Rights）。

《欧洲人权公约》是所有区域性人权公约中缔约国数量占所属地区国家比例最大的国际多边公约，它有效地推动了欧洲人权运动的发展。《欧洲人权公约》"所建立的解决争端的程序和系统是当今区域性国际人权争端解决程序中最有效的"①。《欧洲人权公约》的内容主要限于政治权利和公民权利，而无视社会成员的经济、社会和文化权利，为了弥补这一缺陷，1961年10月8日，欧洲理事会成员国又通过了《欧洲社会宪章》，确认了一些经济和社会权利及其实施标准。

二、美洲

1948年5月，第九次泛美会议通过了《美洲人的权利与义务宣言》。该宣言与《世界人权宣言》一样，没有法律约束力。1969年11月22日，美洲国家之间人权特别会议在哥斯达黎加的圣约瑟通过了《美洲人权公约》（American Convention on Human Rights），又称《圣约瑟公约》（Pact of San Jose）。该公约于1979年7月18日生效。

《美洲人权公约》除序言外，分11章，共82条。公约的序言指出："承认人的基本权利的来源并非由于某人是某一国家的公民，而是根据人类人格的属性。"该公约规定了应给予保护的公民权利和政治权利，其中包括：法律人格权、生命权、受人道待遇的权利、不受奴役的自由、个人自由权、公平审判的权利、不受有追溯力法律约束的权利、接受赔偿的权利、享受私生活的权利、良心、宗教、思想和言论自由、答辩的权利、集会的权利、结社的自由、家庭的权利、姓名权、儿童的权利、国籍权、财产权、迁移和居住的自由、参加政府的权利、平等受法律保护的权利以及司法保护的权利等。上述所有权利和自由都应不加歧视地予以尊重。为履行公约，该公约还设立了美洲国家间人权委员会（Inter-American Commission on Human Rights）和美洲国家间人权法院（Inter-American Court of Human Rights）两个专门机构。

另外，1988年11月7日，美洲国家组织大会一致通过了《美洲人权公约关于经济、社会和文化权利附加议定书》（即《圣萨尔瓦多议定书》，Protocol of San Salvador），具体规定了有关的经济、社会和文化权利，并强调要设立制度化的机构以妥善保护这些权利。该议定书已于1999年11月生效。

三、非洲

1981年6月26日，非洲统一组织国家和政府首脑会议在肯尼亚首都内罗毕通过了《非洲人权和民族权宪章》（African Charter on Human and People's Rights）。该宪章于1986年10月21日生效。它是最能全面代表发展中国家

---

① 万鄂湘，郭克强．国际人权法．武汉：武汉大学出版社，1994：159.

有关人权的观点和立场的区域性国际公约。

《非洲人权和民族权宪章》包括序言、4章，共68条。该宪章在序言中重申"从非洲根除一切形式的殖民主义，协调并加强它们之间的合作与努力以改善非洲各国人民的生活，且适当地顾及《联合国宪章》和《世界人权宣言》促进国际合作的庄严誓约"。《非洲人权和民族权宪章》的条款反映了联合国人权文件和非洲传统的影响。

《非洲人权和民族权宪章》有四大特点："首先，宪章宣布的不仅是权利，还有义务。其次，它不仅规定个人权利，还规定人民的权利。再次，除了保障公民权利和政治权利外，它还保障经济、社会和文化权利。最后，条约是以这样一种方式拟就，即在行使它所宣布的权利时，允许缔约国对此加以非常广泛的限制。"① 《非洲人权和民族权宪章》规定的个人权利有：平等权、生命权和人格权、尊严权、人身自由和安全权、听审权、良心、信仰和宗教的自由、接受信息权、自由结社权、集会权、自由迁徙和居留权、自由地参与管理国家权、财产权、工作权、健康权、受教育权以及家庭权等。《非洲人权和民族权宪章》还用一系列条文规定了民族的权利，主要包括民族平等权，民族生存权、自决权、各民族自由处置其天然财富和资源的权利，各民族的经济、社会和文化的发展权，各民族均享有国际、国内的和平与安全的权利，各民族均有权享有一个有利于其发展的普遍良好的环境等。为了促进和保护人权，《非洲人权和民族权宪章》第30条规定设立非洲人权与民族权委员会（African Commission on Human and People's Rights），但未设人权法院。

第四节　中国的人权保护

以美国为首的西方国家推行所谓的"人权外交"，经常借口"人权"问题干涉别国内政，损害别国主权。中国作为世界上最大的发展中国家，中国政府对人权国际保护的立场和态度以及中国的人权状况如何，经常成为世界注目的焦点和中心。

一、中国对人权国际保护的基本立场与态度

中国作为国际社会的一员，积极参与国际人权活动，对国际人权的保护

---

① ［美］托马斯·伯根索尔. 国际人权法概论. 潘维煌等，译. 北京：中国社会科学出版社，1995：105.

作出了自己应有的贡献。中国在国际人权保护问题上的立场与态度如下：

（一）中国一贯尊重并保护基本人权

中国信守《联合国宪章》的宗旨和原则，一贯尊重基本人权。中国是联合国的创始会员国，又是安理会的五大常任理事国之一。1945年6月26日，中国共产党的代表董必武在《联合国宪章》上签了字，表明中国共产党及其领导下的政府对宪章的承认和赞同。1955年4月24日，周恩来总理在亚非万隆会议上签署了《亚非会议最后公报》，公报明确提出"尊重基本人权，尊重《联合国宪章》的宗旨和原则"。正如周总理指出的那样，这些原则实际上都是"中国人民的一贯主张，也是中国一贯遵守的原则"。

1991年11月1日，我国国务院新闻办公室发表了《中国的人权状况》白皮书，首次以政府文件的形式系统地阐述了中国的人权状况及中国政府对人权问题的基本立场。1996年1月1日，国务院新闻办公室又发表了《中国人权事业的进展》白皮书，以充分的事实说明中国的人权状况又有了显著的改善。1997年3月31日，国务院新闻办公室发表了《1996年中国人权事业的进展》白皮书，第三次以政府文件的形式说明中国人权状况继续保持并进一步呈现出不断改善的良好态势。中国政府发表的关于人权问题的三个白皮书，客观地介绍了中国的人权状况和中国人权事业的进展，表明了中国尊重和维护人权的诚意，有助于国际社会较全面地了解中国人权的真实情况。

（二）中国反对任何国家利用人权问题干涉别国内政

在处理维护国家主权和保护人权的关系方面，中国政府一贯认为，既应维护国家主权，又应切实、积极地保障人权，履行保护人权的国际义务。主张人权的国际保护是国际社会根据国际人权条约，对实现基本人权的某些方面承担特定的或普遍的国际合作义务，并对违反国际人权条约义务，侵犯人权的行为加以防止和惩治的活动。人权的国际保护主要是针对一贯地、严重地、大规模地侵犯人权的行为，如外国侵略与占领、种族灭绝、种族隔离、种族歧视、国际恐怖主义活动、殖民主义、贩卖奴隶等。这些行为不仅严重侵犯人权，而且危害世界和平和安全，国际社会应当给予更多的关注。中国坚决反对任何国家在人权的保护方面推行双重标准的做法，反对借用人权问题将自己的价值观念、意识形态、政治标准和发展模式强加于他国，并干涉其内部事务。

（三）中国认为生存权和发展权是首要人权

在人权保护的内容方面，中国政府坚持认为，生存权和发展权是首要人权，是其他一切人权的基础，这也是从中国的历史和实际国情出发，在人权问题上得出的一个基本结论。中国是一个拥有13亿人口，人均资源相对贫乏，经济文化比较落后，曾经长期遭受外国侵略、掠夺和压迫的发展中国家，如何发展经济，解决人民的生存权、发展权问题，一直是我国人权建设的首要任务。

二、中国在人权国际保护领域的实践

（一）参与国际人权组织的活动

中国从1971年恢复联合国的合法席位后，一直派遣代表团出席联合国大会和联合国经社理事会的历届会议。在这些会议上，中国政府代表阐述了中国对人权问题的原则立场，并积极参与有关人权问题的审议。从1979年起，中国连续3年派观察员出席了联合国人权委员会会议，并于1981年首次当选为人权委员会的成员国。1982年，中国首次作为正式成员，参加了第38届联合国人权委员会会议。此后，中国在历次经社理事会的选举中一直连选连任。自1984年开始，中国政府向人权委员会推荐的人权事务专家连续当选为人权委员会下属的"防止歧视和保护少数小组委员会"的委员和候补委员，并先后担任该机构的"土著居民工作组"和"来文工作组"成员。中国还积极参加联合国妇女地位委员会的活动等。

（二）参与起草、制定国际人权文书

自1981年起，中国政府派代表参加了一系列国际人权文书的起草工作组，其中包括：《儿童权利公约》、《保护所有迁徙工人及其家属权利国际公约》、《禁止酷刑和其他残忍、不人道或有辱人格的待遇或处罚公约》、《个人、团体和社会机构在促进和保护世所公认的人权和基本自由方面的权利和义务宣言》、《保护民族、种族、语言、宗教上属于少数人的权利宣言》、《保护所有人免遭被迫或非自愿失踪宣言》以及《发展权宣言》等工作组。① 在这些工作组会议上，中国代表提出的意见和修正案受到了各方面的重视，不少意见还被有关国际人权文书采纳。

（三）签署、批准和加入了一系列国际人权公约

迄今为止，中国政府已先后签署、批准和加入了24项国际人权公约。② 具体如下：

（1）1980年7月17日签署《消除对妇女一切形式歧视公约》，同年11

---

① 罗玉中等．人权与法制．北京：北京大学出版社，2001：596-597.
② 余民才，程晓霞编著．国际法教学参考书．北京：中国人民大学出版社，2002：450-452.

月 4 日交存批准书,1981 年 9 月 3 日对中国生效。

(2) 1981 年 12 月 29 日交存《消除一切形式种族歧视国际公约》加入书,1982 年 1 月 28 日对中国生效。

(3) 1982 年 9 月 24 日交存《关于难民地位议定书》加入书,当日对中国生效。

(4) 1982 年 9 月 24 日交存《关于难民地位的公约》加入书,同年 12 月 23 日对中国生效。

(5) 1983 年 4 月 18 日交存《禁止并惩治种族隔离罪行国际公约》加入书,同年 5 月 18 日对中国生效。

(6) 1983 年 4 月 18 日交存《防止及惩治灭绝种族罪公约》加入书,同年 7 月 17 日对中国生效。

(7) 1984 年 6 月 11 日承认 1936 年 12 月 2 日当时中国政府批准的《确定允许儿童在海上工作的最低年龄公约》,1984 年 6 月 11 日对中国生效。

(8) 1984 年 6 月 11 日承认 1936 年 12 月 2 日当时中国政府批准的《在海上工作的儿童及未成年人的强制体格检查公约》,1984 年 6 月 11 日对中国生效。

(9) 1984 年 6 月 11 日承认 1936 年 12 月 2 日当时中国政府批准的《确定准许使用未成年人为扒碳工或司炉工的最低年龄公约》,1984 年 6 月 11 日对中国生效。

(10) 1984 年 6 月 11 日承认 1936 年 12 月 2 日当时中国政府批准的《农业工人的集会结社公约》,1984 年 6 月 11 日对中国生效。

(11) 1984 年 6 月 11 日承认 1936 年 12 月 2 日当时中国政府批准的《工业企业中实行每周休息公约》,1984 年 6 月 11 日对中国生效。

(12) 1984 年 6 月 11 日承认 1936 年 12 月 2 日当时中国政府批准的《制定最低工资确定办法公约》,1984 年 6 月 11 日对中国生效。

(13) 1984 年 6 月 11 日承认 1936 年 12 月 2 日当时中国政府批准的《各种矿场井下劳动使用妇女公约》,1984 年 6 月 11 日对中国生效。

(14) 1984 年 6 月 11 日承认 1936 年 12 月 2 日当时中国政府批准的《确定准许使用儿童于工业工作的最低年龄公约》,1984 年 6 月 11 日对中国生效。

(15) 1985 年签署《反对体育领域种族隔离国际公约》,1988 年 4 月 3 日对中国生效。

(16) 1986 年 12 月 12 日签署《禁止酷刑和其他残忍、不人道或有辱人格的待遇或处罚公约》，1988 年 11 月 3 日对中国生效。

（17）1987 年 9 月 5 日批准《残疾人职业康复和就业公约》，1990 年 11 月 2 日对中国生效。

（18）1990 年 8 月 29 日签署《儿童权利公约》，1992 年 4 月 2 日对中国生效。

（19）1990 年 9 月 7 日批准《男女工人同工同酬公约》，同年 11 月 2 日对中国生效。

（20）1997 年 12 月 17 日交存《就业政策公约》批准书，1998 年 12 月 17 日对中国生效。

（21）1997 年 10 月 27 日签署《经济、社会、文化权利国际公约》，2001 年 2 月 28 日批准。

（22）1998 年 10 月 5 日签署《公民权利及政治权利国际公约》。

（23）2000 年 9 月 6 日签署《关于贩卖儿童、儿童卖淫和儿童色情的儿童权利公约任意议定书》。

（24）2001 年 3 月 15 日签署《关于儿童卷入武装冲突的儿童权利公约任意议定书》。

【难点追问】

人权的实质及特性。

人权的实质就是以法律、道德等形式，对现实的人的社会活动和社会关系作出规定，根据人人平等的原则，反映和处理他们在社会生活中，所应有和实有的社会地位、需要和利益。人权既有普遍性又有特殊性。人权的普遍性主要是指任何国家的任何人在任何时期所应当享有的基本权利；而人权的特殊性是指不同国家和同一国家不同历史时期所享有的权利不同。人权必须由各国人民自己来实现。各国人民经历着不同的历史发展道路，有着不同的经济发展水平、文化背景、社会制度和价值观念，在实施人权理想上有着不同的方式，这也是人权的特殊性。评价一个国家的人权状况，不能脱离该国国情，更不能按照某种模式或某个国家和地区的情况照搬照抄。同时，人权还源于人的自然属性和社会属性。人的自然属性，是人权存在与发展的内在根据；人的社会属性，是人权存在和发展的外部条件，它受经济、社会、文化发展的影响，受文明程度的制约。由于人们的社会生活和社会实践是多层次、多方面的，所以人们的社会关系也是多层次、多方面的，因而人权也是一个由很多要素所构成的多层次、多方面的系统。

【前沿提示】

西方国家宣扬"人权高于主权","不干涉内政原则不适用于人权问题",甚至提出修改《联合国宪章》中的某些内容和国际法中的某些规则,以适应所谓"人权无国界"的要求,主张任何国家可以对另一国的人权问题进行"人道干涉"等。按照公认的国际法,国家主权原则是国际法的基本原则,它适用于国际关系的一切领域,当然也适用于人权问题。因此,国家主权与人权不是对立的,而是紧密结合的,人权只能从属于国家主权,也只有在国家主权原则的基础上,人权问题才能获得解决,人权的实施才会得到切实的保障。国家主权是享有人权的基础和条件。西方国家倡导的所谓"人权高于主权"理论的实质就是要否定国家主权,为其"新干涉主义"制造法律依据。国际实践也表明,没有国家主权就谈不上人权,无论是个人人权、集体人权以及公民政治、经济和社会文化权利,也将失去其基本保障。

【思考题】

1. 简述人权的概念与基本内容。
2. 简述"国际人权宪章"的主要内容,并加以评析。
3. 人权国际保护的实施机制主要有哪些?
4. 简述中国在国际人权领域的主要活动。

第八章 条约法

【引言】条约是现代国际法的主要渊源，国家之间往往通过缔结条约的形式来开展国际法律关系。因此，条约对国家来说本身就是法律，国家必须予以遵守，否则会产生国家在国际法上的国际责任。正因为如此，条约在国际法理论上和国际实践中都占有十分重要的地位。

【学习的目的与要求】通过本章的学习，要了解条约的种类和名称、条约的缔结程序、条约的登记和公布，理解条约的生效、条约的适用、条约的解释和修订、条约的无效、终止和暂停施行，掌握条约的定义和特征、缔约能力、条约的保留、条约必须遵守的原则、条约与第三国的关系。

【知识结构简图】

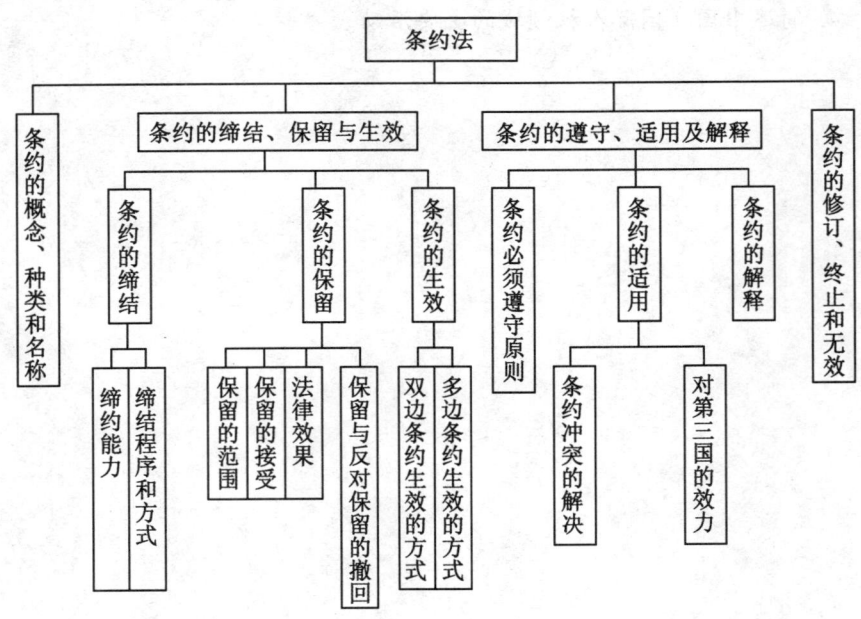

第八章 条约法

【引例】

1952年"英伊石油公司案"

1933年伊朗与英国的英伊石油公司签订一项特许协议，协议授予该公司在伊朗境内开采和加工石油的专属权利，有效期是60年。协议规定，在协议有效期内，非因特殊情况和经过仲裁法庭裁决，协议不能废除。1951年，伊朗议会通过了石油工业国有化的法律，因而取消了英伊石油公司的特许权。英伊石油公司要求进行仲裁，但被伊朗政府拒绝。英国政府遂以行使外交保护权的名义，于1951年5月26日以单方申请形式在国际法院对伊朗提起诉讼。英国认为，1933年伊朗与英伊石油公司签订的特许协议具有双重性质，既是一项特许协议，也是伊朗与英国之间的国际条约，伊朗政府违反该协议，即是违反了国际条约的义务。

请问：在本案中，国际法院是否会支持英国的主张？为什么？

第一节 条约的概念、种类和名称

一、条约的概念

条约（Treaty）是现代国际法的主要渊源，也是国际交往的重要法律手段。1969年《维也纳条约法公约》① 对条约法进行了编纂，成为有关条约规则的基本的成文法律依据。按照《维也纳条约法公约》第2条的规定，条约是指"国家间所缔结而以国际法为准之国际书面协定，不论其载于一项单独文书或两项以上相互有关之文书内，亦不论其特定名称为何"。显然，《维也纳条约法公约》规定的条约主体仅限于国家，而不包括国家与其他国际法主体之间以及其他国际法主体之间缔结的条约，这与现代国际社会已广泛承认国际组织、争取独立的民族参与条约缔结的现实不相符合。有鉴于此，1986年《关于国家和国际组织间或国际组织相互间的条约法公约》第2条规定，条约是指"一个或一个以上国家和一个或一个以上的国际组织之间，或国际组织相互间所缔结的以国际法为准的国际书面协议，不论其载于一项单独的文书或两项或两项以上相互有关的文书内，亦不论其特定名

---

① 中华人民共和国外交部网站：http://www.fmprc.gov.cn/chn/gxh/zlb/tyfg/t83909.htm，2009年10月22日访问。

称为何"。该公约肯定了国际组织的条约主体地位。

根据以上两项公约，我们可将条约的概念表述如下：条约是国际法主体间依据国际法缔结，旨在确立其相互间权利与义务关系的国际书面协议。可见，条约具有以下几方面的特征：

（1）条约的主体应是国际法主体。条约必须是国际法主体之间缔结的，即缔约者必须具备国际法主体资格。目前，条约主要是国家间缔结的，正在争取独立的民族以及政府间国际组织，在一定的范围内是国际法的主体，它们之间以及它们与国家之间缔结的协议现在也被视为条约。个人（包括自然人和法人）间、国家与个人间订立的协议，无论这些个人在国际上的地位何等重要，也无论这些协议的内容多么重要，均不是条约，只能是契约。① 1952 年"英伊石油公司案"的判决说明了这一问题。

（2）条约应以国际法为准。条约是否符合国际法，是区分合法条约与非法条约、平等条约与不平等条约、有效条约与无效条约的标准。② 1969 年和 1986 年的两个条约法公约第 2 条都明确规定条约应以国际法为准。这不仅要求条约的内容必须符合国际法基本原则和一般国际法强制规律，这是条约是否有效的实质性标准，并且，条约的缔结程序也必须符合有关国际条约和国际习惯法规则。

（3）条约为缔约各方创设国际法上的权利和义务。任何国际条约都是缔约各方为了确立彼此之间的权利义务关系，以解决他们之间存在的某个或某些问题而缔结的。比如，国家间为划定边界缔结的边界条约、建立军事合作的同盟条约、建立自由贸易区的贸易协定等，都规定了缔约国就相关问题享受的权利和承担的义务。并且，这种权利和义务对各当事国具有法律拘束力，若违反会引起相应的国际责任。

（4）条约的形式主要是书面的。虽然 1969 年和 1986 年的条约法公约以规范书面条约为出发点，将适用于公约的条约定义为书面形式，但其并不排除其他形式条约的存在和有效性。国际实践中，口头条约在历史上和现代都存在，并不因其非书面的形式而影响其法律效力。比如，国际常设法院在 1933 年挪威诉丹麦的"东格陵兰地位案"中，就承认了挪威外长与丹麦外交代表所作的口头声明是有效的条约。但是，由于口头条约不易证明，履行中容易引起国际争端，因此，现代的绝大多数条约均采用书面的形式。

---

① 梁西．国际法．武汉：武汉大学出版社，2001：401.
② 梁西．国际法．武汉：武汉大学出版社，2001：401.

二、条约的种类和名称

（一）条约的种类

国际法上没有统一的条约分类方法，在学理上，我们一般可将条约作如下分类：

（1）按照缔约方的数目，条约可以分为双边条约和多边条约。双边条约通常是两个国家之间缔结的，比如，1978年8月12日，中日之间签订的《中日和平友好条约》。而多边条约一般是三个或三个以上国家之间订立的，如1982年《联合国海洋法公约》。但这种划分标准也不是绝对的，如1945年《联合国宪章》一般被认为是一个多边条约，但如果将宪章视为是战胜国与战败国之间订立的条约，这就是一个由多个国家参与制订的双边条约。

（2）按照条约的法律性质，条约可以分为造法性条约和契约性条约。造法性（或立法性）条约一般是非常重要的多边、开放性条约，该条约往往为大多数国家普遍设定了它们必须遵守的共同一般性规则，比如，1945年《联合国宪章》、1961年《维也纳外交关系公约》等。而契约性条约一般是指双边条约或是缔约方数目很少的多边条约，缔约各方仅在某一具体事项上确立权利和义务关系，比如有关国家之间订立的边界条约、贸易协定、税收协定等。

（3）按照条约的内容，条约可以分为政治类、边界边境类、经济类、文化类、科学技术类、邮政电信类和交通运输类等。目前我国就是采用这种分类法出版了多卷《中华人民共和国条约集》和《中华人民共和国多边条约集》。

此外，还可以按照条约的参加条件分为封闭性条约和开放性条约；按照条约的缔结程序分为正式条约和简式条约；按照条约的有效期分为无期限条约和有期限条约，等等。

（二）条约的名称

条约的名称在国际法上也没有统一的用法，采用什么名称主要由缔约国自己来进行选择。因此，条约一词有广义和狭义两种用法：广义的条约泛指国际法主体间缔结的一切规定它们相互间在国际法上权利义务的国际协议，而不论名称为何；狭义的条约仅指以"条约"为名称的一类国际协议。在国际实践中，常用的条约名称包括：

（1）条约（Treaty），即狭义的条约。通常用来指称那些涉及政治、经济、军事等领域非常重要的条约，这种条约往往规定两国或多国之间最基本的法律关系，有效期限也比较长，如边界条约、和平友好条约、中立条约、防务条约等。

（2）公约（Convention）。通常用来称呼在国际会议上或者在国际组织主持下通过的有关某一特定领域的行为规则的国际协议，如《维也纳条约法公约》、《联合国海洋法公约》等。

（3）协定（Agreement）。一般用来作为国际法主体之间为解决某一方面的具体问题而签订的国际协议的名称，如贸易协定、避免双重征税的协定等。它不如条约、公约那么正规，一般由缔约国政府部门的代表签署，不具有国家元首授权的形式，也不需要国家权力机关的批准。

（4）议定书（Protocol）。通常用来称呼为解决具体问题而制定的补充性法律文件，内容主要是解释、说明、补充或变更其所附属的主要条约的规定。比如1988年制定的《制止在用于国际民用航空的机场发生的非法暴力行为以补充1971年9月23日订于蒙特利尔的制止危害民用航空安全的非法行为的公约的议定书》（简称《蒙特利尔议定书》）。但有的议定书其本身就是一项独立的国际条约，比如1928年的《和平解决国际争端总议定书》。

（5）换文（Exchange of Notes）。主要是指两个国家以相互交换内容相同或者相似的外交照会的形式就特定事项达成一致的协议。它的缔结程序简便，通常不需要权力机关的批准，是一种最灵活的缔约形式，通常用来解决国家之间比较次要的问题。比如1955年6月3日中国和印度尼西亚关于双重国籍问题的条约的实施办法达成换文。

（6）宣言（Declaration）、联合公报（Joint Communiqué）、联合声明（Joint Declaration）。这类名称通常用于两国或数国政府通过国际会议、谈判就重大国际问题表明各自的基本立场和态度而发表的文件，若其中包含了当事国的具体权利义务内容，就构成条约。比如1943年中英美三国达成的《开罗宣言》、1909年关于海战规则的《伦敦宣言》等。

（7）宪章（Charter）、盟约（Covenant）、规约（Statue）。这类名称通常是指国际组织制定的文件，作为该国际组织的行为规则，这类条约的缔约国也都是该组织的成员国。比如《联合国宪章》、《国际联盟盟约》、《国际法院规约》等。

条约虽有不同的名称，但是各种名称的条约在国际法的法律性质上却没有什么不同，只是不同名称的条约在缔结的方式、程序和生效的形式上可能有所差别。至于条约的效力、执行和解释等问题，都适用同样的条约法规则。

三、条约法的编纂

条约法是关于条约的缔结、解释、效力等问题的原则、规则和制度的总称。国际社会对条约法的系统编纂始于第二次世界大战后，联合国国际法委员会将条约法的编纂作为优先考虑的项目之一。从1949年开始，经过近二十年的工作，国际法委员会完成了条约法公约草案的起草工作。1968年和1969年，联合国在维也纳主持召开两次外交会议，与会各国对公约草案进行了讨论，并且于1969年5月23日通过了《维也纳条约法公约》。根据公约第84条的规定，公约应于第35件批准书或加入书存放之日后的第30日起发生效力。1980年1月27日公约正式生效。我国于1997年5月9日加入该公约，1997年10月3日，该公约对中国生效。

《维也纳条约法公约》包括一个序言和85项条文，分成8编。主要内容包括：公约的适用范围，条约的缔结及生效，条约的遵守，适用及解释，条约的修正与修改，条约的失效、终止及停止施行，条约的保管机关，通知，更正及登记。

由于1969年的《维也纳条约法公约》仅适用于国家相互之间所缔结的条约，而不能适应国际组织参与条约缔结的新情况，因此，国际法委员会又着手国际组织缔结条约问题的研究，并完成相关公约的起草工作。1986年3月21日，联合国在维也纳举行条约法会议，通过了《关于国家和国际组织间或国际组织相互间的条约法公约》。该公约与1969年公约的内容基本相同，只是对涉及国际组织的事项作了相应的修改或补充。

第二节 条约的缔结、保留与生效

一、条约的缔结

（一）缔约能力

缔约能力或称为"缔约资格"，是指独立参加条约法律关系，并且直接承受条约义务和享受条约权利的能力，简言之即合法缔结国际条约的能力。[①] 只有具有这种能力，才有资格成为条约关系的主体，与其他具有缔约能力的国际法主体缔结条约，承担条约义务，享受条约权利。根据1969年和1986年的两个维也纳公约和国际实践，只有国际法主体有权缔结条约，但是由于国际法主体在国际社会中的地位不同，所以，行使缔约权的范围也不同。

国家是国际法的基本主体，根据国家主权原则，国家具有完全的缔约能

---

① 万鄂湘等．国际条约法．武汉：武汉大学出版社，1998：20.

力。1969年《维也纳条约法公约》第6条也明确规定:"每一国家皆有缔约之能力。"这种缔约能力就是国家主权的表现。在一国内部,缔约权必须由国家统一行使,因此,任何国家内部的行政单位、地方政府等,均无权代表国家与他国缔结条约,除非根据国内法或经中央有权机关的授权。例如,《中华人民共和国香港特别行政区基本法》以宪法性特别立法的形式对香港地区享有的一定的缔约能力给予了法律上的确认。根据基本法,香港特别行政区有权以"中国香港"的名义,在经济、贸易、金融、航运、通讯、旅游、文化、体育等领域单独地同世界各国、各地区以及有关国际组织签订和履行有关协定。当然,在上述范围之外香港地区则不具有独立的缔约权,所以,它的缔约能力是有限的。国家在国际法上具有缔约能力,至于每个国家由哪个机关具体代表国家对外缔结条约,则由国内法规定,缔约机关应严格按照国内法的规定来行使缔约权。比如,我国《宪法》第67条的规定:"全国人民代表大会常务委员决定会同外国缔结的条约和重要协定的批准和废除";第81条规定:"中华人民共和国主席根据全国人民代表大会常务委员会的决定批准和废除同外国缔结的条约和重要协定";第89条规定:"国务院管理对外事务,同外国缔结条约和协定。"

除了国家这一基本主体之外,政府间国际组织和争取独立的民族也是现代国际法的主体,但它们的特点决定了其缔约能力的局限性。国际组织只能按照组织章程的规定,在与其活动和职能有关的领域内与其他国际法主体缔结条约。争取独立的民族尚未取得独立地位,不能参加全部的国际关系,因而其行使缔约权的范围也是有限的。

各国际法主体只能在其缔约能力的范围内与其他国际法主体缔结条约,超越这种范围缔结的条约在国际法上不发生效力。此外,各国的缔约机关也应严格遵守国内法,不得超越国内法关于缔约权的一般限制。

(二) 条约的缔结程序和方式

1. 约文的议定

"约文"一般就是指条约的文本,约文的议定一般包括缔约方为缔结条约而进行的谈判、起草约文以及就约文的内容达成一致的过程。

条约文本的确定首先要经过谈判。条约谈判是有关缔约方为在条约的内容和有关事项上达成一致意见而进行的协商、交涉的过程。重要的国际条约由国家元首、政府首脑或外交部长亲自参加谈判,但在通常情况下都是由缔约各方按照其国内法的规定,由国家机关授权的代表代为进行。谈判代表参加条约谈判必须持有全权证书。全权证书是一国主管当局所颁发,指派一人或数人代表该国谈判、议定或认证条约约文,表示该国同意承受条约拘束,或完成有关条约的任何其他行为的文件。全权证书应当是书面的，并且说明谈判代表的权限。一般在谈判开始时，全权证书应交由对方或缔约方议定的专门机构互验、互换或审查。根据《维也纳条约法公约》的规定，国家元首、政府首脑、外交部长为缔结条约实施的一切行为；使馆馆长为议定派遣国和接受国之间的条约约文；国家派往国际会议或国际组织的代表为议定在该会议或组织职权范围内的条约约文，因其所任职务代表其国家而无须出具全权证书。

条约谈判的直接成果是起草及议定条约约文。双边条约可由任何一方提出草案，或者在双方谈判达成共识后共同起草。多边条约可由参加谈判的各国代表共同起草，也可通过设立专门委员会负责起草，然后交各国代表会议讨论商定。在现代国际实践中，多边国际公约的草案往往由联合国国际法委员会或其他专门委员会负责起草。

约文的议定是指确定拟缔结条约的形式和内容的行为，目的是形成正式的条约约文以供各方签字。议定约文视情况可以采取不同的方式：双边条约或者谈判国数目有限的一些多边条约需要全体谈判缔约国的一致同意议定约文；对于谈判国数目众多的国际条约则采取多数原则，"国际会议议定条约之约文应以出席及参加表决国家 2/3 多数表决为之"①；此外，在某些情况下，国际组织或国际会议也采取协商一致的方式议定条约约文，只有经协商无法达成一致时，才适用表决的程序，如联合国第三次海洋法会议采取协商一致方式议定海洋法公约约文。对条约约文的议定并不意味各方同意承受约文的拘束，只是标志条约起草阶段的正式结束。

2. 约文的认证

约文的认证是议定约文之后和缔约各方表示同意接受条约文本拘束之前的一个程序，具体内涵是指条约谈判各方共同确认已议定的条约文本是正确的和作准的，应作为谈判各方拟缔结的条约约文。这个认证环节之所以必要，是由于拟缔结条约的两个国际法主体，在决定以签署或批准的方式缔结该约之前，必须先确定所缔结的条约约文的内容。② 经过认证后，任何一方不得随意更改约文的内容，除非得到其他各方的同意，更改后的约文需要经过再次认证。

根据《维也纳条约法公约》第 10 条的规定，认证可以按照条约约文所规定的程序进行，也可以按照谈判国所约定的程序进行，如果没有上述程

---

① 《维也纳条约法公约》第 9 条。
② 李浩培. 条约法概论. 北京：法律出版社，1987：70.

序,则可采取由谈判国的代表在条约约文或在载有约文的会议最后文件上通过草签、暂签之签署方式进行认证。

(1) 草签。由谈判代表将其姓名的首字母签于条约约文下（中方代表只签其姓），只表示认证该条约文本是正确的和作准的。草签通常用于在约文议定后须经过一段时间才举行条约签署的情况。

(2) 暂签。暂签即待核准或确认的签署,在签署人所代表的本国确认以前,它只有认证条约约文的效力,但一经本国确认即发生正式签署的效力。

3. 同意接受约文拘束的表示

同意接受条约约文拘束的表示是整个缔约程序中最关键的环节,任何缔约主体只有作出同意受某一条约拘束的表示,才能成为条约的当事方。表示同意受条约拘束的方式可由该条约规定或由有关各方约定。实践中采用的主要方式有签署、批准、加入等。

(1) 签署（Signature）。签署是指缔约方的代表依据本国政府的授权在条约文本上签署姓名的行为。一国通过签署表示同意受条约的拘束,发生于下列情况:①该条约规定签署有这种效果;②各谈判国约定签署有这种效果;③该谈判代表的全权证书中或在谈判过程中表示该国赋予签署这种效果。①

根据国家主权平等的原则,双边条约的签署一般采用"轮换制"（Alternate）,左为首位,右为次位（阿拉伯国家的签约习惯与此相反）。每个国家都有权在其本国保存的条约文本首位（左方）签字,对方在该文本的次位（右方）签字。多边条约的签署则按照各方共同同意采用的文字,根据各国国名的字母排列顺序,依次签字。

(2) 批准（Ratification）。批准一般是指缔约国的立法机关依据该国宪法对条约认可后,该缔约国行政机关得到立法机关授权作出最后同意受条约拘束的行为。在国际实践中,许多条约只要国家代表签署就意味着对其发生法律效力,从而受条约的拘束,但也有一些重大的条约往往需要得到缔约国的批准才对该国具有约束力,《维也纳条约法公约》第14条也列举了通过批准表示同意受条约拘束的情形:①该条约规定须经批准;②各谈判国约定条约须经批准;③该国的代表对该条约作须经批准的签署;④在谈判代表的

---

① 《维也纳条约法公约》第12条。

全权证书中或在谈判中表明条约须经批准。

在国际法上，国家没有必须批准本国谈判代表所签署的条约的义务，国家是否批准以及何时批准一项条约，由各国根据国内法自行决定。如果缔约国拒绝批准一项条约，若是双边条约，则该条约不能生效；若是多边条约，则该条约对拒绝批准的国家不具有法律效力。缔约国的权力机关批准条约后，应当制作批准书，以通知其他缔约国该条约已由本国权力机关批准。对于双边条约，缔约国应互换批准书；对于多边条约，一般是将批准书交条约规定的国家或机构保存。

（3）加入（Accession）。加入是指未对条约进行签署的国家表示同意受条约的拘束，成为条约当事方的一种法律行为。加入这个程序一般只适用于开放性的多边条约，可以加入的条约由条约本身规定或相关国家约定。加入的程序，一般由加入国以书面通知条约保存国（或有关国际组织），并由保存国转告其他缔约国。

（4）接受（Acceptance）或核准（Approval）。对于多边条约来说，除了批准、加入等程序外，在实践中还发展出来了接受和核准的方式。对于某些不那么重要的多边条约，有的国家为了避免因批准而经过繁琐的程序，该国行政机关可通过发出接受或核准的方式来表达接受条约文本拘束。

（三）条约的登记与公布

条约的登记和公布始于国际联盟时期。在此之前国家之间签订条约无须登记和公布，因而存在大量的秘密条约，为了把国家之间的条约置于国际法的监督之下，国际联盟建立了条约的登记和公布制度。按照《国际联盟盟约》，条约的登记是条约成立的实质要件之一，未经登记的条约不发生法律效力。联合国成立后，批判地继承了国际联盟创立的条约登记和公布制度，使其更为合理。根据《联合国宪章》第102条的规定："联合国任何会员国所缔结的一切条约及国际协定应尽速在秘书处登记，并由秘书处公布。未在联合国秘书处登记的条约或国际协定，不得在联合国任何机关援引。"此外，1946年联合国制定的《条约登记和公布规则》、1969年《维也纳条约法公约》等国际文件也对现代条约的登记和公布制度作了具体阐释。

二、条约的保留

（一）保留的概念

条约的保留（Reservation）是指一国在签署、批准、接受、赞同或加入一个条约时所作的单方声明,无论措辞或名称如何,其目的在于排除或更改条约中若干规定对该国适用时的法律效果。

保留针对的是多边条约,双边条约一般不发生保留问题。因为,在双边条约中,如果缔约一方不同意条约草案中的某项规定,双方要继续谈判,直到达成双方都接受的条约文本,若最终无法妥协,则会导致谈判破裂,根本不会形成条约。而在多边条约中,由于谈判国数量众多,各国的政策利益有所不同,要形成一个满足各方要求的条约文本往往十分困难。为了达成条约,也为了争取更多的国家加入条约,允许缔约国在表示同意承受条约拘束时对有争议的条款提出保留则成为求同存异的重要途径。

(二)保留的范围

根据国家主权平等原则,以及条约应是缔约国自由同意的结果,国家在缔结条约时有权对自己不能接受的条款提出保留。但是,这种保留不是无限制的,因为如果允许缔约国任意提出保留,无疑会破坏条约的完整性,条约的存在也失去意义。根据《维也纳条约法公约》的规定,下列情形不得提出保留:

(1)条约明文规定禁止保留。有些国际条约明确规定禁止保留,对于这样的条约,国家在签署、批准或加入时不得对任何条款提出保留。比如,1982年《联合国海洋法公约》第309条规定:"除非本公约其他条款明示许可,对公约不得作出保留或例外。"

(2)条约准许特定的保留,而有关保留不在条约准许的保留范围内。有些条约明确规定了允许保留的特定条款,言外之意其他条款不允许保留。比如,1963年《东京公约》第25条规定:"除第24条外,对本公约不得作任何保留。"

(3)保留与条约的目的和宗旨不符。缔结条约是为了实现条约的目的和宗旨,显然违反条约目的和宗旨的保留是不允许的。比如,1979年《消除对妇女一切形式歧视的公约》第28条规定:"不得提出与本公约目的和宗旨抵触的保留。"

(三)保留的接受

保留是一国单方面作出的,对于保留,其他的缔约国可以作出同意或反对的意思表示,即有权决定本国是否接受该保留造成的对有关权利义务排除或变更的拘束。对于一项保留是否需要其他缔约国予以接受这个问题,《维也纳条约法公约》作了以下规定:

(1)条约明文准许保留的,一般不需要其他缔约国事后予以接受,即保留一经提出即可成立。

（2）如果从谈判国的有限数目以及条约的目的和宗旨来看，该条约在全体当事国之间全部适用是每一当事国同意受该条约拘束的必要条件时，则保留须经全体当事国接受，即全体当事国表示接受，该项保留才能成立。

（3）条约若是一个国际组织的组织章程，保留一般须经该组织的有权机关接受，方可成立。

（4）不属于上述情况的，由缔约国决定是否接受一项保留。保留经另一缔约国接受时，就该国而言，保留国即成为该条约的当事国；保留经另一缔约国反对时，不妨碍条约在保留国和反对保留国之间生效，除非反对保留国明确表示反对条约在两国间生效；一国表示同意受该条约拘束而附有保留的行为，只要至少有一缔约国接受该项保留，就成为有效。

缔约国既可以明示的方式，也可以默示的方式，表示接受保留国提出的保留。如果一国在接到保留的通知后12个月期限届满之日，或者至其表示同意承受条约拘束之日为止（这两个日期中，以较后的一个日期为准），未对保留提出异议，该项保留即被视为已经为该国所接受。但对保留的反对，缔约国只能以明示的方式作出，不能采用默示的方法。

（四）保留的法律效果

原则上，保留只涉及保留国与其他有关缔约国之间的法律关系，而不影响其他有关缔约国相互之间业已存在的法律关系。关于保留的法律效果，具体可包括以下几种情形：

（1）在保留国与接受保留国之间，按保留的范围，改变该保留所涉及的一些条约规定。而在其他缔约国之间，该保留对条约的规定不产生任何影响。例如，1958年《领海与毗连区公约》中规定，一切船舶享有领海无害通过权，有些国家对该条提出保留，主张军舰不享有领海无害通过权，军舰通过一国领海时须事先征得沿海国同意。接受这一保留的国家与保留国之间，关于一切船舶享有领海无害通过权的规定将改为："除军舰外，一切船舶享有领海无害通过权，军舰通过一国领海须事先征得沿海国同意。"

（2）在保留国与反对保留国之间，若反对保留国并不反对该条约在保留国与反对保留国之间生效，则保留所涉及的规定，在保留的范围内，不适用于该两国之间，但其他没有作出保留的条款仍然适用。以上述保留为例，反对该保留的国家，与保留国之间既不适用军舰享有领海无害通过权的规定，也不适用军舰通过一国领海须事先征得沿海国同意的规定。

（3）在未提出保留的国家之间，按照原来条约的规定，无论未提出保留的国家是否接受另一缔约国的保留，这些没有提出保留的缔约国之间的条约关系不受任何影响。在上述保留事例中，在未提出保留的国家之间，无论它们是否接受有关军舰不享有领海无害通过权的保留,仍适用一切船舶享有领海无害通过权的规定。

(五)保留与反对保留的撤回

根据《维也纳条约法公约》第 22 条的规定:"除条约另有规定外,保留可以随时撤回,无须经业已接受保留的国家同意;对保留提出的反对亦可随时撤回。撤回保留或撤回对保留的反对均应通知有关当事国;撤回自接受保留国或提出保留国收到通知时起发生效力。"

三、条约的生效

条约的生效是指一个条约在法律上成立,并开始对各缔约国产生法律拘束力。条约生效的日期和方式,条约法上没有统一的规定,一般依照条约的规定,或依照各谈判国的约定。在国际实践中,双边条约和多边条约的生效方式有所不同:

双边条约的生效方式主要有:(1)自双方签署之日起生效,如果缔约各方在不同日期签署,则以后者的签署日为生效日。(2)自批准之日起生效。需要批准的条约自双方互相通知批准之日起生效,如果双方批准条约的日期不同,则以后者的批准日期为准。(3)自双方交换批准书之日或之后若干天起生效。一般用于重要的政治性条约或永久性边界条约的生效。(4)自条约规定之日起生效。若条约中明确规定了特定的生效日期,则从该日起发生效力。

多边条约的生效方式主要有:(1)自全体缔约国批准或明确表示承受条约拘束之日起生效。这种方式适用于缔约国数目较少的封闭性条约,比如《南极条约》、《北大西洋公约》即采取这种方式。(2)自一定数量的国家交存批准书或加入书之日或之后某日起生效。多数多边条约都有最低数量国家批准或加入的要求,比如《维也纳条约法公约》第 84 条规定:本公约应于第 35 件批准书或加入书存放之日后第 30 日起发生效力。(3)自一定数量的国家,其中包括某些特定的国家交存批准书后生效。比如,《联合国宪章》第 110 条规定,过半数的签字国,其中要包括中国、美国、英国、法国、苏联,交存批准书之日起发生效力。

条约的有效期一般在条约中明文规定,根据国际实践,条约可分为无期限条约和有期限条约两种。对于有期限的条约,由缔约各方协商确定条约的有效期;对于无期限的条约,除非再订新约,条约将一直对缔约国有效。造法性国际公约,如《联合国宪章》、《维也纳条约法公约》等都是无期限的条约。

第三节 条约的遵守、适用及解释

一、条约的遵守

"条约必须遵守"（Pacta Sunt Servanda）是从古老的法律格言引申出来的一项国际法原则，它对于保证国际法的实施，维护正常的国际秩序具有积极意义。条约必须遵守是指对于一个合法缔结的条约，在其有效期内，各缔约方必须按照条约的规定，善意地、忠实地履行条约义务，除情势发生变迁等特殊情况外，任何缔约方都不得以任何借口废弃条约义务。现代国际法学说、国际法判例以及有关国际条约都已充分肯定了条约必须遵守原则。比如，《联合国宪章》第2条规定：各会员国应一秉善意，履行其依宪章所承担的义务，以保证全体会员国由加入本组织而发生的权益。《维也纳条约法公约》第26条规定：凡有效之条约对其各当事国有约束力，必须由各该国善意履行。

在国际法上强调条约必须遵守原则是由国际社会的特点所决定。国际社会由众多独立的主权国家组成，各国主权平等，相互间没有管辖权，也不存在一个超国家的机构负责强制实施国际法。国际条约在很大程度上依靠国家的自觉遵守，缔约国在享受条约规定的权利的同时，必须善意履行条约规定的义务，国家之间相互制约才能维护国家间关系的稳定，促进和谐发展。因此，在国际法上特别需要强调条约必须遵守原则。但条约必须遵守原则也不是绝对的。首先，国家必须遵守的应是符合条约成立的实质要件，依合法程序缔结生效的条约，对于非法的、不平等条约当然不应要求国家遵守。比如，19世纪一些帝国主义国家以武力和武力威胁把不平等条约强加给一些弱小国家，然后利用条约必须遵守原则迫使其履行，这显然是对条约必须遵守原则的歪曲。其次，缔约以后情势发生根本改变，若继续履行条约对一方显失公平，则不应要求条约必须遵守。最后，若缔约一方重大违约，缔约他方援引该重大违约事项，宣布解除条约，也不违反条约必须遵守原则。

条约义务属于国际法上的义务，一个国家在自愿缔结条约后，如果违反条约必须遵守原则，拒绝履行条约义务，就构成国际不法行为，应承担由此产生的国际责任，其他缔约国和国际社会也应以适当方式追究其责任，以保证条约必须遵守原则能够得到切实遵守。

二、条约的适用

(一) 条约的适用范围

(1) 时间范围。条约一般自生效之日起开始适用。根据《维也纳条约法公约》第28条的规定，原则上条约没有追溯力，即一项条约不能适用于该约生效之前已完成的行为、事实，除非缔约国有特别的约定或用其他方法确定该条约具有追溯力。也就是说，条约的规定一般只对其生效后的属于条约调整范围内的事实有效，而不适用其生效以前发生的事实，条约对在条约有效期中发生的、并在条约规定范围内的一切事实都适用。这就是"条约不溯及既往的原则"。

(2) 空间范围。按照《维也纳条约法公约》第29条的规定，原则上条约应适用于各缔约国的全部领土，除非条约有不同的规定。实践中，国家在签订条约时可作出特别约定，将条约仅适用于其领土的特定区域，或排除适用于某一特定区域。我国与外国订立的条约，一般都适用于我国的全部领土，但是在香港、澳门特别行政区成立后，根据《香港特别行政区基本法》和《澳门特别行政区基本法》的规定，中华人民共和国缔结的国际协议，中央人民政府可根据香港、澳门特别行政区的情况和需要，在征询香港、澳门特别行政区政府的意见后，决定是否适用于香港、澳门特别行政区。因此，我国对外缔结的条约有可能不适用于香港、澳门特别行政区。

(二) 条约的冲突

条约的冲突是指一国由于就同一事项先后参加了两个或几个不同的条约，从而导致先订条约与后订条约之间产生冲突的现象。现代国际关系纵横交错，条约的缔结越来越频繁，几个条约对同一问题都有可能作出规定，从而导致相互矛盾的情况时有发生。依据1969年《维也纳条约法公约》第30条的规定，实践中，解决条约的冲突一般采取以下几种方法：

(1) 如果联合国会员国相互间订立的条约所负之义务与其依《联合国宪章》所负义务发生冲突，以《联合国宪章》的规定优先。

(2) 如果条约明文规定该条约不得违反先订或后订条约，或不得视为与先订或后订条约不符，则该先订或后订的条约优先。

(3) 如果先订条约的全体当事方同时也是后订条约的全体当事方，而先订条约依法并未终止或停止施行，则适用后订条约的规定。

(4) 如果后订条约的当事方不包括先订条约的全体当事方，在同为先后两约的当事方之间适用后订条约的规定。在同为先后两约的当事方与仅为一约的当事方之间，适用同为当事方的条约的规定。

(三) 条约对第三国的效力

条约是缔约国之间的协议，原则上，只对缔约国有拘束力，对第三国没有拘束力。这被称之为"条约相对效力原则"，可溯源至罗马法中的"约定对第三者既无损，也无益"的原则。① 《维也纳条约法公约》第 34 条确认了这一原则，"条约非经第三国同意，不为该国创设义务或权利"。某个条约的第三国是指不是该条约当事国的国家，主要指未签署、加入条约的国家。在发生保留的情况下，一项保留经其他缔约国接受，保留国与接受国之间就保留条款而言，保留国也成为第三国。

条约对第三国不创设权利和义务是一般原则，但如果第三国接受条约规定的权利和义务，条约也会对第三国发生效力，《维也纳条约法公约》对此也作了规定。

1. 条约为第三国创设义务

《维也纳条约法公约》第 35 条规定："如条约当事国有意以条约之一项规定作为确立一项义务之方法，且该项义务经一第三国书面明示接受，则该第三国即因此项规定而负有义务。"根据该条规定，一项条约要对第三国创设义务必须具备两个条件：第一，条约当事国有通过条约为第三国创设义务的意图；第二，第三国以书面方式明确表示接受此项义务。按照这一规则，第三国承担的条约义务实际上不是由条约直接产生的，而是第三国书面接受条约义务的结果，如果第三国不以书面形式明示接受，第三国就可以不承担这项义务。国际实践中，曾有个别特殊条约为第三国创设了义务，例如，《联合国宪章》第 2 条规定，在维持国际和平与安全的必要范围内，非联合国的会员有遵守宪章相关原则的义务。

如果一项条约所规定的义务已经被世界上绝大多数国家接受为法律，而发展成为一项国际习惯，则第三国也应受该项原则的约束。在这种情况下，条约的规定虽然给第三国创设了义务，但这并不是条约对第三国产生了义务，而是由国际习惯法附着于条约而产生的。②

2. 条约为第三国创设权利

《维也纳条约法公约》第 36 条规定："如条约当事国有意以条约之一项规定对一第三国或其所属一组国家或所有国家给予一项权利，而该第三国对此表示同意，则该第三国即因此项规定而享有该项权利。"根据该条规定，一项条约要对第三国创设权利也必须具备两个条件：第一，条约当事国有通

---

① 梁西. 国际法. 武汉：武汉大学出版社，2001：428.
② 李浩培. 条约法概论. 北京：法律出版社，1987：489.

过条约为第三国创设意图;第二,第三国表示同意。如果第三国没有相反的表示,应推定其同意接受此项权利,而不必以书面形式明示接受。《联合国宪章》中有些条款也为第三国创设了权利,比如第35条规定,非会员国为争端当事国时,在一定条件下,可以将争端提请大会或安理会注意。另外,某些关于运河、海峡通航的国际公约也可能为第三国创设航行方面的权利。

3. 条约对第三国的义务和权利的取消或变更

一个条约对第三国创设的义务和权利,经第三国接受后,原条约的缔约国能否随意取消或变更呢?根据《维也纳条约法公约》第37条的规定,条约使第三国承担义务时,该项义务一般必须经条约各当事国和该第三国的同意方可取消或变更;条约使第三国享有权利时,如果经确定原意为非经该第三国同意不得取消或变更该项权利,当事国不得随意取消或变更,即权利的取消或变更一般须得到第三国的同意,这使第三国的权利更有保障。

三、条约的解释

条约的解释是指对条约条文和规定的真实含义予以说明和澄清。《维也纳条约法公约》规定了条约解释应遵循的主要方法和规则。

(一) 条约解释的主体

1. 缔约国的解释

按照罗马法"谁有权立法,谁就有权解释法律"的格言,缔约各方有权对条约进行解释,因为条约是他们制定的,他们最了解缔结条约的目的、背景以及各项条款的真正含义。这种解释通常表现为缔约各方通过协商达成的"解释性声明"或"解释性议定书"。任何缔约方的单方解释都不构成有权解释,除非得到所有其他缔约方的认可。

2. 国际仲裁机关或国际司法机关的解释

国际仲裁及司法机关并不当然地具有条约的解释权,只有当缔约国将条约解释的争端提交给国际仲裁或司法机关,或者条约中的争端解决条款规定此类争端应提交国际仲裁或司法机关解决时,国际仲裁或司法机关才获得对条约的解释权,其所作的解释对缔约各方具有拘束力。

3. 国际组织的解释

国际组织有权对建立该组织的宪章、规约等条约进行解释,并且该解释仅在本组织的范围内有效。

(二) 条约解释的规则

1. 条约解释的一般规则

根据《维也纳条约法公约》第31条的规定,条约解释应遵循三项原则：(1) 结合上下文及条约的目的和宗旨进行解释的原则。条约中的用语不能孤立地予以解释，必须结合条约的上下文，并选择最符合其目的和宗旨的含义。(2) 按照条约用语的通常含义进行解释的原则。(3) 善意解释的原则。解释应以诚实信用履行条约为出发点，不能使得一方处于不公平的地位，也不能试图阻挠或破坏条约的履行。

2. 条约解释的补充资料

如果以上述规则解释条约，意义仍不明确或难以解释，或所得结果显属荒谬或不合理时，可以使用解释条约的补充资料，包括条约的准备工作及缔约的情况在内，如谈判记录、历次草案、讨论纪要等。

3. 使用两种以上文字的条约的解释

(1) 经两种以上文字认证作准的条约，除条约中规定或当事国协议当遇到意义分歧时应以某种约文为根据外，每种文字的约文应同样作准。(2) 作准文本以外的条约译本，不能作为作准文本，仅可以在解释条约时作为参考。(3) 在各种文字的作准约文中，条约的用语应被推定为有相同的意义。(4) 除按规定应以某一约文为准外，在几个作准约文中发现意义有分歧，而适用以上解释规则不能消除分歧时，应采用顾及条约目的及宗旨的最能调和各约文的意义的方法。

第四节 条约的修订、终止和无效

一、条约的修订

条约的修订是指条约在缔结之后，缔约国在条约有效期内改变条约规定的行为。因为双边条约的修订在程序上与缔结条约的程序相同，因此，条约的修订主要涉及多边条约。《维也纳条约法公约》把多边条约的修订分为两种：修正（Amendment）和修改（Modification）。前者是指在多边条约的全体当事国以协议的形式对条约的规定进行的更改；后者是指在多边条约的部分当事国之间以协议的形式对条约的规定进行的更改。

(一) 条约的修正

多边条约一般都含有条约修正条款，具体规定条约修正的程序。《维也纳条约法公约》也规定了条约修正的一般原则：条约应通过当事国之间的协议进行修正。修正多边条约的提议必须通知全体当事国，各当事国都有权参加对该提议采取何种行动的决定，以及参加修正条约的任何协定的谈判和缔结。

条约修正后，凡有权成为原条约当事国的国家，也应有权成为修正后的该条约的当事国。未参加修正条约的协定的原条约当事国不受修正协定的约束，即修正协定只对其当事国具有约束力。修正协定生效后成为该条约当事国的国家，如果没有相反的表示，应视为修正后的该条约的当事国；在该国与不受修正协定约束的原条约当事国之间，仍适用原条约，即未修正的条约。

（二）条约的修改

《维也纳条约法公约》规定了允许多边条约进行修改的条件为：（1）必须是条约内规定可作此种修改或者此种修改不为条约所禁止；（2）修改不得影响其他当事国享有条约上的权利或履行义务，也不得影响整个条约目的和宗旨的实现。（3）在程序上，进行修改的国家应将修改的内容通知其他当事国。

二、条约终止和暂停施行

条约的终止（Termination）是指一个有效的条约由于法定原因的出现而失去效力，不再继续对当事方具有拘束力。条约的暂停实施（Suspension）是指一个有效条约由于法定原因的出现而在一定时期内暂时停止其效力。这两者的区别在于：条约的终止是整个条约永久地对当事国失去效力；而暂停实施只是在一定时期内暂时停止实施条约的一部或全部，条约本身并未终止，并可依一定程序恢复条约的效力。

（一）条约终止和暂停施行的原因

（1）条约本身规定。实践中缔约方通过条约本身规定所引起的条约终止的情况主要有：条约规定的有效期届满并且没有延期；条约规定的解除条件成立。

（2）条约当事方共同的同意。条约经全体当事国的同意而缔结，条约当然也可因各当事国在缔约后明示或默示的共同同意而终止或暂停施行。

（3）单方解约和退约。根据《维也纳条约法公约》第56条的规定，除非条约明文规定允许一方退约或解约，一般不经其他当事国的同意，一当事国不得单方面终止或退出条约。但如果经确定，当事国原意有允许废止或退出条约的可能，或者从条约的性质可认为当事国有废止或退出条约的权利，当事国才可以单方废止或退出条约。在程序上，当事国必须提前12个月发出其废止或退出条约的通知。

（4）条约履行完毕。即使条约没有规定有效期，若条约规定的事项已履行完毕，条约的目的已达到，条约即告终止。

(5) 条约因被代替而终止。条约的全体当事国就同一事项另订新约后，如果协议以后订条约为准，或先后订立的两条约内容矛盾，使两条约不能同时适用，则先订条约终止。

(6) 条约履行不可能。条约缔结后，如果实施条约所必不可少的标的物永久消失或毁坏，以致不可能履行条约时，当事国可以此为理由终止或退出条约。如果不能履行属于暂时性的，则当事国只能暂停条约的实施。并且，如果这种履行的不可能是由于当事方本身违反国际法而造成的，则当事国须承担相应的国际责任。

(7) 条约当事方丧失国际人格。当一国分裂为数国或并入其他国家而丧失其国际人格时，从理论上讲，它所缔结条约都将对该国失去效力，除非根据国际法上的继承规则，由继承国继承该国对该条约的权利和义务。

(8) 断绝外交关系或领事关系。一般情况下，当事国间断绝外交或领事关系不影响彼此间的条约关系，但若外交或领事关系的存在是适用条约所必不可少的条件时，则条约终止。

(9) 战争。当事国之间发生战争会使他们之间的政治条约、双边商务条约终止，其他双边条约暂停施行，但关于战争法规方面的条约不得终止。

(10) 一方重大违约。《维也纳条约法公约》第60条规定，因一方违约，缔约他方有权终止或暂停施行该条约，以作为对违约方不法行为的一种对抗，并且违约方的行为必须构成重大违约，包括：①条约当事国一方非法片面废止条约；②违反条约规定，且这项规定是实现条约的目的和宗旨所必需的。一方违约但并不严重不能导致另一方的废约。所以，双边条约当事方之一有重大违约时，他方有权终止该约，或全部或部分停止其施行；多边条约当事国一方有重大违约时，其他当事方有权以一致同意，在这些当事方与违约方的关系上，或在全体条约当事方之间，全部或部分停止施行或终止该约。

(11) 情势变迁。情势变迁是指条约缔结后，出现了在缔结条约时不能预见的根本性变化的情况，则缔约国可以终止或退出该条约。为了防止情势变迁原则的滥用，《维也纳条约法公约》对其适用规定了严格的条件限制：①缔约时的情势必须发生了不可预见的根本性变化；②缔约时的情势构成当事国同意受条约拘束的必要根据；③情势变迁的效果将根本改变依条约尚待履行的义务范围；④确定边界的条约不适用情势变迁原则；⑤如果情势的改变是由于一个缔约国违反条约义务或其他国际义务造成的，这个国家就不能援引情势变迁终止或废除有关条约。

(二) 条约终止和暂停施行的程序及后果

（1）条约终止和暂停施行的程序。《维也纳条约法公约》规定，条约当事方之一在终止、退出或暂停施行条约时，必须将其主张书面通知该条约的其他当事方，通知中应说明拟采取的措施及其理由。如果其他当事方在接到通知满 3 个月后未提出反对意见，该当事国就可以实行其所拟采取的措施。如果其他当事国提出反对，则该条约各当事国应通过和平解决争端的方法予以解决。

（2）条约终止和暂停施行的后果。如果条约中含有关于条约终止的后果的规定，则按照条约本身的规定执行。在条约并无规定且条约当事国也没有约定条约终止或暂停施行的后果的情况下，一般根据以下规则进行：①解除各当事国继续履行条约的义务；②不影响各当事国在该条约的终止前由于实施该条约所产生的任何权利、义务或法律情况；③在暂停施行期间，各当事国应避免足以阻挠条约恢复施行的行为。

三、条约的无效

条约无效是指条约丧失其有效条件而不具有拘束力。条约无效不同于条约的终止和暂停实施。条约无效属于条约违反国际法产生的法律后果，一切与国际法相违背的条约都是无效的。按照《维也纳条约法公约》的规定，导致条约无效的原因主要有如下几种：

（一）无缔约能力

如果一个条约为无缔约能力或越权的人所为且无事后追认，则该条约无效。对于缔约机关超越其国内法关于缔约权的限制所缔结的条约是否有效的问题，《维也纳条约法公约》第 46 条规定："一国不能以本国机关违反国内法关于缔约权限的规定而主张其所缔结的条约无效，除非这种违反国内法关于缔约权限规定的行为非常明显，涉及根本重要的国内法规则。"所以，为保护善意他方的权利，一国缔约机关违反国内法的规定而缔结的条约并不绝对无效，只有在这种违反国内法的行为是非常明显的，并且涉及具有根本重要性的国内法规则时，缔约国才可主张条约无效。此外，《维也纳条约法公约》第 47 条还规定，条约的谈判代表超越对其权限的特殊限制所缔结的条约，除非该谈判代表的本国事先已将其权限的特殊限制通知了其他谈判国，否则不得以此为依据主张条约无效。

（二）错误

这里的错误不是指条约的文字错误，而是指缔约国在缔约时假定存在并构成其同意接受条约拘束的必要根据的事实或情势存在认识错误。在这种情况下，根据《维也纳条约法公约》第48条的规定，该国可援引错误，主张其表示受条约拘束的同意不是真正的同意，因而所缔结的条约无效。但是如果错误是由该国本身的行为所造成的，或者在缔约时知道或应当知道这种错误的存在，则不能以错误为理由主张条约无效。1962年，国际法院在"隆端寺案"的判决中就没有支持泰国以错误为理由主张边界条约无效的要求，而是认为缔约当时泰国已具有知道边界地图上的国界线存在错误的可能，是它自己的行为助成了错误。

（三）欺诈和贿赂

在谈判条约时，一国对他国或对他国的谈判代表进行欺诈、贿赂，从而诱使他国或他国的谈判代表同意与之缔结条约。这种条约显然不是缔约各方真实意志的体现，根据《维也纳条约法公约》第49条和第50条的规定，受欺诈、受贿赂的国家可以主张所缔结的条约无效。

（四）强迫

强迫包括对谈判代表的强迫和对国家的强迫。前者指通过行为或威胁对一国的谈判代表实施强迫而获得其同意受条约拘束的表示。后者指违反《联合国宪章》的原则以武力或威胁对一国施行强迫而获得的条约缔结。根据《维也纳条约法公约》第51条和第52条的规定，一国以强迫方式缔结的条约自始无效。

（五）违反国际强行法

强行法和任意法是相对的概念。任意法是指各国可以用个别的彼此约定选择或排除适用的法律规则。而强行法是为了整个国际社会的利益而存在的，是国际社会全体公认为不能违背，并且以后只能以同等性质的规则才能变更的规则，它不能通过个别国家间的条约排除适用。《维也纳条约法公约》规定，条约必须符合国际法强行规则，否则归于无效。

条约无效可分为相对无效和绝对无效。相对无效是指条约虽然存在瑕疵，但只能由受害国来主张条约无效，比如错误，如果受害方没有援引错误主张条约无效，条约并不当然无效；并且相对无效的条约可通过受害国事后的同意，而成为一项有效的条约，比如缔约代表越权缔结的条约，经过其本国的事后追认而成为有效的条约。绝对无效是指任何有关第三国都有权主张条约无效，这种条约也不可能通过事后补救而成为一项有效的条约，比如内容违反国际强行法的条约是自始无效。

【难点追问】

条约对第三国是否有效？

第三国，即非条约缔约国。原则上，条约只对缔约国有拘束力，对第三国没有拘束力，这被称为"条约相对效力原则"。《维也纳条约法公约》第34条确认了这一原则，"条约非经第三国同意，不为该国创设义务或权利"。但在一定条件下，条约会对第三国产生法律效果。《维也纳条约法公约》第35条规定："如条约当事国有意以条约之一项规定作为确立一项义务之方法，且该项义务经一第三国书面明示接受，则该第三国即因此项规定而负有义务。"第36条规定："如条约当事国有意以条约之一项规定对一第三国或其所属一组国家或所有国家给予一项权利，而该第三国对此表示同意，则该第三国即因此项规定而享有该项权利。"如果一项条约所规定的义务已经被世界上绝大多数国家接受为法律，而发展成为一项国际习惯，则第三国也应受该项原则的约束。

【前沿提示】

1951年国际法院就《防止及惩治灭绝种族罪公约》关于保留问题发表的咨询意见中体现了一个原则，即对一般多边条约而言，保留不需要经全体缔约国的一致同意，而只要有至少一个国家接受就有效；而且对于保留国是否具有当事国的地位，也由缔约各国自己确定。该咨询意见的内容被后来的《维也纳条约法公约》所采纳，为现行条约保留制度的确立奠定了基础。保留不需要全体缔约国的一致同意，这有利于争取更多的国家加入条约，从而扩大条约的适用范围。但从另一方面来看，这种保留制度也容易造成保留权利的滥用，导致缔约国对某项条约提出的保留太多，实质上损害了条约内容的完整性，使一个多边条约分裂为内容不完全相同的若干双边条约，出现保留国对接受保留国而言是条约当事国，而对反对保留国而言却不是条约当事国的复杂现象，影响了条约的目的和宗旨的实现。鉴于国际实践的需要，条约保留现象还将长期存在，国际社会应积极应对，以减轻它的消极作用。

【思考题】

1. 简述条约的概念和特征。
2. 简述条约的缔结程序。
3. 简述条约保留的法律效果。

4. 简述条约冲突的解决原则。
5. 简述条约对第三国的效力。
6. 简述条约无效的原因。

第九章　国际法上的领土

【引言】领土作为构成国家的基本要素，对国家及其人民的生存具有十分重要的意义。因此，领土法是国际法上非常重要的一个分支。

【学习目的与要求】通过对本章的学习，要掌握领土法是如何界定领土的基本构成，传统和现代的领土的取得与变更方式，边界与边境制度，以及我国的边界和领土争端的现状，以便深刻认识领土法对于维护我国领土主权的重要性。

【知识结构简图】

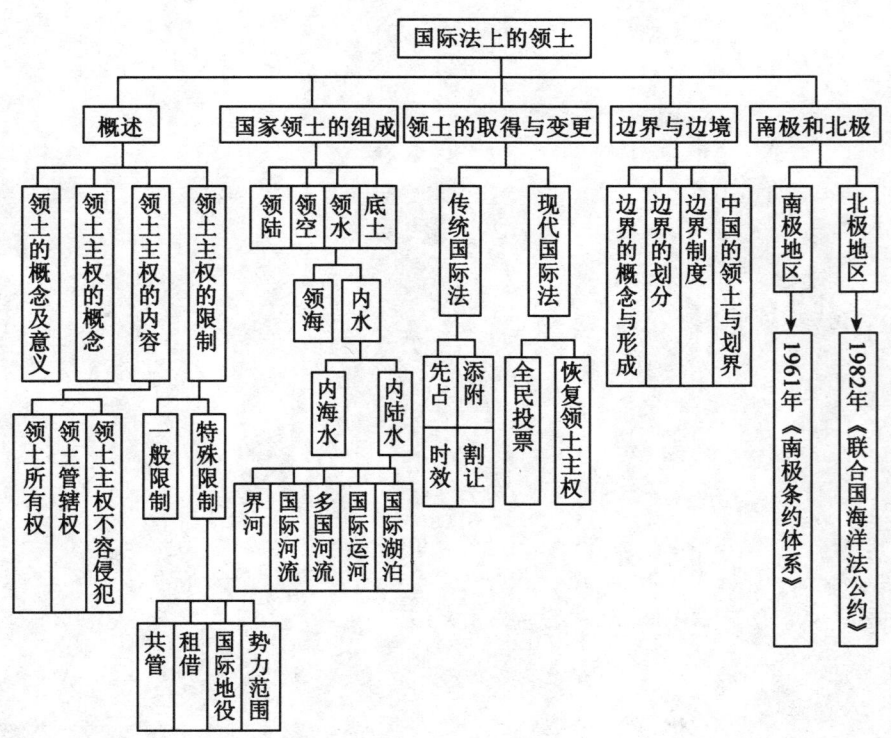

第九章 国际法上的领土

【引例】

中印陆地领土划界争议案

中印边界全长约 2000 公里。双方争议地区面积约 125000 平方公里,其中东段约 90000 平方公里,即常说的"藏南地区";中段约 2000 平方公里;西段约 33000 平方公里。东西两段是争议重点。中印之间的上述陆地领土边界争议主要是由于历史上英印政府和西藏地方政府背着中国中央政府划定所谓"麦克马洪线"造成的,对于这条非法侵害中国领土主权的所谓边界线,中国历届中央政府都没有予以承认。

独立后的印度全盘接受了英国在藏的所有特权,即便西藏和平解放后也迟迟不肯放弃。1954 年 4 月 29 日,经过多轮会谈,中印两国签订了《中印关于中国西藏地方和印度之间的通商和交通协定》,印度被迫放弃在藏特权,但印度单方面认为这是中国对其"放弃在藏特权"的回报。在过去几十年中,印度一直在努力"造成既成事实"、迫使中方承认印度对有争议地区的"实际管辖权"。期间,中国与印度就领土争议问题于 1993 年签署了《关于在中印边境实际控制线地区保持和平与安宁的协定》,1996 年又签署了《关于在中印边境实控线地区军事领域建立信任措施的协定》,但并没有解决实质性问题。近年来,印度不断地在东段边境争议区采取单边武力实际控制行动。

请问:印度的做法是否符合国际法?中印双方应如何解决陆地领土边界争端?

第一节 概 述

一、国家领土的概念及意义

（一）概念

国家领土（State Territory）是指处于国家主权支配下地球表面的特定部分,是国家行使主权的范围和空间,即国家行使主权的对象,也是国际法的客体。国家领土由领陆、领水、领空以及底土四部分组成。其中,领陆是最主要的部分,其他部分附属于领陆。

（二）意义

领土对于国家是十分重要的,这是因为:

1. 领土是构成国家的基本要素之一。虽然由于历史上各国领土形成的方式和过程不同,造成了各国领土大小不一的状况,但没有领土的国家是不存在的。一个流浪的部落,虽然有一个政府或在其他方面是有组织的,但没有在它自己的领土上定居以前,还不是一个国家。① 然而,国家的领土边界并不要求完全确定,部分边界未划定,或存在边界争端,均不妨碍其为国家。

2. 领土是国家物质财富的主要源泉,是国家和组成国家的民族赖以生存的物质基础。

3. 领土是国家行使主权的对象和范围。国家有领土才能行使国际法上所说的属地优越权和属人优越权。领土主权是国家主权的重要组成部分。在国际关系中要尊重国家的领土主权和领土完整,任何国家都不得以任何借口和任何形式侵犯他国的领土,破坏别国的领土完整。任何侵犯他国领土的行为都是违反国际法的,应受到相应的谴责和承担相应的国际法律责任。

二、领土主权的概念、内容及限制

(一) 领土主权的概念

作为构成国家的基本要素之一,领土具有重要的意义。这种意义包括社会和政治两个方面。就其社会意义来看,领土是国家的物质基础,领土为民族的生存和发展提供了必要的自然条件;就其政治意义来看,领土是国家权力自由活动的空间,国家在自己的领土内可以充分独立而无阻碍地行使其权力,排除一切外来的竞争和干涉。② 国家对本国领土具有完全和排他的主权。这种主权在国际法上称为国家的领土主权(Territorial Sovereignty)。

领土对国家及其人民的生存具有极其重要的意义,因此,互相尊重主权和领土完整成为现代国际法基本原则的重要内容之一。领土主权和领土完整也是国家政治独立的重要标志,侵犯一国领土的任何部分,不仅是对他国领土所有权的侵犯,也是对国家人格的侵犯。《联合国宪章》第 2 条明确规定:"各会员国在其国际关系上不得使用威胁或武力,或以与联合国宗旨不符之任何其他办法,侵害任何会员国或国家之领土完整或政治独立。"因此,一国未得到他国准许,不得派遣军队、军舰或警察进入或通过别国领土,不得在外国领域内行使管辖权,更不得占领、掠夺别国的领土。

---

① 参见 [英] 詹宁斯,瓦茨修订. 奥本海国际法(第 1 卷第 2 分册). 王铁崖等,译. 北京: 中国大百科全书出版社, 1998: 3.

② 参见周鲠生. 国际法(上册). 北京: 商务印书馆, 1976: 325.

（二）领土主权的内容

领土主权是国家对其领土本身以及领土范围内的人和物所具有的最高权力，其内容主要包括所有权和管辖权两个方面。

1. 领土所有权

在近代国际法形成时期，领土被视为君主的个人财产，到了近代资本主义国家，除了国道、国有地、河流与森林等有限的土地之外，其余土地的所有权属于私人，国家只有公用征收权。因此，过去欧美学者形成了一个错觉，认为国家与领土的关系属于统治权的关系，而不是所有权的关系，国家是领土的统治者而不是所有者。然而，根据国际法，凡是国家的领土都是以国家所有的形式出现的。一国的领土被侵犯，无论是哪一种所有制形式的土地，国家首先是以自己的领土被侵犯而提出抗议和保护措施的。由此可见，在国际关系上，根据国际法，国家具有完全支配和处理领土的权利，不能仅仅因为根据国内法的规定而否定国家在国际关系上对领土具有所有权。因而，从国际法的观点来看，国家不仅对其领土有统治权，而且有所有权。换言之，国家对领土的所有权意味着国家对其领土范围内的一切土地和资源享有占有、使用和支配的权利。① 基于这种权利，国家可以割让、出卖、出租部分领土，或者与别国交换部分领土，甚至完全与别国合并。国家对领土的管辖权即为国家的属地管辖权，是指国家对本国领土范围内的人、物（包括领土本身）和发生的事件行使管辖的权利。这一点已在本书第三章中作了明确的阐述。

2. 领土管辖权

领土管辖权是国家领土主权的主要内容和标志。根据国际法，国家对其领土范围内的人、物和事，拥有排他的管辖权。这种管辖权是以领土为基础的，所以，亦称为属地优越权或属地最高权。领土管辖权是主权国家的基本权利之一。根据属地最高权，外国人和外国财产一旦进入一国境内，就立即受领土所属国属地最高权的管辖。领土管辖权是排他的，然而，由于条约的规定或根据习惯国际法，领土管辖权的行使受到一定限制。

（三）领土主权的限制

国家虽然对本国领土具有排他的主权，但领土主权并不是绝对的，国家的领土主权必须在国际法的范围内行使。国家在行使本国领土主权的同时，负有尊重他国领土主权的义务，国家不得以任何方式侵犯别国的领土主权或破坏别国的领土完整。根据国际习惯法和国际条约，国家的领土主权要受到

---

① 参见邵津. 国际法. 北京：北京大学出版社，2000：93.

一定的限制，包括一般性限制和特别限制。一般性限制是指国家领土主权要受一般国际法规则的限制，受这种限制的国家可以是所有的国家或所有相关的国家。例如，任何国家利用本国领土都不得损害他国的权益，1974 年"澳大利亚、新西兰诉法国核试验案"（Australia, New Zealand v. France—Nuclear Tests）就是明显一例。本案中，两国控诉法国政府在南太平洋地区进行引起放射性微粒回降的核试验已构成对其环境的破坏。① 再有，领海中的无害通过制度、用于国际航行海峡的过境通行制度、群岛水域的群岛海道通过制度和无害通过制度等都是对国家领土主权的一般限制。下面着重介绍国际法上对国家领土主权施加特别限制的情形。

1. 共管

共管（Con-dominium），是指两个或两个以上国家对某一特定领土共同行使主权。这一概念最早出现在神圣罗马帝国末期。当时的意思是两个或两个以上的君主对特定的城镇或土地行使共同的所有权，而后来逐渐成为国际法上的一个概念。②

在国际法的发展史上曾发生过若干共管的事例：苏丹曾于 1898—1955 年处于英国和埃及的共管之下；新赫布里底群岛于 1914—1980 年曾处于英国和法国的共管之下。共管也适用于河流或其他水域。例如，1973 年，巴西与巴拉圭就巴拉那河的使用问题签订条约，巴拉那河的水资源以共管形式为两国所拥有。此外，1922 年，沙特阿拉伯和科威特签订条约，在两国之间建立一个中立区，在两国达成确定边界的协议之前，双方对该中立区享有平等的权利；1965 年，两国缔结一项新的条约，结束了这种临时安排，将中立区分别划归两国所有。③ 如果对特定领土实行共管的协议是有关国家在平等自愿的基础上签订的，且协议的内容不会损害该领土上人民的利益，则这种情况符合现代国际法的规定。不过，历史上，共管往往是殖民国家对殖民地进行争夺和妥协的结果，成为它们兼并有关领土的前奏。如 1898—1955 年，英国与埃及对苏丹实行共管，事实上却把苏丹置于英国的殖民统治之下。

2. 租借

租借（Lease）是指一国根据条约将其部分领土出租给另一国，在租借

---

① 参见梁淑英. 国际法教学案例. 北京：中国政法大学出版社，1999：234.
② 参见王铁崖. 国际法. 北京：法律出版社，1995：240.
③ 参见 [英] 詹宁斯，瓦茨修订. 奥本海国际法（第 1 卷第 2 分册）. 王铁崖等，译. 北京：中国大百科全书出版社，1998：4.

期内，承租国将租借地用于条约规定的目的并行使全部或部分管辖权。出租国仍保持对租借地的主权，租借期满后将租借地收回。在近代历史上，领土租借大多是根据不平等条约产生的，是帝国主义国家对弱小国家领土主权的非法限制。例如，1898年，中国清政府在列强的联合压力下，被迫签订了一系列不平等条约，先后将胶州湾租借给德国（租期99年），将旅顺、大连租借给俄国（租期25年），将威海卫租借给英国（租期25年），将广州湾租借给法国（租借99年），将九龙半岛租借给英国（租借99年）。截至1997年7月1日，中国已收回了全部租借领土。

然而，国家之间在平等自愿的基础上通过租借条约进行的领土租借，则是符合现代国际法的。例如，1962年9月27日，芬兰与苏联缔结一项条约，苏联将塞马运河属于苏联的部分和运河两岸平均宽30米的地带以及一段公路租借给芬兰用于货物运输，同时，将小维索茨克岛租借给芬兰储存货物，租借期为50年，芬兰按规定每年向苏联支付租金。

3. 国际地役

国际地役（International Servitude）是指一国根据条约承担的对其领土主权的特殊限制，其目的是为了满足别国的需要或者为别国的利益服务。国际地役的主体是国家，客体是国家的领土，不构成国家领土组成部分的专属经济区、大陆架不能作为国际地役的客体。

国际地役可以分为积极的地役和消极的地役。积极的地役是指国家承担义务，允许别国在自己的领土上从事某种活动。例如，允许别国利用本国的道路或港口运输或进出口货物。消极的地役是指国家承担义务，在其特定领土上不从事某种活动，以为他国的利益服务。例如，根据1919年《凡尔赛和约》的规定，莱茵河两岸为非军事区，德国承担义务不在非军事区内设防，以保证法国和比利时的安全。

1932年常设国际法院对"上萨瓦自由地区和节克斯区案"的判决和1960年国际法院对"印度领土通行权案"的判决都肯定了国际地役的存在。① 因此，有关国家通过国际地役来限制领土主权在国际关系实践中大量存在。国际地役对国家领土主权的限制只要是国家在平等的基础上根据条约自愿承担的，都是符合现代国际法的。

4. 势力范围

"势力范围"（Sphere of Influence）是传统国际关系中的一个概念，它是指西方帝国主义国家、殖民主义国家以及霸权主义国家为了其自身利益，凭

---

① 参见梁淑英. 国际法教学案例. 北京：中国政法大学出版社，1999：178-179.

借雄厚的经济、军事实力绕开某些弱小国家，相互之间通过订立协议的方式，或者直接强迫弱小国家通过订立不平等条约的方式，在这些国家领土上划定属于自己控制的区域，使得这些弱小国家无法充分行使自己的主权，同时也不允许其他国家和势力的染指。19世纪末20世纪初，列强在非洲大陆和中国曾经就划定了各自的势力范围。由于势力范围严重侵犯一个国家的领土主权，因此，这个概念已经为当代国际法所摒弃。

第二节 国家领土的组成

就地理位置而言，一国的领土可以是由领陆连成一片的；也可以被海面或其他国家的领土隔开；还有的国家其领土的一部分被包围在他国领土之内，称为"飞地"。概括起来，国家领土由领陆、领水、领空以及领陆和领水的底土四部分组成。

领陆，是国家陆地疆界以内的全部陆地，具体包括大陆和岛屿。领陆是国家最基本、最重要的组成部分，领土的其他部分都是附着领陆而存在。如果是岛国或群岛国，其领陆即由全部岛屿或群岛构成。

领空，是国家领土的一部分，它是指国家领陆、领水面的空气空间。领空的界限，即国家的空中边界，现在并不明确，但国家对领空的主权则是确定无疑的。关于领空的法律地位可详见本教材关于国际空间法章节的内容。

底土，是国家领土的一部分，有的国家法学者称之为"地下领土"。由于矿产的开发、隧道的开凿以及地下或水下电缆的铺设，领陆及领水的底土对所属国具有重要意义。至于地下层的深度，尚无统一规定，各国亦有争议，大部分学者主张，以现代科学技术能达到的深度为准。

领水，是指位于一国领陆之内的水域和与其陆地边界相邻接的一定宽度的水域。换言之，领水是由一国的内水和领海等构成的全部水域。而内水主要包括一个国家的内陆水和内海水。其中内海水主要是指陆地向海一面、领海基线以内之间的一片海域，这部分海域主要包括内海湾、内海峡、河口湾等，这方面的内容可详细参见本书国际海洋法一章，下面仅详细阐述为国家陆地所包围的内陆水，主要包括河流（国际河流、界河、多国河流、国际运河）和（国际）湖泊两种类型。

一、河流

国内河流，亦称"内河"（Internal River），是指从其发源地到河口完全位于一国境内的河流。国内河流完全处于所在国的主权管辖之下。国家对国内河流的航行、捕鱼、河水的利用和管理享有充分的自主权，非经国家同意，外国船舶无权在该国内河中航行。这里，我们主要关注那些具有国际法地位的国际河流、界河、多国河流、国际运河等。

（一）界河

界河（Boundary River）是指流经两国之间并分隔两国疆界的河流，如黑龙江和乌苏里江是中国和俄罗斯两国的界河；鸭绿江和图门江是中国和朝鲜两国的界河。

界河的沿岸国对界河中边界线本国一侧的水域享有主权，但由于河水以及其中的生物资源具有流动的特点，所以，关于界河的航行、捕鱼及河水利用等问题一般由有关国家协议解决。在大多数情况下，即使界河直通海洋，也不对非沿岸国开放。例如，1858年《中俄瑷珲条约》规定："黑龙江、松花江、乌苏里江，此后只准中国、俄国行船，其他外国船舶不准由此江河行走。"

（二）多国河流

多国河流（Multi-national River）是指流经两个或两个以上国家领土的河流，如尼罗河流经坦桑尼亚、布隆迪、卢旺达、乌干达、苏丹、埃及6个国家；中国云南省境内的元江，流入越南后称为红河。

多国河流流经各沿岸国的河段，分别属于各该国的领土，由其进行管辖。在管理和利用流经本国的河段方面，沿岸国享有主权。但由于多国河流涉及所有流经国的利益，因此，各沿岸国在利用本国境内的河水时，必须顾及其他流经国的利益，不得滥用权利，以致损害别国利益。例如，上游国家不得故意使河水改道、污染河水或者采取可能使下游河水泛滥或枯竭的措施。从国际实践来看，同一多国河流的各沿岸国的船只均可以在整条河流上航行。

（三）国际河流

国际河流（International River）是指流经数国并通向海洋，根据国际条约向所有国家商船开放的河流。国际河流在地理特征上类似于多国河流，但其法律地位与多国河流有所不同。1815年维也纳公会的最后议定书宣布了所有国家的商船都可以在欧洲的国际河流上航行的原则。1856年《巴黎和约》第15条规定了多瑙河及其河口的自由航行制度。1868年《曼海姆条约》规定莱茵河对各国开放。根据1885年《柏林公约》的规定，非洲的刚果河和尼日尔河实行自由航行制度。这样，国际河流制度开始推行到欧洲以外的地区。美洲的圣劳伦斯河、亚马逊河和亚洲的湄公河等后来也相继成为外国可以航行的国际河流。

为明确规定国际河流的航行制度，国际联盟于1921年在巴塞罗那召开了一次有 40 多个国家参加的国际会议，会议通过的《国际性可航水道制度公约及其规约》是确定国际河流法律制度的一个重要文件。根据该公约以及其他有关国际河流的条约的规定，国际河流对沿岸国的商船、军舰和非沿岸国的商船开放。至于国际河流航行以外的利用制度一般遵循国际习惯法规则，不过，后来 1997 年联合国大会通过的《国际水道非航行使用法公约》已经解决了这个问题。

（四）国际运河

运河（Canal）是人工开凿的水道。一般运河的法律地位和国内河流相同，它们处于所在国的主权管辖之下，不对外国船舶开放，我国的大运河即属此类。

在国际法上具有重要意义的是沟通海洋，构成国际航行要道的国际运河（International Canal），如埃及的苏伊士运河、巴拿马的巴拿马运河和德国的基尔运河。这些运河一般根据国际条约和所在国国内法的规定，向所有国家的船舶开放。

1. 苏伊士运河

苏伊士运河位于埃及境内，长 172.5 千米，宽 180 米~200 米，平均水深 15 米。苏伊士运河沟通地中海和红海，是欧洲和亚洲之间最短的航道，具有十分重要的战略和航行价值。

1875 年，英国利用埃及政府的财政困难，购买了其持有的运河公司 44%的股票。1882 年，英国趁埃及内乱之机派兵入侵埃及，控制了埃及和苏伊士运河。第一次世界大战爆发以后，英国宣布埃及为其被保护国。英国在运河区驻扎军队，控制着运河的经营管理大权。1888 年 5 月 26 日，英国、法国、德国、奥匈帝国、俄国、意大利、荷兰、西班牙、土耳其等国家签订《君士坦丁堡公约》，规定了苏伊士运河的法律地位和航行制度。根据公约的规定，运河被赋予中立化的地位，实行自由航行制度，无论平时或战时，对所有国家的船舶开放，不得限制对运河的使用，而且永远不得封锁运河。

1956 年，埃及总统纳赛尔宣布将苏伊士运河收归国有，但于 1957 年 4 月 24 日发表声明，重申尊重《君士坦丁堡公约》规定的运河的自由航行制度，保证运河向所有国家的船只开放，并设立运河管理局管理运河的航行事宜。

2. 巴拿马运河

巴拿马运河位于巴拿马共和国境内，全长 81 千米，沟通大西洋和太平洋，具有十分重要的经济和战略价值。1850 年，美国和英国曾签订条约，规定两国共同开凿一条横贯巴拿马地峡的运河。1901 年，美国利用英国正在南非与布尔人进行战争的困境,与英国签订《海—庞斯福特条约》,取得了单独开凿巴拿马运河的权利,并允诺在巴拿马运河适用 1888 年《君士坦丁堡公约》确定的苏伊士运河的自由航行和中立化原则。1903 年 1 月,美国与哥伦比亚政府签订条约,规定哥伦比亚将巴拿马租借给美国 100 年。由于哥伦比亚参议院不批准该公约,美国策动本来属于哥伦比亚的巴拿马省于 1903 年 11 月 3 日宣布独立。1903 年 11 月 6 日,美国正式承认巴拿马共和国。11 月 18 日,美国和巴拿马签订《关于开凿通洋运河的条约》。1914 年,巴拿马运河由美国建成并开放使用。美国颁布了关于运河管理和航行的规则,对巴拿马运河区行使完全的管辖权。此后,巴拿马人民为收回巴拿马运河的主权进行了长期的斗争。

1977 年 9 月 7 日,巴拿马和美国签订了新的《巴拿马运河条约》和《关于巴拿马运河永久中立和运河营运条约》。根据新条约的规定,美国承认巴拿马共和国对运河区的领土主权。《巴拿马运河条约》的有效期至 1999 年 12 月 31 日届满。2000 年 1 月 1 日,巴拿马收回了巴拿马运河的管理权,运河的防务也由巴拿马单独负责。然而,1977 年《关于巴拿马运河永久中立和运河营运条约》所赋予该运河的中立化地位和自由航行制度保持不变。

3. 基尔运河

基尔运河位于德国境内,全长 95 千米,连接北海与波罗的海,1896 年开通。基尔运河为德国的内水。第一次世界大战之前,运河对外国船舶开放,但德国有权随时关闭运河或者实行通航限制。第一次世界大战结束后,1919 年的《凡尔赛和约》将基尔运河定为国际通航运河,实行与苏伊士运河和巴拿马运河大致相同的中立化和自由航行制度,对所有与德国保持和平关系的国家的商船和军舰开放。希特勒上台后,单方面撕毁《凡尔赛和约》,恢复了德国对运河的完全控制,限制外国军舰通过运河。第二次世界大战后,对于基尔运河尽管并没有新的国际公约加以规定,仍然按照 1919 年的《凡尔赛和约》的规定,该运河重新对所有国家的船舶开放。

二、国际湖泊

湖泊(Lake)是被陆地环绕的水域。如果湖泊完全为一国陆地所包围,则属于该国领土的一部分,所在国对此类湖泊享有排他的主权,不对外国船舶开放。如果湖泊被两个或者两个以上国家的陆地所包围,则应属于全体沿岸国,湖泊的划分、管理和利用等问题由有关沿岸国协议解决,各沿岸国对划归本国的部分水域行使主权。法国和瑞士之间的日内瓦湖,伊朗和俄罗斯、哈萨克斯坦、土库曼斯坦、阿塞拜疆之间的里海,美国和加拿大之间的安大略湖等即属此类。

有些湖泊有狭窄的水道通向海洋。在这种情况下，若湖泊及其通向海洋的水道沿岸均属一国领土，则为沿岸国的内水，不对外国开放；若湖泊有两个或两个以上的沿岸国，其法律地位应依全体沿岸国的协议或国际公约确定。例如，黑海的法律地位即根据国际条约的规定多次发生变化。

第三节 领土的取得与变更

在长期的历史发展过程中，每个国家都形成了自己的领土，但是，由于某种原因，国家领土可能会增加或减少，从而导致领土面积发生变化，这种现象被称为领土的取得或变更。在不同的历史时期，领土取得和变更的方式不尽相同。传统国际法时期的领土取得和变更主要有五种方式，在现代国际法阶段，又出现了一些新的方式。

一、传统国际法上的领土取得与变更方式

传统国际法上关于国家领土取得与变更的方式，采用罗马法上关于财产取得和丧失的概念。这是因为在近代国际法形成时期，领土被视为君主的个人财产，领土与财产之间的类似成了领土变更方式的理论根据。[①] 当时的领土变更方式有先占、时效、添附、割让和征服。随着历史的发展与进步，这些方式有的已经失去其存在的合法性，有的则仍为现代国际法所承认。

（一）先占

先占（Occupation）亦称"占领"，是指国家通过对无主土地的占有而取得对该土地的主权的行为。先占的主体是国家，客体是不属于任何国家的土地，即"无主地"（Terra nullius）。传统国际法认为，无主地是不属于任何国家的荒芜土地，或虽有土著人居住，但尚未形成国家的土地。然而，现代国际法已不再认可后一种主张。1975年国际法院在"关于西撒哈拉问题的咨询意见"中指出："根据国家实践，凡有部落或人民居住并有一定的社会和政治组织的地方，就不能认为是无主地。"[②]

国家通过先占取得无主土地的领土主权必须满足两个条件：一是国家有正式表示占有该无主土地的意思，这种意思表示可以在国家的公开声明中作出，也可以见诸国家的外交文件中；二是国家在该地区适当行使或表现其主

---

① 参见王铁崖. 国际法. 北京：法律出版社，1981：144.
② 陈致中. 国际法案例. 北京：法律出版社，1998：8.

权,通过立法、司法或行政措施对该地区实际有效地占领或控制。只有同时具备了以上两个条件,方能构成对无主土地的有效占领,从而使国家取得对该地区的主权。单纯的发现或者经过某一无主土地并不能构成对该地区的有效占领。1928年,常设仲裁法院法官麦克斯·胡伯在"帕尔马斯岛案"的仲裁裁决中指出:国家发现某一无主地而取得的只是一种"不完全的权利",这种权利可以由于后来未对该地区实行有效统治而丧失。至于先占的范围,一般来说,应该与占有国的实际控制范围相一致。

先占作为传统国际法上国家领土变更的方式之一,在西方殖民国家对外扩张时期曾具有很重要的意义。但是在现代,除南极洲外,地球上不属于任何国家领土的无人居住地区几乎不存在,而且根据现代国际法,有土著人居住、但尚未形成国家的地区不能成为先占的对象,因此,国家以先占的方式取得领土已经没有太大的现实意义。但是,在解决国家之间的领土争端时,有时还应考虑先占作为领土变更的方式所具有的效果。

(二) 时效

时效(Prescription),是指国家占有他国的部分领土,经过长期和平地行使管辖权而取得对该领土的主权。

国际法的时效与国内法的时效有两点区别:一是国内法中物权取得时效只限于原来的善意占有,国际法中通过时效取得领土并不以善意占有为前提。即使是非法占有,只要经过相当长的时间,即可消除其占有的非法性而使国家取得对有关领土的主权。二是国内法中的物权取得时效有确定的期限,国际法中通过时效取得领土主权没有确定的期限。只要被占领土地的原主国未提出抗议或主张,占有国经过长期行使管辖权,并得到被占国和其他国家的默认,以致于形成一种一般信念,认为这种事务状况是符合国际秩序的①,在这种情况下,占有国可取得对该领土的主权。但是,原主国的抗议或主张构成依时效取得领土的障碍。

时效与先占的区别在于先占的对象是无主土地,而依时效取得的则是别国的领土。时效作为取得领土的一种方式,由于不考虑最初占有的善意与否以及取得领土主权没有确定的期限,所以,其效力在国际法上历来是有争议的。1959年6月,国际法院在"荷兰和比利时边境某些土地案"的判决中就否定了荷兰以时效为理由对两块土地提出的主权要求。在现代国际实践中,几乎没有任何国家情愿将本国的部分领土置于别国管辖之下,也没有任

---

① 参见 [英] 詹宁斯,瓦茨修订. 奥本海国际法(第1卷第2分册). 王铁崖等,译. 北京:中国大百科全书出版社,1995:68.

何国家在本国部分领土被别国占有之后不提出抗议或者不主张权利。因此，在现代国际法上，时效作为国家领土取得与变更的方式没有什么现实的意义。

（三）添附

添附（Accretion）是指国家领土由于新的形成而增加。① 添附有两种情况：一是由于自然的作用使国家的领土扩大，即"自然添附"。例如，河流泥沙的冲积可能在河口形成三角洲或者使原有三角洲的面积增加；海岸因水流冲击形成涨滩或者领海内出现新的岛屿。二是人力的作用所致，即"人为添附"，较为普遍的是在海岸以外围海造田，如日本曾经在神户附近的海上大规模围海造田，形成了436万平方米新的土地。但是，按照《联合国海洋法公约》的规定，国家的近海设施和人工岛屿，以及在专属经济区、大陆架和公海上建造的人工岛屿、设施和结构等不构成领土的添附。

必须指出，有关国家在进行人为添附的时候必须顾及相邻国家或相向国家的权益。在以河流为界的情况下，一沿岸国未经另一沿岸国的同意，不应在本国一侧筑堤或者围滩造田，因为这样做势必会使河水冲刷对方的堤岸，使界河原来的分界线发生变化。但是，如果由于自然力的作用河流发生偏移或者河岸出现涨滩，致使一国领土逐渐增加而另一国领土相应减少，则属于合法的领土变更。

添附无论是自然作用还是人为作用所致，现代国际法都予以认可。对由于添附增加的领土，国家无须采取宣告或者其他法律行为，也无须其他国家的承认。

（四）割让

割让（Cession）是指一国根据条约将本国的部分领土转移给他国。割让一般分为强制性的割让和非强制性的割让。在强制性割让的情况下，领土的转移是无代价的，它往往是战争的结果，一般是战胜国迫使战败国签订和约，将战败国的部分领土据为己有。例如，1895年中国在甲午战争中战败后，日本强迫清政府签订《马关条约》，清政府被迫将台湾和澎湖列岛等割让给日本。

非强制性的割让是指国家在平等的基础上，和平地转让部分领土，其具体形式包括买卖、交换或者赠送。例如，1803年，美国从法国手里购买了路易斯安那州；1867年，美国以720万美元从沙皇俄国购得阿拉斯加地区；1916年，美国又以2500万美元从丹麦购得西印度群岛的全部岛屿。

---

① 参见王铁崖. 国际法. 北京：法律出版社，1981：146.

传统国际法并不禁止以战争作为解决国家争端的手段，因此，作为战争的结果，强制性割让领土的情况时有发生，而且被承认为国家领土变更的合法方式之一。1928年《巴黎非战公约》规定，缔约国在其相互关系上放弃以战争作为推行国家政策的工具。1945年《联合国宪章》要求会员国"以和平方式解决国际争端"，规定会员国"在其国际关系上不得使用武力或武力威胁，或以与联合国宗旨不符之任何其他方法，侵害任何会员国或国家之领土完整或政治独立"。因此，在现代国际法上，强制性割让作为领土变更的方式已经失去其存在的合法性。至于在平等自愿的基础上非强制性地割让领土，由于其符合国家主权平等原则，所以依然是合法有效的。

（五）征服

征服（Conquest）是指国家以武力对他国领土的全部或一部进行兼并而取得该领土的主权的方式。征服是以武力兼并别国领土的行为，它并不需要缔结条约，仅由战胜国单方面将其占领的别国领土的全部或者一部于战后予以兼并。

按照传统国际法，有效的征服须满足一定的条件：征服国正式表示兼并战败国领土的意思；如果兼并的是战败国的部分领土，战败国须放弃收复失地的努力；如果兼并的是战败国的全部领土，征服国须对该国的全部领土实行有效的控制，同时，战败国及其盟国须放弃一切抵抗。[1]

征服作为国家取得领土的方式之一，是以战争的合法性为基础的。现代国际法严格禁止侵略战争，因此，通过侵略战争取得的权利或利益，包括侵占的领土，均属非法。当代国际法已经禁止将征服作为获得领土的一种方式，而且，国际社会不仅不应承认征服国兼并别国领土的合法性，而且应该采取联合行动，帮助被征服国恢复领土主权。1990年8月2日，伊拉克出兵侵占科威特，随即宣布科威特作为伊拉克的第19个省，对其实行兼并。伊拉克的侵略行为受到国际社会的一致谴责，在联合国的制裁和多国部队的打击下，伊拉克被迫放弃对科威特的吞并，科威特的领土主权得到恢复。

二、现代国际法上领土取得与变更的新方式

现代国际法除承认先占、添附、自愿割让等传统的领土取得与变更方式的合法性之外，还承认全民投票和恢复领土主权是领土变更的新方式。

（一）全民投票

全民投票（Referendum）又称"全民公决"，是指国际法承认在特定条件

---

[1] 参见王铁崖. 国际法. 北京：法律出版社，1981：148.

下，由某一领土上的居民充分自主地参加投票，以决定该领土的归属的方式。①

在现代国际实践中，不乏以全民投票的方式决定领土归属的情形。例如，根据1919年《凡尔赛和约》的规定，德国萨尔区的行政管理由国际联盟负责，为期15年，期满后通过全民投票决定该地区的最后归属。在1935年1月举行的全民投票中，绝大多数居民赞成萨尔重新并入德国。1961年，英属喀麦隆就其地位问题举行全民投票，结果其北部居民赞成加入尼日利亚，南部居民则同意与喀麦隆合并。1999年，原属印度尼西亚的东帝汶在联合国主持下进行全民公决，结果大多数人赞成东帝汶脱离印度尼西亚独立，东帝汶最终成为一个独立的主权国家。再如，1980年和1998年，加拿大曾经两次在全国范围内举行全民公决都否决了魁北克省谋求独立的议案。

全民投票的合法性取决于参加投票的居民的意志是否得到充分自由的表达。如果某一地区已经被外国军队占领，该外国出于为兼并该领土寻找合法依据的目的而举行全民投票，则投票的结果不可能是当地居民自由意志的反映，国际社会不应承认由此产生的领土变更的合法性。

（二）恢复领土主权

恢复领土主权（Reversion of Territorial Sovereignty）是指国家收回以前被别国非法占有的领土，恢复本国对有关领土的历史性权利。由于现代国际法禁止以武力或武力威胁侵犯别国的领土完整，不承认通过武力或武力威胁获取别国领土的行为的合法性，因此，国家之间通过和平谈判的方式在适当的情况下恢复其对以前被强迫放弃的领土的主权是完全合理的。例如，1987年3月26日，中国和葡萄牙发表关于澳门问题的联合声明，中国政府于1999年12月20日起恢复对澳门行使主权。另外，如果两国之间因爆发战争而导致一国过去被另一国非法侵占的领土被收回也是合法的。例如，第二次世界大战结束后，根据1943年的《开罗宣言》和1945年的《波茨坦公告》，中国政府收复了被日本根据1895年《马关条约》割让的台湾和澎湖列岛的领土主权。

第四节 边界与边境

一、边界的概念与形成

国家边界（State Boundary），是确定国家领土范围的界限。与领土的四

---

① 参见 [英] 詹宁斯，瓦茨修订. 奥本海国际法（第1卷第2分册）. 王铁崖等，译. 北京：中国大百科全书出版社，1995：61.

个组成部分相对应，国家边界可以分为陆地边界、水域边界、空中边界和地下层边界。

国家边界的形成有三种情况：有的边界是在长期的历史过程中形成的，称为"历史边界"；有的边界是通过条约划定的，称为"条约边界"；也有的边界是从原国家继承而来的，称为"继承边界"。

历史边界是指在长期的历史过程中，根据相邻国家的行政管辖范围确定的边界。这种边界是通过相邻国家之间的相互默示承认形成的。中国与缅甸、尼泊尔、巴基斯坦等国家缔结边界条约之前，都遵循这种历史上形成的边界。

今天多数国家的边界都已根据条约划定，因此，条约边界在国家边界中十分普遍。国家通过条约划分边界主要有两种情况：第一种情况是签订专门的边界条约，对国家之间的未定边界予以确定或者对原有边界作出调整；第二种情况是通过缔结和约变更原国家的领土或者确定新国家的领土，划定国家边界。条约边界准确、明了，不易发生争议，即使发生争议也有条约规定作为解决的依据，所以，国家都愿意通过条约来划定边界。事实上，条约边界往往是在历史边界的基础上划定的，两者具有一定的联系。

继承边界是指从原殖民地或附属领土的界限或者原国家国内行政管辖范围继承而来的边界，主要是指新国家的边界。例如，殖民地人民独立、国家分裂或合并时，新国家的边界都是继承边界。1991年，前苏联解体，其各加盟共和国相继成为独立的国家，它们的边界都是按照原苏联各加盟共和国的行政管辖范围确定的。

二、边界的划分

（一）划界方法

如前所述，一个国家的领水和领空都是依附于领陆而存在，因此，陆地边界划界对于该国来说往往最为重要。一般地，国家之间划分边界线一般采取三种方法，即几何学划界法、天文学划界法和自然划界法。

1. 几何学划界法

几何学划界法是指采用几何学原理划定边界线的方法，如以一个固定点到另一个固定点所划的直线或采用交圆法、正切线法等确定国家的边界。这种划界法一般适用于海上或者地形复杂、不易实地勘察的陆地地区。例如，1881年《中俄改订条约》第8条规定："至于分界办法，应自奎峒山过黑伊尔特什河至萨乌尔岭划一直线，由分界大臣就此直线与旧界之间，酌定新界。"另外,非洲大陆许多国家的边界就是采用几何学方法划定的。

2. 天文学划界法

天文学划界法是指以天文学的经纬度确定国家边界的方法。这种划界方法比较简单,一般适用于海上或人口稀少的地区及空中,而且需要划分的边界线比较长,如美国和加拿大从温哥华到伍兹湖西岸之间就是以北纬49度线作为两国的边界线的。

3. 自然划界法

自然划界法是根据边界地区的自然状态或自然屏障确定具体边界线的方法。例如,以山脉、河流、湖泊、森林、沙漠等作为国家的边界。以自然屏障为界的,一般适用如下规则:

(1)以山脉为界。若国家间缔结的条约中规定以山脉为界,但未具体规定边界线位于山脉的何处时,根据国际习惯,界限应定在山脉的分水岭,这就是国际法上的所谓"分水岭原则"。当然,若条约另有规定或者根据实际情况,边界线也可以定在山脉的山脊或山麓。

(2)以河流为界。若两国以河流为界,边界线的位置应该视具体情况而定。如果是可以航行的河流,两国边界应定在主航道的中心线上;如果是不可以航行的河流,则应定在河流的中心线上。例如,1960年《中缅边界条约》第8条规定:"凡是以河流为界的地段,不能通航的河流以河道中心为界,能够通航的河流以主要航道(水流最深处)的中心线为界。"

界河的水流在自然力的作用下可能出现偏移。按照一般规则,若界河水流由于自然原因逐渐向一方河岸移动,其主航道中心线或者河道中心线亦随之移动;若界河因自然原因急剧改道,除非沿岸国另有协议,边界线维持不变。例如,《中缅边界条约》第8条规定:"如果界河改道,除双方另有协议外,两国的边界线维持不变。"若界河上有桥梁,两国应以桥梁的中间为界。

(3)以湖泊为界。若有湖泊分隔两个或两个以上国家的领土,除另有协议规定外,边界线应通过湖的中心。

(二)划界程序

在现代国际关系中,国家之间通过签订边界条约划分边界已经成为一种普遍的实践。根据边界条约划界一般要经过两个阶段,即定界和标界。

定界是指有关国家经过谈判签订边界条约,将商定的两国边界的主要位置和基本走向写入条约中,边界条约还要规定处理各种具体情况的原则和规则,它是确定有关国家边界的基本法律文件。

边界条约正式签订之后，即进入实际标界阶段。首先，要组成由缔约双方各自任命的代表参加的划界委员会，委员会根据边界条约规定的边界，实地进行勘查，划定边界线的位置，树立界碑，作为标志。其次，制定边界议定书并绘制边界地图，详细载明全部边界的具体走向和界标的精确位置。议定书和地图经双方代表签字或经双方政府批准后生效。作为边界条约的附件，边界议定书和边界地图也是确定边界的重要法律文件。

划界过程中产生的边界条约、边界议定书、边界地图以及界标应该是一致的。但是，由于各种原因，有时也可能出现不一致的地方，遇有此种情况，通常按下列原则解决：（1）界标位置与议定书和地图不符时，以议定书和地图为准；（2）地图与议定书和边界条约不符时，以议定书和边界条约为准；（3）议定书与边界条约不符时，以条约为准，但有特别约定者除外。

三、边境制度

边境（Frontier）也称"边境地区"，是指边界线两侧的一定区域。边境制度是保障边境地区安全和规范边境地区活动的法律规章和习惯做法。边境制度主要有两个方面的来源：一是国家的国内法律和制度，如国家制定的边界巡逻制度、海关与卫生检查制度、人员和货物的出入境制度等。二是相邻国家之间签订的双边协定，涉及维护界标、利用界水、过境往来、保护自然资源和维护边境秩序等。[①]

边境制度的内容主要包括以下五个方面：

（一）边界标志的维护

在以界标标明的边界线上，相邻国家对界标的维护负有共同责任，使界标的位置、形状、型号和颜色符合边界文件中规定的要求。两国可以协议确定对全部界标的分配形式，以明确各自的维护责任。双方应采取必要措施防止界标被移动、损坏或灭失。若一方发现界标出现移动、损坏或灭失的情况，应尽快通知另一方，并于双方代表在场的情况下予以修复或重建。国家有责任对移动、损坏或毁灭界标的行为给予严厉惩罚。陆地上的界标和边界线还应保持易于辨认的状态，如中国和尼泊尔于1963年签订的《关于两国边界的议定书》第29条规定："为了使边界线易于辨认和防止出现骑线村庄，在陆地边界线两侧各10米的地带内不得建立新的房屋或其他永久性的

---

① 参见王铁崖．国际法．北京：法律出版社，1995：247．

建筑物。"

(二）边界水资源的利用和保护

国家之间若以河流和湖泊为界，则产生水资源的利用和保护问题。这样的问题通常在边界文件中加以规定。

沿岸国对边界水资源有共同的使用权。国家在使用界水时，不得损害邻国的利益，如不得采取可能使河流枯竭或泛滥的措施，更不得故意使河流改道。1961年《中缅边界议定书》规定："缔约双方应尽可能防止界河改道，任何一方不能使界河改道。"同时，相邻国家在界水上享有平等的航行权，船舶在界河上航行一般不受主航道中心线的限制。船舶在航行时应该带有明显的国籍标志。除遇难或有其他特殊情况外，一方国家的船舶不得到对方沿岸停泊。

沿岸国渔民在界水中捕鱼，一般不得越过界水上的边界线。对捕鱼的管理以及界水中鱼类的保护与繁殖等具体问题，由沿岸国协议规定。若国家需要在界水上建造桥梁、堤坝及其他水利工程，应取得另一方的同意。如中国和尼泊尔于1963年《关于两国边界的议定书》规定："任何一方在界河上兴建水利工程和灌溉工程时，如需越出河道中心线，应在事先取得另一方的同意。"国家在利用界水的同时，必须注意对界水的保护。边境的其他水资源若涉及两国边境居民共同利用的问题，也应采取共同的保护措施。例如，国家应对边界本国一侧的各种污染源进行有效的控制和治理，以免使界水受到污染。

(三）边境土地的利用

国家对本国边境土地的利用，应该遵守不损害对方国家利益的原则。国家不得在边境地区建立可能污染对方国家空气或水资源的工厂或从事任何可能造成此类污染的活动；不得在靠近边界的地区设立靶场或进行任何类型的武器试验，以免危及对方居民的生命或财产的安全。边境地区森林发生火灾时，国家应尽力控制火势并将其扑灭，不使火灾蔓延到对方境内。

(四）边境居民的往来

由于历史的原因，相邻国家边境地区的居民在民族、宗教、风俗习惯、家庭或者经济活动等方面往往具有较为密切的联系。为尊重历史习惯，照顾边境居民的生产和生活需要，相邻国家在平时一般都给予边境居民一些特殊的方便，以便利它们相互往来，以及从事探亲访友、朝圣、就医或小额贸易等活动。例如，1956年《中国和尼泊尔王国保持友好关系以及关于西藏和尼泊尔之间的通商和交通的协定》中规定，为保证边境居民通商，中、尼双方各指定同等数目的贸易市场，而且凡按习惯专门从事中、尼边境贸易的双方商人，可以仍在传统的贸易地点进行贸易活动。双方香客可以按照宗教习惯继续往来朝圣，双方对香客所携带的自用行李和朝圣用品不予以征税。中国政府还与一些邻国政府达成双方协议，同意逐渐消除两国边境居民的过界耕地、越界放牧等现象。

（五）边境事件的处理

相邻国家通常根据条约设置由双方代表共同组成的边界委员会，负责处理边境地区发生的涉及两个国家的事件。边境地区的一般事件，如偷越国境、损毁界标等，均由边界委员会处理。边界委员会未能解决的或者特别严重的事件，通过外交途径解决。

四、中国的领土和边界

中国位于欧亚大陆东部。中国的陆地领土包括大陆及其沿海岛屿、台湾以及包括钓鱼岛在内的附属各岛、澎湖列岛、东沙群岛、西沙群岛、中沙群岛、南沙群岛以及其他属于中国的岛屿。中国领水包括陆地疆界以内的河流、湖泊、领海基线以内的内海水和邻接内海水的领海。中国领空是中国领陆和领水之上一定高度的空气空间。因此，从领土的立体构成以及国际海洋法的发展来看，总计起来，据粗略估计，中国的领土面积至少可达到1000余万平方公里。①

中国陆地边界长约2.2万多公里，与朝鲜、俄罗斯、蒙古、哈萨克斯坦、吉尔吉斯斯坦、塔吉克斯坦、阿富汗、巴基斯坦、印度、尼泊尔、不丹、缅甸、老挝、越南等14个国家接壤。海岸线长达1.8万多公里，隔黄海与韩国相向，隔东海与日本相向，隔南海与菲律宾、印度尼西亚、马来西亚、文莱等东南亚国家相向。正因为中国与邻国有着漫长的边界线，因而存在诸多棘手的领土划界问题。中国政府一贯主张与邻国本着友好协商的精神进行直接谈判以签订条约来解决边界问题。1960年10月，中国与缅甸签订《关于两国边界问题的协定》，设立联合委员会并划定了两国边界。随后，中国又于1961年10月与尼泊尔、1962年12月与蒙古人民共和国、1963年与巴基斯坦和阿富汗分别签订边界条约，正式划定了与这些国家的边界。中

---

① 1949年，中华人民共和国第1届政治协商会议上公布我国的领土面积为960万平方公里，这个数据一直沿用至今。到目前为止，中国教科书、地图以及其他有关文件资料里都将中国领土面积依然错误地标记为960万平方公里，这不能不引起我国有关部门的高度重视。

国与前苏联有很长的边界，两国之间的划界属于长期遗留的历史问题。经过谈判，中苏两国外交部长于1991年5月在莫斯科签署了《关于中苏国界东段的协定》。1991年年底前苏联解体之后，中国与前苏联的边界成为中国与俄罗斯、哈萨克斯坦、吉尔吉斯斯坦和塔吉克斯坦四国的边界。俄罗斯政府宣布，中国与苏联签署的《关于中苏国界东段的协定》对俄罗斯继续有效。中、俄两国在分别完成国内的批准程序后，于1992年3月互换了该协定的批准书。1994年9月3日，中国与俄罗斯在莫斯科签署《关于中俄国界西段的协定》。1995年10月11日，该协定的批准书交换仪式在北京举行。至此，中国与俄罗斯的全部边界问题均以条约的形式得到解决。此外，中国与哈萨克斯坦、吉尔吉斯斯坦和塔吉克斯塔三国也通过谈判的方式，解决了原来存在的边界问题。

到目前为止，中国仅与印度、不丹有未划定边界。

第五节 南极和北极地区

一、南极地区

（一）南极概况

南极洲是指地球南极圈以内的大陆及其附近的岛屿，总面积为1400多万平方公里，是地球上的七大洲之一。南极地区与南极洲有所不同，根据1961年《南极条约》第6条的规定，南极地区是指地球南纬60度以南的地区，包括南极洲及其周围的海洋，总面积约6500万平方千米。南极地区蕴藏着丰富的生物资源和矿物资源，已查明的鱼类有90多种，其中大部分可供食用，著名的南极磷虾可捕量就达50多亿吨。南极地区有200余种矿物，其中煤、石油和天然气的储量都十分丰富。南极绝大部分陆地和海洋终年被冰雪所覆盖，其冰体约为2700万立方千米，是世界巨大的淡水资源。南极年平均气温在零下55℃~零下57℃之间，属于世界上最冷的地区之一。

（二）南极的法律地位

随着南极地区探险和考察活动的开展，一些国家先后提出了对南极地区的主权要求。1908年，英国首先根据扇形理论宣布南极的一个地区为该国领土，其后，法国、澳大利亚、新西兰、挪威、阿根廷、智利、南非等国家也相继对南极提出领土要求，其中，有些国家所主张的领土范围互相重叠，因此不断发生争执。美国和苏联两个大国虽然没有正式提出对南极的领土要求，但它们分别声明不承认别国的领土要求，并且保留基于本国国民在南极的活动所产生的一切权利，包括领土要求在内。

为协调各国对南极的权利主张和促进在南极地区进行科学考察的国际合作，1955年7月，美国、苏联、英国、法国、日本等12个国家在巴黎举行了首次南极会议。会议同意暂时搁置各国对南极的领土要求，并强调加强在南极进行考察的国际合作。在1957—1958年国际地球物理年期间，经美国倡议，美国、苏联、法国、澳大利亚、新西兰、挪威、比利时、日本、阿根廷、智利、南非等12个国家在华盛顿召开南极会议。1959年12月1日，上述12国签订了《南极条约》。1961年6月23日，《南极条约》正式生效。

《南极条约》主要就和平利用南极、南极科学考察自由和国际合作、冻结各国对南极的领土和权利要求、维持南极地区的公海制度等问题作出了详细的规定。① 此外，《南极条约》还建立了协商会议制度，条约的12个原始缔约国是协商会议的当然成员国。此外，任何后来加入该条约的缔约国②，当其在南极建立了考察站或派遣考察队在南极进行活动并对南极问题表示兴趣时，也可以成为协商会议的成员国。③ 协商会议每两年召开一次，目的是便于协商会议成员国交换有关情报、讨论涉及共同利益的事项、制定促进科学合作的方案和措施。南极条约协商会议于1972年通过《保护南极海豹公约》，1980年通过《保护南极海洋生物资源公约》，两公约分别于1975年和1982年生效。1991年，第11次南极条约特别协商会议通过《南极条约环境保护议定书》。根据该议定书，南极被指定为自然保护区，南极地区的活动仅用于和平与科学研究的目的。

《南极条约》第12条规定，条约生效之日起满30年后，经任何一个协商会议成员国提出请求，应尽快举行由所有缔约国参加的会议，以便审查条约的实施情况；审查会议经大多数缔约国（包括大多数协商会议成员国）

---

① 有关南极条约的具体内容可参见南极条约体系网站：http://www.ats.aq。

② 1983年5月9日，中华人民共和国第五届全国人民代表大会常务委员会第27次会议作出加入《南极条约》的决定。同年6月8日，中国代表向《南极条约》的保存国美国政府交存加入书，正式成为《南极条约》的缔约国。1985年10月，《南极条约》协商会议成员国在布鲁塞尔举行会议，批准接纳中国为协商会议成员国之一。

③ 到目前为止，中国在南极地区设立的常年科考站主要有三个：一个是建于1985年2月20日的"长城站"，建于1989年2月26日的"中山站"以及建于2009年1月27日的"昆仑站"。

同意的对条约的任何变更或修改，经缔约各国政府批准后生效。至 1991 年 6 月 23 日，《南极条约》生效已满 30 年。同年 6 月，马德里会议确定《南极条约》确立的法律制度继续有效，规定南极地区的法律地位 50 年不变。

二、北极地区

北极地区是指北极圈以内的区域，除美国、加拿大、俄罗斯、芬兰、丹麦、挪威和瑞典的部分领土外，北极地区的主要部分是北冰洋。北冰洋面积有 1500 多万平方公里，70% 的洋面终年结冰，冬季冰冻面积达 90%。早在 20 世纪初期，北极地区国家对于北极都曾经提出过自己的各种主权要求，但都遭到了有关国家的反对。

目前为止，国际社会尚不存在专门规定北极地区法律地位的公约，只有紧邻北极的加拿大、美国、俄罗斯、挪威和丹麦等国订立了《保护北极熊协定》(1973 年)、《保护北极环境宣言》及《环境保护战略》(1991 年) 等文件。根据一般国际法规则，北极地区除有关国家的陆地领土和领海外，其余部分应为沿海国的专属经济区或公海。国家可以按照《联合国海洋法公约》的规定，在北冰洋享有航行、飞越、捕鱼、科学研究①、铺设海底电缆管道及建造人工岛屿和设施等公海自由。

进入 21 世纪以来，加拿大、俄罗斯和丹麦等紧邻北极地区的国家又纷纷对北极提出主权要求。2007 年 8 月 2 日，俄罗斯科考队员乘深海潜水器从北极极点下潜至 4000 多米深的北冰洋洋底，在洋底插上了一面钛合金制造的俄罗斯国旗，宣示该部分海床属于俄罗斯大陆架的延伸。但俄罗斯的这种单方面主张权利的做法导致其他国家的强烈反对，也由此引发了北极地区国家争夺北极资源和领土的新一轮较量。

【难点追问】

领土边界争端的解决方式。

一直以来，在国际关系中，国家之间有关领土边界争端是引发各种国际争端甚至战争的主要因素。然而，领土边界争议往往既有历史的原因，也有现实的原因，而且，它不但涉及国际法的问题，也涉及各国政治、军事和外交问题。因此，解决领土边界争端是一个十分复杂而棘手的问题。目前，有关相邻国家之间的领土边界争议问题需要争端各方在秉持和平解决国际争端

---

① 2004 年 7 月 29 日，中国政府在北极地区建立了第一个常年科考站——"中国北极黄河站"。

原则的前提下，综合运用法律、政治、经济、外交和军事等多重手段才能得以顺利解决。

【前沿提示】

近年来，全球变暖导致北极冰川加速融化，从而也使北极地区在资源、交通、军事等方面的重要性不断凸显。然而，这一地区的法律地位和相关制度却仍然存在很多不确定性，从而为有关国家围绕争夺该地区资源及主张领土主权产生各种争端埋下了隐患。2007年8月，俄罗斯在北极地区海底插旗以主张200海里以外大陆架的权利充分表明了这一点。因此，国际社会有必要应尽快在联合国主持下，就缔结一份全面的《北极条约》进行多边谈判，以最终冻结或者取消《联合国海洋法公约》有关外大陆架规定在北极海域的适用，从而确立各国管辖范围之外的北极海域作为"人类共同继承财产"的法律地位，并明确北极科考、环保、资源开发等方面的法律制度并冻结该地区的军事化使用。只有这样，才能更好地维护北极地区的生态环境，维护该地区国家之间的和平，并最终造福全人类。

【思考题】

1. 国家领土包括哪些？
2. 简述国家领土主权。
3. 简述领土的取得与丧失。
4. 简述国家边境制度。

第十章 国际海洋法

【引言】 国际海洋法是国际法上非常重要的一个分支。通过对本章的学习，我们可知目前国际海洋法对于不同海域划分的规定以及海岸相邻或相向的国家对于海洋划界争议的解决等问题。同时，我们也将深刻认识到国际海洋法对于维护我国海洋权益的日益重要性。

【学习的目的与要求】 通过本章的学习，我们既需要掌握确定一个沿海国的领海及其他海域范围的起始线（即基线）的概念，同时也要把握一个沿海国国家依据国际海洋法所划定的诸如内海水、领海、毗邻区、专属经济区、大陆架、公海、国际海底区域、用于国际航行的海峡以及群岛水域等不同海域的法律制度。

【知识结构简图】

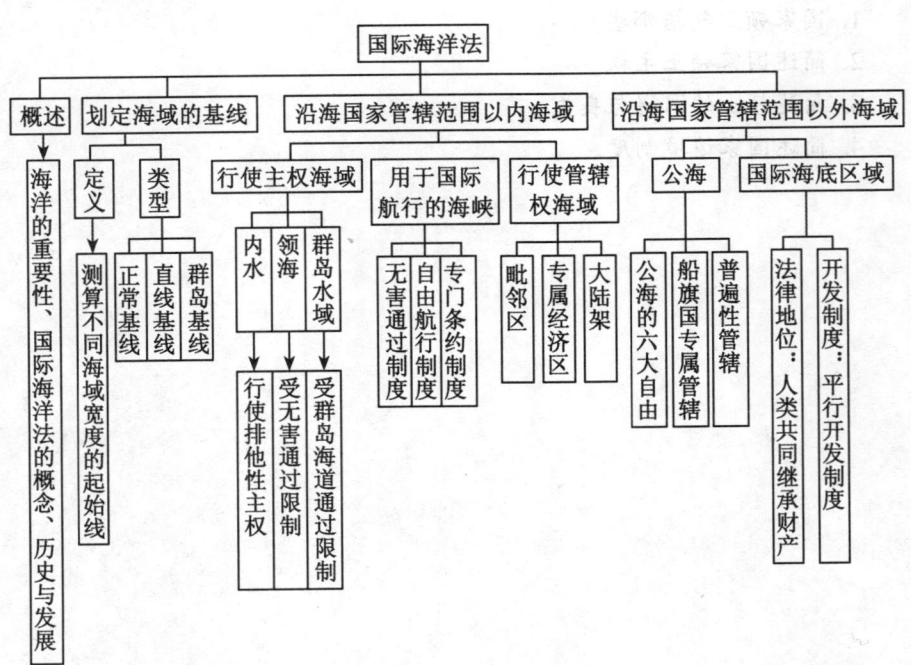

【引例】

中日东海划界争议案

东海海域位于中国大陆和日本琉球群岛之间，北接朝鲜半岛，南北长约700海里，东西最宽处360海里，最窄处不过167海里。1982年4月16日，日本驻华使馆向当时的中国交通部递交了一份地图，这是日本第一次明确提出中日两国之间东海海域应当依据所谓"等距离中间线"原则划分专属经济区和大陆架。20世纪末，中外专家预测东海油气资源量将达200亿吨，甚至更多。2003年8月19日，中国海洋石油总公司、中国石油化工集团公司、英荷壳牌公司、美国优尼科公司在人民大会堂正式签署东海5个合同区的石油天然气勘探开发合同，标志着我国拉开了大规模开发东海大陆架资源的序幕，而"春晓"油气田就是其中的一个开采合同区。

2004年7月7日，日方为了争夺中国东海的油气资源，不顾中国政府的强烈抗议，派出调查船逼近中国"春晓"油气田进行为期3个月的所谓"勘探调查"。而且把中国的固有领土钓鱼岛作为日方主张的领海基点，再延伸专属经济区，令该区直抵浙江沿海。而这与中国所主张的依据"大陆架自然延伸"原则所划定的范围，差了三个浙江省的面积。至此，中日东海划界争议全面爆发。2004年以来，中日东海问题磋商与谈判已经经历十几轮，中间风波不断，但并没有取得实质性的突破与进展。

请问：在本案中，依据现有国际法的规定，你认为日本主张的"等距离中间线"原则是否成立？为什么？

第一节 概 述

一、海洋的重要性及国际海洋法的概念

海洋占地球总面积的70.9%，拥有地球上总水量的97.5%，拥有极其丰富的生物资源和矿物资源。对于各国来说，海洋还是非常重要的战略交通要道和国防屏障。因此，海洋无疑成为了人类赖以生存和发展的重要空间。近年来，随着1982年《联合国海洋法公约》的生效以及各国对海洋及其资源依赖性的不断增强，加之，人类开发和利用海洋技术不断提高，世界各国

重新分割海洋的活动正在不断升温和加剧。尤其自进入21世纪以来，日本、英国、法国、美国、澳大利亚、俄罗斯以及东南亚各国都在不断地扩展自己的海域范围和面积，随之而来的是有关国家海洋划界争议和摩擦的不断出现。中国作为海岸线非常漫长而曲折的沿海国家，拥有非常丰富的海洋资源以及广袤的管辖海域。然而，近年来，中国的主权及海洋权益正不断受到日本以及东南亚等国家的侵蚀和挑战，尤其是在东海和南沙群岛海域情况更为严重。毫无疑问，国际海洋法为各国拓展和开发海洋提供了法律依据，同时，它对于维护国际海洋秩序以及解决各国海洋权益纠纷具有十分重要的意义和地位。

所谓国际海洋法，是指各国为了划分不同功能的海域，确定各种不同法律的法律地位及制度，明确各国在海洋中的各种活动以及规定各国在从事各种海洋活动中的权利与义务的有关各种原则、规则和制度的总和。

二、国际海洋法的历史与发展

国际海洋法作为国际法的一个分支，它的发展也经历了一个非常漫长的历史发展过程。国际海洋法的渊源最早可追溯到古希腊和古罗马时代的海商法，而且主要都是一些习惯法规则。早在公元前2~3世纪的希腊时代，东部地中海罗得岛区域成为地中海海上贸易的中心，为适应当时海上贸易的需要便形成了各种海上贸易习惯，后经系统编纂而产生了一部海商法，即《罗得海法》(Rnodian Sea Law)，为希腊商人和罗马商人所共同接受，在相当长时期内调整着地中海沿岸的海上贸易活动。而后来形成于欧洲中世纪的海商习惯及判例汇集——《奥列隆海法》(Laws of Oleron) 则在大西洋一带影响广泛，它为欧洲海商法的发展奠定了基础。总的来说，这个时期的海洋在古罗马法的《优士丁尼法典》中被认为是各国都有权利利用的"共有之物"。此后，随着欧洲新航路的开辟以及西方海外殖民的开始，人类开始进入大规模开发和利用海洋的时代，期间共经历了四次分割海洋的活动，相应地，国际海洋法主要也经历了下列四个发展阶段：

第一阶段的国际海洋法：最初的海洋分割发生于15、16世纪。当时，欧洲老牌强国西班牙和葡萄牙以武力征服手段建立了各自的殖民地体系。1493年，教皇亚历山大六世颁布教谕，把全世界的海洋分给西班牙和葡萄牙两国管辖。1494年，西葡两国签订了《托尔德西里亚斯条约》(Treaty of Tordesillas)，规定佛得角群岛以西300里格（约合1770公里或1100英里）

为两国的势力分界线，也即以大西洋的子午线为两国行使海洋权利的分界线，分界线以西归西班牙，以东归葡萄牙。1529年，西葡重新签订了《萨拉戈萨条约》(Treaty of Saragossa) 用以分割太平洋。总之，其他国家的船舶在他们控制的海域航行或通商都必须经过他们的许可。

第二阶段的国际海洋法：从16、17世纪开始，后起的荷兰、英国和法国对西班牙和葡萄牙主导的国际海洋秩序发起了挑战。为打破西葡两国对世界海洋的垄断以及适应新兴资本主义国家的需求，1608年，意大利学者真提利斯（Albericus Gentilis, 1552-1608）首度提出国家领土包括毗连海域的"领水"概念，并得到了许多国家的采纳。1609年，荷兰法学家格老秀斯也发表了《海洋自由论》以倡导海洋自由原则。至此，这个时期领海（尽管其宽度没有统一）和公海的制度得以确立。

第三阶段的国际海洋法：19世纪末20世纪初，后起的美国开始逐步走向国际政治舞台的中央。1890年5月，美国海军学院院长马汉出版了《海权论》一书，明确提出了"海洋霸权优于大陆霸权"的观点。受此影响，美国开始提出重新分割海洋。1945年9月28日，美国总统杜鲁门发布了著名的《大陆架公告》，声称美国对其沿海及其领土附近公海下的"大陆架"自然资源拥有管辖权。后来，墨西哥、哥斯达黎加等国也先后发表了类似的公告和法令，纷纷提出了200海里管辖权主张。受此影响，1958年4月，联合国在日内瓦召开了第一次海洋法会议，并通过了《领海及毗连区公约》、《公海公约》、《公海捕鱼及养护生物资源公约》和《大陆架公约》。1960年3月，联合国又主持召开了第二次海洋法会议，但会议无果而终。不过，从此，沿海国家管辖海域范围进一步扩大，公海的范围日益缩小。

第四阶段的国际海洋法："二战"结束后，由于世界人口的增长、资源的缺乏以及人类开发和利用海洋资源能力的提高，国际社会掀起了新一轮"蓝色圈地运动"。为了确立新的国际海洋秩序，从1973年至1982年，联合国连续召开了长达9年之久的第三次海洋法会议，这也被认为是人类对海洋进行第四次分割的起点。在广大发展中国家的共同参与下，会议最终于1982年通过了《联合国海洋法公约》(United Nations Convention on the Law of the Sea, UNCLOS，以下简称《海洋法公约》)，该公约对于沿海国的内水、领海、毗邻区、专属经济区、大陆架、公海、国际海底区域、群岛水域以及用于国际航行的海峡等制度进行了详细的规定，并于1994年11月16日生效。目前，签署并批准该公约的国家已达160个，仅有美国、朝鲜、伊朗、泰国、利比亚等国家尚未批准,而未签署该公约的国家只有10多个。因此,这是目前国际社会最全面、最系统、最权威的一部国际海洋法公约,因而也被人们称为确立国际海洋新秩序的一部"宪法"。

第二节 基线与内水

一、基线的划定

按照1982年《海洋法公约》的规定,要想确立各沿海国所管辖海域的具体范围,必须要有一条划分沿海国所管辖海域权限的起始测算线,即"基线"(Baseline),它是沿海国"内水"与"外水"(领海、毗连区、专属经济区、大陆架、公海以及国际海底区域)的分界线。由于这条线最先确定沿岸国领海的起始位置,所以,我们又习惯性地将其称为"领海基线"(Territorial Baseline)。当然,这条基线也成为了测算沿岸国毗邻区、专属经济区、大陆架等海域宽度的起算基准线。所以,这条基线对于各沿岸国来说非常重要,直接关系到其所管辖海域范围的大小以及海岸相邻或相向沿岸国之间有关海洋划界争议的解决(见图10.1①)。2009年1月28日,菲律宾参议院三读通过了一项关于菲律宾领海基线的第"2699号法案",将包括中国黄岩岛在内的岛屿列为菲律宾的"离岸领土"(Offshore Territories)。菲律宾无视中国的强烈反对,同年2月2日,菲律宾众议院三读又通过了另一项名为"关于划定菲律宾群岛基线的法案"(即"3216号法案"),企图将包括中国黄岩岛在内的岛屿划入菲律宾的海岸基线范围以内。2月18日,菲国会最终采纳了争议较小的第"2699号法案"作为"领海基线法案"草案。②

按照《海洋法公约》的规定,一般有3种划定沿海国基线的方法:一种是正常基线法,一种是直线基线法,还有一种是混合基线法。当然,还包括其他不常见的特定基线,如群岛国的群岛基线以及我国在南海上的"U"形断续九段线等。

(一)正常基线(Normal Baseline)

是指海水退潮时退到距离沿岸国海岸最远的那条线,即沿岸的"低潮

---

① 本插图及本章以下有关插图均来自网络。
② 2009年3月10日,菲律宾总统阿罗约不顾中国政府的反对,以菲国会通过的"2699号法案"草案为蓝本,正式签署了"领海基线法",将中国中沙群岛中的黄岩岛和南沙群岛部分岛礁(菲方称为"卡拉延群岛")列为"菲律宾的所属岛屿"。

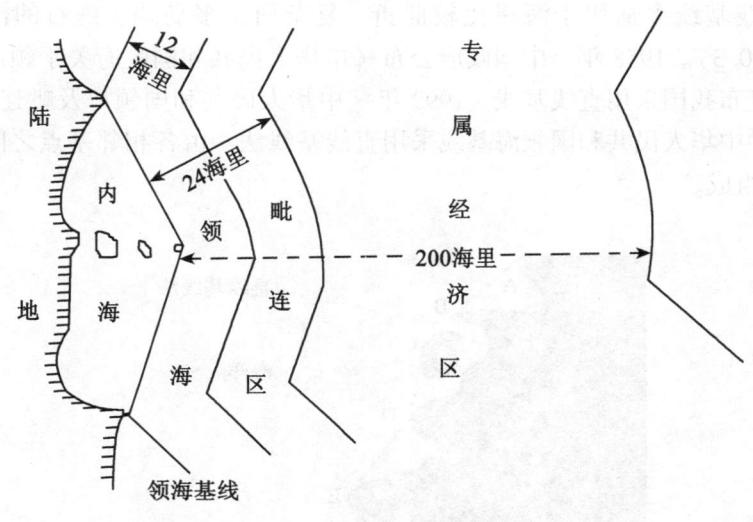

图 10.1

线"(Low Baseline)。《海洋法公约》第 5 条规定,除本公约另有规定外,测算领海宽度的正常基线是沿海国官方承认的大比例尺海图(一般是指八万分之一以上)所标明的沿岸低潮线。正常基线一般适用于海岸线比较平缓、无明显凹凸、海陆分界明显的情况(见下图 10.2)。

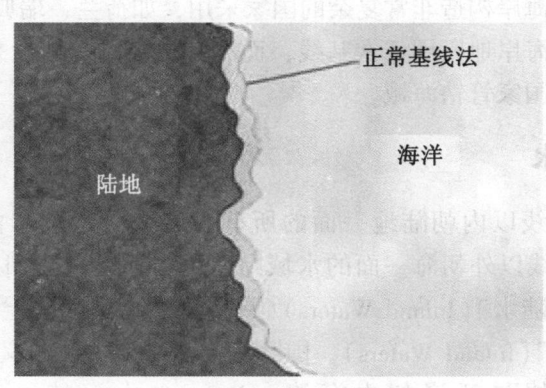

图 10.2

(二)直线基线(Straight Baseline)

亦称"折线基线",是指在大陆沿岸突出处和岸外岛屿最外缘上选定一系列适当的基点,然后将相邻的基点用一条条直线连接起来所形成的一条折线。直线基线多适用于海岸比较曲折、复杂而又多岛屿、礁石的沿海国(见图10.3)。1958年,中国政府公布《中华人民共和国政府关于领海的声明》,宣布我国采用直线基线。1992年《中华人民共和国领海及毗连区法》规定:"中华人民共和国领海基线采用直线基线法,由各相邻基点之间的直线连接组成。"

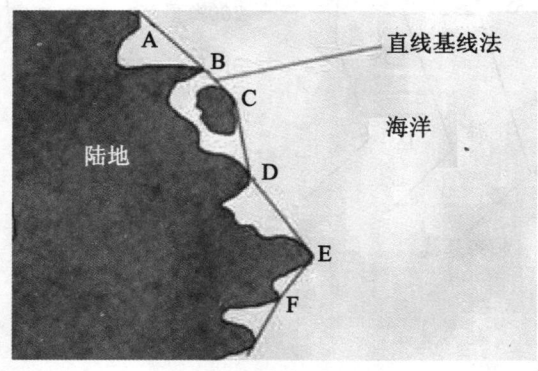

图 10.3

(三)混合基线(Mixed Baseline)

是指沿岸国基于本国海岸的特点而兼采正常基线与直线基线的方法。通常海岸线较长、海岸构造非常复杂的国家采用,如荷兰、瑞典等国家。这些国家一般在平直海岸地段用正常基线,而有突出岛屿的地段采用直线基线,以便获取更大的国家管辖海域。

二、内海水

一沿海国基线以内朝陆地一面的所有水域为沿岸国"内水"(Internal Water),一国基线以外朝海一面的水域则适用国际海洋法。① 从广义上看,内水既包括"内陆水"(Inland Waters)(具体可参见国际法上的领土一章),又包括"内海水"(Inland Waters),国际海洋法主要关注狭义上的内水,即"内海水",具体包括诸如内海湾(Bays)、内海峡(Straits)、海港(Ports)、河口湾(Estuary)等。对于沿岸国来说,基线以内的所有水域构

---

① 参见[美]托马斯·伯根索尔,肖恩·D.墨菲.国际公法(第3版).黎作恒,译.北京:法律出版社,2005:180.

成本国领水的一部分，其法律地位同沿海国家陆地领土一样，也是该国领土的一部分，沿岸国在这些水域或海域行使完全的、排他性的主权，未获沿岸国的批准，外国船舶一般被禁止进入其内海海域航行或开展其他作业活动。

（一）内海湾

海湾是指海洋深入陆地而形成的明显水曲。所谓"明显水曲"是指，只有当水曲的面积大于或等于以湾口宽度为直径划成的半圆时，才能视为海湾。按照《海洋法公约》的规定，沿岸属于一国的海湾如果天然入口处两端的低潮标之间的距离不超过24海里，则可在两个低潮标之间划出一条封口线，该线所包围的水域应视为内水，该海湾即属内海湾。如果海湾天然入口处两端的低潮标之间的距离超过24海里，24海里的直线基线应划在海湾内，基线以内的水域才是内水，该海湾属非内海湾，上述规定不适用历史性海湾。所谓"历史性海湾"，是指沿岸属于一国，其湾口宽度虽超过24海里，但历史上一向被承认是沿海国内海的海湾，典型的如我国的渤海湾。1962年国际法委员会为联合国秘书处准备的"关于历史性海湾的法律制度"研究文件中指出，一国取得历史性权利的水域应具备3个条件：(1)沿岸国已对该海湾在长期内作为内海而行使权利；(2)该权利的行使应是长期的、连续的，并已经成为惯例；(3)为其他国家长期承认（明示或默示）。

（二）内海峡

海峡是指两端连接海洋的狭长的天然水道。可见，海峡具有3个特征：(1)处于两块陆地之间；(2)连接两个海或洋；(3)是天然形成的。对于海峡，我们可以从不同角度对其进行分类，如按照海峡的地理特征可将海峡分为大陆之间的海峡、大陆与岛屿之间的海峡以及岛屿之间的海峡。而按照海峡同沿岸国的关系以及法律地位可将海峡分为内海海峡、领海海峡以及非领海海峡。这里所说的内海峡，即处于一国领海基线以内的海峡。这种海峡如同基线以内的其他水域一样，构成该国内水的一部分，该国对其具有完全和排他的主权，例如我国的琼州海峡。

（三）海港

港口一般是指具有天然条件和人工设备，便于船舶停泊和上下客货的港湾，海岸线上的港口即海港。在海洋法中，海港指用于装卸货物、上下乘客和船舶停泊并具有各种工程设施的海域。《海洋法公约》第11条规定，为了划定领海的目的，构成海港体系组成部分的最外部永久海港工程视为海岸的一部分。也就是说，沿海国可将港口最外缘各海港建筑、工程最外点视为划定领海基线的基点，再将各基点连接成一条"海岸"最外部的领海基线。海港从其形成上可分为天然港和人工港；从其用途上可分为军港和商港；从其法律地位上可分为开放港和不开放港（又称封闭港）等。海港一般是封闭港，如果对其他国家开放，有关港口的最重要的国际法律制度是 1923 年的《国际海港制度公约》及其附件《国际海港制度规则》等。

（四）河口湾

河口湾是指在沿岸国河流入海口由河流两岸向海的延伸部分构成的一片向海的、类似于内海湾的水域。《领海与毗连区公约》第 13 条和《海洋法公约》第 9 条都规定："如果河流直接流入海洋，基线应是一条在两岸低潮线上两点之间横越河口的直线。"因此，当河口出现河口湾这一复杂情况时，则应按照有关海湾的划界规定类推，在湾口两岸低潮线上的两点之间划一条横越湾口的封口线作为领海基线，基线以内的河口湾属于内海。

第三节　领海与毗连区

一、领海

（一）领海的概念

1958 年《领海及毗连区公约》规定，国家主权及于其陆地领土及其内水以外邻接其海岸的一带海域，称为"领海"。1982 年《海洋法公约》也采用类似的规定，但增加了群岛国领海的情形，第 2 条规定："沿海国的主权及于其陆地领土及其内水以外邻接的一带海域，在群岛国的情况下则及于群岛水域以外邻接的一带海域，称为领海。"因此，所谓领海（Territorial Sea），是指邻接一国领陆、内海水或群岛水域的，并处于该国主权支配和管辖下的一定宽度的海域。

（二）领海的宽度与界限

1. 领海的宽度

历史上曾经有过各种有关确定领海宽度的理论，诸如"大炮射程说"、"海上要塞围墙论"、"航程说"、"视野说"等。而从国家实践来看，各个国家所主张领海宽度的差别也很大，从 3 海里到 200 海里不等。1982 年《海洋法公约》规定，"每一国家有权确定其领海的宽度"，但对其最大范围作了限制，即"从按照本公约确定的基线量起不超过 12 海里的界限"，也就是说，公约所确定领海的宽度最多不能超过 12 海里，但可等于或小于 12 海里，或者不主张领海。据不完全统计，到目前为止，全世界已经有 160 多个国家采用了 12 海里的领海宽度标准，除此之外，只有少数国家基于各种原因仍然游离于 12 海里领海宽度标准之外。有些国家鉴于领海划界争议或海上执法能力的欠缺而主张 3 海里或 6 海里宽度的领海,还有些国家兼采不同宽度标准的领海,如芬兰一般适用 3 海里,但法律有规定处可为 12 海里;英国在本土与马恩岛、福克兰群岛适用 12 海里,在维尔京群岛等海外属地适用 3 海里;还有如个别未签署上述公约的拉美国家甚至仍坚持 200 海里宽度的领海。

2. 领海的界限

尽管一国领海的宽度目前已经有了 12 海里的国际统一标准,但这只是一沿海国领海宽度的一个绝对数值,而要知道某一个沿岸国领海的确切位置和具体范围,还必须确定其领海的内部界限和外部界限。领海的内部界限也就是靠近沿岸国陆地的界限,即上述所说的基线,或者测算领海宽度的起始线,即"领海基线"。而领海外部界限是一条其每一点同基线上最近点的距离等于领海宽度的线,划定领海外部界限的方法主要有以下三种:

(1) 交圆法:当沿岸国采用低潮线为领海基线时,可采用交圆法确定其领海的外部界限,即得以基线上某些点为中心,以领海宽度为半径,向外划出一系列相交的半圆,连接各半圆顶点之间所形成的线,就是领海的外部界限(具体可参见图 10.4)。

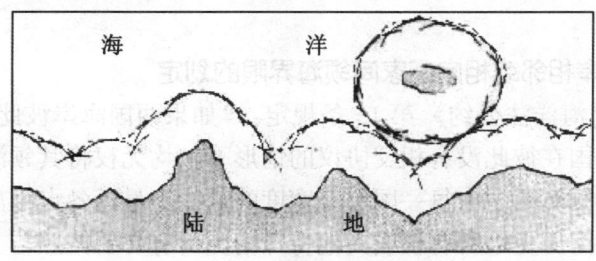

图 10.4 交圆法

(2) 共同正切线法:当沿岸国采用直线基线为领海基线时,可采用共同正切线法确定其领海的外部界限,即得以每个基点为中心,以领海宽度为半径,向外划出一系列半圆,然后划出每两个半圆的共同切线,每一条这样的切线都是与基线平行的直线,它与基线的距离等于领海宽度。这些切线连接在一起就形成领海的外部界限(具体可参见图 10.5)。

(3) 平行线法:不论沿岸国采用正常基线还是直线基线作为其领海基线,都可采用平行线法来确定其领海的外部界限,即由基线各点按领海宽度的距离向与海岸大体走向垂直的方向平行外移,使领海的外部界限与基线完全平行(见图 10.6)。

213

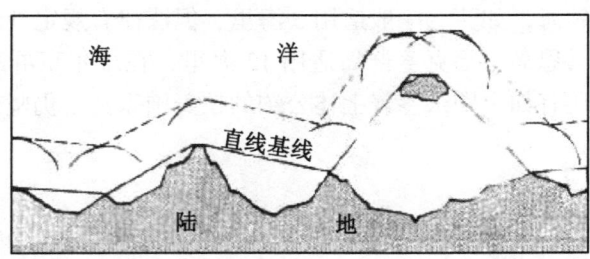

图 10.5　共同切线法

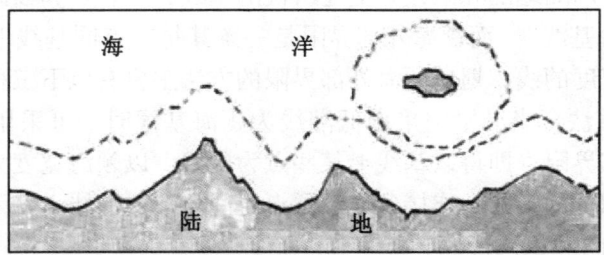

图 10.6　平行线法

（三）海岸相邻或相向国家间领海界限的划定

1982 年《海洋法公约》第 15 条规定："如果两国海岸彼此相向或相邻，两国中任何一国在彼此没有相反协议的情形下，均无权将其领海伸延至一条其每一点都同测算两国中每一国领海宽度的基线上最近各点距离相等的中间线以外。但如因历史性所有权或其他特殊情况而有必要按照与上述规定不同的方法划定两国领海的界限，则不适用上述规定。"

（四）领海的法律制度

领海是沿海国家领土的一部分，国家对其拥有排他性的主权。这种主权不仅包括领海海域，还及于领海上空、海床和底土。但此项主权的行使还要受到有关国际公约及国际习惯法规则的限制，如外国商船享有在该领海内的"无害通过权"。简而言之，领海的法律地位可体现为沿海国在领海行使主权的权利以及非沿海国在其领海的无害通过权两个方面。

1. 沿海国的权利与义务

原则上，沿海国有在其领海行使主权的权利，如对该海域自然资源拥有所有权、沿海航运权及贸易权、领空权、领海海床及底土所有权、战时中立权、紧追权以及对领海有关制度拥有立法权等，但鉴于受其他国家船舶在其领海享有无害通过的限制，沿海国在行使司法管辖权时要顾及国际习惯以及国际公约的限制。因此，沿海国对在本国领海内发生的刑事及民事案件都享有管辖权，但通常情况下并不对无害通过其领海的外国船舶行使管辖权。

在刑事管辖权方面，《海洋法公约》第 27 条规定："沿海国不应在通过领海的外国船舶上行使刑事管辖权，以逮捕与在该船舶通过期间船上所犯任何罪行有关的任何人或进行与该罪行有关的任何调查，除非：（1）罪行的后果及于沿海国；（2）罪行属于扰乱当地安宁或领海的良好秩序的性质；（3）经船长或船旗国外交代表或领事官员请求地方当局予以协助；或（4）这些措施是取缔违法贩运麻醉药品或精神调理物质所必要的。"另外，除基于海洋环境保护外或有违反按照专属经济区制定的法律和规章的情形，如果来自外国港口的外国船舶仅通过领海而不驶入内水，沿海国不得在通过领海的该船舶上采取任何步骤，以逮捕与该船舶驶进领海前所犯任何罪行有关的任何人或进行与该罪行有关的调查。

对民事管辖权方面，沿海国对仅仅通过其领海的外国船舶上的民事案件，通常采取不干涉态度。《海洋法公约》第 28 条规定，沿海国不应为对通过领海的外国船舶上某人行使民事管辖权的目的而停止其航行或改变其航向。另外，沿海国不得为任何民事诉讼的目的而对船舶从事执行或加以逮捕，但涉及该船舶本身在通过沿海国水域的航行中或为该航行的目的而承担的义务或因而负担的责任，则不在此限。

2. 其他国家船舶的无害通过权

所谓"无害通过权"（Right of Innocent Passage），是指在海洋法公约的限制下，所有国家，不论为沿海国或内陆国，其船舶均在不损害沿岸国和平、安全与良好秩序的情况下，享有无须事先通知或征得许可而继续迅速不停地通过领海或为驶入内水或自内水驶往公海而通过领海的航行权利。无害通过制度是有关领海最重要的法律制度，也是外国船舶在他国领海的唯一权利。只要外国船舶通过沿海国领海是"无害"的，沿海国就有义务平等地对待所有国家的过往船舶，并应将其所知的有关在其领海内对航行有危险的任何情况妥为公布，同时，沿海国还有义务不妨碍或剥夺外国船舶的通过权，除非这种通过是有害的，《海洋法公约》第 19 条第 2 款专门列举了 12 种非无害通过的情况，用于对无害通过适用的限制。

关于外国军舰是否有权无害通过沿海国领海的问题，1958 年《领海与毗连区公约》第 14 条第 2 款规定："……一切无论有海岸或无海岸的国家的船舶均享有无害通过领海的权利。"1982 年《海洋法公约》第 17 条规定："所有国家，不论为沿海国或内陆国其船舶均有无害通过领海的权利。"可见，现有公约并没有对外国军舰是否享有无害通过一沿海国领海作出明确的规定，由各沿海国自行定夺。1992年《中华人民共和国领海及毗邻区法》第6条规定："外国军用船舶进入中华人民共和国领海须经中华人民共和国政府批准。"

二、毗连区

有关毗连区（Continuous Zone）的制度产生于18世纪30年代，原因是沿海国为了本国利益，需要将某些权利的行使范围扩大到领海之外的一定区域，最早设立毗邻区制度的是英国。1876年英国《统一海关法》规定对9英里范围的本国船舶行使监督检查权。19世纪后，许多国家根据本国利益，纷纷制定法律，在领海之外设置了内容不同、宽度不一的毗连区。此外，还有一些国家通过双边或多边协定承认或相互承认所设置的毗连区。鉴于各国不同的毗连区制度，1930年海牙国际法编纂会议曾希望统一各国不同的标准，但始终未获成功。1958年联合国第一次海洋法会议首次将毗连区制度专门列入《领海及毗连区公约》，该公约规定，此项毗连区自测定领海宽度之基线起算，不得超出12海里。

而按照后来1982年《海洋法公约》的统一规定，沿海国可以在领海以外毗邻领海划定一定宽度的海水带，毗连区的宽度从领海基线量起不得超过24海里。国家可以在毗连区内行使为下列事项所必要的管制：一是防止在其领土或领海内违反其海关、财政、移民或卫生的法律或规章；二是惩处在其领土或领海内违反上述法规的行为。需要强调的是，不像沿海国的领海，毗连区不是其领土，沿海国对毗连区不享有主权，该海域只是沿海国为了保护其某些利益而设置的特殊区域以便行使一定的管制权，而且，国家对于毗连区的管制不包括其海底和上空。因此，毗连区首先是专属经济区的一部分，但由于国家可以在毗连区实施上述方面的管制权，毗连区又是有别于专属经济区海域的特殊区域。

第四节 两种特殊的国际海洋法律制度

一、用于国际航行的海峡制度

（一）"用于国际航行的海峡"的概念及特点

"用于国际航行的海峡"（Straits Used for International Navigation）有广义和狭义之分，广义上是指所有的经常用于国际航行的海峡通道，而不论其具有何种法律地位。它可以包括具有内海、领海、专属经济区或公海地位的海峡以及专门条约规定了其制度的海峡。这里所说的"用于国际航行的海峡"是狭义上的，即指《海洋法公约》中所特别规定的"用于国际航行的海峡"。该公约第35条规定："本部分的任何规定不影响：（1）海峡内任何内水区域……（2）海峡沿岸国领海以外的水域作为专属经济区或公海的法律地位；或（3）某些海峡的法律制度，这种海峡的通过权已全部或部分地规定在长期存在、现行有效的专门关于这种海峡的国际公约中。"据此，狭义上的"用于国际航行的海峡"特指连接公海或专属经济区的、具有领海地位的、且未受专约限制的、又频繁用于国际航行的、构成世界主要水道的海峡。从这个概念中可以看出，用于国际航行的海峡具有以下特点：

首先，这种海峡就两端连接区域看，是指一端连接公海或专属经济区，而另一端也连接公海或专属经济区的海峡。

其次，它具有领海地位。这种海峡从法律地位上讲属于领海，这意味着其宽度在最窄处不超过24海里，且处在沿海国领海范围内；除通过制度外，其在法律地位上仍属于领海，沿岸国对海峡水域、上空、海床和底土仍行使其主权。这一特征将内海海峡和非领海海峡排除在外。

再次，这种海峡未受专约拘束。在国际海峡中，有一些海峡由于历史原因和其特殊的地理位置成为重要国际航道而由特定国际条约规定了专门制度。对这类海峡，海洋法公约仍承认其特定的通过制度有效，即公约的规定不影响这类海峡的法律地位。如黑海海峡制度主要由1936年的《蒙特利尔公约》规定。

最后，这种海峡经常用于国际航行。这种海峡地理位置重要，频繁用于国际航运，构成了世界性的海洋通道。这就排除了用于国内航行的海峡。

（二）用于国际航行的海峡之过境通行制度

1. 过境通行制度的内容

按照《海洋法公约》第38条的规定，"过境通行是指按照本部分规定，专为在公海或专属经济区的一个部分和公海或专属经济区的另一部分之间的海峡继续不停和迅速过境的目的而行使航行和飞越自由。但是，对继续不停和迅速过境的要求，并不排除在一个海峡沿岸国入境条件的限制下，为驶入、驶离该国或自该国返回的目的而通过海峡"。因此，简而言之，所谓"过境通行"，是指所有外国船舶或飞机在公海或专属经济区之间的、用于国际航行的海峡以继续不停和迅速过境为目的而行使的航行和飞越自由。这种领海海峡主要适用于两种情况：一是两岸为一国所有，海峡宽度不超过24海里，如连接太平洋与棉兰老海的苏里高海峡（Surigao Strait），其沿岸就只属于菲律宾，海峡最窄处只有10海里；二是两岸分属于两个或几个国家，海峡宽度不超过24海里，如连接北海和大西洋的多佛尔海峡，其沿岸就分属英国和法国。《海洋法公约》明确规定了海峡沿岸国和过境者的权利和义务，即所有船舶和飞机均享有过境通行的权利。而其在行使过境通行时，应毫不迟延地通过或飞越海峡，并遵守沿岸国所制定的有关的法律和规章，不得对沿岸国主权、领土完整或政治独立进行任何武力威胁或使用武力。海峡沿岸国不应妨碍或中止过境通行，不得对过境船舶有所歧视，并应将其所知的对航行有危险的情况妥为公布。

2. 过境通行制度的例外

一般来说，两端连接公海或专属经济区的一部分和公海或专属经济区的另一部分之间的用于国际航行的海峡应适用过境通行制度，但有以下三种例外情况：

一是如果这种海峡是由海峡沿岸国的一个岛屿和该国大陆形成，而且该岛向海一面有在航行和水文特征方面同样方便的一条穿过公海，或穿过专属经济区的航道，过境通行就不应适用，而应适用无害通过制度。

二是这种用于国际航行的海峡是处于在公海或专属经济区的一个部分和外国领海之间的海峡，过境通行制度也不适用，而也应适用无害通过制度。

三是如果穿过某一用于国际航行的海峡有在航行和水文特征方面同样方便的一条穿过公海或专属经济区的航道，过境通行制度也不适用于该海峡，在这种航道中适用本公约（指1982年《海洋法公约》）其他有关部分，其中包括关于航行和飞越自由的规定。

过境通行与无害通过既有相同之处，也有不同之处。相同点在于，都要求继续不停和迅速通过，都必须遵守沿岸国的法律法规，不得对沿岸国的主权领土完整和政治独立使用武力或武力威胁。两者的主要区别有两点：一是过境者有所不同。过境通行适用于所有船舶和飞机，包括潜艇水下潜行通过和军用船舶和飞机的通过。而无害通过则主要适用于非军用船舶，军用船舶通过要受到限制，即使在沿岸国同意的情况下，外国潜艇通过也须上浮水面并展示国旗，而且，无害通过不适用于外国航空器。二是权利和义务有所不同。沿岸国对适用无害通过制度的海峡拥有较适用过境通行制度的海峡更广泛的管辖权，公约对外国船舶在无害通过时所规定的义务，要更严格、具体。相反，过境通行是介于无害通过与航行自由之间的一种航行制度，它既保持了沿岸国的主权和管辖权，又使过境船舶和飞机享有更多的权利和自由。

二、群岛国法律制度

（一）群岛国的概念及群岛基线的确定

地理上的群岛包括沿海国家的沿岸群岛、远岸群岛以及大洋群岛。依据《海洋法公约》第46条规定，所谓"群岛"（Archipelagoes）是指一群岛屿，包括若干岛屿的若干部分、相连的水域或其他自然地形，彼此密切相关，以致这种岛屿、水域和其他自然地形在本质上构成一个地理、经济和政治的实体，或在历史上已被视为这种实体。而"群岛国"（Archipelagic State）是指全部由一个或多个群岛构成的国家，并可包括其他岛屿。但那些拥有沿岸群岛的沿海国家并不能称为这里所说的群岛国，如中国江浙一带拥有舟山群岛等，但中国是一个普通的沿海国家，而印度尼西亚和菲律宾是典型的群岛国家。不过，按照群岛国的上述定义，日本、新西兰和英国尽管也可被界定为群岛国，但这些国家自身并不将自己纳入群岛国的行列。

由于群岛国与大陆型沿海国家的地理形势差异甚大，如果采用沿海国家的正常基线或直线基线方法来确定其基线的话，可能会过分扩大群岛国的内水范围，从而遭到其他国家的反对。有鉴于此，《海洋法公约》在其第四章对群岛国的基线及依据其所应划定的海域单独做了特殊的规定。关于群岛基线，公约第47条特别规定：群岛国可划定连接群岛最外缘各岛和各干礁的最外缘各点的直线群岛基线，但这种基线应包括主要的岛屿和一个区域，在该区域内，水域面积和包括环礁在内的陆地面积的比例应在1∶1到9∶1之间。这种基线的长度不应超过100海里，但围绕任何群岛的基线总数中至多3%可超过该长度，最长以125海里为限。而且，基线的划定应不明显地偏离群岛的一般轮廓。另外，群岛国不应采取一种基线制度，致使另一国的领海同公海或专属经济区隔断。

（二）群岛水域及其法律地位

群岛水域（Archipelagic Waters）是指群岛国的群岛基线所包围的所有水域。群岛国的领海、毗连区、专属经济区和大陆架的宽度也从群岛基线量起。群岛国的主权及于群岛水域及其上空、海床和底土，以及其中所包含的资源。应当注意，尽管群岛水域在基线以内，但其法律地位并非内水，群岛国的内水可在河口、海湾、港口等处用封闭线另外再划定。因此，群岛水域具有不同于群岛国的内水、又不同于其领海的独立法律地位（具体可参见图10.7）。

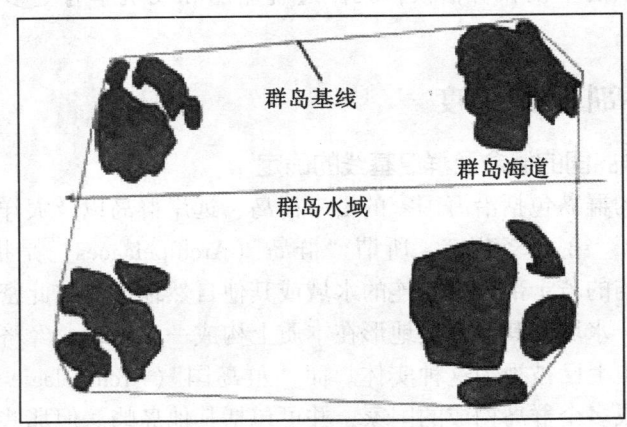

图 10.7

(三) 群岛水域的法律制度

群岛国制度是《海洋法公约》中新创立的另一项重要制度。如前所述，群岛国拥有对其群岛水域及其上空、海床和底土以及其中的资源的主权。然而，只要其他国家在群岛水域的有关活动不妨碍群岛国对群岛水域行使主权，群岛国应尊重与其他国家之间的现有协定，并应承认直接相邻国家在群岛水域某些区域内的传统捕鱼权及合法活动。另外，群岛国还应尊重其他国家所铺设的通过其群岛水域而不靠岸的现有海底电缆。不过，群岛水域通过制度是群岛国制度中最重要的组成部分，其具体可分为无害通过制度和群岛海道通过制度两种情况。

首先，所有国家的船舶都享有通过除群岛国内水以外之群岛水域的无害通过权。如为保护国家安全所必要，群岛国可在对外国船舶在形式上或事实上不加歧视的条件下，暂时停止外国船舶在其群岛水域特定区域内的无害通过，这种停止仅应在正式公布后发生效力。

其次，群岛国可以指定适当的海道和其上的空中通道，以便其他国家的船舶或飞机连续不停地迅速通过或飞越其群岛水域及其邻接的领海，所有国家的船舶和飞机均享有在这种海道和空中航道内的群岛海道通过权（Right of Archipelagic Sea Lanes Passage）。这种海道和空中航道应以通道进出点之间的一系列连续不断的中心线划定，通过群岛海道和空中航道的船舶和飞机在通过时不应偏离这种中心线 25 海里以外，但这种船舶和飞机在航行时与海岸的距离不应小于海道边缘各岛最近各点之间的距离的 10%。如果群岛国没有指定海道或空中航道，可通过正常用于国际航行的航道，行使群岛海道通过权。

第五节 专属经济区

一、专属经济区的概念

"专属经济区"制度建立之前,某些拉美国家在领海之外提出过建立所谓"专属渔区"、"承袭海"、"200海里海洋区域"等有关制度,在此基础上,非洲国家首度提出了"专属经济区"一词。1972年6月,在非洲统一组织的主持下,阿尔及利亚等17个非洲国家在喀麦隆首都雅温得举行非洲国家海洋法会议,建议非洲国家有权在其领海以外设立一个经济区。同年8月,肯尼亚向联合国海底委员会提交了一份《关于专属经济区概念的条款草案》。1982年《海洋法公约》最终采用了该草案中有关专属经济区的概念,并对专属经济区制度做了详细的规定。因此,专属经济区(The Exclusive Economic Zone)是《海洋法公约》中新创立的一个区域,又称"经济海域",它是指领海以外并邻接领海的一个区域,从测算领海宽度的基线量起,不应超过200海里(约合370.4公里)。沿海国在其专属经济区具有勘探、开发、使用、养护、管理海床和底土及其上覆水域自然资源的权利,对人工设施具有建造使用、科研、环保等方面的权利。

二、专属经济区的法律制度

专属经济区是在第二次世界大战以后,沿海发展中国家为捍卫国家海洋权益,经过长期斗争而产生的一种新的国际海洋法律制度。专属经济区既非公海又非领海,而是自成一类的具有独立地位的海域,专属经济区的制度不影响其上空、海床和底土本身的法律地位。沿海国在该海域所拥有的权利并不是其所固有的,需要沿海国以国内法的形式进行宣告来加以实现,而且,其权利主要只限于在该海域进行自然资源的开发和利用及相关管辖权,而不包括其他方面,因而其他国家在专属经济区内仍享有一些自由。

(一)沿海国的权利和义务

按照《海洋法公约》第56条的规定,沿海国在专属经济区内享有的权利主要包括两个方面:首先,以勘探和开发、养护和管理海床上覆水域和海床及其底土的自然资源(不论为生物或非生物资源)为目的的主权权利,以及关于在该区内从事经济性开发和勘探,如利用海水、海流和风力生产能等其他活动的主权权利。在勘探、开发、养护以及管理自然资源方面,沿海国家可制定有关的法律、规章。一般情况下，其他国家在没有经过沿海国同意的情况下不得擅自进入该区域内开发和利用自然资源。其次，沿海国在专属经济区内应有专属权利建造并授权和管理建造、操作和使用人工岛屿和其他经济目的的设施和结构。沿海国对这种人工岛屿、设施和结构应有专属管辖权，包括有关海关、财政、卫生、安全和移民的法律和规章方面的管辖权，还包括海洋科学研究以及海洋环境的保护和保全等方面的管辖权等。

沿海国在专属经济区内根据本公约行使其权利时，必须履行海洋法公约对其所设定的有关义务，同时也应适当顾及国际法和其他有关国家在该区域内的权益，并应以符合本公约规定的方式行事。

（二）其他国家的权利和义务

《海洋法公约》第58条规定了其他国家在沿海国专属经济区内的权利和义务。该条款规定，在专属经济区内，所有其他国家，不论为沿海国或内陆国，在本公约有关规定的限制下，享有第87条（公海自由）所指的航行和飞越的自由、铺设海底电缆和管道的自由以及与这些自由有关的海洋其他国际合法用途，诸如同船舶和飞机的操作及海底电缆和管道的使用有关的并符合本公约其他规定的那些用途。特别地，对于"内陆国"(Land-locked States) 与 "地理不利国"(Geographically Disadvantaged States)① 来说，这些国家应有权在公平的基础上，参与开发同一分区域或区域的沿海国专属经济区的生物资源的适当剩余部分，同时考虑到所有有关国家的相关经济和地理情况，并遵守《海洋法公约》第61条和第62条（沿海国制定的有关法律和规章）的规定，而这种参与的条款和方式应由有关国家通过双边、分区域或区域协定加以制定。

当然，其他国家在专属经济区内根据海洋法公约行使其权利和履行其义务时，应适当顾及沿海国的权利和义务，并应遵守沿海国按照本公约的规定和其他国际法规则所制定的与本部分不相抵触的法律和规章。在实践中，有关国家违反国际海洋法的规定而闯入其他国家专属经济区海域的事例时有发生，如2009年，美国军事测量船"无瑕号"与"胜利号"擅自闯入中国的专属经济区海域，违反了海洋法公约关于"海洋的和平使用"的基本原则。

---

① 依照《海洋法公约》第70条的规定，所谓"地理不利国"是指其地理条件使其依赖于发展同一分区域或区域的其他国家专属经济区内的生物资源，以供应足够的鱼类来满足其人民或部分人民的营养需要的沿海国，包括闭海或半闭海沿岸国在内，以及不能主张有自己的专属经济区的沿海国。

三、海岸相邻或相向国家间在专属经济区的划界问题

《海洋法公约》第 57 条规定，专属经济区从测算领海宽度的基线量起，不应超过 200 海里。一般而言，那些海岸线比较漫长的沿海国、群岛国家以及拥有众多岛屿的沿海国可能会获得较大面积的专属经济区范围。由于专属经济区的宽度最高可达 200 海里，当海岸相向或相邻的国家的海域宽度小于 400 海里时，专属经济区范围就很可能发生重叠，从而最终引起划界纠纷。如澳大利亚为四面环海的群岛国家，它与巴布亚新几内亚、新西兰相邻或相向，很可能导致其与这些邻国出现专属经济区的重叠问题。还有如中国和日本在东海的专属经济区宽度之和小于 400 海里而导致发生重叠问题等，这就存在专属经济区的划界问题。

《海洋法公约》第 74 条规定："海岸相向或相邻国家间专属经济区的界限，应在《国际法院规约》第 38 条所指国际法的基础上以协议划定以便得到公平解决。有关国家如在合理期间内未能达成任何协议，应诉诸第 15 部分（争端的解决）所规定的程序。在达成第 1 款规定的协议以前，有关各国应基于谅解和合作精神，尽一切努力作出实际性的临时安排，并在此过渡期间内，不危害或阻碍最后协议的达成。这种安排应不妨害最后界限的划定。如果有关国家间存在现行有效的协定，关于划定专属经济区界限的问题，应按照该协定的规定加以决定。"而从国家实践来看，许多沿海国家基于不同的地理条件和利益考虑而主张不同的划界原则，主要有"公平原则"和"中间线或等距离原则"。无论如何，从公约规定的精神看，有关国家的划界争议主要应由当事国自己通过谈判和协商的方式友好解决。

第六节 大 陆 架

一、大陆架的概念

（一）地理学意义上的大陆架概念

国际法上的大陆架（Continental Shelf）概念源于自然地理学意义上的大陆架概念。地理学意义上的大陆架，是指由沿海国陆地海岸线（一般取低潮线）起，向海底自然延伸，一直到海底坡度发生显著增大的转折处为止的这一段比较平坦的海底区域。如果从大陆架之外再向海底继续延伸，坡度急转直下，从这个转折处到坡度再度变缓转折处之间的海床，水深可达 3000 米左右，这个区域被称为"大陆坡"（Continental Slope）。从大陆坡再向

下延伸，海底又变得比较平坦，直到与深海海底合为一体，这一段即为大陆坡脚覆盖着大量沉积物的地方，被称为"大陆基"（Continental Rise）。以上大陆架、大陆坡、大陆基三个区域组成地质学上的"大陆边"（Continental Margin）（具体可参见图 10.8）。

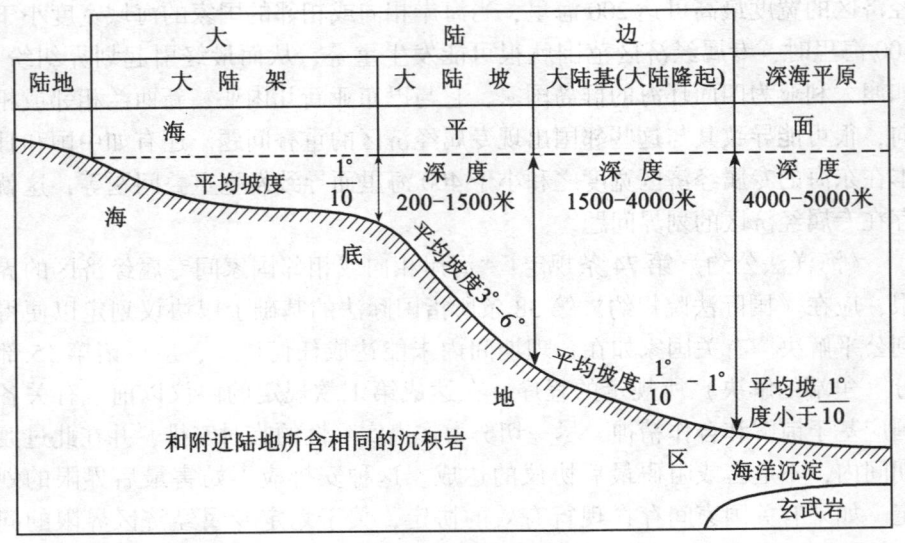

图 10.8　大陆架示意图

（二）法律意义上的大陆架概念

由于大陆架蕴藏着极其丰富的自然资源，许多国家开始重视对大陆架资源的勘探和开发。1945 年 9 月 28 日，美国总统杜鲁门发表著名的《大陆架公告》，宣布"处于公海下，但毗连美国海岸大陆架底土和海床的自然资源属于美国，并受美国的管辖和控制"。在美国的影响下，许多国家相继发表类似的声明，提出对邻接其海岸线的大陆架及其自然资源的权利主张。为了有效应对各国对大陆架权利主张的混乱与无序局面，1958 年第一次海洋法会议通过了《大陆架公约》，第一次提出了国际法意义上的大陆架概念。该公约第 1 条规定，"大陆架"一词是指："（1）邻接海岸但在领海范围以外，深度达 200 公尺或超过此限度而上覆水域的深度容许开采其自然资源的海底区域的海床和底土；（2）邻近岛屿海岸的类似海底区域的海床和底土。"按照这项规定，大陆架的内部界限是在领海以外（即领海的外部界限）。而大陆架的外部界限有两个标准：一个是 200 公尺深度标准，以 200 公尺等深线为大陆架的外部界限；另一个是技术上可开采的深度标准。由于科技的快速发展，人类从技术上可开采海洋的深度已经大大超过 200 公尺。

为了适应新的形势的发展，后来，联合国第三次海洋法会议所通过的《海洋法公约》第 76 条大大拓展了 1958 年《大陆架公约》对法律意义上大陆架所设定的范围，该条款规定："沿海国的大陆架包括其领海以外依其陆地领土的全部自然延伸，扩展到大陆边外缘的海底区域的海床和底土。如果从测算领海宽度的基线量起到大陆边的外缘的距离不到 200 海里，则扩展到 200 海里的距离。"可见，法律上的大陆架与地理上的大陆架概念存在差异（见图 10.9）。按照《海洋法公约》第 76 第 3 款的规定，大陆边的范围包括沿海国陆块没入水中的延伸部分，由大陆架、大陆坡和大陆基的海床和底土构成。也就是说，法律上的大陆架范围大致相当于地理上的大陆边，即具体包括地理意义上的大陆架、大陆坡与大陆基三段。公约还补充规定，如果在大陆边从测算领海宽度的基线量起超过 200 海里的任何情形下，沿海国具体应按两种方式之一划定大陆边的外缘，也即确定其大陆架的外部界限：（1）以最外各定点为准划定界线，每一定点上沉积岩厚度至少为从该点至大陆坡脚最短距离的 1%；或者（2）以离大陆坡脚的距离不超过 60 海里的各定点为基准划定界线。用这两种方式之一划定的大陆架外部界线的各定点，不应超过从测算领海宽度的基线量起 350 海里，或不应超过 2500 米等深线外 100 海里，这就是所谓的"外大陆架"（具体可参见图 10.9）。

二、大陆架的法律制度

（一）沿海国的权利与义务

《海洋法公约》规定：沿海国为勘探大陆架和开发其自然资源（包括海床和底土的矿物、其他非生物资源，以及属于定居种的生物，即在可捕捞阶段，海床上或海床下不能移动或其躯体须与海床或底土保持接触才能移动的生物）的目的，对大陆架行使主权权利。而且，这种权利对于沿海国来说是专属性的，即如果沿海国不勘探大陆架或开发其自然资源，任何人未经沿海国明示同意，均不得从事这种活动。也就是说，和专属经济区的做法相反，沿海国对大陆架的权利并不取决于有效或象征地占领或任何明文公告。在勘探和开发自然资源的过程中，沿海国有授权和管理为一切目的在大陆架上进行钻探的专属权利，并有权建造人工岛屿、必要的设施和装置，以及围绕这些设施建立安全区，并对其拥有专属管辖权。当然，沿海国在行使上述权利时，有义务不得侵害或妨碍其他国家在大陆架上所享有的有关权利和自由。

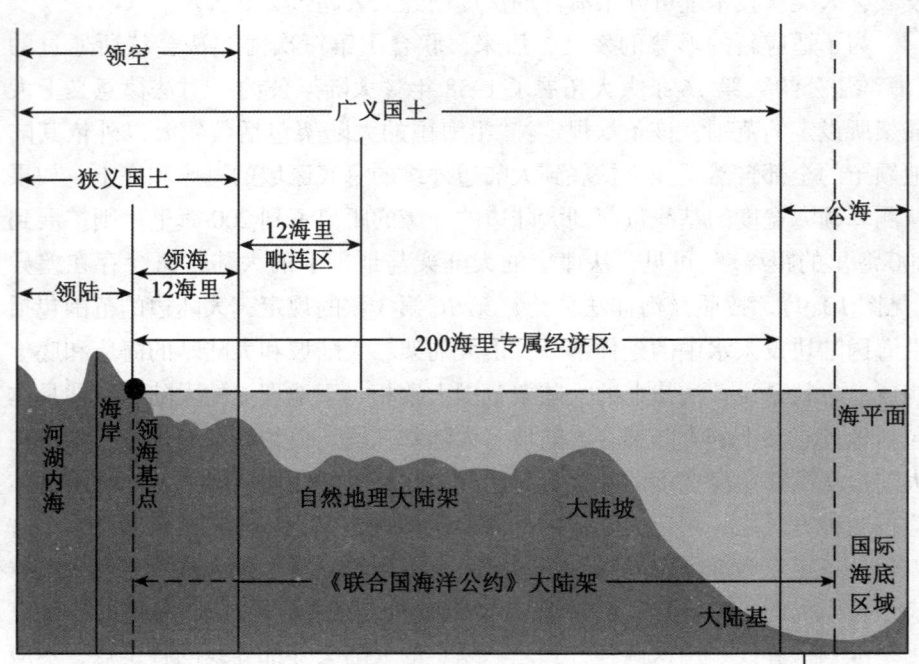

图 10.9

而在 200 海里以外、350 海里以内的外大陆架,由于其上覆水域及其上空属于公海范围而不是沿海国的专属经济区。因此,沿海国在外大陆架行使有关主权性权利时需要特别注意两点:一是关于生物资源的开发和利用问题,沿海国只对捕获定居类的生物资源拥有专属权利,非定居种类的生物资源适用公海捕鱼自由制度;二是有关非生物资源的勘探和开发问题,沿海国要受《海洋法公约》第 82 条及有关规定的限制,尽管其原则上仍然拥有勘探和开发的专属权利,但同时应向国际海底管理局缴付一定比率的费用或实物。

(二)其他国家的权利与义务

沿海国对大陆架的权利并不影响大陆架上覆水域或水域上空原有的法律地位,其他所有国家的船舶和飞机有在沿海国大陆架上覆水域或水域上空进行航行和飞越的自由。不过,其他国家在沿海国 200 海里以内的大陆架上覆水域或水域上空进行航行和飞越时应顾及沿海国在这片所管辖海域有关权利的实现,而在 200 海里以外的大陆架上覆水域或水域上空进行航行和飞越适用公海上的航行和飞越自由制度。所有其他国家都有在沿海国大陆架上铺设海底电缆和管道的权利和自由。在大陆架上铺设这种管道，其路线的划定须经沿海国同意。铺设海底电缆和管道时，各国应适当顾及已经铺设的电缆和管道，特别是，修理现有电缆或管道的可能性不应受妨碍。

三、海岸相邻或相向国家间在大陆架的划界问题

对于大陆架划界争议问题，《海洋法公约》第83条提供了运用"协商原则"解决的办法，该条规定，海岸相向国或相邻国家间大陆架的界限，应在《国际法院规约》第38条所指国际法的基础上以协议划定，以便得到公平解决。在达成这种有关协议以前，有关各国应基于谅解和合作的精神，尽一切努力作出实际性的临时安排，并在此过渡期间内，不危害或阻碍最后协议的达成，这种安排不妨害最后界限的划定。如果有关国家在合理期间内未能达成任何协议，应诉诸公约第15部分所规定的争端解决程序。如果有关国家间存在现行有效的协定，关于划定大陆架界线的问题，应按照该协定的规定加以决定。

除此之外，从国家及国际司法实践来看，目前，围绕大陆架划界问题，国际社会还出现了"大陆架自然延伸的原则"、"等距离中间线原则"以及"公平原则"。自然延伸原则认为，从地质地理学上看，大陆架是国家陆地向海下的自然延伸，据此法律上确认近海大陆架应归沿海国所享有，所以大陆架划界时应达到使"每一个当事国都尽可能地得到凡构成其陆地领土向海洋的自然延伸的一切部分，而不侵犯另一当事国陆地领土的自然延伸"。所谓等距离中间线原则，是指海岸相邻或相向国家间进行大陆架划界时所作的一条其每一点均与领海基线的最近点距离相等的界限。等距离线适用于海岸相邻间"横侧"划界，中间线则适用海岸相向的国家间的"中间"划界，实际上中间线也就是"等距离线"。而对于公平原则，国际法院在"北海大陆架案"中对其作了阐述，指出应充分考虑大陆架是陆地的自然延伸，另外，还必须考虑相关的具体条件和因素，诸如各地海域的不同情况，即海岸构造和海岸线的比例、岛屿的位置、海底地质和地理构造及其自然资源等。

总的来说，依据国家实践与国际司法判例，大陆架自然延伸原则和公平原则已经为国际社会普遍接受为大陆架划界的主要原则，而等距离中间线原则只是一项次要原则，其主要适用于有关国家的领海划界争议问题。

第七节 公 海

一、公海的概念及法律地位

公海的概念产生于 16 世纪，到 19 世纪被各国公认。长期以来，整个海洋只分为两大部分，沿海国领海以外的海域就是公海。如直到 1958 年《公海公约》规定，公海仍然指不包括在一国领海或内水内的全部海域。然而，随着人类对海洋开发和利用能力的不断提高，各国日益重视对海洋的分割，这使得公海的范围日益缩小。1982 年《海洋法公约》第 86 条规定：公海（High Seas）是指不包括在沿海国的内水、领海、专属经济区、群岛国的群岛水域在内的全部海域。公海不属于任何国家领土的组成部分，也不在任何国际法主体管辖之下，它属于国家管辖范围以外的海域。因此，任何国家不得有效地将公海的任何部分置于其主权之下，不得将其任何部分据为己有，不得对公海本身行使管辖权，公海是全人类的共同财富，对所有国家开放。

二、公海的法律制度

公海自由原则是一条古老的国际习惯法规则，它构成公海法律制度的基础。1982 年《海洋法公约》规定，目前，公海自由主要包括 6 大项，即航行自由、飞越自由、铺设海底电缆和管道自由、捕鱼自由、建造人工岛屿和设施自由、科学研究自由。原则上，各国在公海上享有上述各种自由的权利，但并不意味着各国在公海上的行动不受到任何法律限制，公海也并没有处于完全没有法律的真空状态中。在公海自由原则的基础上，任何国家在公海行使有关权利和自由都不得违反海洋法公约和其他公认的国际法原则及规则。各国在公海享有上述六大自由权利的同时，相应地，各国还应遵守有关公海的六项具体的义务。这样，概括起来，各国在公海所享有的权利和承担的义务就构成了公海的下述六项制度：

（一）航行制度

任何国家的船舶都可以悬挂其旗帜在公海中自由航行。在公海中航行的船舶必须在一国进行登记并悬挂该国国旗，登记国称为该船的"国籍国"或"船旗国"。一般情况下，船舶在公海上航行只能悬挂一国国旗，但有时为了经济和方便，有些国家允许本国船舶在他国登记注册取得他国国籍，同时也允许外国船舶在本国港口登记注册取得本国国籍，船舶悬挂的这种旗帜被称为"方便旗"(Flag of Convenience),而悬挂这种旗帜的船舶则被称为"方便旗船"(Ship of Flag of Convenience)。这种船旗国与船舶所属国不一致现象很有可能给有关国家对这种"方便旗船"的管辖带来不便。因此,公约强调船舶与国家之间必须要有真正的联系。

(二) 飞越自由制度

原则上讲,任何国家的飞机在飞越时应顾及其他国家在公海上行使有关自由的权利。民航飞机在飞越公海上空时还须遵守有关国际民航公约对飞机飞行时设定的规则。而军用飞机在飞越时应只用于和平的目的,如有关国家在设立防空识别区或进行军事演习则不得妨碍或损害其他国家飞机和船舶的飞越和航行自由。

(三) 铺设海底电缆和管道制度

所有国家都有权在公海铺设海底电缆和管道。在铺设时,不应影响其他国家已铺设的电缆和管道,包括其正常使用和维修。如果因铺设海底电缆或管道使他国的电缆或管道受到损害,则应承担赔偿责任。

(四) 捕鱼制度

各国都有权由其公民在公海中捕鱼,在捕鱼中应遵守本国根据有关条约和协议就鱼种、数量、方法、区域等方面承担的义务。

(五) 建造人工岛屿和设施制度

各国有权在公海建造人工岛屿或设施。这种设施的设置应符合国际法的其他规则,包括不得设置于航道,设置物应符合有关的国际标准等。这种人工设施不具有自然岛屿的地位,但可以在其周围划定宽度不超过500米的安全地带。

(六) 科学研究制度

各国均享有在公海进行科学研究的自由。研究活动应遵守《海洋法公约》或其他国际法的规则,顾及其他国家的利益。

三、公海上的管辖权

公海虽是不属于任何国家法律管辖范围的海域,但并不意味着公海上所发生的行为得不到任何国家的管辖,为了维护公海自由的有关公共秩序,任何国家可以行使船旗国管辖与普遍性管辖的权利。

(一) 船旗国管辖

《海洋法公约》第92条明确规定:除国际条约或本公约明文规定的例外情况,船旗国对其在公海上航行的船舶具有专属的管辖权。所谓船旗国管辖,是指各国有权对在公海上具有本国国籍船舶进行的管辖,这是公海管辖的主要原则。公约第 97 条还规定，遇有船舶在公海上碰撞或任何其他航行事故涉及船长或任何其他为船舶服务的人员的刑事或纪律责任时，对此种人员的任何刑事诉讼或纪律程序，仅可向船旗国或此种人员所属国的司法或行政当局提出。在纪律事项上，只有发给船长证书或驾驶资格证书或执照的国家才有权在经过适当的法律程序后宣告撤销该证书，即使证书持有人不是发给证书的国家国民也不例外。船旗国当局以外的任何当局，即使作为一种调查措施，也不应命令逮捕或扣留船舶。

（二）普遍性管辖

为了维持公海上的良好秩序，各国有权对公海上的违反人类共同利益的国际犯罪行为以及某些违反国际法的活动进行干预和管辖，这就是所谓"普遍性管辖"，其管辖的对象主要是针对从事海盗、贩毒、贩奴、非法广播等行为者。公海上的普遍管辖权可以说是船旗国管辖的一种例外和补充。虽然公海自由和在公海上的船舶属于船旗国管辖的事实原则上都不允许任何国家对外国船舶行使权力，但为了所有国家的共同利益，按照国际习惯法，任何国家的军舰和经授权的国家公务船舶或飞机在公海上代表国家行使普遍管辖权，他们行使管辖权的具体方式主要包括"旗帜查明权"、"登临权"以及"紧追权"三种。为了打击海盗、非法广播、贩卖毒品等违法、犯罪行为，以维护公海公共秩序，任何国家的军舰和经授权的国家公务船舶或飞机都有权要求公海上的可疑私有船舶展示他们的旗帜。如果有关船舶在公海上悬挂两国或两国以上旗帜航行，期间视方便而不断变换旗帜，或者干脆不悬挂或不展示任何国家的旗帜，这种特定的"方便旗船"将给公海的航行安全带来更大的危害，其不但得不到有关法律的保护，而且还将成为各国打击的对象。因此，任何国家的军舰和经授权的国家公务船舶或飞机都有权要求此类船舶展示旗帜或明确其身份，如果发出警告而此类船舶仍然不理会，有关国家军舰和国家船舶可令其停船并接受登临检查。下面主要就紧追权作个解释。

在公海上，沿海国仅以属地管辖或属人管辖是不能有效地行使其国家管辖权的，为了保障沿海国对逃往公海的违法外国船舶有效地执行其法律、规章，《联合国海洋法公约》规定了紧追权，它实际上是沿海国在其管辖海域内已经开始的管辖权在公海上的继续或延伸。因此，紧追权是船旗国行使专属管辖原则的例外，是沿海国属地管辖权的延伸适用，实质上属于保护性管辖的范畴。[①] 国家行使紧追权的实践最初出现于 19 世纪。1958 年《公海公

---

① 参见周建海. 国际法学. 北京：法律出版社，2000：79.

约》肯定了沿海国的紧追权，1982年《海洋法公约》第111条重申了该规则，并进一步扩大了它的适用范围。

按照海洋法公约的规定，所谓"紧追权"(Right of Hot Pursuit)，是指沿海国的军舰、军用飞机或其他有清楚标志可以识别的为政府服务并经授权的船舶或飞机对于在其管辖海域范围内违反了该沿海国法律的外国船舶进行追逐直至公海仍可继续以期拿获的权利。此项追逐须在外国船舶或其小艇之一在追逐国的内水、群岛水域、领海或毗连区内时开始，而且只有追逐未曾中断，才可在领海或毗连区外继续进行。当外国船舶在领海或毗连区内接获停驶命令时，发出命令的船舶并无必要也在领海或毗连区内。如果外国船舶是在公约第33条所规定的毗连区内，追逐只有在设立该区所保护的权利遭到侵犯的情形下才可进行。对于在专属经济区内或在大陆架上，包括大陆架上设施周围的安全地带内，违反沿海国按照本公约适用于专属经济区或大陆架包括这种安全地带的法律和规章的行为，应比照适用紧追权。沿海国行使紧追权在被追逐的船舶进入其本国领海或第三国领海时应立即终止。另外，追逐只有在外国船舶视听所及的距离内发出视觉或听觉的停驶信号后，才可开始。在无正当理由行使紧追权的情况下，在领海以外被命令停驶或被逮捕的船舶，对于可能因此遭受的任何损失或损害应有权获得赔偿。

第八节 国际海底区域

一、国际海底区域的概念及法律地位

早在19世纪70年代，英国"挑战者"号巡洋舰在深海海底发现了锰结核矿物资源，海底蕴藏的锰结核和金属软泥中所含有的锰、铜、钴、镍等主要金属可供人类开发利用至少数千年。自20世纪50年代以来，随着深海科技的发展使得勘探和商业开发国际海底资源成为可能，少数海洋大国凭借自己掌握的技术和财力优势，妄图抢先开发深海矿物资源，引起众多发展中国家的反对和抵制。为了应对这种情况，国际社会开始着手制定有关国际法规则。1967年8月17日，出席第22届联合国大会的马耳他代表团向大会提出了题为"关于保留现行国家管辖范围以外的海床洋底及其底土专用于和平目的及其资源用于人类福利的宣言和条约"的提案。马耳他大使阿维德·帕多在大会上对这一提案作说明时，建议将国家管辖范围以外的海床洋底及其底土宣布为"人类共同继承财产"。1970年12月17日，第25届联大通过了第2749号决议，即《关于各国管辖范围以外海床洋底及其底土的

原则宣言》。为了落实上述宣言，1982 年《联合国海洋法公约》第 11 部分和附件 3、附件 4 以及两项决议等都对国际海底区域制度作了详细规定。该公约所记载的国际海底制度是发展中国家与发达国家之间激烈斗争和妥协的产物。国际海底区域（International Sea-Bed Area）在《海洋法公约》中称为"区域"，是该公约新创立的一种制度，它是指国家管辖范围以外的海床、洋底及其底土，即各国大陆架和专属经济区以外的深海洋底及其底土。

"区域"及其资源是人类的共同继承财产，"区域"向所有国家开放，任何国家不应对"区域"的任何部分或其资源主张或行使主权或主权权利；任何国家或自然人或法人，也不应将"区域"或其资源的任何部分据为己有；任何这种主权和主权权利的主张或行使，或这种据为己有的行为，均应不予承认。"区域"不影响其上覆水域及其水域上空的法律地位。

二、国际海底区域的法律制度

1982 年《联合国海洋法公约》中所创立的国际海底区域制度，包括国际海底区域支配原则、开发制度、管理机构等。根据 1982 年《海洋法公约》第 11 部分（"区域"部分）和 1994 年《关于执行 1982 年联合国海洋法公约第 11 部分的协定》的规定，国际海底区域的法律制度的核心是其"平行开发制度"，是体现人类共同继承财产原则的关键所在。所谓"平行开发制度"，是指在区域内的一个矿区被勘探后，开发申请者向国际海底管理局①提供两块价值相当的矿址，管理局选择一块作为"保留区"，由海底局企业部进行开发，另一块作为"合同区"，由缔约国有效控制的自然人或法人与管理局以订立合同的方式进行合作开发。

而在《海洋法公约》1994 年 11 月 16 日正式生效前，已经有法国海洋勘探研究所与法国结核块研究协会、日本深海资源开发有限公司、中国大洋协会、印度海洋开发部、俄罗斯海洋地质作业南方生产协会、韩国贸易工业和能源部与波兰国际海洋金属联合组织（代表东欧集团）等 7 个缔约国有效控制的自然人或法人对大洋底多金属结核等资源进行了勘查活动，并已经进行了至少 3000 万美元投资，这 7 国的法人被称为国际海底区域的"先驱投资者"（Pioneer Investor），他们已正式提出申请国际海底多金属结核资源

---

① 国际海底管理局是一个由主权国家组成的国际组织，由全体缔约国组成的大会、36 个国家组成的理事会、负责开发生产活动的企业部和秘书处四个主要机构组成。所有缔约国都是管理局的当然成员，缔约国按照公约的规定组织和控制"区域"内活动，特别是管理"区域"内资源的开发等有关活动。

矿区登记，并都先后获得国际海底管理局审核通过。除印度的矿区位于印度洋中印度洋海盆外，其他 6 国的矿区都分布在东北太平洋海盆。1991 年 3 月 5 日，在联合国第 9 届海底筹委会春季会议上，海底局批准了中国的 30 万平方公里矿区申请，并将其 15 万平方公里矿区（在夏威夷东南）分配给中国作为开辟区。《海洋法公约》和《关于执行 1982 年联合国海洋法公约第 11 部分的协定》还就平行开发中的生产政策、财政政策、审查制度、技术转让等方面作出了规定。

【难点追问】

国际海洋法上两个特殊的法律制度。

其一，用于国际航行的海峡概念问题；其二，群岛水域的法律地位问题。对于前者，所谓"用于国际航行的海峡"一般泛指那些构成世界性航道以能用于国际航行的海峡。但本章所说的用于国际航行的海峡特指联合国 1982 年《海洋法公约》所规定用于国际航行的海峡，即这种海峡属于沿海国的领海海峡，其两端连接公海或专属经济区，同时构成世界性航道，其他任何国家的船舶和飞机通过该海峡时主要适用过境通行制。对于后者，群岛水域是 1982 年《联合国海洋法公约》为群岛国新创立的一片海域，这片海域在其法律地位上非常独特，群岛国对于群岛水域及其上空和底土享有排他的主权，即属于群岛国的领土，但它既不属于群岛国的内水，也不是群岛国的领海，其他任何国家的船舶和飞机可在这片水域行使无害通过权（无须群岛国指定）和群岛海道通过权（须有群岛国指定）。

【前沿提示】

自 1982 年《联合国海洋法公约》于 1994 年生效以来，有关国家纷纷扩大自己管辖海域的范围，争夺海洋资源也日趋白热化，国际海洋法领域出现了许多新问题，诸如有关沿海国之间关于专属经济区与大陆架的划界纠纷问题、200 海里外大陆架权利主张及其划界的问题、岛屿的法律地位问题、北冰洋的东北航道海洋权利主张问题、海洋环境保护问题、国际海盗惩治问题等。因此，各国应如何在追求海洋权益与维护海洋公共秩序之间进行有效平衡，这是国际社会及国际海洋法所面临的一个严峻挑战。

【思考题】

1. 依据国际海洋法的规定，沿海国应如何确定划分其所管辖不同海域的基线？

2. 无害通过制度与过境通行制度的关系如何？
3. 地理学上的大陆架与法律意义上的大陆架有什么区别和联系？
4. 依据国际法，你认为应如何理解中日在东海之专属经济区和大陆架的划界问题？
5. 沿海国在行使紧追权时应遵守哪些规则？
6. 群岛国应如何合理、合法地确定自己的群岛基线？
7. 我们应如何正确理解国际海洋上的"公海自由原则"？

第十一章 国际空间法

【引言】2009年10月11日，世界第七位太空游客盖·拉利伯特乘载俄罗斯"联盟TMA-14"载人飞船返回地面。人类遨游太空的梦想已经成为现实，探索和开发太空成为国家间竞争的主要领域，国际空间法对人类太空活动的规制日益重要。国际空间法是现代国际法的重要组成部分。特别是在全球化的今天，空间资源的开发与利用，空间国际法律秩序的建立，对人类的共同发展与美好未来具有重大现实意义。但由于各国科技水平的差异和对空间战略的不同认识，国际空间法的立法相对滞后，空间技术的发展和外空活动的商业化迫切需要法律规范。

【学习的目的与要求】掌握国际航空法和外层空间法的概念和特征及其基本法律制度，能运用空间法的知识对国际空间站、中国的太空战略和外层空间活动商业化进行基本分析和探讨。

【知识结构简图】

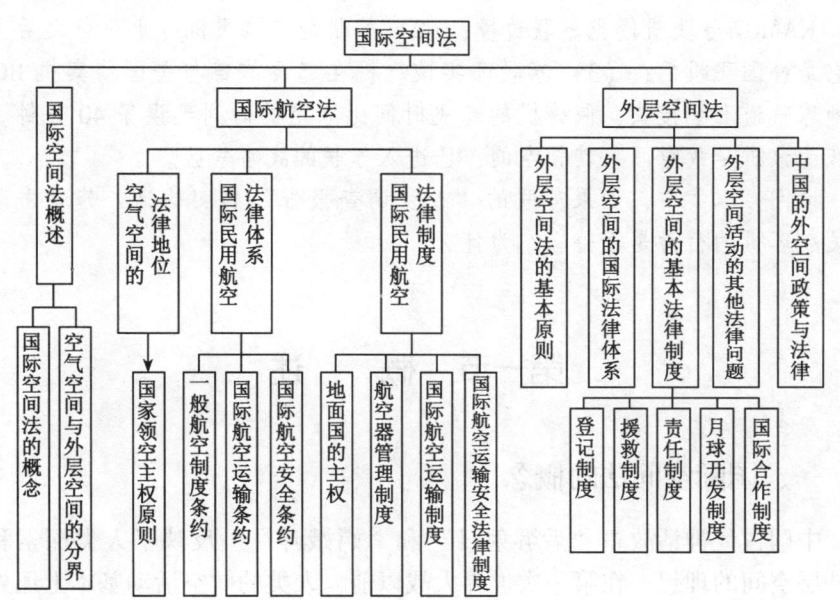

【引例】

苏联击落韩国客机案

1983年9月1日，韩国航空公司波音747KAM07号民航客机在自纽约飞往平壤途中，于苏联萨哈林附近被苏联飞机拦截并被两枚导弹击中后坠入日本海。机上269人（其中乘客240人）全部遇难。该机被拦截时，偏离了航道500公里，进入了苏联禁飞区。此案发生后引起了强烈的国际反应。在韩国和加拿大的请求下，国际民航组织于1983年9月15—16日在蒙特利尔召开特别会议，决定组织一个由5名专家组成的调查小组处理此案。经过2个多月的调查之后，调查组报告指出：（1）该客机的驾驶员证件齐全。在从阿拉斯加安卡雷奇起飞时，一切必要的航行和电子系统正常，准时起飞，预计可按时到达目的地。韩国在当地时间6时命令该飞机按计划的航线飞行，从起飞到降落全程飞行时间7时53分。（2）该机在起飞后不久就偏离了指定的航线，后来继续向北偏离，终于进入苏联领空。苏联认为这是对它领空的侵犯，苏联军用飞机曾两次对它进行拦截。出事时，该机偏离指定航线以北300海里。（3）调查小组没有找到证据证明驾驶员已知道飞机偏离航线和偏离航线是有预谋的。调查小组假设驾驶员没有正确调整"习惯航线系统"，由于不够注意和缺乏警惕使飞机不自觉地偏离航线达5个半小时。

调查报告还附上了苏联的"初步调查报告"。该报告指出了以下几点：（1）KAM07号飞机侵犯苏联边境；（2）苏联是在该飞机终止飞行之后才知道它是韩国飞机的；（3）苏联证实该飞机在起飞前曾与美国侦察机BCl35和地球轨道卫星接头，使该机的起飞时间比原定的时间延误了40分钟。苏联认为该机是故意闯入其领空的，已进入苏联的战略禁区。

请问：本案中，如果苏联的"初步调查报告"属实的话，苏联击落韩国民航客机的行为是否得当？为什么？

第一节 概 述

一、国际空间法的概念

中国古代神话故事"后羿射日"和"嫦娥奔月"反映了人类探索和利用外层空间的理想。在第一次世界大战以前，人类的航空活动基本上还处于试验阶段。第二次世界大战后，随着空间科学技术的进步，人类外空活动的增多。联合国为此通过了一系列有关探索和利用外层空间的宣言和决议，国际社会还制定了有关外层空间的条约。因此，国际空间法主要是调整国家之间因利用空气空间和外层空间而产生的各种关系的原则、规则和制度的总称。国际空间法分为空气空间法（或国际航空法）和外层空间法两部分。

二、空气空间与外层空间的分界

按照联合国大会于1961年12月20日通过的721号决议的规定：外层空间由所有国家按照国际法自由探索和使用并且不得由任何国家据为己有。从此，空气空间和外层空间就被明确为两个法律地位不同的空间。国家的领空主权只能扩展到空气空间，不能延伸到外层空间。空气空间隶属于地面国主权之下，而外层空间不能为任何国家据有，应对所有国家开放。

尽管外层空间和空气空间的法律地位是不同的，但两者的界限迄今仍有争议。主要的学说有航空器最高限度说、空气构成说、人造卫星最低限度说、有效控制说、同步轨道说、功能说等。

目前，以离地面100~110公里的高度作为空气空间和外层空间的界限，而有关国家允许太空物体无害经过其领空的主张在国际社会具有广泛影响。

第二节　国际航空法

一、空气空间的法律地位

一般认为，空气空间分为两部分：国家领土之外的空气空间和国家领土之上的空气空间。就前者而言，所有国家的航空器都享有以符合国际法的方式行使的飞越自由；对后者来说，在第一次世界大战以前，关于国家领土之上的空气空间的法律地位问题，还存在激烈的争论，主要有以下几种理论：（1）完全自由论，认为空气空间和公海一样，是开放和完全自由的；（2）有条件自由论，主张空气空间原则上是开放和自由的，但国家享有自保权，可以在必要时对其领土上空进行干预；（3）海洋比拟论，类比海洋分为公海和领海，而将空间分为公空和领空，一国对空主权应以一定高度为限，但其具体高度存在很大分歧；（4）国家主权论，主张国家领土上空构成该国领土的组成部分，受地面国的管辖和支配；（5）有限主权论，主张国家在原则上对其领土上空享有主权，但外国航空器享有无害飞越的权利。

1919年巴黎《航空管理公约》第1条明确规定："缔约各国承认，每一个国家对其领土上的空间具有完全的和排他的主权。"1944年芝加哥《国际民用航空公约》、1958年日内瓦《领海和毗连区公约》和1982年联合国《海洋法公约》，都确认了国家领空主权原则。因此，国家对其领土之上的空气空间享有完全的和排他的主权，是一项已经确立的国际法原则。

二、国际航空法律体系

（一）确立一般国际航空法律制度的条约

1. 《巴黎航空公约》

1919年《巴黎航空公约》是世界上第一个多边国际航空公约，它全面地确立了国际民用航空的基本法律制度。该公约除明确规定了国家对其领土上空具有完全和排他的主权外，还第一次规定了有关航空器国籍的法律制度。即：航空器的国籍取决于其注册的国家，在哪国注册，就具有哪国的国籍。该公约还将航空器分为民用航空器和国家航空器，后者包括军用航空器和公务航空器，军用航空器在他国的飞越和降落受到严格限制。对于前者而言，缔约国获准保留"国内两地间空运"的权利。另外，公约还设立了一个国际航空的常设管理机构——国际空中航行委员会。因此，1919年《巴黎航空公约》的通过标志着国际航空法的正式形成。

2. 《国际民用航空公约》

第二次世界大战期间，航空技术和航空活动的新发展提出了许多新的法律问题，使《巴黎航空公约》的修订成为必要。1944年11月，53个国家的代表在美国芝加哥召开国际民用航空会议，签订了《国际民用航空公约》（又称《芝加哥公约》）。该公约于1947年4月4日生效后，取代了1919年《巴黎航空公约》并成为现代国际航空法的基础。

《芝加哥公约》的主要内容，可归纳如下：第一，承认"每一个国家对其领土上空具有完全和排他的主权"。第二，区分"民用航空器"和"国家航空器"，后者是指"用于军事、海关和警察部门的航空器"，它们"未经特别协定或其他方式的许可并遵照其规定，不得在另一缔约国领土上空飞行或在此领土上降落"。第三，把"在缔约国领土上空飞行"分为"航班飞行"和"非航班飞行"两类。对于航班飞行，依据《芝加哥公约》第6条的规定，"国际航班飞行，非经一缔约国的特准或许可，不得在该国领土上空飞行或飞入该国领土"。因此，从国家实践来看，定期航班飞行的具体问题通常由有关国家通过双边协定或多边协定来解决，而多边协定只有1944年芝加哥国际民用航空大会达成的《国际航空运输协定》与《国际航班过境协定》。第四，以登记作为确定航空器国籍的依据，即"航空器具有其登记的国家的国籍"。

《芝加哥公约》还规定成立一个国际民航组织，其"宗旨和目的在于发展国际航行的原则和技术，并促进国际航空运输的规划和发展"，总部则设在加拿大蒙特利尔。

（二）关于国际航空运输业务的条约

1. 《国际航空运输协定》

《国际航空运输协定》是由1944年的芝加哥会议通过的，又称"五种自由协定"。它为国际定期航空业务规定了五种空中自由：（1）不降停而飞越一国领土的权利；（2）非运输业务性降停的权利；（3）卸下来自航空器所属国领土的客、货、邮的权利；（4）装载前往航空器所属国领土的客、货、邮的权利；（5）装载前往或来自任何其他缔约国领土的客、货、邮的权利。该协定于1945年2月8日起生效，不过后来由于加入国家数量太少，再加上美国的退出，该协定已经没有多少实际意义。

2. 《国际航班过境协定》

1944年芝加哥会议还通过了《国际航班过境协定》，并规定了两种自由，即不降停而飞越缔约国领土的权利和非运输业务性降停的权利，因而又称为"两种自由协定"。该协定于1945年1月30日生效，目前已经获得90多个国家的批准。

3. 《华沙公约》

《华沙公约》又称为《统一国际航空运输某些规则的公约》，于1929年在华沙订立。该公约对航空运输的业务范围、运输票证、损害赔偿等作了具体规定。在该公约签订后，又陆续达成了一系列文件，从而形成了国际航空运输上的所谓"华沙公约体系"。

华沙公约体系在国际航空运输实践中适用和运行了70余年，它对调整和规范各国间的航空运输活动，推动国际民用航空事业的迅猛发展发挥了巨大的作用。华沙公约的缔约国曾一度达到140多个，包括了世界上的各主要国家，可以说20世纪的国际航空旅客运输和货物运输的绝大部分活动都曾是在华沙公约体系下进行的。

4. 《蒙特利尔公约》

1997年4月至5月，国际民航组织法律委员会召开会议，讨论"华沙公约体系现代化和国际航空法文件的批准问题"，力图通过一项国际航空运输责任的公约草案，以便提交外交会议讨论通过。1999年5月11日至28日，国际民航组织在加拿大蒙特利尔召开了旨在通过一个取代华沙公约体系的外交会议。会议顺利地通过了《统一国际航空运输某些规则的蒙特利尔公约》(简称 1999 年《蒙特利尔公约》)。2003 年 11 月 4 日,《蒙特利尔公约》正式生效,这标志着当代国际航空运输责任法进入到了一个新的发展阶段,将对全球化背景下各国之间的航空运输和民航国际合作产生深远的影响。

(三) 关于国际航空安全的条约

在国际航空事业的发展过程中,各种空中劫机和破坏航空器事件也频频发生,使打击与航空器有关的犯罪和保障民用航空安全成为一个紧迫问题。迄今为止,国际社会达成了一系列重要的国际条约和协定。

1. 《东京公约》

《东京公约》① 全称是《关于在航空器内的犯罪和其他某些行为的公约》,于 1963 年 9 月 14 日在东京签订并于 1969 年 12 月 4 日生效。该公约是国际上第一个对航空器内所犯罪进行管辖的国际条约。公约适用于:(1)违反刑法的罪行;(2)可能或确已危及航空器或其所载人员或财产的安全,或危害航空器内的正常秩序和纪律的行为,无论此种行为是否构成犯罪。公约规定:"航空器登记国有权对在该航空器内的犯罪行为行使管辖权。"这是《东京公约》所确立的一项重要原则。

2. 《海牙公约》

《海牙公约》② 就是 1970 年 12 月 16 日于海牙签订的《关于制止非法劫持航空器的公约》。由于《东京公约》存在的一些局限性,使其越来越不足以应付不断发生的针对航空器的犯罪行为,特别是各种频频发生的"空中劫持"。《海牙公约》规定:在飞行中的航空器内的任何人,如果用武力或用武力威胁,或用任何其他恐吓形式,非法劫持或控制该航空器,或企图采用任何这种行为,或者是犯有或企图犯任何这种行为的人的从犯,都犯了本公约所指的罪行。关于管辖权问题,《海牙公约》在《东京公约》的基础上进一步予以完善,明确了航空器登记国、航空器承租人所在地国、航空器降落地国、犯罪发生地国以及其他国家在公约规定的条件下所具有的管辖权。

3. 《蒙特利尔公约》

《蒙特利尔公约》就是 1971 年 9 月 3 日在蒙特利尔签订的《关于制止危害民用航空安全的非法行为的公约》的简称。《蒙特利尔公约》扩大了"非法劫持"的含义,使其客体从航空器"在飞行中"延伸到"在使用中",包括:(1)对飞行中的航空器内的人采取暴力行为而可能危及该航空

---

① 截至 2007 年 1 月,该公约共有 180 个缔约国。
② 截至 2007 年 1 月,该公约共有 181 个缔约国。

器的安全；（2）破坏使用中的航空器或使其受损坏，以致不能飞行或可能危及其飞行的安全；（3）用任何方法在使用中的航空器内放置或使别人放置装置或物质，可能破坏该航空器或使其受破坏以致不能飞行或可能危及其飞行的安全；（4）破坏或损坏航行设备或妨碍其工作，可能危及飞行中航空器的安全；（5）传送虚假的情报，从而危及飞行中航空器的安全。公约进一步规定："在使用中"是指从地面人员或机组对某一特定飞行的航空器开始进行飞行的准备起，直到降落后24小时止。

三、国际民用航空法律制度

（一）地面国的主权

1919年《巴黎航空公约》和1944年《国际民用航空公约》都承认每个国家对其领土上空享有完全的和排他的主权。《国际民用航空公约》规定各缔约国的领空主权包括：第一，缔约国对于其他缔约国的航空器飞入或飞离或飞越其领土有权制定法律和规章，并加以强制执行，但这些法律和规章应适用于所有缔约国，不得有任何差别，不能违反公约的规定。第二，缔约国为了军事需要和公共安全的理由，得指定境内某地区的上空为禁区，或限制其他缔约国的航空器飞过。但这些禁区的范围和位置应当合理，以免妨碍空中航行。这种禁区应不分国籍适用于一切缔约国的航空器。第三，保留"国内载运权"。缔约国有权拒绝其他缔约国的航空器在其领土内装载乘客、邮件和货物运往其境内的另一地点。

（二）航空器管理法律制度

航空器是指以空气的反作用力而不是以空气对地面或水面反作用力在大气层取得支撑力的任何器械，气球、飞艇、各种飞机都属于航空器，而导弹和火箭都不属于航空器。《国际民用航空公约》把航空器分为"民用航空器"和"国家航空器"两类，但这一分类不决定于其所有权而决定于使用范围。如用于公务、军事、海关和警察部门的航空器都是国家航空器。

民用航空器可根据航空协定规定的航线飞入或降落缔约国的领土，但国家航空器在未经特别协定或其他方式取得许可不得飞入另一缔约国上空或降落。

航空器具有其登记国的国籍。但它只能在一个国家登记，若在两个国家登记，其国籍便没有效力，但如果要办转移登记，可在原登记国进行。登记和转移登记应按照登记地国的法律和规章进行。从事国际航空飞行的航空器应具有适当的国籍标志和登记标志。

航空器接受登记国的法律管辖。在航空器内，机长具有特殊地位，他有权对机组人员与旅客发布严格的命令和行使管理职权，机长在飞行器内部则是代表公司和登记国行使权力的。航空器飞越他国领空时，受领空地面国法律管辖，应遵守该国法律和规章。在公海，航空器仅受其国籍国的法律管辖。飞行器在飞过沿海国的专属经济区时，有自由飞越的权利，但应遵守沿海国的有关法律和规章。在沿海国大陆架上覆水域的上空，有自由飞越的权利。在用于国际航行海峡和群岛海道的上空，有过境通行权和群岛海道通过权，但必须"继续不停，迅速飞过"，不得侵害海峡沿岸国和群岛国的主权，飞越时必须遵守国际民用航空组织制定的《空中规则》，并受海峡沿岸国入境条件的约束。

（三）国际航空运输法律制度

国际航空运输是指航空器跨越他国领空从事运送客、货、邮的国际航空运输业务。《国际民用航空公约》把缔约国航空器在其他缔约国领土上空的飞行分为"非航班飞行"和"航班飞行"两类。

所谓"非航班飞行"，就是不定期的航班飞行，即这种飞行不按公布的班期表运输，也不受正常航班运费与费率的约束。

所谓"航班飞行"，就是定期的航班飞行。国际民用航空组织理事会在1952年给国际航班飞行下定义时指出航班飞行具有下面两个特点：第一，按班期时间表飞行，每次班期都开放供公众使用；第二，航班是定期和频繁的，成为公认有规律的系列。

缔约国一切不从事国际航班飞行的航空器，无需事先获准，有权飞入或飞经其他缔约国的领土，或作非运输业务性的降停，但该国有权命令它降落；如该航空器为取酬或出租而载运客、货、邮件但并非从事定期航班飞行者，亦有权降落和装卸客、货、邮件。

缔约国从事国际航班飞行的航空器未经另一缔约国的特准或许可不得飞入或飞过该国领土的上空。

1944年《国际航空运输协定》和《国际航班过境协定》都没有取得国际社会的普遍赞同。因此，国际航空运输的运营问题主要还是由有关国家签订双边航空运输协定来解决。

关于航空运输的损害赔偿问题，1929年的《华沙公约》对承运人的责任制度作了具体的规定。该公约后来经过四次修改，在1971年《危地马拉议定书》和1975年《蒙特利尔第四议定书》两次修改中把"推定过错责任制"改为"严格责任制"（无过错责任制），即旅客的身体、行李或货物遭受损失时，承运人不论有无过错均应承担责任。

至于航空器对地面或第三者造成损害时，1952年的《罗马公约》规定由经营人负赔偿责任。由于该公约的参加国不多，加以赔偿的限额较低，问题未能得到有效解决。

（四）国际航空运输安全法律制度

下面主要以空中劫持及其惩治为例来进行具体阐述。

1. 空中劫持的概念

1963年《东京公约》规定，非法劫持航空器的行为就是在航空器内使用暴力或暴力威胁，非法地干扰、劫持或以其他不正当方式控制飞行中的航空器。

1970年《海牙公约》进一步规定非法劫持航空器的行为就是"在飞行中的航空器内的任何人用暴力或暴力威胁，或用任何其他恐吓方式，非法劫持或控制该航空器"的行为。公约对"飞行中"一词加以明确地规定："飞行中"指航空器从装载完毕、机门关闭时起直到开机舱门以便卸载时为止的整个过程。在这个过程中发生的危害飞机安全的行为都属于劫持飞机的犯罪行为。

1971年《蒙特利尔公约》更进一步规定危害民用航空安全的非法行为包括五种行为：对飞行中的航空器内的人使用暴力；破坏使用中的航空器致其不能飞行；在使用中的航空器内放置危及其飞行安全的装置或物质；破坏航行设备危及其飞行安全；传送假情报危及飞行中航空器的安全。该公约规定，凡从事上述行为或企图从事上述行为的人及其同伙，均犯有危害民用航空安全罪。

2. 对"空中劫持"的管辖权

《东京公约》从国籍原则出发，认为飞机的登记国有权对这一行为行使管辖权，特别是当行为发生在公海上空和在任何不属于其他国领土的上空飞行时。公约授权机长对犯此行为者采取必要措施（包括看管），并将此人送交降落地国的主管当局。但公约并不排除在下列场合其他非登记国也行使管辖权：罪行的后果涉及该国领土；行为者及受害者为该国国民或在该国有永久住所；罪行涉及该国安全；罪行违反该国有关航空器飞行或操作的规定或条例；该国根据国际协定有义务行使管辖权。

《海牙公约》和《蒙特利尔公约》则扩大了有权对空中劫持犯罪进行管辖权的国家范围，从而具有了普遍性管辖的性质。该公约规定下列国家均有权行使管辖权：飞机登记国；降落地国；营业地国；居住地国；犯罪者被发现地国。

3. "或起诉或引渡"原则

《东京公约》提及引渡问题，认为劫机犯罪者在降落地国拒绝受理时，该国可将他送回本国，但公约声称这些规定不能被解释为同意给予引渡的义务。

《海牙公约》对引渡作了比较具体的规定：（1）这种罪行可作为可引渡罪行列在缔约国之间现有或将有的引渡条约之中；（2）被请求引渡的国家可自行决定以本公约作为请求引渡的法律根据；（3）引渡应遵照被请求国法律规定的条件进行；（4）如犯罪者所在的国家不将此人引渡，则不论罪行是否在其境内发生，应将此案提交其主管当局以便起诉。该当局应按照本国法律以对待任何严重性质的普通罪行案件的同样方式作出决定。

《海牙公约》和《蒙特利尔公约》都规定空中劫持是一种可引渡罪行，但没有设置强制性的引渡义务，劫持犯所在地国若不把他引渡，应把该犯交主管当局以便起诉，主管当局应将此犯罪行为视做严重的普通罪行予以惩处。

第三节 外层空间法

1957年10月4日，苏联成功地发射了第一颗人造卫星，标志着人类开始进入外太空时代。此后，空间技术迅猛发展，人类探索外层空间的活动也愈来愈频繁和广泛。这些活动，从一开始就是超越单一国家主权和管辖范围进行的，因而产生了一系列国际法上的问题，如外层空间、空间物体和宇航员的法律地位，空间物体造成损害的赔偿责任等，需要由有关国家共同制定相应的法律制度来加以解决。这样，以联合国主持制定的若干国际条约以及联合国通过的一些重要决议、宣言为基础，外层空间法得以逐渐形成。

一、外层空间法的基本原则

根据1963年12月联大通过的《各国探索和利用外层空间活动法律原则宣言》确立的九项原则①和1966年《外空条约》的规定，各国在外层空间活动应该遵循以下原则：

（一）全人类共同利益原则

《外空条约》第1条第1款规定："探索和利用外层空间，包括月球和

---

① （1）探索和利用外层空间必须为全人类谋福利和利益；（2）一切国家有按照国际法探测和利用外层空间和天体的自由；（3）禁止将外层空间和天体据为国家所有；（4）各国探测和利用外层空间，应按照国际法并为维持国际和平与安全；（5）各国对其政府机关或非政府团体的外层空间活动承担国际责任；（6）各国对可能导致损害的外层空间活动，应事先进行国际协商；（7）发射物体的登记国对该物体保留所有权；（8）各国对其发射物体所造成的损害担负赔偿责任；（9）各国对宇航员给予一切可能的援助并将其送还登记国。

其他天体，应为所有国家谋福利和利益，而不论其经济或科学发展程度如何，并应为全人类的开发范围。"

（二）自由探索和利用原则

《外空条约》第1条第2款规定："外层空间，包括月球与其他天体在内应由各国在平等基础上并按国际法自由探索和利用，不得有任何歧视，天体的所有地区均得自由进入。"该条第3款还规定："对外层空间，包括月球与其他天体在内，应有科学考察的自由，各国应在这类考察方面提供便利并鼓励国际合作。"

（三）不得据为己有原则

《外空条约》第2条规定，外层空间是全人类为和平目的自由开发的领域，但它不是"无主地"，"外层空间，包括月球与其他天体在内，任何国家不得通过占领使用或以其他方式提出主权要求"。

（四）限制军事化原则

《外空条约》第4条规定，各缔约国承诺不在环绕地球的轨道上放置任何载有核武器或任何其他种类大规模毁灭性武器的物体，不在天体上装置这种武器，也不以任何其他方式在外层空间设置这种武器；所有缔约国应专为和平目的使用月球和其他天体。禁止在天体上建立军事基地、军事设施和工事，试验任何类型的武器和进行军事演习。不禁止为了科学研究或任何其他和平目的而使用军事人员。为和平探索月球与其他天体所必需的任何装置或设备，也不在禁止之列。

（五）援助宇航员原则

《外空条约》第5条规定："各缔约国应把航天员视为人类在外层空间的使者，航天员如遇意外事故、危难或在另一缔约国领土上或公海上紧急降落时，应给予他们一切可能的协助。航天员降落后，应将他们安全和迅速地送回航天器的登记国。"

（六）国家责任与赔偿原则

《外空条约》第6条规定了各国应对其在外层空间的活动承担国际责任的原则，第7条则进一步确定了发射国应对其空间物体造成的损害承担赔偿责任的原则。

（七）对空间物体的管辖权和所有权原则

《外空条约》第8条规定："凡登记把物体射入外层空间的缔约国对留置于外层空间或天体的该物体及其所载人员，应仍保持管辖及控制权，射入外层空间的物体，包括降落于或建造于天体的物体，及其组成部分的所有权，不因物体等出现于外层空间或天体，或返回地球，而受影响。"

(八) 保护空间环境原则

《外空条约》第9条规定："各缔约国对外层空间，包括月球和其他天体在内进行的研究和探索，应避免使它们受到有害污染以及将地球外物质带入而使地球环境发生不利变化，并应在必要时为此目的采取适当措施。"

(九) 国际合作原则

国际合作原则是国际法的基本原则之一，它也贯穿于《外空条约》的各项条款之中。各国探索和利用外层空间（包括月球和其他天体），应以合作原则为准则。

(十) 遵守国际法的原则

《外空条约》第3条规定："各缔约国探索和利用外层空间，包括月球与其他天体在内的活动，应按照国际法，包括联合国宪章，并为了维护国际和平与安全及增进国际合作与谅解而进行。"

二、外层空间的国际法律体系

外层空间法律制度，除了个别正在形成的国际习惯规则外，主要由国际条约组成。

(一)《外空条约》

《外空条约》全称为《关于各国探索和利用包括月球和其他天体在内的外层空间活动原则的条约》，1966年12月19日经联合国大会通过，1967年10月10日开始生效。《外空条约》是外层空间法中最重要的国际公约，它为各国和平探索与利用外层空间提供了基本的法律框架，因而被誉为"外层空间宪章"。它第一次以多边公约的形式确认了从事外空活动应当遵循的各项法律原则和规则，因而成为整个外层空间法的基石。该条约确认了对外层空间的探索和利用应为所有国家谋福利和利益、各国可以根据国际法自由探索和利用外空、各国不得将外层空间据为己有等三项外层空间法最基本的原则，并增加了禁止将载有核武器或其他大规模毁灭性武器的物体放置在环绕地球的轨道或安置在天体或外层空间的规定。对于外层空间活动的国际责任、宇航员作为人类在外层空间使者的法律地位、对空间物体的管辖权和所有权、空间物体的登记、空间环境保护等事项，条约都作了原则性规定。

(二)《营救协定》

1967年12月，联大通过了《营救宇航员、送回宇航员和归还发射到外层空间的物体的协定》，简称《营救协定》。该协定是《外空条约》第5条和第8条有关规定的具体化，它规定了各缔约国在获悉或发现外层空间发生事故时立即通知发射当局和联合国秘书长的义务；对因意外事故而降落的宇航员，降落地国应立即予以援救并提供一切协助的义务；或者，如果降落地点是公海或不属于任何国家管辖的地方，则能提供协助的缔约国应协助搜寻和援助的义务等，并对宇航员的无条件送回以及对于发射物或其构成部分的搜寻、送回及费用负担等作了具体的规定。

（三）《责任公约》

1971年11月，联大通过了《空间物体所造成损害的国际责任公约》，简称《责任公约》。它是《外空条约》第6条和第7条的具体化。公约规定，赔偿应以国际法和公平原则为依据，如果赔偿要求未能在一年内通过外交途径解决，任何一方均可请求成立求偿委员会来予以解决，委员会所作的裁决对有关双方是有效的。

（四）《登记公约》

1974年11月，联大通过了《关于登记射入外层空间物体的公约》①，简称《登记公约》，于1976年9月15日开始生效。该公约根据1967年《外空条约》第8条关于通知和提供外层空间活动的情报的规定，进一步具体规定了强制性的空间物体登记制度，要求"凡发射进入或超出地球轨道的空间物体应进行登记"，包括在国家一级建立登记册和建立一个由联合国秘书长保管的总登记册，还规定了需加以登记的具体事项，发射物体的标记或号数、基本的轨道参数、空间物体的一般功能等。

（五）《月球协定》

1979年12月，联大通过了《指导各国在月球和其他天体上活动的协定》，简称《月球协定》②，1984年7月12日生效。《月球协定》是当今世界唯一专门适用于月球和其他天体的条约。该协定在《外空条约》有关规定的基础上确立了几项有关月球和其他天体的原则：月球和其他天体应专用于和平目的，禁止各种军事利用；对月球和其他天体的探索和利用应为一切国家谋利益；月球和其他天体及其自然资源为人类共同继承财产，应在时机成熟时建立指导开发月球自然资源的国际制度等。但是，后一项规定遇到美俄和其他西方国家的反对。

三、外层空间的基本法律制度

1. 登记制度

根据1966年《外空条约》和1975年《登记公约》的规定，联合国秘

---

① 截至2007年该公约共有50个缔约国。
② 该公约至今只有13个缔约国。

书长保持一份"外空物体总登记册"。发射国将其发射的空间物体的具体情报向秘书长报告以便登记入册,包括发射国或几个发射国的同名、空间物体的适当标志或其登记号码、发射的日期和地域或地点、基本的轨道参数(交点周期、倾斜角、远地点、近地点)、空间物体的一般功能。

若登记国切实知道其所登记的物体已不复存在于地球轨道内,应尽速通知联合国秘书长。设立登记制度的目的是为了确立发射国对空间物体的管辖和控制,并对该物体所造成的损害承担国际责任。

2. 责任制度

根据1966年《外空条约》规定,空间物体所造成的损害应承担国际责任。(1)发射国对其空间实体对地面的损害负绝对责任。发射或促使空间实体发射的国家,以及从其领土或设施发射空间实体的国家,均为该实体发射国,发射国对其空间实体在地球表面造成的损害,或给飞行中的飞机造成的损害,应负赔偿的绝对责任。(2)发射国对空间实体在地球表面以外的地方对另一国或对第三国的空间实体的损害,由发生过失的实体发射国单独或共同负担损害责任。(3)由两个或两个以上国家共同发射的空间实体所造成的损害,应由这两个或两个以上的发射国共同或单独承担赔偿责任。

3. 援救制度

根据1966年《外空条约》和1968年《营救协定》的规定:(1)当宇宙航行员发生意外、遇难或在他国境内或江河紧急降落时,发现国应提供一切可能的援助,并立即把他们送还他们的登记国,并通知联合国秘书长;(2)在外层空间进行活动时,一国的宇宙航行员应向他国航行员提供援助;(3)各国应把其在外层空间发现的对宇宙航行员有危险的现象通知其他国家或通知联合国秘书长;(4)各国在获悉或发现空间实体或实体的组成部分返回地球并落在它所管辖的区域内,落在公海或不属于任何国家管辖的地方时,应通知发射当局和联合国秘书长。

4. 月球开发制度

根据1966年《外空条约》和1979年《月球协定》的规定,对月球的开发必须按下列规定进行:(1)月球及其自然资源是人类的共同财产,任何国家不得对月球提出主权要求或据为己有。(2)月球供各国专为和平目的的使用,禁止在月球使用武力,或以武力相威胁,或从事任何其他敌对威胁行为,禁止在月球建立军事基地、设施、设置核武器、试验任何类型武器或军事演习。(3)月球及天体不应遭受破坏。(4)月球及天体的探索和利用应为全人类谋福利。(5)探测和利用的活动尽可能通知联合国秘书长、科学界及各国。(6)各国对其在月球上的人员、运载器、站所保有管辖权和控制权。(7) 各国应对其在月球的活动负国际责任。

5. 国际合作制度

各国在外层空间所进行的一切活动必须：(1) 妥善照顾其他国家的同等利益；(2) 避免使外层空间遭受有害的污染；(3) 将活动的性质、方法、地点及结果通知联合国秘书长、公众和科学界；(4) 将其在月球和天体上的驻地、设施、设备和宇宙飞行器对各国开放。

此外，人类在外层空间活动的新发展，如卫星遥感地球、外空使用核动力源等，也引起了许多法律问题。这些问题，有的已经由联合国大会以决议或宣言的形式通过了若干法律原则，从而为今后制定相关国际条约奠定了基础；有的尚处于讨论之中，但不可避免地要求各国加以重视和解决。可以预见，随着人类外空活动的不断增多，外层空间法也将得到更大的发展。在21世纪的太空立法议程中，除了已进入联合国外空委员会讨论范围的外空非军事化和外空利益分配外、太空运输、商业化和环境保护等问题也将受到越来越多的关注。

四、外层空间活动的其他法律问题

随着人类科技的进步和空间技术的提高，人类探索外空的活动更加多样化，由此产生了一些新的法律问题。就当前的国际实践来看，主要的问题包括国际空间站的法律地位问题、外层空间活动商业化的规制问题、太空环境的保护法律问题。

（一）国际空间站的法律地位问题

1998年11月20日，美国、俄罗斯、加拿大、日本和欧洲航天局12个成员国组成的国际空间站发射成功，这标志着人类共同和平开发太空的开始。国际空间站是人类有史以来规模最大、最先进的载人飞行器。空间站的建立将对世界生物学、气象学、天体物理学、地表探测等学科的发展带来突破。

人类已进入国际空间站的新时代。空间科技的飞速发展使人类面临着如何开发和利用外空资源的重大课题。探测、研究、开发和利用外空资源已成为21世纪各国空间活动的优先目标，而建立永久性空间站是实现这一目标的必要条件。早在1971年前苏联发射了世界上第一个空间站，即"和平号"空间站，它的有效运行为国际空间站的发展提供了技术支持和借鉴。

国际空间站是一种新事物，在法律上提出了许多新问题，需要尽快予以规范。首先涉及的是"空间站"的概念。目前还缺乏权威性的法律定义，一般指以探测、研究和开发空间为目的的永久性载人或不载人的空间物体群或系统。其次，是适用于空间站的法律，目前国际社会还没有就国际空间站的相关法律问题制定统一的国际条约。最后，多国参与的国际性空间站及其组成部分的登记问题、管辖和控制权问题、损害赔偿问题、知识产权及技术转让问题、空间站的非军事化问题等，都是必须要加以规范的重要法律问题。对于这些问题目前还没有制定具体的规则。现在，国际社会的通常做法是，一方面将现有的空间法的相应规则推广适用于空间站，以解决法律适用的急需；另一方面，应抓紧制定新的原则和规范，来弥补现有空间法的不足。可以预见，建立健全有关空间站的法律制度将是空间法在21世纪获得发展的一个新领域。

（二）外层空间活动商业化的规制问题

空间活动商业化是空间技术不断发展的必然趋势。空间活动由于耗资巨大，在初期完全是由国家垄断的。进入20世纪80年代后期，一方面，东西方冷战宣告结束，国际形势总体趋向缓和，主要空间国家用于空间的预算大大减少；另一方面，空间技术在民用领域得到了广泛应用，西方国家的私营企业对空间开发和利用表现出日益增长的兴趣。在此背景下，空间应用的商业化和私营化明显加强，并呈加速发展的趋势。1996年，外空活动的商业收入在历史上首次超过了政府在这方面的开支。为了适应市场的竞争机制，一些本是政府间的国际组织，如国际移动卫星组织、国际通信卫星组织等，也纷纷走向私有化或企业化，这种趋势在21世纪将持续不断发展。

从事空间商业活动的主体可以分为两类：一类是国家和政府间国际组织，另一类是非政府实体，包括公营、私营或合营企业。商业化的领域目前主要集中在卫星通信、广播、遥感、气象、教育以及商业发射等民用领域。今后将逐步扩展到空间资源开采、空间材料制造、空间旅游等领域。

现有的空间法条约并不禁止任何非政府实体从事空间活动，只是要求国家的批准和监督，并由国家承担国际责任。因此，私营企业能否从事空间活动以及从事空间活动的范围和条件，主要取决于国内法的规定。就国内法而言，多数空间国家允许私营企业从事空间商业活动，并为此制定了相应的法律法规，其中包括建立了许可证制度，对私营企业从事空间活动进行国家管理和监控。

空间的商业化利用必须要解决的一个重要法律问题是，国家对私营企业的商业化活动所承担的国际责任，包括损害赔偿责任，以及政府与私营企业在责任问题上的相互关系。在国际法上，国家不但是其直接从事的空间活动的责任主体，也是本国国民或公司从事的所有空间活动的责任主体。无论从事外空活动的是一国政府、政府机构或该国的非政府实体或私营企业，在对外关系上，责任主体只能是国家。非政府实体所从事的外空商业活动被视为是该实体所属国的活动。同样，非政府实体因从事空间活动而应承担的义务应通过其所属国来履行，如卫星登记，损害赔偿等。《外空条约》一方面容许非政府实体参与外空活动，另一方面要求国家对其管辖的这些实体的一切活动，包括其活动必须符合《外空条约》的规定，并承担相应的国际责任。

至于国家与本国非政府实体的关系，在该国内部，是行政上的管辖与被管辖的关系。政府应通过法律法规和行政措施，规范非政府实体的商业行为，保证它们的活动符合本国承担的国际义务，目前最通常的做法是实行许可证制度。在国际层面，是外交上的代表和保护关系。在国际上，非政府实体的空间活动均被视为是该实体所属国的行为，而非政府实体因从事空间活动而在空间法上的产生的权利应由政府来代表和保护，应承担的义务也应由政府来履行。在民事责任方面，是代位赔偿关系，为此许多国家建立了强制性保险制度，以保障国家的利益不受损失。

空间活动的商业化还涉及与空间市场有关的法律问题，尤其是空间产品责任问题和国际市场的公平竞争问题。在空间技术、产品和服务进入国际市场后，各国空间企业间将形成激烈竞争的态势。为规范市场主体的行为，保障消费者的合法权益，并确保在公平基础上开展竞争，就必须为空间商业活动制定一定的规则，必要时还需要进行国际间的协调。

因此，空间活动的商业化和私营化产生了大量的法律问题，需要进行法律调整，但相对说来，空间活动商业化的国际立法还远远落后于空间活动的发展。迄今为止，尚无专门的国际立法问世。目前，商业化的空间活动除受到现有空间条约的一般性约束外，主要靠有关国家的国内法加以调整。因此，未来有关空间商业化活动的国际立法将受到重视。

（三）太空环境法律保护问题

人类探索和利用外层空间的活动不可避免地会对空间环境造成一定程度的不利影响。空间环境保护问题已日益引起各国政府和空间法学界的关注。

对空间活动的最大威胁来自于"空间碎片"或"空间垃圾"，包括报废的卫星和其他空间物体，运载火箭的遗弃物，以及火箭爆炸或空间物体碰撞后所产生的破碎物。这些都是人类从事空间活动的人为产物。随着空间活动的发展，空间轨道上所积累的碎片急剧上升，从而增加了空间碎片与空间物体碰撞的可能性和危险性。近年来，已多次发生空间碎片与卫星和其他航天器碰撞的事件。如1998年7月，法国的太阳神卫星被一块火箭助推器残片所撞击，卫星平衡杆遭到损坏。2009年2月10日，美国铱星公司的"铱33"卫星与俄罗斯已报废的"宇宙2251"军用通信卫星在西伯利亚上空相撞，这是太空中首次发生完整的在轨卫星相撞事件，这次事件产生了大量太空垃圾，将对国际空间站、其他军用或者民用卫星造成威胁。

空间法上对保护空间环境已有一些原则性的规定，如《外空条约》规定，各缔约国从事研究和探索外层空间（包括月球和其他天体）时，应避免使其遭受有害的污染，以及地球以外的物质使地球环境发生不利的变化。如有必要，各缔约国应为此目的采取适当的措施。但现有的条约规定尚不够充分、完备，需要进行新的立法予以完善。当前，太空环境问题现已列入外空科技小组委员会的议程。其发展趋势是先科技，后法律，目标是制定相应的国际法律规范，以减轻和防止空间碎片可能造成的危害。

五、中国的空间政策与法律

中国航天事业自 1956 年创建以来已达到了相当规模和水平。进入 21 世纪以来，中国的航天事业发展很快。2003 年 10 月，中国首次载人航天飞行取得圆满成功，中国成为继美俄之后第三个能够发射载人飞船并成功进行回收的国家。2005 年 10 月，多人多天的"神舟"六号载人航天飞行又圆满地完成任务。2008 年，"神舟"七号飞船的成功发射，实现了航天员出舱和太空行走。到 2009—2012 年，中国将完成发射目标飞行器，同时在空间轨道上实施飞行器的空间轨道交会对接技术，并计划在不久的将来建立自己的太空站。

1980 年 11 月，中国正式成为联合国外空委员会的成员国。1983 年中国加入了《外空条约》，1988 年又加入了《营救协定》、《责任公约》和《登记公约》。1995 年 6 月，中国国家航天局正式加入了"机构间空间碎片协调委员会"。2001 年，我国公布了《空间物体登记管理办法》。该办法共 16 条，明确规定了中国的空间物体登记制度，凡是在中国境内发射的所有空间物体，以及中国作为共同发射国在境外发射的空间物体，都必须按照规定进行登记；国家航天局在空间物体登记后 60 日内，通过外交部向联合国秘书处进行登记。从 2002 年 12 月开始，我国还实施了《民用航天发射项目许可证管理暂行办法》，对民用航天发射项目的原则、申请与审批程序、监督与管理以及法律责任进行了明确规定。

【难点追问】

空间法的发展前景。

在国际法领域，空间法产生的时间并不长。因为，有关人类空间活动的许多法律问题尚未解决，且伴随着科学技术的进步和人类外空活动的增多，新的法律问题还在不断涌现。特别是中国空间技术的发展和空间战略的实现，给空间法的发展提供了广阔的发展前景。全球化背景下的很多空间法律问题值得我们去探讨和研究，如卫星遥感地球问题、外空使用核动力源问题、太空旅游、外层空间活动商业化的国际法问题、航天开发国际法律责任问题、空间环境保护问题以及空间站的法律地位问题等。

【前沿提示】

随着空间技术的发展和人类探索外空活动的不断深入，太空旅游已经从梦想变成了现实。1961年4月12日，由苏联发射世界第一艘载人飞船"东方"1号，尤里·加加林乘"东方"1号飞船用了108分钟绕地球运行一圈后，在萨拉托夫附近安全返回。加加林成为世界上第一位遨游太空的航天员。曾几何时，普通人对于太空是可望不可及的，直到21世纪初，普通人终于可以像宇航员那样遨游太空。2001年4月30日，第一位太空游客、美国人蒂托快乐地进入国际空间站，开始了他为期一周的太空观光生活。太空旅游的开辟使得普通人也能够像宇航员一样畅游星际之间。2002年4月25日世界第二位太空游客南非人沙特尔沃思乘坐的"联盟TM—34"号飞船遨游太空。此后，格雷戈里·奥尔森、阿努谢赫·安萨里、查尔斯·希莫尼、理查德·加里奥特、盖·拉利伯特相继成为太空游客，是人类迄今为止除宇航员外的7位太空游客。太空旅游激发了太空产品的开发和太空旅游产业的发展，抛物线飞行、高空飞行、亚轨道飞行、轨道飞行等太空旅游模式的出现，太空旅馆、太空电梯、太空漫步、太空高尔夫的推出，使太空旅游急需法律规范。

【思考题】

1. 简述国际民用航空运输法律制度。
2. 论述空中劫持的法律规制。
3. 论述外层空间的基本法律制度。
4. 论述外层空间的环境保护法律问题。

第十二章 国际环境法

【引言】国际环境法是国际法的一个新分支，在传统的国际法著作中并没有将国际环境法专列为一章，有的甚至没有涉及国际环境法的内容。因此，国际环境法的很多规则是近期才产生的，而且，国际环境法的发展非常迅速。

【学习的目的与要求】通过本章的学习，需要掌握国际环境法的概念，了解国际环境法的渊源、基本原则、国际环境条约所涵盖的内容等。此外，还需要了解国际环境法的最新发展以及国际环境法产生的过程和特点。在学习国际环境法的渊源时，应特别注意国际环境条约的重要性。其中，国际环境法的基本原则是需要特别加以关注的。

【知识结构简图】

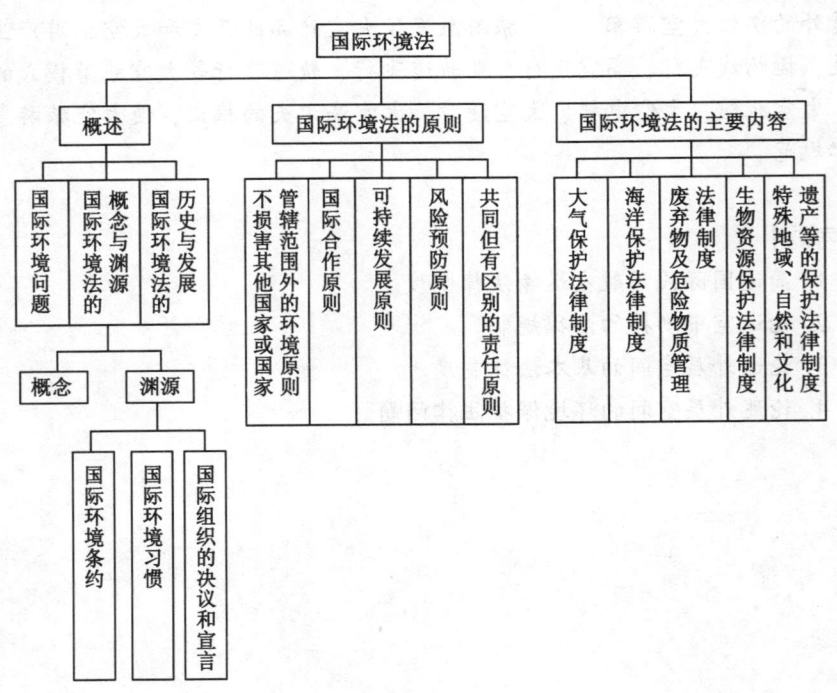

第十二章 国际环境法

【引例】

特雷尔冶炼厂案

特雷尔厂位于加拿大哥伦比亚，离美国边境约20公里。该厂排放的二氧化硫气体向南越过美、加边界，严重污染了华盛顿州靠近边境的小镇，使小镇居民的健康和财产受到了影响。美国政府向加拿大政府申诉了特雷尔厂的空气污染问题。1928年8月7日，该问题被提交给美加国际联合委员会解决。1931年，该委员会决定加拿大应为特雷尔厂造成的污染向美国赔偿截至1932年所受的损害350000美元，同时特雷尔厂应控制其二氧化硫排放。但美国拒绝了委员会的建议。1935年4月15日，两国达成了一项特别协议，将该问题交由仲裁法庭作永久性的解决。

请问：本案中，美国在最终的国际仲裁庭的裁决中将会获胜吗？为什么？

第一节 概 述

一、国际环境问题

人类在长期的生产、生活活动过程中因不当利用自然资源、向环境大量排放污染物，大气和土壤受到污染、森林破坏严重，这些都对自然环境产生了巨大的破坏，自然资源和生物多样性受到严重损害，地球环境正在发生不利于生态系统和人类生存的改变。

一国对环境所造成的破坏和污染往往跨越国境，还可能带来全球性的环境问题。一国所产生的污染物会随大气、水流、海洋而流动和扩大，进而影响其他国家甚至整个地球。各国大规模开发自然资源的活动会对地球生态系统产生影响，例如，对湿地和热带雨林的过度开发引起气候变化和生态环境的改变，对生物多样性也会产生影响。

过去几个世纪人类过度开发自然资源、排放污染物已产生累计效应，温室效应就是其中之一。

在人类的发展中，不能忽视或低估环境破坏给社会造成的代价。目前的全球环境退化是如何造成的？其原因主要有以下三个方面：

（一）工业化

工业化会给人类带来两样东西：一是经济高速发展，物质财富急剧增加，人类的物质文明得到前所未有的提升。另一样东西是环境问题。在工业化的过程中，资源被大量和过度地开采，同时，人类还向自然界排放了大量污染物，使环境受到污染，生态系统被破坏。事实证明，当今全球环境问题是由于人类在过去几个世纪中为谋求社会经济的发展、大量开发利用自然资源、大量向环境排放污染物积累所致。①

(二) 政策失误

各国政府缺乏长远利益的考虑，主要关注眼前的经济利益，没有对环境问题给予足够的重视。受利益的驱使，各国看到的是发展经济的短期利益，而忽视了环境的长远问题。虽然目前全球环境急剧恶化，但很多国家对环境问题仍然关注不够，或没有采取有效的措施，或仍然将经济发展放在的绝对优先的地位。一些国家一味强调发展而忽视环境保护，它们难免会作出错误的决策。人类的有些行为是否会对环境造成不良影响在当时还存在不确定性，这也会导致错误的决策。一些活动对环境的影响是潜在的，可能在几年、几十年甚至百年之后才会显现出来，但那时再采取措施已经晚了，受到损害的环境和生态系统已不可能再恢复原状。

人类活动对环境影响的不确定性使人们不能马上清楚地看出环境受到的威胁，这给经济功利主义者和决策者忽视对环境利益的考虑找到借口。面对眼前显著经济利益的驱使，再加上对行为所致的环境危险没有充分的证据支持，决策者很容易选择当前的经济利益而回避长远的环境问题。温室效应是否会给地球环境和生态系统造成毁灭性灾难，目前在科学界还存在一定的争议，温室效应对人类生存环境的危害还不是很明显，在这样的情况下，美国小布什政府上台后居然选择实施退出《京都议定书》的政策，尽管这种政策遭到了世界上大多数国家的谴责。由于各国政策失误，可能造成不可恢复的自然资源的破坏和环境损害，出现了上一代人作决策而由下一代人承担环境后果的恶性循环。

(三) 环境成本和环境资源的价值被忽视

在很长的一段时间，环境资源的价值并没有得到各国的承认，人们一直以为可以无偿地利用环境资源，而不需支付任何费用。企业可以在不付出任何代价的情况下利用环境资源，这不仅造成资源的大量浪费，也造成污染物的大量排放。从经济学上看，由于不能正确估计和分配环境资源，从而导致商品和劳务的价格不能很好地反映它们的环境成本。资源的开采者往往不能

---

① 邵津主编. 国际法（第3版）. 北京：北京大学出版社、高等教育出版社，2008：220.

或不完全能认识到其环境效应,大量和过度开采资源不仅导致资源的急剧减少和退化,而且还会给环境和生态系统造成破坏。一个国家在作出资源使用决策时,更容易忽视它对全球环境的效益和成本。①

二、国际环境法的概念与渊源

(一)国际环境法的概念

国际环境法是以保护全球环境和生态系统为目的调整国际环境关系的国际法规范的总称。国际环境关系涉及人类活动与自然界或地球环境之间的关系、国家之间的环境利益关系、单个国家与人类社会之间的环境利益关系、当代人与后代人之间的环境利益关系等方面。国际环境法主要以国际条约和国际习惯的形式存在。

地球生态系统的改变等国际环境问题与人类的生存紧密相连,各国必须采取措施解决这些问题,并制定保护地球环境和生态系统的规则,以供各国遵守,力求避免地球环境和生态系统继续恶化。各国之间的合作是解决国际环境问题所必要的,合作的方式之一是制定国际社会共同遵守的规则。这些规则(即国际环境法规则)的确立应以地球生态利益为中心,以保护整个地球的生物圈和世代人类的共同利益为宗旨,以谋求人类社会、经济的可持续发展(Sustainable Development)。

国际环境法依赖于现代科学技术和自然科学的发展,特别是环境科学的发展。国际环境法包括大量的技术性规范。

(二)国际环境法的渊源

1. 国际环境条约

国际环境条约是国际环境法的主要渊源。各国之间缔结了大量的国际环境条约,内容涵盖大气、水、海洋、生物资源、极地、世界文化和自然遗产的保护,有害废弃物的处理以及有毒化学品、放射性物质污染的防治等各个领域。

保护全球环境、实现社会和经济的可持续发展是人类共同追求的目标,国际社会必须加强环境领域的国际合作。各国缔结国际环境条约,共同承担保护环境的义务,是国际合作的一个重要方面。例如,在国际合作保护臭氧层方面,1985年缔结了《保护臭氧层维也纳公约》,之后在1987年又缔结了《关于消耗臭氧层物质的蒙特利尔议定书》。但也有少数国家出于自身的

---

① 邵津主编. 国际法(第3版). 北京:北京大学出版社、高等教育出版社,2008:219.

发展需要和自身政治和经济利用的考虑，不愿意缔结和参加国际环境条约，不希望以牺牲本国的政治、经济利益为代价来参与环境保护的国际合作。

2. 国际习惯

国际环境法的历史较短，环境方面的国际习惯并不多。国际环境公约和宣言的一些规定正在逐渐发展为国际习惯，这是一个值得注意的趋势。联合国《斯德哥尔摩宣言》和《里约宣言》所确立的一些原则如不得损害其他国家或在国家管辖范围以外地区的环境的原则，已得到各国的认可，形成为国际习惯。

3. 国际组织的决议和宣言

联合国和政府间国际组织有关环境保护的决议和宣言虽然不像国际条约那样具有明确的法律约束力，但它们可以发挥政策导向的作用，对于国际环境法的发展起推动作用。这些决议和宣言中的规定，有的可能有比较成熟的国家实践，将来会发展为国际习惯法；有的对于保护国际环境和国际社会的利益至关重要，虽然国家当下不能把它们纳入所缔结的国际环境条约中，但应采取措施促使其将来成为国际环境条约的条款。

重要的环境宣言有《斯德哥尔摩宣言》、《里约宣言》等。这些宣言提出了一系列关于全球环境保护的基本目标和原则，它们是国际环境法发展的基础。

三、国际环境法的产生与发展

国际环境法作为国际法的一个新分支，它是人类社会进入20世纪后在关注环境保护问题的基础上逐步产生和发展起来的。概括起来，国际环境法的历史发展过程主要经历了以下几个阶段：

（一）国际环境法的初步形成阶段

早在1815年，国际社会就已经签署了保护水资源的《关于保护国际河道的规定》。进入20世纪初，国际社会开始陆续订立保护环境的国际多边公约。《保存非洲野生动物、候鸟和鱼类公约》（1900年）、《保护农业益鸟公约》（1902年）、《保护海豹公约》（1911年）、《捕鲸管制公约》（1931年）等。为了防止海上油污，以西方主要发达国家为主，在1954年于伦敦签署了《国际防止海上油污染公约》。该公约的签署，被认为是国际环境法产生的一个重要标志。①

---

① 邵津主编．国际法（第3版）．北京：北京大学出版社、高等教育出版社，2008：223.

(二) 国际环境法的逐步发展阶段

进入20世纪60年代，由于国际经济与贸易的快速发展，各国开始面临日益严重的环境破坏与污染问题。同时，人类社会因不合理开发利用自然资源导致资源日益枯竭，这些都严重威胁到人类社会的生存与长远发展。正是基于这种考虑，1966年，联合国大会第一次公开讨论关于"人类生存环境问题"，与会各国代表主要就环境问题的发展以及对环境污染的国际控制展开了一般性辩论。大会一致认为，国际社会应当立即采取措施保护全球环境，以避免全球性的生态灾难。在此之后，产生了一系列的国际环境公约，如1969年的《国际油污损害民事责任公约》和《国际干预公海油污事故公约》、1971年的《关于特别是水禽生境的国际重要湿地公约》、1972年的《防止船舶和飞机倾倒废物污染海洋公约》等。

(三) 国际环境法的全面发展阶段

进入20世纪70年代以来，国际环境保护立法开始加快，有关的国际环境保护条约不断增加，同时，联合国主导召开的国际环境保护大会也日益增多，有关保护国际环境的国际组织和团体不断涌现。从此，国际环境法进入了全面发展的新阶段。其中，1972年联合国主持召开的斯德哥尔摩环境大会、1992年里约联合国环境与发展大会以及2002年南非约翰内斯堡可持续发展世界首脑会议等对国际环境立法影响非常深远，下面就此简要进行分述。

1. 斯德哥尔摩环境大会

1972年6月5日，联合国在瑞典首都斯德哥尔摩主持召开了人类环境会议，该会议规模宏大，出席这次会议的共有113个国家、所有重要国际组织的代表以及400多个非政府国际组织等。这次会议最后通过了《斯德哥尔摩人类环境宣言》(以下简称《斯德哥尔摩宣言》)、《人类环境行动计划》等重要的国际环境文件。另外，该次会议还促成了联合国环境规划署①的设立（1972年12月）。这次会议大大推动了国际环境保护的发展，为纪念这次会议，联合国大会决定以每年6月5日作为"世界环境日"。

《斯德哥尔摩宣言》虽然不具有法律约束力，但是它的很多条款反映了国际社会的共同目标，对国际环境法的发展产生了深远影响。在此之后，国际社会缔结了一系列的国际环境公约：1972年《保护世界文化和自然遗产公约》、1972年《防止倾倒废物及其他物质污染海洋公约》、1973年《濒危野生动植物物种国际贸易公约》、1979年《长程越境大气污染公约》、1985

---

① 联合国环境规划署的网站：http://www.unep.org/chinese/.

年《保护臭氧层维也纳公约》、1989年《控制有害废物越境转移及其处置巴塞尔公约》、1992年《生物多样性条约》、1992年《气候变化框架公约》等。

2. 里约联合国环境与发展大会

1992年，在巴西的里约热内卢召开了联合国环境与发展大会。会议的中心议题是环境与可持续发展，会议通过了《21世纪议程》和《里约环境与发展宣言》(以下简称《里约宣言》)，与会国签署了《气候变化框架公约》、《生物多样性公约》和《关于森林问题的原则声明》。《里约宣言》确立了国际环境法的一些基本原则，如可持续发展原则、程度不同的共同责任原则（即共同但有区别的责任原则）、预防原则、污染者支付原则等。《里约宣言》将可持续发展原则作为中心，在其宣称的27项原则中，有11项原则（第1、3、4、5、8、9、20、21、22、24、27项原则）提到可持续发展。《里约宣言》所提出的另一个有重要意义的原则是共同但有区别的责任原则（第7项），该原则为以后发展中国家与发达国家的环境责任谈判确立了基准。

3. 约翰内斯堡可持续发展世界首脑会议

南非约翰内斯堡可持续发展世界首脑会议于2002年8月26日至9月4日召开，这是继1992年在巴西里约热内卢举行的联合国环境与发展会议和1997年在纽约举行的第十九届特别联大之后，全面审查和评价《21世纪议程》执行情况，重振全球可持续发展伙伴关系的重要会议，包括中国在内的192个国家的代表与会，共同讨论全球未来环境保护与经济社会可持续发展大计。2002年通过了《约翰内斯堡可持续发展承诺》和《可持续发展世界首脑会议执行计划》，前者是政治宣言，而后者提出了一系列新的、更具体（重点集中在水、生物多样性、健康、农业、能源等几大具体领域）的环境与发展目标，并设定了相应的时间表。可持续发展要求改善全世界人民的生活质量，即使增加利用自然资源，也不能超出地球的承受能力。

（四）国际环境法的深入发展阶段

进入21世纪后，国际环境问题日趋突出。为了应对这种挑战，各种环境保护组织不断涌现，尤其是非政府国际组织不断涌现，如世界环保组织（IUCN）、世界自然基金会（WWF）、全球环境基金（GEF）、国际绿色和平组织以及国际地球之友（FOEI）等，而各国政府对国际环境保护问题也日益重视，国际环境法的作用也得到加强。在面临全球环境问题时，各国通过国际环境会议寻求制定国际环境规则。为解决全球气候问题，2009年12月7日召开了哥本哈根气候大会，谈判国虽然没有达成有约束力的协议，但对于推动全球气候保护规则的形成具有重要意义。此次大会旨在达成一项应对全球气候变化的新协议，以便在 2012 年后为减排等问题作出新的安排。此次会议的主要目的是讨论在 2012 年《京都议定书》第一承诺期到期后的温室气体减排安排。令人遗憾的是，会议所达成的《哥本哈根协议》对各国没有法律约束力，低于外界预期。2010 年气候谈判的目标是在减排温室气体方面形成一个具有法律约束力的框架。

第二节 国际环境法的基本原则

一、不损害其他国家或国家管辖范围外的环境原则

1972 年《斯德哥尔摩宣言》提出了不损害国家管辖范围外的环境原则，"依照《联合国宪章》和国际法原则，各国具有按照其环境政策开发其资源的主权权利，同时也负有责任，确保在它管辖或控制范围内的活动不致对其他国家的环境或其本国管辖范围以外地区的环境引起损害"。1992 年《里约宣言》进一步重申，"根据《联合国宪章》和国际法原则，各国拥有按照其本国的环境与发展政策开发本国自然资源的主权权利，并负有确保在其管辖范围内或在其控制下的活动不致损害其他国家或各国管辖范围以外地区的环境的责任"。如果一国给其他国家或各国管辖范围以外地区的环境造成损害，则应承担相应的国际责任，包括赔偿责任等。《生物多样性公约》、《气候变化框架公约》等都对该原则作了明确规定。

二、国际合作原则

国际合作原则是国际法上的一条基本原则，当然也适用于国际环境法领域。事实上，有关环境保护的条约、决议和宣言都强调国际合作的重要性。《斯德哥尔摩宣言》和《里约宣言》确立了各国就国际环境保护必须进行合作的义务。1968 年《养护自然和自然资源非洲公约》（第 16 条）、1985 年《保护臭氧层维也纳公约》（第 2 条）、1992 年《生物多样性公约》（第 5 条）等公约都对国际合作原则作了规定。

国际合作的形式有信息共享（即环境情报公开和交换）、参与决策、环境标准的共同制定及执行、建立环境保护的国际机构和参加其活动、保护环境的多边措施、环境争端解决的国际化、解决环境问题的磋商机制、环保技术的转让及援助等。其实，国际环境条约本身就是国际合作的成果。目前，

在控制臭氧层损耗、气候变化、海洋资源保护、生物多样性保护、森林保护等领域的国际合作取得了进展。

三、可持续发展原则

世界环境与发展委员会于1987年在其报告《我们共同的未来》中首先提出了"可持续发展"的概念，可持续发展是"既满足当代人的需要，又不对后代人满足其需要的能力构成危害的发展"。它包括两个重要方面，一是"需要"，尤其是世界上贫困人民的基本需要，应放在特别优先的地位考虑；二是"限制"，技术状况和社会组织对环境满足眼前和将来需要的能力上施加的限制。1992年《里约宣言》对可持续发展作了进一步阐述：人类享有与自然和谐的方式过健康而富有成果的生活的权利，并公平合理地满足今世后代在发展和环境方面的需要。目前，可持续发展原则已逐渐被国际社会接受，并体现在一些国际公约中，如《生物多样性公约》、《气候变化框架公约》等。

1995年，著名国际环境法学者菲利浦·桑兹将可持续发展原则概括为代际公平、代内公平、可持续利用和环境与发展一体化这四个核心要素，较为全面地反映了这一原则的内容和要求。① "代际公平"，即当代人需要发展，以不断地改善生活条件，但不得以损害后代人的发展能力为代价，可持续发展要求在地球资源的利用方面，在当代人的需要和后代人的需要之间实现平衡。"代内公平"也是可持续发展原则的一个重要内容，它是指同一代人，不论国籍、种族、性别、经济水平和文化差异，在要求良好生活环境和利用自然资源方面都享有平等的权利。从历史和现状来看，代内不平等的情况非常严重，发达国家人口占全球人口不到30%，但却消耗了全球70%的自然资源，而这种消耗却是以环境的巨大污染和破坏为代价实现的。因此，代内公平要求一国在开发和利用自然资源时必须考虑到别国的需求，还要求考虑各个国家如何分担环境保护责任。如果没有保证代内公平，人类在保护环境以及实现可持续发展方面的合作是无法实现的。而所谓"环境与发展一体化"是指各国经济社会的发展必须与保护环境有机地结合起来。也就是说，各国的发展不能以牺牲环境为代价来得以实现，否则，国际社会将不可能实现可持续发展。

---

① 邵津主编. 国际法（第3版）. 北京：北京大学出版社、高等教育出版社，2008：230.

四、风险预防原则

所谓风险预防原则（Precautionary Principle）是指"为了保护环境，各国应按照本国的能力，广泛适用预防措施，遇有严重或不可逆转损害的威胁时，不得以缺乏科学充分确实证据为理由，延迟采取符合成本效益的措施防止环境恶化"[1]。1980 年，联合国环境规划署等机构联合制定的《世界自然资源保护大纲》就"预期的环境政策"作出规定，指出"试图预测重要的经济、社会及生态事件，比试图只对这些事件作出反应的政策，越来越重要"。同年，经济合作与发展组织（OECD）的环境委员会建议各国环境政策的核心应当是预防为主。《里约宣言》第 15 项原则规定："为了保护环境，各国应按照本国的能力，广泛采用谨慎预防措施。遇有严重或不可逆转损害的威胁时，不得以缺乏充分的科学肯定性为理由，推迟采取防止环境退化的费用低廉的措施。"《气候变化框架公约》确立的原则之一是预防原则，其第 3 条第 3 款规定："各缔约方应当采取预防措施，预测、防止或尽量减少引起气候变化的原因，并缓解其不利影响。当存在造成严重或不可逆转的损害的威胁时，不应当以缺乏充分的科学肯定性为理由推迟采取这类措施，同时考虑到应付气候变化的政策和措施应当讲求成本效益，确保以尽可能最低的费用获得全球效益。"

需要用科学知识去评价人类行为对环境可能产生损害的风险，以避免损害的发生。在有些情况下，人类的某一行为对环境的损害是潜在的，或者根据当前的科学技术还不能确定对环境的损害程度，即在科学上对环境的影响具有不确定性，这时应采取更为严格的环境政策和谨慎预防措施，以免造成严重或不可逆转的环境损害。

五、共同但有区别的责任的原则

共同但有区别的责任（Common but Differentiated Responsibilities）是发达国家和发展中国家在处理全球环境问题时应遵循的基本原则。该原则是在 1992 年联合国里约环境与发展大会上确立的，大会通过的《里约宣言》（原则 7）规定，"各国应本着全球伙伴精神，为维持、保护和恢复地球生态系统的健康和完整进行合作。鉴于导致全球环境退化的各种不同因素，各国负有共同的但是又有区别的责任。发达国家承认，鉴于他们的社会给全球环境带来的压力，以及他们所掌握的技术和财力资源，他们在追求可持续发展的

---

[1] 王曦. 国际环境法. 北京：法律出版社，1998：111.

国际努力中负有责任"。

"共同的责任"是指各国（不论是发展中国家还是发达国家）对保护全球环境都负有责任。人类共同生活在地球上，地球环境的恶化危及所有国家的利益，保护地球环境是人类共同的责任。"有区别的责任"是指发达国家和发展中国家之间在承担全球环境的责任上是有区别的，发达国家应承担主要的和更多的义务。发达国家很早就开始了工业化进程，目前地球环境所遭受的损害主要是发达国家的生产和消费所造成的，它们应承担控制、减少和消除全球环境损害的主要责任。而且，发达国家拥有雄厚的经济实力和先进的环保技术，有能力为改善和治理全球环境承担更多的义务。在解决全球环境问题时，应适当考虑发展中国家落后的经济状况和发展的需求。

《气候变化框架公约》及其《京都议定书》、《生物多样性公约》等国际环境公约为不同类型的国家规定了不同的环境责任。

第三节　国际环境法的主要内容

一、大气保护法律制度

当前的大气保护主要表现为以下三种形式：防止大气污染、保护臭氧层和防止全球变暖。

（一）防止大气污染

大气污染（Atmospheric Pollution），按照国际标准化组织（ISO）的定义，"大气污染通常是指由于人类活动或自然过程引起某些物质进入大气中，呈现出足够的浓度，达到足够的时间，并因此危害了人体的舒适、健康和福利或环境的现象"。一国境内排放的有害气体会随着气流发生转移，导致越境大气污染，对全球大气产生影响。

欧共体在防止大气污染方面走在前列。为防止越境大气污染，1979年，在联合国欧洲经济委员会的环境部长会议上，以处理欧洲和北美的酸雨问题为目的通过了《长程越境大气污染日内瓦公约》，缔约方包括欧洲国家、美国和加拿大等。后来，欧洲经济委员会的成员国签署了《关于最少削减30%的硫排放及越境转移的议定书》（1985年）、《关于控制氮氧化物排放及越境转移的议定书》（1988年）等条约。

（二）保护臭氧层

人类生产、消费活动中使用的氯氟烃、哈龙等物质可以导致大气中臭氧层变薄，从而使臭氧层吸收太阳紫外线的功能降低，过量接受紫外线会使人类发生疾病，也会使农作物减产。1985年，国际社会通过了《保护臭氧层维也纳公约》，中国于1989年加入该公约。该公约是第一个全球性的大气保护公约，要求缔约方采取措施保护人类健康和环境不受那些改变或可以改变臭氧层的人类活动的不利影响；要求各缔约方在臭氧层保护方面合作进行科学研究和系统观测，交流有关法规、科学和技术领域的信息。

1987年通过了《关于消耗臭氧层物质的蒙特利尔议定书》，它要求各国限制生产和消费各种不同类型的消耗臭氧层物质，它规定了一个阶段性削减计划，以1986年各缔约方的实际使用量为基础，逐步降低受控物质的使用量。《关于消耗臭氧层物质的蒙特利尔议定书》规定发达国家应当在20世纪末减少氯氟烃使用量的50%，发展中国家则在人均氯氟烃消耗量不超过0.3公斤时可以有10年的宽限期。

（三）防止全球变暖

向大气中大量排放二氧化碳等温室气体会使地球气候异常，危害人类。自从工业革命以来，由于大量排放二氧化碳等气体，导致地球表面变热，出现温室效应（greenhouse effect）。地球表面气温的升高对人类生活产生很大威胁，如冰川融化、海平面上升、气候异常、农作物生长受影响等。为应对气候变化对人类生存的地球环境的影响，联合国环境规划署和世界气象组织于1988年成立了政府间气候变化专家委员会，专门负责对气候变化及其影响的评价和对策的研究工作。

1992年6月在巴西举行的联合国环境与发展大会上，153个国家签署了《气候变化框架公约》。该公约的目的在于在一个使生态系统能够自然地适应气候变化的时间框架内，把空气中的温室气体浓度稳定在防止气候系统受到危险的人为干预的水平上；确保粮食生产不受威胁；使经济发展以可持续的方式进行。公约要求缔约方为今世后代的利益，在公平的基础上，根据共同但有区别的责任承担保护气候系统的责任，同时，对于发展中国家的特殊需要和特殊情况应给予充分的考虑。公约给发达国家、发展中国家和前东欧国家（即正在向市场经济过渡的国家）规定了不同的削减义务，发达国家缔约方必须向发展中国家缔约方提供新的和额外的资金。

为了更有效和具体地实施温室气体削减，1997年12月在日本京都召开的缔约方大会通过了《京都议定书》。以1990年的排放水平为基准，《京都议定书》为《气候变化框架公约》附件1的缔约方确定了具体的、有差别的减排指标，如欧盟为8%，美国为7%，日本、加拿大各6%，俄罗斯、乌克兰等可以维持在1990年的水平。2005年缔约方通过了实施《京都议定书》的《马拉喀什协议》，启动了2012年之后发达国家温室气体减排谈判。

2009年12月7日—18日联合国《气候变化框架公约》缔约方第15次会议——哥本哈根世界气候大会在丹麦首都哥本哈根召开，这是一次被喻为"拯救人类的最后一次机会"的会议。192个国家的环境部长和其他官员们出席了这次气候会议，商讨《京都议定书》一期承诺到期后的后续方案。会议于18日就未来应对气候变化的全球行动签署新的协议，即哥本哈根协议，这是继《京都议定书》后又一具有划时代意义的全球气候协议书，毫无疑问，对地球今后的气候变化走向产生决定性的影响。遗憾的是，该会议由于分歧巨大，所达成的协议只是对欧美日等发达国家援助发展中国家的资金以及全球气温升高控制问题进行了规定，并对签署方没有严格的法律约束力。

二、海洋保护法律制度

由于人类把大量的污染物排入海洋，海洋环境和海洋生物资源遭遇前所未有的威胁，并进而危害人类健康。伴随着沿海和海洋的开发活动，海洋生态系统被破坏。2010年4月20日，墨西哥湾的一座美国钻井平台发生爆炸，原油泄漏对墨西哥湾海域造成了严重污染。美国政府以及英国石油公司正使用多种技术全力清理泄漏的原油，但技术的局限性和历史经验表明，清污工作可能无法为墨西哥湾还原一个清洁的环境。有专家指出，这次海洋油污染是一次史无前例的环境灾难，墨西哥湾在长达10年的时间里将成为一片废海，造成的经济损失将以数千亿美元计。另外，污染可能导致墨西哥湾沿岸1000英里长的湿地和海滩被毁，渔业受损，脆弱的物种灭绝。

为保护海洋环境，促进海洋资源的可持续开发利用和海洋经济的可持续发展，国际社会进行了诸多努力，制定了一系列的国际公约。

1982年通过的联合国《海洋法公约》第十二部分"海洋环境的保护和保全"确立了海洋环境保护的基本原则和制度。《海洋法公约》第192条规定，各国有保护和保全海洋环境的义务。第194条规定，在适当情况下个别或联合采取符合《海洋法公约》的必要措施，以防止、减少和控制任何来源的海洋环境污染；各国应采取一切必要措施，确保在其管辖或控制下的活动的进行不致使其他国家及其环境遭受污染的损害，并确保在其管辖或控制范围内的事件或活动所造成的污染不致扩大到其按照《海洋法公约》行使主权权利的区域之外；各国还负有不将损害或危险转移或一种污染转变成另一种污染的义务。《海洋法公约》对陆源污染、船舶污染、海底活动污染以及海洋倾废污染等作出了规定。《海洋法公约》要求各国制定法律和规章，并且考虑国际上议定的规则、标准和建议的办法及程序，以防止、减少和控制不同来源的海洋环境污染。

控制海洋污染的其他国际公约有：1974 年《防止陆源物质污染海洋公约》、1954 年《防止海上油污国际公约》、1985 年《保护海洋环境免受陆源污染的蒙特利尔规则》、1973 年《防止船舶污染国际公约》及其 1978 年议定书、1969 年《干预公海油污事故国际公约》、1973 年《干预公海非油类物质污染议定书》、1976 年《关于欧洲地区海底开发致油污损害责任公约》、1972 年《防止船舶和飞机倾倒废物污染海洋奥斯陆公约》(适用于大西洋)和《防止倾倒废物及其他物质污染海洋的公约》(适用于所有海洋) 等。这些公约涵盖了不同来源的海洋污染。

三、生物资源保护法律制度

（一）生物多样性

生物多样性关系到地球生态系统的稳定，即关系到人类的生存环境。1992 年的《生物多样性公约》旨在保护生物多样性及持久使用其组成部分；促进公平合理地分享因利用遗传资源而产生的利益。《生物多样性公约》的主要内容有：缔约方应将本国境内的野生生物列入物种目录；制定保护濒危物种的计划；建立财务机制以帮助发展中国家实施管理和保护计划；利用一国生物资源时必须与该国分享研究成果、技术和所得利益；以公平和优惠的条件向发展中国家转让技术或提供便利；缔约方应酌情采取立法、行政或政策措施，让提供遗传资源用于生物技术研究的缔约国特别是发展中国家切实参与此种研究活动并从中受益。

（二）野生动植物保护

保护野生动植物的国际公约有很多，如 1950 年的《国际鸟类保护公约》，1951 年的《国际植物保护公约》(1997 年修订)，1961 年的《保护植物新品种国际公约》、1956 年的《东南亚及太平洋地区植物保护协定（修正本）》，1966 年的《养护大西洋金枪鱼国际公约》，1969 年的《养护东南大西洋生物资源公约》、1973 年的《濒危野生动植物物种国际贸易公约》、1979 年的《保护野生动物迁徙物种公约》、1958 年的《捕鱼及养护公海生物资源公约》。

在保护海洋生物资源方面也有许多国际公约，如《国际捕鲸管制公约》(1946 年)、《南极海洋生物资源保护公约》(1980 年)、《北太平洋溯河性鱼种公约》(1992 年)、《南太平洋禁止流网渔业公约》等。

四、废弃物及危险物质管理法律制度

(一) 危险废物

一些发达国家将本国的有害废物出口到没有处理能力的发展中国家,给发展中国家带来污染和损害。1989年通过了《控制危险废物越境转移及其处置的巴塞尔公约》。《公约》的目的在于控制和减少危险废物和其他废物越境转移;把危险废物的产生减少到最低程度,并保证对它们实施有利于环境的管理,包括尽可能接近危险废物产生源进行处置和回收;帮助发展中国家对其产生的危险废物和其他废物进行有利于环境的管理。

(二) 危险化学品

一些化学品具有危险性和污染性,需要防范危害的发生。在这方面,重要的国际公约有1998年《关于在国际贸易中对某些危险化学品和农药采用事先知情同意程序的鹿特丹公约》(以下简称《鹿特丹公约》)、2001年《关于持久性有机污染物的斯德哥尔摩公约》(以下简称《斯德哥尔摩公约》)等。《鹿特丹公约》规定进行危险化学品和农药国际贸易各方必须进行信息交换。《斯德哥尔摩公约》要求缔约方采取一致行动,首先消除对人类健康和自然环境最具危害的持久性有机污染物。

(三) 核物质

国家有权为和平目的发展和利用核能,并合法享有和平利用核能所可能产生的潜有利益,但同时也必须考虑到有关人员和组织非法取得和使用核材料所可能引起的危险。为了预防和控制这种危险,在国际原子能机构(IAEA)的主持下,国际社会共同制定了《核材料实物保护公约》,1980年3月3日,该公约于维也纳和纽约同时开放签署,并于1987年2月8日生效。为了加强国际核技术交流与合作,在世界范围内实现和维持高水平的核安全,在核设施内建立防止潜在辐射危害的有效防御措施,防止带有放射性后果的事故发生以及减轻事故的危害后果,1994年6月17日,国际原子能机构在其总部举行的外交会议上又通过了《核安全公约》。

此外,为预防核事故的危害,国际原子能机构于1986年通过了《关于及早通报核事故公约》及《核事故或辐射紧急情况援助公约》。《关于及早通报核事故公约》要求尽早提供可能产生跨国界影响的核事故有关情报;在发生可能导致越境影响的核事故时,必须通报有关事故发生的时间、场所、放射性物质的种类以及对事故情况的判断等情报。《核事故或辐射紧急情况相互援助公约》旨在建立一个国际机制,在发生核事故或辐射的紧急情况时便利缔约方之间直接地或通过国际原子能机构以及从其他国际组织迅速提供援助;最大程度地减轻后果，保护生命、财产和环境免受放射性物质的影响。

五、特殊地域、自然和文化遗产保护法律制度

1971年《关于特别是作为水禽栖息地的国际重要湿地公约》是保护湿地方面的重要公约，它的目的在于制止目前和未来对湿地的逐渐侵占和损害，确认湿地的基本生态作用及其经济、文化、科学和娱乐价值。缔约方应当制定计划保护列入名册的湿地并促使其合理利用，特别是要采取以下措施：进行环境影响评价，控制过度利用，制定和实施有公民参与的环境管理计划，设立自然保护区等。作为特殊地域，南极也受到了保护。保护南极资源和环境的国际条约有1959年的《南极条约》、1964年的《保护南极动植物议定措施》、1972年的《南极海豹养护公约》、1980年的《南极海洋生物资源养护公约》、1988年的《南极矿产资源活动管理公约》、1991年的《关于环境保护的南极条约议定书》等。《关于环境保护的南极条约议定书》规定至少在50年内禁止在南极进行一切有关矿产资源的开发活动。

自然和文化遗产保护方面的公约主要有1972年《保护世界文化与自然遗产公约》，其目的是为集体保护具有突出的普遍价值的文化遗产（具有文化价值的纪念物、建筑物、地址等）与自然遗产（自然或者依靠生物作用的形成物、稀有生物物种的栖息地等）建立有效的保护制度。

【难点追问】

1. 国家对自然资源的开发利用的主权与国际环境保护之间是一种什么关系？

环境问题经常具有跨国性质，可能是全球性的，也可能是地区性的。环境保护的一个重要的国际法准则为：一国的行为不能殃及他国。虽然国家依据其主权可以在其领土范围任意利用、开发其环境资源，但无权在其利用和开发自然资源的过程中损害他国利益。例如，一个国家在向界河或多国河流河道排放污染物的过程中很可能严重损害他国环境。

1972年的《斯德哥尔摩宣言》第21项原则表明了各国的如下共识：国家按照《联合国宪章》及国际法的一般原则拥有按照其自身的环境政策利用其自然资源的主权以及防止在其管辖与控制内的活动损害到别国的环境或者非国家管辖区域内的环境的义务。《气候变化框架公约》的序言也重申了该原则。

2. 国际社会应如何监督各国减排二氧化碳义务的履行？

联合国《气候变化框架公约》第4条第1款要求所有缔约方向缔约方会议提供有关履行的信息；第2款要求附件1所列的发达国家缔约方和其他缔约方就限制温室气体排放和减缓气候变化的政策和措施提供详细信息，目

的在于个别地或共同地使二氧化碳和《蒙特利尔议定书》未予管制的其他温室气体的人为排放恢复到 1990 年的水平。这些信息将由缔约方会议在其第 1 届会议上以及在其后定期地加以审评。在审评的基础上，缔约方会议应采取适当的行动。

《京都议定书》第 13 条第 4 款规定："作为本议定书缔约方会议的《公约》缔约方会议，应定期审评本议定书的履行情况，并应在其权限内作出为促进本议定书有效履行所必要的决定。"缔约方会议有权评估缔约方履行议定书的情况，有权定期审查议定书规定的缔约方义务，并就任何事项作出为履行议定书所必需的建议。

【前沿提示】

关于"共同但有区别责任原则"的争议。

2009 年，在哥本哈根气候大会上，发展中国家坚持共同但有区别的责任原则，要求遵循联合国《气候变化框架公约》及其《京都议定书》的原则，按照"巴厘路线图"在减排指标和资金技术援助等问题上达成协议。而发达国家有意抛弃《京都议定书》，达成全新的协议。实际上，发达国家是想削弱乃至摒弃《京都议定书》中没有给发展中国家施加强制减排义务的模式，代之以发展中国家与发达国家一样都承担强制减排义务。发展中国家认为这种不加区分的做法是对共同但有区别责任原则的否定。

南非、印度、巴西等发展中国家认为，大幅减排是发达国家的义务，必须要考虑西方发达国家自工业革命以来对气候变化造成的历史责任，正确的方向是在巴厘路线图的轨道下，完成发达国家深度减排、发展中国家自愿减缓并适应气候变化带来的不利影响；发达国家为发展中国家的减缓和适应提供资金与技术支持等。所达成的协议不能违反"共同但有区别的责任"和历史责任的原则。它们敦促发达国家为发展中国家提供充足的资金援助，使发展中国家能在减少温室气体排放的同时继续发展经济。

【思考题】

1. 国际环境法保护的主要对象是什么？
2. 简述国际环境法的渊源。
3. 可持续发展与环境保护有什么关系？
4. 论述国际环境法的基本原则的主要内容。
5. 哥本哈根世界环境大会所要解决的国际环境问题是什么？
6. 国家是否有义务防止在其管辖区域之外造成环境损害？为什么？

第十三章　国际法律责任

【引言】国际法律责任是现代国际法中的重要法律制度，它对于促进国际法主体履行国际义务，维护正常的国际法律秩序，保障受害者的权益具有重要意义。但由于各国存在的分歧，在本领域还没有达成一项普遍的国际公约，国际责任法律制度仍处于发展过程中。

【学习的目的与要求】通过本章的学习，要了解国际法律责任的概念和特征、国际不法行为责任制度、国际损害行为责任制度和国际刑事责任制度。

【知识结构简图】

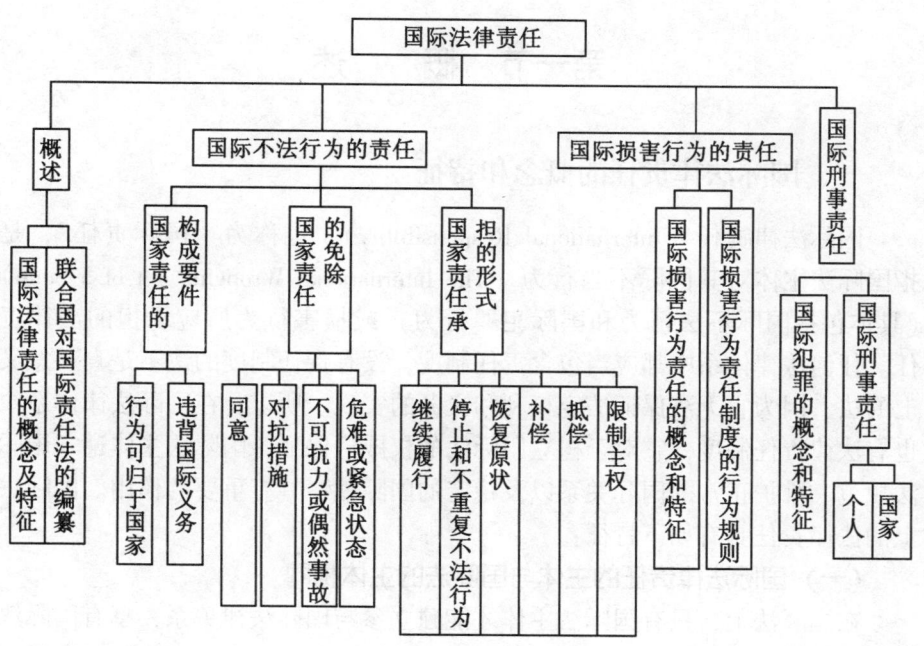

【引例】

菲律宾补偿13位中国海南渔民48万元人民币案

1999年5月23日和7月19日,中国海南琼海市潭门镇渔民驾驶"琼03091号"渔船及"琼03061号"渔船,在中国南海黄岩岛海域进行正常捕捞作业时,被菲律宾军舰野蛮撞沉。另外,六名渔民先后被扣押。中国外交部发言人朱邦造说:"黄岩岛是中国固有的领土,菲海军的军舰撞沉我渔船,严重危害了中方渔民的人身安全,并使其蒙受了重大的经济损失,而且侵犯了中国主权。中方对菲军方的行为表示强烈不满,要求菲方惩办肇事者,赔偿中方渔民的损失,并采取必要措施,制止此类事情再次发生。"

事件发生后,中国农业部南海区渔政渔港监督管理局及时向农业部、外交部、中国驻菲律宾大使馆通报了这一情况。中国驻菲大使馆与菲方进行严正交涉,要求立即救援、无条件放人以及补偿所有损失。9月初,菲方同意以民间形式补偿海南省渔民48万元人民币的损失。

请问:菲律宾军方的行为是否符合国际法?为什么?

第一节 概 述

一、国际法律责任的概念和特征

国际法律责任(International Responsibility),也称为"国际责任",是指国际法主体对其国际不当行为(The International Wrongful Act of a State)(具体包括国际不法行为和国际犯罪行为)或损害行为所应承担的法律责任。任何法律体系中都应当包含责任制度,没有责任制度的法不是真正意义上的法,因为它无法保证法定权利和义务的实现。所以,在国际法律体系中也有法律责任制度,它对于树立国际法的权威、保证各国际法主体遵守国际法规范、维护正常的国际关系以及稳定的国际秩序具有重要的作用。国际法上的法律责任具有如下特征:

(一)国际法律责任的主体与国际法的主体相同

在国际法上,只有国际法主体才能独立参与国际法律关系,享有国际法上的权利和承担国际法上的义务,因而也必然要对其行为所带来的后果承担法律责任。传统国际法上,国家是唯一主体,因此国际法律责任就是国家责任。而在现代的国际关系中,除国家外,政府间国际组织和争取独立的民族在一定范围内也能独立参与国际关系，成为国际法的主体，当然就应对其违反国际义务的行为承担法律责任。所以，国家、政府间国际组织和争取独立的民族都是现代国际法律责任的主体。但在国际实践中，国家仍是国际关系最主要的参与者、最基本的主体，所以，本章主要讨论的是国家的国际法律责任问题。

（二）国际法律责任产生的根据是国际不法行为和国际损害行为

国际不法行为是指国际法主体所从事的违反国际条约、国际习惯以及其他国际法渊源所规定的义务的行为。而国际损害行为是指国际法主体所从事的并没有违反国际法义务，但对他国或他国人民造成实际损害的行为。这二者都会引起国际责任。在传统国际法中，国际不法行为是国际责任产生的唯一根据，但随着国际实践的发展，国际法主体所从事的一些不为国际法所禁止的高科技、高风险活动给其他国家造成了实际的损害，如一个国家在核能利用过程中，发生核泄漏，对邻国的环境造成放射性污染；一国发射的卫星坠落在他国领土，给他国人民及财产造成损害。为保护受害国利益，现代国际法也要求国际法主体对国际损害行为承担责任，这是对传统国际法律责任理论和实践的突破。

（三）国际法律责任的性质是一种法律责任

法律责任是一种以国际法原则、规则和规章、制度为依据且具有强制执行性质的责任，其任务是要确定国际不法行为或损害行为所产生的法律后果。[1] 这种责任对当事国具有法律约束力，当事国必须予以执行。国际法律责任，"它不同于在国际交往上，国家对别国有某些不礼貌的行为或不友好的行为（在不侵犯别国权利的限度内）而引起的道义责任（如世界舆论的谴责）或政治责任（如国家关系的恶化）"[2]。道义责任或政治责任不具有强制性，其结果只可能影响国际关系的正常发展，而国际责任是具有强制执行力的国际法上的责任。

二、联合国对国际责任法的编纂

国际责任法是关于国际法律责任的归责条件、成立、免除、责任的形式以及责任的实施等规则、制度的总体，它涉及国际法主体活动的各个方面，对于防止、纠正违反国际法的行为、恢复和重建正常的国际法律秩序具有重要作用，也是现代国际法的重要内容之一。但国际责任法也一直是国际法中

---

[1] 王献枢. 国际法. 北京：中国政法大学出版社，1994：117.
[2] 周忠海. 国际法. 北京：中国政法大学出版社，2008：146.

发展比较缓慢的一个领域,因为它从形成之初就伴随着各种观点和立场的激烈争论,以至于至今也没有达成一个统一、有效的国际条约。

1930年国际联盟主持召开的海牙国际法编纂会议,进行起草国家责任公约的首次尝试,但起草委员会将国家责任的范围仅仅局限于"国家对在其领土上的外国人的人身或财产造成损害的责任",而回避了从事侵略战争、侵犯国家主权等严重违反国际法行为所引起的国际法律责任。该会议上对国家责任所下的定义为:如果由于国家的机关未能履行国家的国际义务,而在其领土内造成对外国人的人身和财产的损害,则引起该国的国际责任。由于在外国人的待遇问题上,主张"最低文明国家待遇标准"的欧美国家与主张"国民待遇标准"的亚洲、拉美和东欧等国家之间的尖锐对立,这次会议最终没有达成一致协议。

联合国成立后继续关注对国际责任法的编纂,1949年国际法委员会召开第一次会议时就把国家责任问题列为优先审议的14个"编纂和逐步制定"的主题之一。1979年国际法委员会通过了《关于国家责任的条文草案》(*Draft Articles on State Responsibility*)①,该草案将国家责任的范围扩展到一切国际不法行为,而不再局限于国家对外国人的责任,进而实现了国际责任制度的重大转折。1996年,国际法委员会一读通过了《关于国家责任的条文草案》,经过修改、补充,2001年,国际法委员会第53届会议又二读通过了《国家对国际不法行为的责任条文草案》,其内容更加完整,条文更加完备。2001年的草案由四部分构成,共计59条,主要内容包括:国际不法行为的构成和认定标准、构成国家行为的要素、违背国际义务的行为、一国介入他国的国际不法行为时的作法与处理、免除国家责任的情况、国家对其国际不法行为应承担的法律后果以及国家责任履行的程序和手段等。

随着现代社会工业化水平的不断提高,科学技术的迅速发展,各国或国际组织在工业生产、原子能利用、外层空间的探索、远洋石油运输等活动中经常无意地给别国带来损害或威胁,例如,特雷尔冶炼仲裁案②、切尔诺贝利核电站泄漏事件等。随着跨界损害事件的日益增多,传统国家责任理论已表现出其局限性,已不能有效地解决由日新月异的高新技术所引起的国际法不加禁止行为造成损害而产生的国际责任问题。于是,1976年联合国大会通过决议,敦促国际法委员会尽快研究审议"国际法不加禁止行为所造成损害性后果的国家责任问题",国际法委员会从1978年第30届会议开始,

---

① 参见联合国国际法委员会网站:http://www.un.org/law/ilc/index.htm.
② 参见梁淑英主编.国际法学案例教程.北京:知识产权出版社,2003:102.

将"国际法不加禁止行为所造成的损害性后果的国际责任问题"列入工作计划，并任命了该专题特别报告员。通过不懈的努力，国际法委员会于1996年以一读通过《国际法未加禁止之行为引起有害后果之国际责任条款草案》(International Liability for Injurious Consequences Arising out of Acts not Prohibited by International Law)。而后，国际法委员会对该草案的"预防跨界损害"(Prevention of Transboundary Damage from Hazardous Activities)部分进行进一步修改和编纂，于1998年以一读通过《国际法未加禁止之行为引起有害后果之国际责任条款草案（预防跨界损害部分）》。

上述草案文件表明国家责任法的内容还在进一步的发展过程中，虽然没有形成具有法律约束力的国际条约，但它反映了现代国际责任的实践，也构成将来国际责任制度立法的基础。

第二节 国际不法行为的责任

国际不法行为是指国际法主体违背国际义务的行为。任何国际法主体对其国际不法行为都应当承担国际法律责任。鉴于国家是国际关系的主要参加者，以下主要讨论国家对其国际不法行为的责任问题。

一、国家责任的构成要件

根据1979年《关于国家责任的条文草案》和2001年《国家对国际不法行为的责任条文草案》的规定，国家对国际不法行为承担责任，必须具备两个条件：一是该行为依国际法可归责于国家，即主观要件；二是该行为违背了该国所承担的国际义务，即客观要件。

（一）行为可归责于国家

国家是国际法的主体，同时也是一个抽象的实体，国家本身不能采取任何行动，国家行为最终要通过国家机关或者个人的行为来表现，国家意志也是通过这些机关或个人的行为体现出来。代表国家行事的机关或个人，其行为的法律后果当然由国家来承担。所以，首先要确定，谁有权代表国家？什么行为可视为国家行为？确定一个行为是否属于国家行为，只能依据国际法来判断。国家不能以国内法上的理由来否认某一行为的国家性，以逃避其国家责任。概括起来，国家责任的主观要件具体可分为国家机关本身的行为和其他可归因于国家的行为两大类。

1. 国家机关本身的行为

国家机关的行为构成该国的国家行为，这已是现代国际法中普遍接受的规则。根据《国家对国际不法行为的责任条文草案》第4条规定"任何国家机关，不论行使立法、行政、司法职能，还是任何其他职能，不论在国家组织中具有何种地位，也不论作为该国中央政府机关或一领土单位机关而具有何种特性，其行为应视为国际法所指的国家行为；机关包括依该国国内法具有此种地位的任何个人或实体"。所以，一个国家不论实行联邦制还是单一制，不论实行三权分立还是议行合一，只要依据国内法规定，该机构具有国家机关的地位，不论是何种职能、何种地位的机关，其行为都属于该国的国家行为。

若依据国家机关的职能来划分，国家机关主要应包括以下几种：

（1）立法机关。立法机关引起国家责任的不法行为主要有两种情况：一是制定了与该国所负担的国际义务相抵触的法律。如甲、乙两国订立的双边条约中规定了相互给予对方国民以国民待遇，但甲国立法机关通过的一项法律，其中包含对外国人歧视待遇的条款，即属于违反国际义务的行为。二是没有制定为履行该国所负担的国际义务所必需的法律。如果中国加入WTO后，没有将WTO协议中的国家义务转化为国内法，那么也是违反国际义务的行为。

（2）行政机关。行政机关主要代表国家与外国进行交涉，是参与国际关系最多、最直接的机关，因而其与国家责任的关系也最为密切。因此，行政机关的一切行为都应归于国家。

（3）司法机关。司法机关的国际不法行为主要涉及拒绝给外国人提供应有的司法保护，即司法拒绝，包括司法机关拒绝对外国人的审判，或不受理外国人的诉讼，或即使受理了外国人的诉讼并进行了审判，但不正确地运用诉讼程序，或作出显然不当的判决，或执行机关故意不执行判决等。

此外，国家机关的行为都是由个人实施的，因此，代表国家行事的个人的公务行为也应归于国家。比如，国家元首是国家的代表，政府首脑是国家最高行政机关的首长，外交使节是派遣国在接受国的代表，他们的行为都应归于国家。这种具有明确代表国家身份的个人与国家机关没有实质区别，《国家对国际不法行为的责任条文草案》第4条第2款也明确规定，"机关包括依该国国内法具有此种地位的任何个人或实体"。实践中，对他们的行为一般不做区分，不论官方场合还是私人场合的行为，都视为国家行为，只要构成不法行为就会产生国家责任。还有，国家机关中的公务员，不论职位的高低，只要以公务员身份所作的职务行为，都是代表国家行事，属于国家行为。对于国家公务员要注意区分官方行为和私人行为，他们的私人行为不应要求国家承担责任。

对于国家机关或代表国家行事的个人其越权行为或违背指示的行为是否应视为国家行为的问题，根据《国家对国际不法行为的责任条文草案》第7条的规定，国家机关或经授权行使政府权力要素的个人，只要是以国家机关或国家机关代表的身份行事，即使逾越权限或违背指示，其行为仍应视为国际法所指的国家行为。

2. 其他可归因于国家的行为

（1）经授权行使政府权力的其他实体的行为。国家机关之外的其他组织，经国内法授权行使政府的一部分权利，如果该组织以此种身份行事，其行为应归于国家而成为国家行为。例如，国营或私营的航空公司可能被授权行使有关移民管制或卫生检疫的政府权力，在行使政府权力的范围内，其行为应视为国家行为。

（2）别国或国际组织交与一国支配的机关的行为。《国家对国际不法行为的责任条文草案》第6条规定，"由另一国交由一国支配的机关，若为行使支配该机关的国家权力要素而行事，其行为依国际法应视为支配该机关的国家的行为"。比如，乙国受到他国侵略，为行使集体自卫权，甲国派遣一支武装部队支援乙国，若该部队受乙国的调遣、指挥，那么其行为就应归于乙国，而成为乙国的国家行为。根据草案第6条的规定，被派遣机关的行为归属于接受国，应满足三个条件：第一，所指机关必须拥有派遣国机关的法律地位；第二，该机关交由接受国支配，受接受国管理；第三，该机关的行为必须包含行使接受国政府权力的因素。[1]

（3）叛乱运动机关的行为。一般来说，在一国领土内的叛乱运动机关、叛乱团体的行为不能视为该国的国家行为，因为叛乱机关独立于现行政府，甚至是以推翻现行政府为目的，所以国家不能对其组织、活动实施有效控制，也不能要求国家对其行为承担责任。然而，如果叛乱运动成功地推翻了旧政权而建立了新政府，叛乱运动的行为应视为是该国的行为，而如果是成功地建立了新国家，叛乱运动的行为应归于该新国家。

（4）私人的行为。私人的行为不可归于国家，这是一般原则。然而，这并不表明私人行为与国家责任毫无关系，在特定情况下，国家对私人的行为承担责任。国家对其境内的外国人负有给予保护的国际义务，如果一国由于疏于防范而致使外国或外国人的人身、财产受到损害，或者在侵害行为发生后，国家没有及时采取有效措施以制止，也没有给予受害人以适当的救济，国家即应承担国际法律责任。比如，在1979年美国驻德黑兰外交和领

---

[1] 余民才. 国际法专论. 北京：中信出版社，2003：132.

事人员案中，开始占领美国大使馆虽然属于伊朗武装分子的个人行为，但是伊朗当局对美国使馆没有给予必要的援助和保护，后来更支持了武装分子的行为，这都违反了国家对他国使领馆及外交人员给予特别保护的国际义务，构成国家在国际法上的不法行为。

此外，根据《国家对国际不法行为的责任条文草案》的规定，私人行为如果实际上是按照国家的指示或在国家指挥、控制下行事的，则其行为应归于国家；私人在官方当局不存在或缺席和在需要行使政府权力的情况下，实际上行使这种政府权力的行为应视为国际法所指的国家行为；如果国家对从事时不归于国家或不可能归于国家的私人行为，事后予以确认、表示接受，并当做其本身的行为，则该行为也应视为国家行为。

（5）一国牵连入他国的国际不法行为。各国独立实施的不法行为，应由各国独立承担责任，但在特定情况下，国家因牵连入他国的国际不法行为，则应对他国的行为负责。具体包括三种情形：①一国援助或协助他国实施国际不法行为。一国对他国的援助或协助，如经确定是为了使他国（接受援助或协助的国家）从事国际不法行为，则该项援助或协助本身构成国际不法行为，应由援助国或协助国承担国际责任。接受援助或协助的国家，也应对其本身实施的国际不法行为承担责任。比如，一国为他国所实施的侵略行为提供武器装备和经济援助，则两国都应对其实施的国际不法行为承担责任。②一国指挥或操纵他国实施国际不法行为。不仅实际从事国际不法行为的国家（被操纵国）应对其行为承担国际责任，而且指挥国或操纵国也应对被操纵国的行为负责。这在历史实践中多发生于存在保护关系或附庸关系的国家之间。③一国胁迫他国实施国际不法行为。不论实施胁迫的根据如何，也不论采取何种方式，只要由于实施胁迫，使被胁迫国违背自己的真实意愿从事国际不法行为，则胁迫国应对该行为承担国际责任，但这并不妨碍被胁迫国按照有关规则承担相应的国际责任。

（二）违背国际义务

构成国家不法行为的另一个条件是，该项国家行为是违背国际法义务的行为。一国违背国际义务是指一国的行为不符合国际义务对它的要求，不论其所承担的该项义务是来源于国际条约、国际习惯或国际法的其他渊源。国家违背国际义务的行为，既包括以作为的方式积极地违反国际法规则，也包括以不作为的方式消极地不履行应承担的义务。并且，所违背的必须是对国家现行有效的义务。因此，一国不符合国际义务的行为必须在该项义务对该国有效期内作出，才会产生相应的国际责任。

一切违背国际义务的行为都是国际不法行为，根据所违背义务的性质和程度的不同，国际不法行为可分为一般国际不法行为和严重国际不法行为。2001年《国家对国际不法行为的责任条文草案》规定，严重国际不法行为可定义为严重地或系统地违背依国际强行法规范所应承担的义务的行为，对严重国际不法行为所建议的特定后果只是各国合作制止这种违法行为，不承认，也不协助、不援助保持这种违法行为造成的状况等。

二、国家责任的免除

行为的不法性是产生国际不法行为责任的根据，如果一国行为的不法性已被排除，就不能构成国际不法行为，更不会产生国际法律责任。从国际实践来看，排除行为不法性的情况主要有以下几种：

（一）同意

受害国以有效的方式表示同意（Consent）加害国实行某项与其负义务不符的特定行为时，即排除加害国行为的不法性，从而免除其法律责任。反过来说，如果没有受害国的同意，加害国的特定行为就是违背国际义务的不法行为。比如，外国飞机擅自进入我国领空属于违法，但如果征得我国同意，则排除其行为的不法性。以同意方式排除特定行为的不法性，应符合以下几个条件：

（1）同意必须是受害国真实意志的表示，不得带有强迫、欺诈的因素。历史上帝国主义国家借"同意"之名而行侵略之实，对弱小国家进行侵略、干涉的例子不胜枚举。

（2）特定行为必须在受害国同意的范围内。比如，我国虽然同意他国民用飞机飞越我国领空，但并不得排除他国军用飞机飞越我国领空的不法性。

（3）同意不能排除基于国际强行法而产生的义务。国际强行法是各国必须遵守的一般国际法规范，国家不能通过任何方式来排除强行法的适用，当然也不能以同意排除强行法的义务。

（二）对抗措施

对抗措施（Counter Measures），也称为"反措施"，是指受害国针对他国的国际不法行为而采取的与自己所负担的国际义务不相符合的对抗行为。这种行为虽然违背了该国所承担的国际义务，但是由他国在先的不法行为所引起，因而排除其行为的不法性。对抗措施按其性质可分为一般的对抗措施和自卫行为。一般对抗措施是由对方的一般国际不法行为所引起，受害方也只能采取相应的非武力措施来对抗，比如进行贸易报复、断绝外交关系。自卫行为则是由于受害方遭到对方的武力攻击或侵略时，所采取的相应的武力反击措施。自卫权的行使是为了维护国家的主权和领土完整,同时应符合《联合国宪章》的规定。不论是一般的对抗措施,还是自卫行为,在适用时都必须遵守国际法,有针对性并且适度,不得以实施对抗措施为由而给对方造成过度的侵害,否则会转化成不法行为。

(三) 不可抗力或偶然事故

一国不符合国际义务的行为,如果是由于该国无法预料或无法控制的事件所导致的,以至于该国实际上不可能按照其义务行事或不可能知道其行为违背国际义务,则其行为的不法性予以排除。如由于发生地震而致使一国境内的外国人的生命、财产受到损害;由于海上风暴导致一国军舰发生故障而误驶入他国领海内等。在不可抗力和偶然事故之下,国家并不是故意不履行国际义务,而是超出国家的控制范围,事实上无法履行,或根本不知道自己的行为违反国际法,所以应排除其行为的不法性,免除其国际责任。

(四) 危难或紧急状态

危难(Distress)是指代表国家行事的机关或个人在极端危难的情况下,为了挽救其生命或受其监护之人的生命,除此之外别无他法而作出违背国际义务的行为,该行为的不法性应予以排除。紧急状态(Necessity)则是指一国遭到严重危及国家生存和根本利益的情况下,为了应付或消除这一严重紧急状态而采取紧急措施所作出的违背国际义务的行为,该行为的不法性也应予以排除。① 对危难和紧急状态下违背国际义务行为的不法性的排除,除要求情况紧急别无他法之外,还要求危难或紧急状态不是该国自身造成或在该国协助下造成,并且违背义务的行为不得造成比危难同样或更大的灾难或危及他国的根本利益,否则不排除其行为的不法性,行为国应承担全部或部分国际责任。

三、国家责任承担的形式

国家的国际不法行为一经确定,就会产生国家的国际责任,即在加害国与受害国之间形成一种新的权利、义务关系。在这种关系中,加害国应承担与其行为相适应的国际义务,而受害国便因此而享有相应的国际权利。

根据国际实践以及国家责任条文草案的规定,国家对其不法行为承担责任的具体形式主要有以下几种:

(一) 继续履行

《国家对国际不法行为的责任条文草案》第 29 条规定"本部分所规定

---

① 王献枢. 国际法. 北京:中国政法大学出版社,1994:129.

的一国际不法行为的法律后果不影响责任国继续履行所违背义务的责任（Continued Duty of Perform）"。所以，当加害国不履行其对受害国的国际义务，并且两国之间在先的国际法律关系有效存在并未终止的情况下，受害国除可通过要求赔偿的方式来弥补自己的损失外，还可以要求加害国继续履行其法定义务。

（二）停止和不重复不法行为

当国际不法行为是一个持续性的行为时，责任国有义务停止该行为，并在必要时提供不重复该行为的适当承诺和保证。

停止不法行为（Cessation）对于减小该行为造成的损害性后果具有重要意义。当不法行为具有持续性，若等到该行为结束之后再开始追究行为国的责任，该行为已经对受害国造成了严重的损害，而若能及时停止该不法行为，则能将损害降低到最小限度。比如，停止侵略行为、释放扣留人质等。停止不法行为只适用于具有持续性质的行为，若该不法行为不具有持续性或者已经完成，则不发生停止的问题。并且，停止不法行为不影响被停止行为已经引起的国际责任，只是可能减轻其责任。停止不法行为是为了减少已经发生的损害，而承诺和保证不重复（Non-repetition）的着眼点在将来，是为了预防将来可能发生的不法行为，对责任国义务履行的保障。

（三）赔偿

在国际法上，赔偿（Reparation）是个集合概念，具体它可包括以下三种赔偿方式：

1. 恢复原状

所谓恢复原状（Restitution）是指把被侵害的事物恢复到不法行为发生前存在的状态。如归还侵占的他国领土、归还在战争中掠夺的他国财产、恢复被非法移动的边界界标等，就属于恢复原状。第二次世界大战后，1947年签订的对意、匈、保、罗、芬五国的和约中，就包括有返还条款，规定上述五国应将所有用掠夺或其他不正当方式从所属国家领土内移走的一切财产、物质及其他文化物品归还原所有国。当然，恢复原状不是一种绝对的责任形式，它也要受到两个条件的限制：一是并非实际做不到。恢复原状适用于被侵害的事物尚存并保存完好或虽被破坏但可通过各种方法进行修复或制作替代物的情况。如果恢复原状已成为不可能，或恢复原状的代价远远超过被损害物原来的价值，比如应归还的财产已完全灭失，则不能采取这种责任形式，而只能要求责任国通过其他方式来承担法律责任，比如补偿。二是受害国从恢复原状所得到的利益必须与对责任国造成的负担成比例。如果恢复原状对责任国所造成的负担大大超过受害国可能得到的利益，则有违公平合理原则,而不适宜采取此种责任方式。

2. 补偿

在恢复原状不可能或不足以赔偿致害国的不法行为造成的损害时,致害国有义务提供补偿。补偿(Compensation)是指致害国对受害国的物质损失给予一定数量的货币或实物,以实现国家责任。补偿是国际实践中采用最为普遍的一种赔偿方式,比如,1999年以美国为首的北约轰炸中国驻南联盟大使馆事件发生后,中美双方就中方人员的伤亡及财产损失的赔偿问题以及大使馆的赔偿问题分别达成协议,美国分别向中国政府支付450万美元和2800万美元的赔偿金。

在传统国际法理论和实践中,金钱赔偿被认为具有惩罚性,因此赔偿数额可以不受实际损害数额的限制。但在现代国际法上,很多国际判决或裁决都明确拒绝了惩罚性损害赔偿的要求,表明金钱赔偿的补偿性质已为多数学者、国家接受。在《国家对国际不法行为的责任条文草案》中第35条、第37条都强调了赔偿的比例性,即赔偿应与不法行为所造成的损害后果相符合,而不能大大超过实际损害后果。

关于补偿的范围,并没有统一的标准,从各国实践来看大多倾向于对于不法行为所造成的直接损失和间接损失都应给予补偿。《国家对国际不法行为的责任条文草案》也规定"补偿应该弥补在经济上可以评估的任何损害,包括可以确定的利润损失"。

3. 抵偿

抵偿(Satisfaction)是对国家的精神损害或非物质损害的赔偿。在实践中,致害国对受害国尊严进行的侵害,如侮辱他国国旗、国徽、侵犯他国外交代表的特权和豁免等,在这种情况下致害国通常会采用抵偿的责任方式使受害国获得精神上的抚慰。抵偿又包括承认不法行为、表示遗憾、正式道歉,以及其他合适的方式。在国际上使用得最普遍的抵偿方式是道歉。道歉可以用口头方式表示,也可以用书面方式表示,正常的道歉通常由责任国的外交机关或驻外机构向受害国作出。比如,对2001年发生在中国南海的中美撞机事件,在中国政府的强烈要求下,美国驻华大使代表美国政府向中国外交部递交了道歉信,对其侵犯中国领空和主权的行为以及造成的严重后果表示正式道歉。有时道歉还可以采取象征性行为,如向受害国国旗致敬。抵偿应当与责任国的不法行为所造成的损害后果成比例,而且不得采取羞辱责任国的方式。

(四)限制主权

限制主权(Limitation of Sovereignty)是指限制致害国主权或某些方面主

权权力的行使,这是国家责任形式中最严厉的一种,它主要针对实施了武装侵略、破坏国际和平与安全等严重国际不法行为的国家。

限制主权包括全面限制主权和局部限制主权。全面限制主权是指在一定期间内对责任国实行军事占领或军事控制,并代行国家的最高权力。比如,第二次世界大战后,为了惩罚侵略者以及防止侵略势力再起,在一定时期内由苏、美、英、法四国对德国实行分区占领,共同行使德国的最高权力。局部限制主权是指在一定期间内对责任国某些方面的主权权力进行限制或控制。比如,1991年海湾战争结束后,鉴于伊拉克武力入侵科威特的侵略行径,联合国安理会作出一系列决议,要求销毁和限制伊拉克的核武器、生化武器,这是对其国家主权进行的局部限制。

上述的国家责任形式可以单独采用,也可以合并采用,这取决于国际不法行为的性质和程度以及受害国的要求。

第三节 国际损害行为的责任

一、国际损害行为责任制度的确立

在传统国际上,国家承担责任的法理基础是国家行为的不法性,国家仅对其违背国际义务的行为承担国家责任。但是,随着科学技术日新月异的发展,各国在从事工业生产、原子能利用、外层空间的探索、石油及危险物质的运输等国际法不加禁止的活动中,很可能因为意外事故而导致他国以及他国人民、财产和环境的严重损害。20世纪中期以来,这种严重的跨界损害事件频繁发生已使国际社会直接感受到这一问题的严重性。比如,1978年前苏联核动力卫星"宇宙954号"发生故障,在加拿大境内坠落,带有放射性物质的卫星碎片散落在加拿大境内,造成大规模的放射性污染;1986年发生的切尔诺贝利核电站事故,8吨多强辐射物质泄漏,不仅导致前苏联大片地区的放射性污染,还波及瑞典、波兰等国。在这类损害事件中,国家的行为并没有违背国际法,国际法也不禁止此类高新技术的发展和应用活动,相反,此类活动正是现代社会经济发展所必不可少的推动力,那么这类活动对他国所造成的损害后果,致害国是否应当承担相应责任呢?对国际损害行为的责任制度的研究逐步提上日程。

联合国国际法委员会在制订《国际法不加禁止行为所产生的损害性后果的国际责任条款草案》时曾开宗明义:基于科学的当前文明特征是许多不同形式的地球资源日益用于经济、工业或科学目的。此外,自然资源的不足、对更有效率地使用资源的需要、创造代用资源以及操纵生物体和微生物体的能力都在促使人们谋求创新的生产方法，有时候引起不可预测的后果。由于经济和生态上的相互依存关系，发生在一国领土、管辖或控制范围内涉及资源利用的活动对其他国家或其国民可能产生损害性影响。这类活动的进行在国家领土管辖或控制范围以外屡次造成损害的事件都可表明全球相互依存关系这一事实情况。国际法所容许但有跨界损害性后果的活动不绝如缕，加上科学进步以及人们对这些活动的损害和生态影响程度的更多理解，都要求有必要在这方面实施某种国际管制。① 这表明，国际法不加禁止行为的国家责任制度的产生是国际社会发展的客观需要。在国际法委员会的努力下，已完成该项草案，包括 3 章共 22 条。第一章为有关适用范围、责任、合作及实施等一般性的规定；第二章为有关事先批准、风险评估和情报交换等预防制度的规定；第三章为有关不歧视、赔偿和其他救济的性质和范围的规定。这一条款草案为将来缔结全面系统的国际公约奠定了基础。

除了国际法委员会正在进行的编纂工作之外，国际社会针对各种具有高度危险性、污染性的活动可能造成的损害也制定了一系列公约：如 1960 年《核能方面第三者责任公约》、1962 年《核动力船舶营运人双重责任公约》、1963 年《维也纳核损害民事赔偿责任公约》、1969 年《油污损害的民事责任国际公约》、1976 年《勘探和开发海底矿物资源造成损害的民事责任公约》、1967 年《关于各国探索和利用包括月球和其他天体在内外层空间活动的原则条约》、1972 年《空间实体造成损害的国际责任公约》、1973 年《防止船舶造成污染的国际公约》、1979 年《远程跨界空气污染公约》、1982 年联合国《海洋法公约》等。这些公约都在不同程度上规定了国家及其他实体从事具有高度的潜在危险性活动时所应承担的义务，以及对其活动所造成的损害性后果应承担的国际责任，因而构成国际损害行为责任制度体系的一部分。

二、国际损害行为责任的概念和特征

国际法未加禁止之行为引起有害后果之国际责任，简称为"国际损害行为责任"，是指国际法主体在从事国际法不加禁止的活动中造成损害所应承担的国际责任。不同学者对这一责任有不同的称谓，比如"跨界损害责

---

① 联合国国际法委员会关于《国际法不加禁止行为所产生的损害性后果的国际责任条款草案》的一般性评注，联大第 51 届会议补编第 10 号（A/51/10）《国际法委员会第 48 届会议工作报告》。

任"、"国际赔偿责任"、"危险责任"、"合法活动造成域外损害的国际责任",还有国际法委员会将其称为"国际法不加禁止行为所产生的损害性后果的国际责任"。相对于传统的国际不法行为的责任,国际损害责任的概念产生较晚,如前所述,它是随着现代社会高科技的应用和发展,国家及其他实体在从事高危险性活动所造成的跨界损害日益严重,国际社会日益关注的情况下逐渐确立。近几十年来的国际实践表明,国家及其他实体应对其所从事的国际法不加禁止的活动所造成的跨界损害后果承担责任,这一法律原则已被广泛接受。

与传统的国际不法行为的责任相比较,国际损害责任具有如下特征:

(一) 国际损害责任以国际损害事实和结果的发生为根据

传统的责任制度即国际不法行为的责任是以行为的不法性为前提,一国违反了其所承担的国际义务,比如非法进入他国领空、侵犯他国领土等,这种不法行为必然会导致行为国的国家责任。而国际损害责任的产生并不取决于行为的不法性,而是取决于跨界损害事实和损害结果的发生。比如,国家所从事的外空探索活动、民事核利用活动,均不为国际法所限制或禁止,谈不上违法性,但这类活动对他国国民、财产及环境造成了实际的损害,就应追究行为国的责任,以切实保护受害者的利益。国际不法行为的责任和国际损害行为的责任产生的根据不同,这是两者最重要的区别。

(二) 国际损害责任的确定以无过错责任原则为基础

在传统国际法上,确定国家不法行为的责任以过错责任为原则,强调行为主体主观上的"过失"或"故意"。而在国家所从事的高危险性活动中,坚持过错责任原则显然存在着较大的缺陷和不合理性,因此,国际损害责任采用的是"无过错责任"或"严格责任",即不考虑行为主体的主观心态,只要行为与损害后果之间有因果关系,就足以确定行为国的赔偿责任。并且,在国际损害责任中基本上不存在免责条件,只要产生了损害后果,即使行为国已履行了注意义务,而且已采取一切合理的方式进行挽救,仍不能免除其责任。

(三) 国际损害责任仅适用于特定领域

国际不法行为涉及国际法主体活动的各个方面,不论是战争、外交领域,还是经济、贸易领域,只要有相应的国际义务的存在,都可能产生国际不法行为的责任。而国际损害责任的适用一般限于高科技的发展和应用领域,如航天航空、远洋石油运输、核利用等,用以解决这些领域中危险性活动造成损害的国际责任问题。

(四) 国际损害责任以经济赔偿作为其责任承担方式

对于责任国所实施的国际不法行为,有多种方式追究责任国的责任,比如停止不法行为、保证不再重犯、恢复原状、补偿、抵偿、限制主权等。而国际损害责任的实现形式仅限于赔偿,由致害人、致害国向受害人、受害国支付一定的货币以补偿其损失。

三、国际损害行为责任制度的行为规则

国际损害责任制度主要解决两方面的问题:一是通过制度安排以降低事故发生的可能性;二是通过追究致害者的赔偿责任以保护受害者的权利。损害事故发生后的赔偿固然重要,但对事故的预防也不可忽视,在国际法委员会1996年的《国际法不加禁止行为所产生的损害性后果的国际责任条款草案》(以下简称"1996年草案")中强调了国家在从事国际法不加禁止活动中的危险预防义务,而整个预防机制的建立又要求各国履行充分合作、危险评估、及时通知、平等协商等义务。

(一) 预防义务

"1996年草案"第4条规定:"国家应采取一切适当措施以预防引起重大跨界损害的风险或将其减至最小程度。如果此损害业已发生,则应采取一切适当措施以将其影响减至最小程度。"国家或其他实体所从事的危险性活动对人类以及环境造成的损害往往是不可弥补的,比如大气污染、海洋污染、物种的灭绝、人类各种疾病的产生等。预防更胜于治理,造成损害后再去补偿,并不能完全恢复事故发生之前的和平状态,也不会减少将来事故的发生。所以,草案强调了国家的预防责任,从事危险性活动的国家应采取适当措施,运用最为切实可行的手段,以防止或尽量减少可能发生的跨界损害。国家如果没有履行预防的义务,则可能构成国际不法行为,产生国家责任。

(二) 合作义务

"1996年草案"第6条规定:"有关国家应善意合作,并在必要时寻求任何国际组织的援助以预防重大跨界损害的风险或将其减至最低程度。如果损害业已发生,则应合作,并在必要时寻求任何国际组织的援助以在受影响国和起源国将损害的影响减至最小程度。"

(三) 危险评估义务

"1996年草案"将危险评估作为预防跨界损害的一项重要手段。根据草案第10条,在决定从事可能产生跨界损害的危险活动之前,"国家须确保

对该活动之风险进行评估。此评估须包括一项对该活动、对人或财产以及其他国家的环境的可能影响的评估"。危险评估应是国家在批准一项可能产生跨界损害的危险性活动的前置程序，其目的是让决策者能充分了解该项活动可能对他国环境造成的不良影响以及危险的程度，从而确定其应该采取的合理措施，以预防和减少损害的发生。

（四）通知义务

"1996年草案"第13条规定了国家的危险通知义务。如果通过危险评估程序表明该活动有引起重大跨界损害的风险，危险的起源国必须立即通知可能受影响的各国，向他们传送其评估所依据的技术情报和其他有关情报。及时通知是有效预防和减少跨界损害的重要手段，通过获取早期信息，可能受影响的各国能够采取合理措施防止损害事故的发生或降低受损害的程度。

（五）协商义务

协商体现了国家之间为预防和减少跨界损害的发生而进行的充分合作。"1996年草案"第17条规定："有关国家须应它们之中任何一个国家的请求立即进行磋商，以便就采取预防或减轻引起重大跨界损害的风险的措施及其合作实施，达成可接受的解决办法。"

（六）赔偿义务

如果最终跨界损害事故发生了，并给他国国民、财产和环境造成严重损害，责任国或从事跨界活动的经营者应承担赔偿责任。如果责任主体是国家，则由国家对受害者承担赔偿责任。例如，根据1972年《空间实体造成损害的国际责任公约》，无论是政府机关还是私营企业或其他非政府组织所实施的外空活动，只要该空间实体对他国造成了损害一律由发射国承担赔偿责任。如果责任主体是从事跨界活动的经营者，则由经营者承担赔偿责任，这又分为两种情况：一种是经营者承担主要责任，国家承担补充责任。比如，根据1962年《核动力船舶营运人双重责任公约》和1963年《维也纳核损害民事赔偿责任公约》的规定，经营者必须根据登记国的规定投保一定数额的核事故险，或作出其他财务安排，同时国家保证经营者的赔偿责任，并在经营者保险金额不足以赔偿损失的情况下在一定限额内给予补偿。另一种是由经营者独立承担责任。比如《油污损害的民事责任国际公约》、《勘探和开发海底矿物资源造成损害的民事责任公约》都规定由造成损害的有关经营者承担民事赔偿责任。在责任主体是经营者的情况下，国家有义务采取必要措施以保证经营者切实履行其赔偿责任，使蒙受损失的国家及其人民能够获得及时和充分的补偿。

第四节　国际刑事责任

一、国际犯罪

国际犯罪（International Crime）是一个新的、颇有争议的国际法概念，国际社会至今没有形成公认的、统一的定义，各国学者的观点也不尽一致。我国学者将国际犯罪区分为广义和狭义。广义的国际犯罪，泛指在国际上实施的犯罪，不仅包括具有国际规模的犯罪行为，也包括跨越两国或者多国实施的犯罪行为；狭义的国际犯罪，是指侵害人类共同法益的犯罪。① 我国学者大多认为，广义的国际犯罪说是把国际犯罪与含有涉外因素的国内法上的犯罪相混淆了。因此，国内学者多采用狭义的国际犯罪说，即认为国际犯罪是指国际法规定的，对国际社会具有危害性并应受到刑事制裁的行为。② 据此，可将国际犯罪的特征概括如下：

（一）国际犯罪是国际法明确禁止的行为

判断国际犯罪的法律依据是国际法的规定。某一个或某几个国家国内法确定的犯罪行为，不能称之为国际犯罪，只有国际社会公认的国际法明确禁止的行为才是国际犯罪。在早期的国际习惯中已逐步形成有关海盗罪和战争罪的规则，但基于各国对罪刑法定原则的遵守，国际条约是现代国际社会确定国际犯罪的主要方式。这里的国际条约应指那些由相当数量的国家批准或参加的国际公约。这些公约所禁止的行为构成国际犯罪，各缔约国承担义务，应通过立法、行政、司法措施对犯罪行为进行预防和制裁。"二战"以来，在联合国的主持和推动下，国际社会规定国际犯罪行为的国际条约日益增加，诸如，1948年《防止及惩治灭绝种族罪公约》、1949年日内瓦四公约及其附加议定书、1963年《关于在航空器内的犯罪和其他某些行为的公约》、1970年《关于制止非法劫持航空器的公约》、1971年《关于制止危害民用航空安全的非法行为的公约》、1973年《禁止并惩治种族隔离罪行的国

---

① ［日］森下忠．国际刑法入门．阮齐林，译．北京：中国人民公安大学出版社，2004：6.

② 参见林欣主编．国际刑法问题研究．北京：中国人民大学出版社，2000：17；张智辉．国际刑法通论．北京：中国政法大学出版社，1999：104；邵沙平．现代国际刑法教程．武汉：武汉大学出版社，1993：88.

际公约》、1973 年《关于防止和惩处侵害应受国际保护人员包括外交代表的罪行的公约》、1974 年《关于侵略定义的决议》、1984 年《禁止酷刑和其他残忍、不人道或有辱人格的待遇或处罚公约》、1988 年《制止危害海上航行安全非法行为的公约》等。

(二) 国际犯罪侵害了国际社会的共同利益

国际犯罪行为危害的是整个国际社会的共同利益，包括国际和平与安全、国际正常的公共秩序、人类的尊严、生存与发展等。所以，对于国际犯罪需要国际社会共同采取措施来进行打击、惩罚和预防，以维护国际社会的安全和良好秩序。严重危害国际社会的共同利益是国际社会确认某一行为属于国际犯罪的根本原因，也是国际犯罪区别于国内犯罪的最主要特征，亦即实质特征。①

(三) 国际犯罪的行为者应受到刑事制裁

把某种行为规定为国际犯罪的目的是要追究行为者的刑事责任。但国际公约中对刑事责任的规定与国内法中对刑事责任的规定并不相同。在国内刑法中，行为人应承担的刑事责任会通过明确的刑罚表现出来；而在关于国际犯罪的公约中，往往不直接规定行为人的刑事责任，而是要求各缔约国按照本国刑法的规定，对行为人的犯罪行为提起诉讼，并施以刑罚。这是因为，各国的法律制度不同，刑法体系和刑罚制度存在较大差异，并且，国际社会也没有形成统一的刑事司法系统和统一的刑罚制度。所以，在今后相当长的时期内，对国际犯罪行为人的刑事制裁仍主要是通过各缔约国国内刑法的适用来实现。

二、国际刑事责任

国际刑事责任（International Criminal Responsibility）是与国际犯罪密切联系的概念，与国内刑法中的犯罪一样，国际犯罪的实施，也必然引起实施者的刑事责任。根据一般的观点，国际刑事责任是指国际犯罪的主体因实施了为国际刑法所禁止的行为，严重违反了国际义务而承担的法律后果。② 国际刑法即规定国际犯罪的各种国际条约的总称。行为人实施了国际刑法中规定的犯罪行为，所应当承担的法律责任即国际刑事责任，这种刑事责任，也表现为行为人接受刑事审判和承担刑罚处罚的法定义务。根据实施国际犯罪主体的不同，可分为个人的国际刑事责任和国家的国际刑事责任。

---

① 林欣主编. 国际刑法问题研究. 北京：中国人民大学出版社, 2000: 19.
② 赵永琛. 国际刑法与司法协助. 北京：法律出版社, 1994: 90.

(一) 个人的国际刑事责任

个人是国际犯罪的主要主体,国际刑事责任也以追究个人犯罪的国际刑事责任为基本原则,当代国际刑事司法实践以及国际刑法公约的规定都已充分体现了这一点。

个人的国际犯罪可以分为两类:以私人身份所实施的犯罪和以国家代表的身份所实施的犯罪。对于纯粹以私人身份所从事的国际犯罪,比如海盗行为、劫持航空器的行为,在早期的国际习惯及近代国际法中就已明确了个人的国际刑事责任。但是,对于代表国家行事的个人所从事的国际犯罪,比如侵略行为、反人道行为,直到第二次世界大战后才逐渐确立起个人的国际刑事责任。1945年8月8日,苏、英、美、法四国代表在伦敦签订了关于建立国际军事法庭的协议,并通过了《纽伦堡国际军事法庭宪章》。该宪章第6条明确规定,为审判及处罚欧洲轴心国主要战争罪犯而设立的法庭,应有权审判和处罚一切为轴心国利益而以个人或团体成员资格犯有罪行的人员。违反和平罪、战争罪和违反人道罪是法庭裁判之内的犯罪,对于这些犯罪,罪犯应负其个人责任。该宪章还规定,被告的官职地位,无论是国家元首或政府各部门的负责官员,都不能作为免除或减轻其责任的理由;服从上级命令也不能免除其责任。经过10多个月的审理,1946年9月30日至10月1日,法庭作出判决,主要战犯分别被判处绞刑、无期徒刑、有期徒刑等刑罚。战后的纽伦堡审判和东京审判确定了个人犯罪的国际刑事责任原则。1946年12月1日联合国大会第95(1)号决议一致确认了国际军事法庭宪章中所包含的国际法原则,其中第一项为:任何个人实施了按照国际法构成犯罪的行为,都应当承担责任,并应受刑罚处罚。此后国际社会缔约的一系列国际刑法方面的条约,都重申了个人对国际犯罪应承担刑事责任的原则。比如,1948年《防止及惩治灭绝种族罪公约》第4条规定:"凡犯灭绝种族罪或有第3条所列其他行为之一者,无论其为依宪法负责的统治者、公务员或私人,均应惩治之。" 1988年《制止危害海上航行安全非法行为的公约》第3条和第5条规定,任何人非法并故意以武力或武力威胁或任何其他恐吓方式夺取或控制船舶,或从事其他危害海上航行安全的行为即构成犯罪;每一缔约国应使犯有公约所列罪行的个人受到惩罚。20世纪90年代建立前南斯拉夫国际刑事法庭和卢旺达国际刑事法庭的国际文件,以及1998年通过的《国际刑事法院规约》也都确立了个人犯罪的国际刑事责任原则,法庭对个人的特定国际犯罪行为具有管辖权。

现代国际法已经确定了个人犯罪的国际刑事责任,个人不论是以私人身份从事的行为,还是以代表国家的身份从事的行为,只要违反了国际法中关于国际犯罪的规定，都应当承担相应的刑事责任。

（二）国家的国际刑事责任

在传统国际法理论中，并没有国家犯罪的概念。但随着两次世界大战的爆发，人们逐渐认识到，如战争、侵略等罪行只能由国家本身实施，或者只能是国家推行其政策的结果。并且，"二战"后，国际社会对德国、意大利和日本进行了国际制裁，这种制裁是否具有追究国家刑事责任的性质问题引起国际社会广泛的讨论，国家国际犯罪的概念开始进入国际法领域。

首次规定国家刑事责任的国际文件是联合国国际法委员会1979年起草并于1996年一读通过的《关于国家责任的条文草案》。该草案第19条规定：一国所违背的国际义务对于保护整个国际社会的根本利益至关紧要，以致整个国际社会公认违背该项义务是一种犯罪时，其因而产生的国际不法行为构成国际犯罪。草案列举了4种构成国际犯罪的情形：（1）严重违背对维持国际和平与安全具有根本重要性的国际义务，例如禁止侵略的义务；（2）严重违背对保护各国人民的自决权利具有根本重要性的国际义务，例如禁止以武力建立或维持殖民统治的义务；（3）大规模的严重违背对保护人类具有根本重要性的国际义务，例如禁止奴隶制、灭绝种族和种族隔离的义务；（4）严重违背对维护和保全人类环境具有根本重要性的国际义务，例如禁止大规模污染大气层或海洋的义务。国家对其国际犯罪行为所承担的法律责任即国际刑事责任。

但是，关于国家的国际刑事责任的问题，在理论和实践中都存在重大分歧，主要争议体现在：第一，国家能否承担刑事责任，国家刑事责任制度是否应成为有别于国家一般责任制度的新制度；除了追究领导人的责任外，国家是否还有新的刑事责任承担方式。第二，追究国家领导人的刑事责任，究竟是对其个人罪行的追究还是对于国家罪行的追究，或者说，领导人承担的责任是个人的刑事责任，还是国家刑事责任的一部分。对于这些问题都还没有一致的结论。因而，国际法委员会起草的这个条文草案至今都没有在联合国大会上得以通过。在国际法委员会2001年通过的《国家对国际不法行为的责任条文草案》中也没有采纳国际犯罪的概念，而是用严重国际不法行为代替了国际犯罪。迄今为止，在现有的国际刑法公约中，尚未出现国家作为国际犯罪主体或国家承担国际刑事责任的明文规定。

因此，国家能否成为国际犯罪的主体、是否应当对可以归因于它的国际犯罪承担刑事责任，仍然是一个尚待研究的课题。

【难点追问】

过错是不是构成国家不法行为责任的必要条件？

关于国家责任的归责原则，传统上有两种观点：一种是以格老秀斯为代表的"过错责任"说，认为国家违反国际义务的不法行为必须基于主观上的过失或故意才引起国家责任；另一种是以安奇洛蒂为代表的"危险责任"说，认为国家的国际不法行为不论有无过错，只要有违反国际义务的事实，并且事实与损害之间有因果关系，就引起该国的国家责任。传统国际法上，"过失责任"说占主导地位。但国际实践表明，国家作为抽象的政治实体，不具有人的感情，要判断或证明国家行为时的主观状态存在困难，也没有明确标准。所以，现代国际法在认定国家责任时已经不再强调过错这一要素。根据1979年《关于国家责任的条文草案》和2001年《国家对国际不法行为的责任条文草案》的规定，国家对国际不法行为承担责任只须具备两个条件：（1）该行为依国际法可归责于国家；（2）该行为违背了该国所承担的国际义务。只要具备了这两个条件，即构成国际不法行为，应由责任国承担国际责任。

【前沿提示】

1998年通过的《国际刑事法院罗马规约》，旨在建立一个全球性的国际刑事法院，对于犯有灭绝种族罪、反人类罪、战争罪和侵略罪等四种国际社会认为最严重的国际罪行的个人行使管辖权。规约对于法院的管辖权、可受理性、适用的法律、刑法的一般原则、审判、刑罚等各方面作出了规定。这是当前国际社会激烈讨论和密切关注的热点问题之一。虽然该规约目前已经生效，国际刑事法院也已成立，但是对于规约的内容尚有不少争议，我国也不是该规约的缔约国。

【思考题】

1. 简述国际不法行为责任的概念与构成要件。
2. 简述国家承担责任的形式。
3. 简述国际损害行为责任的概念和特征。

第十四章 国际争端的和平解决

【引言】和平解决国际争端是国际法的重要内容之一，是国家处理争端的基本准则。在传统国际法上，用武力解决国际争端是不受限制的，当时的国际法并不禁止以战争和武力手段解决国际争端。国际联盟产生后，虽然对以战争手段解决国际争端进行了一定限制，但并不涉及对武力的限制。"二战"后，《联合国宪章》明确禁止战争和武力，和平解决国际争端成为国际法的一项基本原则。

【学习的目的与要求】通过本章的学习，需要掌握和平解决国际争端的方法，了解争国际端解决的程序，特别是国际仲裁和国际司法解决国际争端的具体实践和意义。要理解武力禁止原则与和平解决国际争端原则之间的关系，并重点掌握联合国在解决国际争端中的地位和作用。

【知识结构简图】

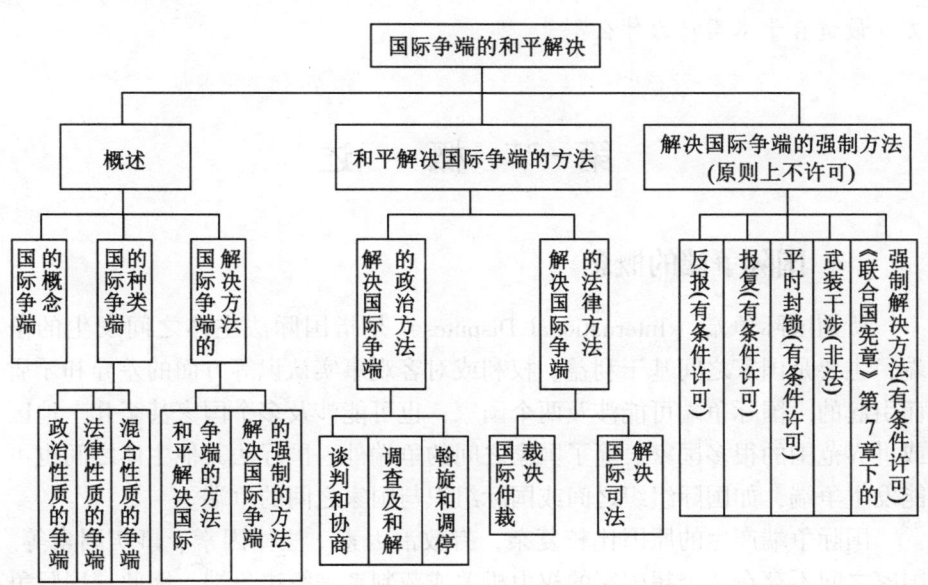

【引例】

英阿马岛争端

马尔维纳斯群岛，即英国所说的"福克兰群岛"，位于阿根廷南端以东的南大西洋水域，西距阿根廷500多公里。1982年4月2日，阿根廷出兵马岛夺取控制权，战争随即爆发，在经历74天的战争后英国获得胜利。战后，阿根廷一直希望与英国对话，谋求以和平方式解决马岛主权问题，但英国拒绝同阿就马岛主权问题进行谈判。

最近，英阿关于马岛的争端再起。英国政府允许本国迪塞尔石油公司在马岛附近海域进行石油勘探和开采，该公司于2010年2月22日在马岛附近海域正式开始勘探工作，引起阿根廷政府强烈抗议。阿根廷外长抗议英国不顾联合国要求阿英双方就马岛主权重启对话的决议案，执意推进钻油计划。但英方认为，根据联合国《海洋法公约》，英国对马岛周围海域200海里的专属经济区享有开采的主权权利。2010年2月24日，阿根廷外交部长塔亚纳到访纽约联合国总部，请求联合国秘书长潘基文调停阿根廷与英国在马岛问题上的争端。2010年3月1日，美国国务卿希拉里表示，美国政府愿意推动英国和阿根廷就马岛问题进行谈判。美国政府认为马岛问题应该通过谈判解决，愿意展开相应外交斡旋。

请问：英阿之间马岛争端解决的途径有哪些？其中哪种解决国际争端的方式最适合于本案？为什么？

第一节 概 述

一、国际争端的概念

所谓国际争端（International Disputes）是指国际法主体之间发生的争端，主要是国家之间基于利益、权利或对客观事实认识等方面的差异和矛盾而引起的。国际争端可能涉及两个国家，也可能涉及多个国家甚至几个地区或世界范围的很多国家。除了国家之间的争端外，国际法其他主体之间也可能发生争端，如国际组织之间或国际组织与国家之间的争端。

国际争端产生的原因比较复杂，有政治因素、法律因素、事实因素等。国家之间不存在一个超国家的权力机关或裁判者来解决争端，因此，国际争端的解决取决于争端方之间的合作和协议以及第三方的协助。国际争端的和平解决与否不但关系到国家之间的正常交往和有关国家政治、经济等重要利益的如期实现，而且，也关系到国际社会的和平、秩序与安全的实现。

二、国际争端的种类

国际争端可以分为法律性质的争端（可裁判的争端）和政治性质的争端（不可裁判的争端）。法律性质的争端是指基于国际法的任何问题所产生的争端，或以国际法为根据产生的争端，如因对国际条约的解释的不同而产生的争端。政治性质的争端是指因国家政治观点的分歧或政治利益的冲突而产生的争端。对于政治性质的争端，主要是针对那些国家一般不能或不愿意通过法律方法来解决的争端。当然，也有一些争端具有法律和政治的混合性质，或法律性质的争端掺杂有政治因素。

三、国际争端的解决方法

（一）和平解决国际争端原则的确立

1. 海牙和平会议

在传统国际关系中，战争曾经是国家推行政策的合法工具。传统国际法并不禁止国家以战争或武力手段解决彼此之间存在的国际争端。

1899年5月—7月，在俄国沙皇尼古拉二世的提议下，26个国家在荷兰海牙召开了第一次海牙和平会议。会议通过了3项公约、3项宣言和1项决议，其中最重要的是《1899年和平解决国际争端公约》。该公约要求缔约国尽可能避免诉诸武力；在诉诸武力前，如果条件允许，应求助于斡旋等和平方法解决。然而，该公约并没有规定国家有和平解决国际争端的强制义务。

在美国的推动下，1907年6月至10月召开了第二次海牙和平会议，参加会议的国家有44个。会议通过了13项国际公约和1项宣言，包括《1907年和平解决国际争端公约》、《限制使用武力索取契约债务公约》等。然而，这些公约仍然未能禁止国家诉诸战争或武力来解决争端，只是作了一些限制性的规定。例如，《限制使用武力索取契约债务公约》第1条虽然规定缔约国政府不得动用武力要求其他缔约国政府向本国国民偿还契约债务，但在债务国拒绝仲裁法院的裁决，或对仲裁法院的裁决不予理睬，或者接受裁决后使裁决书不能成立，或者作出仲裁裁决后不遵照裁决履行时，债权国不得诉诸武力的义务即告解除。

2. 《国际联盟盟约》

第一次世界大战后，各国进一步认识到和平解决国际争端的重要性。

1919年《国际联盟盟约》的序言规定,"缔约各国,为增进国际间合作并保持其和平与安全起见,特允承不从事战争之义务"。但《国际联盟盟约》并没有完全禁止以战争方式解决国际争端,而只是规定在一定的时间内、一定的条件下不得诉诸战争。①

对于战争,《国际联盟盟约》只是强加了一种程序性的延缓或限制。《国际联盟盟约》第12条规定,如果会员国之间发生争端而可能导致破裂,它们应当把争端交付仲裁、司法解决,或由行政院调查,并在仲裁裁决、司法判决或行政院提出报告后3个月内不从事战争。第16条规定,国联各会员国不得对遵循行政院或大会一致通过的建议的国家作战。而且,《国际联盟盟约》所限制的只是战争,对于除战争以外的武力行为未作规定。

1927年9月,在波兰代表团的提议下,国联大会通过了一项决议,宣称"侵略战争永远不能作为解决国际争端的方法,因此也是一种国际罪行";"一切侵略战争应被禁止,并且永远被禁止";"应使用一切和平方法解决各国间可能发生的各种争端"。该决议表明了国联禁止侵略战争、和平解决国际争端的信念。

3.《巴黎非战公约》

在法国、美国的倡议下,15个国家于1928年8月27日在巴黎签署了《关于废弃战争作为国家政策工具的一般条约》(简称《巴黎非战公约》或《白里安——凯洛格公约》)。《巴黎非战公约》禁止把战争作为国家推行政策的工具。《巴黎非战公约》在序言里提道:"断然地废弃战争作为实行国家政策工具的时机已经到来。"而第1条规定:"缔约各方以它们各国人民的名义郑重声明,他们斥责用战争来解决国际纠纷,并在它们的相互关系上废弃战争作为实行国家政策的工具。"《巴黎非战公约》第2条则明确规定:"缔约各方同意,它们之间可能发生的一切争端或冲突,不论其性质或起因如何,只能用和平方法加以处理或解决。"然而,《巴黎非战公约》存在某些缺陷,如对所禁止的"战争"一词并没有给出一个明确的定义。另外,

---

① 《国际联盟盟约》第12条第1款规定,联盟会员国约定无论如何,非伺仲裁员裁决、法庭判决或行政院报告后3个月届满之前,不得从事战争。第13条第4款规定,联盟会员国约定彼此以完全诚意执行所宣告之裁决或判决,并对于遵行裁决或判决之联盟任何会员国,不得进行战争。第15条第6款规定,如行政院报告书除争执之一方或一方以上之代表外,该院理事一致赞成,则联盟会员国约定彼此不得向遵从报告书建议之任何一方从事战争。

《巴黎非战公约》尽管规定在国家关系上"废弃战争",但是并没有规定"禁止使用武力",这就使侵略者有可能以不宣而战为手段或借口它所进行的武装侵略不是"战争"而开脱罪责。因此,在《巴黎非战公约》订立后不久发生了缔约国不经宣战而大规模诉诸武力的事件,即1931年和1932年日本侵略中国东北。

即便如此,《巴黎非战公约》的订立标志着国际法上一个根本改变:在公约订立之前,国际法作为一个法律体系的主要缺点并不在于缺少一个国际立法机关或行政机关,而在于承认战争为一个正常的法律制度,公约改变了国际法的这一情况。①

4.《联合国宪章》

在第二次世界大战中,共同抗击德、意、日法西斯的50个国家于1945年6月25日在美国旧金山签署了《联合国宪章》。《联合国宪章》把和平解决国际争端作为一项强制性义务,要求会员国遵守,不允许把武力作为一种解决争端的手段来使用。《联合国宪章》第1条第1款就明确规定:"以和平方法且依正义及国际法之原则,调整或解决足以破坏和平之国际争端或情势。"同时要求会员国"采取有效集体方法,以防止且消除对和平之威胁,制止侵略或其他对和平之破坏"。第2条第3款规定:"各会员国应以和平方法解决其国际争端,避免危及国际和平、安全及正义。"《联合国宪章》第2条第4款规定:"各会员国在其国际关系上不得使用威胁或武力,或以与联合国宗旨不符之任何其他方法,侵害任何会员国或国家之领土完整或政治独立。"可见,《联合国宪章》不仅禁止战争,也禁止武力以及战争和武力的威胁,在这点上,它超越了《巴黎非战公约》。另外,《联合国宪章》第六章还具体规定了和平解决国际争端的原则、方法和程序。《联合国宪章》第33条第1款规定,任何争端之当事国有义务寻求谈判、调查、调停、调解、公断、司法解决、区域机关或区域安排或其他和平方法以解决争端。

和平解决争端原则与禁止使用武力原则是密切联系的。一方面,只有在放弃使用武力的基础上,和平解决争端原则才可能实现。禁止武力是和平解决争端所不可缺少的前提。另一方面,有效的和平解决争端机制的建立是禁止使用武力原则的保证,只有当争端能够通过和平方式解决的时候,放弃武力才是可能的和可以接受的。和平解决争端意味着争端各方放弃将武力作为

---

① [英]劳特派特修订. 奥本海国际法(下卷第一分册). 王铁崖,陈体强,译. 北京:商务印书馆,1972:143-144.

结束争端的手段，而采取武力之外的应对措施。《联合国宪章》产生后，使用武力的自由被摒弃了，除基于自卫以外的单边使用武力一律禁止。①

后来，联合国通过了一系列宣言，重申和进一步确认了和平解决国际争端原则。这些宣言有：1970年《联合国25周年纪念宣言》、1970年《加强国际安全宣言》、1970年《关于各国依〈联合国宪章〉建立友好关系及合作的国际法原则宣言》、1982年《关于和平解决国际争端的马尼拉宣言》、1988年《关于预防和消除可能威胁国际和平与安全的争端和局势、关于联合国在该领域的作用的宣言》、1991年《关于联合国在维持国际和平与安全领域中的实况调查宣言》、1994年《联合国和区域安排或机构在维持国际和平与安全方面加强合作宣言》等。现在，和平解决国际争端已成为一项国际法的基本原则。

(二) 国际争端解决的具体方法

解决国际争端的方法主要包括两大类：一是和平解决国际争端的方法，具体又有政治的方法和法律的方法；政治解决方法有谈判、协商、调查、斡旋、调解等多种形式。法律解决方法包括国际仲裁和国际司法。二是强制解决国际争端的方法。所谓解决国际争端的强制方法是指一方强迫另一方接受的争端解决方法，即"一个国家为使另一个国家同意它所要求的对争端的解决而采取的带有某些强制性的措施"②，如反报、报复、平时封锁、干涉等。

尽管和平解决国际争端原则已经确立为当代国际法上的一项基本法律原则，国家在其相互关系中必须尽量运用和平的手段来解决彼此之间存在的分歧和争端，原则上，强制性解决国际争端的方法已经为现行国际法所不允许，但在一定条件下，国际法也允许有关国家通过采取某些强制性的方法来解决彼此之间的争端。因此，强制方法如果要借助武力或武力威胁来实现，则必须符合《联合国宪章》，否则就是违反国际法的和平解决国际争端原则。国家使用武力的强制方法以解决国际争端，无益于国际和平与安全的维持，反而有加速国际关系恶化的趋势。③

---

① 根据"二战"后建立的以联合国为中心的集体安全机制，为维持国际和平与安全，联合国有权使用武力，但这种使用武力的方式是多边性的。《联合国宪章》第7章和第24条的目的是谋求通过集体安全机制来代替国家单边的武力使用，这种集体安全机制是通过安理会决议采取军事行动来加以实现的。

② ［英］劳特派特修订．奥本海国际法（下卷第一分册）．王铁崖，陈体强，译．北京：商务印书馆，1972：93.

③ 苏义雄．平时国际法．台北：三民书局印行，1985：383.

第二节 和平解决国际争端的方法

一、解决国际争端的政治方法

解决国际争端的政治方法也称为外交方法，具体包括谈判、协商、调查、调解、斡旋、调停等形式。

（一）谈判和协商

谈判（Negotiation）或协商（Consultation）是指两个或两个以上的国家为了解决争端而直接交涉或接触，包括当面澄清事实，阐明观点、消除隔阂和误会，增进相互了解和信任，以达成相互都能接受的解决争端的谅解或协议。谈判是解决国际争端的最简单的并为各国在使用其他方法以前通常使用的方法。① 谈判和协商是各国经常使用的解决争端的方法，也是最基本的政治解决方法，可以适用于各种类型的国际争端的解决。

谈判或协商的结果一般是三种：一是争端一方让步，放弃自己原来的主张或要求，接受争端另一方的意见、主张或要求；二是争端双方互相让步，相互妥协，找出双方都能接受的解决方法或结果；三是争端各方坚持己见，互不让步，造成谈判破裂，而只能采用其他的争端解决方法。② 谈判的优点是，完全由当事方自己解决争端，外界不能施加不当压力；但谈判较之其他方法，实力较强的争端当事方在谈判中更容易给对方施加压力，因此，谈判可能会成为强国压制弱国意志，从而为本国图利的一种争端解决方法。③

如果谈判或协商取得成功，争端当事国通常发表书面文件以反映它们之间达成的协议，如联合声明、公报等，也可以缔结条约，如边界条约。

（二）调查与调解

（1）调查（Investigation）是指在涉及对事实问题发生分歧的国际争端中，争端方同意成立一个国际调查委员会调查有争议的事实，查明是否存在争端方所声称的情势。调查是解决争端的第一步，只有先查明有争议的事

---

① ［英］劳特派特修订. 奥本海国际法（下卷第一分册）. 王铁崖, 陈体强, 译. 北京: 商务印书馆, 1972: 3.

② 邵津主编. 国际法（第3版）. 北京: 北京大学出版社、高等教育出版社, 2008: 439.

③ ［意］安东尼奥·卡塞斯. 国际法. 蔡从燕等, 译. 北京: 法律出版社, 2009: 369-370.

实，然后才是如何解决争端。调查的结果通常是一份调查报告，提供给争端方，报告的内容一般只限于叙述已查明的事实，包括对有关事实的结论性意见，不具有裁决的性质。各当事国得自由决定对报告应赋予何种效力。①

调查的方法包括听取争端方的意见、询问证人、收集证据、查看现场等，目的是查明或弄清事实真相。

（2）调解（Conciliation）也被称为"和解"，是指争端方同意将它们之间的争端提交给一个由若干人组成的委员会，委员会对争端事实进行调查后，提出包括解决争端的建议在内的报告。调解是从调查发展而来，但有别于调查，调解的目的是通过调解委员会的工作，提出建议，积极协助和推动争端方达成解决争端的协议；而调查的目的是查清事实真相，并不对争端方如何解决争端采取进一步的行动。可见，调解结合了斡旋与调查的特点。

调解委员会的组成一般是单数，可以是3人或5人，争端方各指定1名或2名调解员，第3名或第5名调解员由争端方共同协商指定，或者由已指定的调解员共同指定，并且应当是非争端方的国民。争端方共同指定的调解员一般为调解委员会主席。如果争端方不能就最后一名调解员的指定达成一致，可以授权第三方（如联合国秘书长或国际法院院长）来指定。

调解程序可以根据有关条约中的调解条款开始，也可以根据争端方的同意开始。如果条约中规定了调解条款，任何一方都可以根据条约的规定，提出调解要求，并开始调解程序。在一般情况下，调解委员会自行决定程序规则。调解委员会的程序规则、报告和建议等问题的决定，由其成员的多数票作出。调解的第一步工作是听取争端方的陈述，审查争端方的主张和反对意见，听取证人和专家的陈述，在征得争端方同意的条件下到与争端有关的地区实地调查和访问等。第二步工作是听证，调解委员会听取争端方的代理人、辩护人和专家的意见。第三步工作是调解委员会编写一份包括有关问题的调查情况和解决争端建议的正式报告。这种报告对当事方不具有约束力，当事方没有义务采纳报告中的建议。

（三）斡旋和调停

斡旋（Good Office）或调停（Mediation）是指在争端方之间由于某种原因不能直接接触、沟通的情况下，由第三方（国家或个人）善意地主动或应争端方的邀请进行有助于促成争端方直接谈判和解决争端的活动。斡旋和调停都是第三方协助解决争端的方法，在国际实践中对它们不作严格区分。

---

① ［英］劳特派特修订．奥本海国际法（下卷第一分册）．王铁崖，陈体强，译．北京：商务印书馆，1972：9.

在理论上，斡旋与调停的区别如下：斡旋者进行有助于促成争端方直接谈判的行动，但斡旋者本人不参加谈判；而在调停中，调停人主动推动争端方采取和平方法解决它们之间的争端，包括提出建议作为争端方进行谈判的基础，并且直接参加争端方之间的谈判，以促成争端方达成妥协。

一般情况下，斡旋者的工作是与争端各方取得联系，了解各方的立场，然后进行传达，促使争端方坐到谈判桌前。调停者的工作是与争端方交换意见，澄清问题，草拟解决争端的建议，参与谈判，促成争端方达成解决争端协议。斡旋者或调停者的意见或建议对争端方不具有约束力，争端方可以接受，也可以不接受。斡旋者或调停者不能把自己的意见或建议强加于争端方。

二、解决国际争端的法律方法

解决国际争端的法律方法有国际仲裁和国际司法两种形式。与其他解决争端的方法相比，仲裁和司法有比较完善的组织机构和比较固定的程序规则，仲裁员所做的裁决和法院所下达的判决都是以法律为依据的，仲裁裁决和司法判决对争端方有约束力，争端方有义务诚实履行。

（一）国际仲裁解决

仲裁（Internatioal Arbitration）是各当事国将它们之间的争端交由仲裁人（公断人）或仲裁机构来裁判的一种争端解决方法。仲裁人或仲裁机构在争端方协议规定的范围内根据争端方选择的法律作出裁决。仲裁具有很大的灵活性，是比较受欢迎的争端解决方式。当事国可以影响仲裁员的指定、管辖以及裁决的依据。近代仲裁始于1794年美英之间的《杰伊条约》。

仲裁所涉及的问题包括以下六个方面：

1. 仲裁协议

争端方同意接受仲裁的方式有以下三种：

（1）订立仲裁协定。争端发生后，当事国可以订立仲裁条约，同意把争端交付仲裁。

（2）仲裁条款。一项条约可以预先规定，发生了条约项下的争端或有关条约的解释或适用中发生的争端，应由仲裁解决。

（3）一般仲裁条约。两个或两个以上国家可以缔结一般仲裁条约，规定将来彼此间所发生的一切或某种争端应提交仲裁。

仲裁协定或条约中的仲裁条款的基本内容包括提交仲裁的事项、仲裁庭的组成、仲裁员的指定、仲裁的程序规则和工作方法、仲裁所在地、仲裁适用的法律、仲裁裁决的效力等问题。

2. 仲裁庭的组成

仲裁庭通常由 3 名仲裁员组成，有时也由 5 名仲裁员组成。每一争端方有权选择 1 名或 2 名仲裁员，第 3 名或第 5 名由争端方共同指定，或由争端方选任的仲裁员共同指定。仲裁庭庭长由共同指定的仲裁员担任。

3. 仲裁事项

仲裁事项由争端方在仲裁条约或仲裁条款中约定。依据关于和平解决国际争端的《1899 年海牙公约》第 16 条和《1907 年海牙公约》第 38 条的规定，各缔约国承认，仲裁一般是解决属于法律性质的争端，特别是关于国际条约解释或适用方面的争端之最有效和最公允的方法。如果当事国对仲裁管辖有争议，仲裁庭有权审查自己对纠纷是否具有管辖权。

4. 仲裁适用的法律和程序

当事国可以事先就仲裁所适用的法律达成协议。仲裁所适用的法律可以是国际条约和国际习惯，也可以是其他规则。在争端方的同意下，仲裁员可以根据公平原则来裁判案件。如果当事国没有明确约定所适用的法律，则应按照国际法作出裁决。

争端方可以就仲裁的程序规则达成协议，在争端方没有选定程序规则的情况下，由仲裁庭决定程序规则。

5. 仲裁裁决

仲裁裁决在仲裁庭秘密讨论后由仲裁员多数作出。仲裁裁决具有最终的效力，对提交仲裁的当事方具有法律约束力，各方应善意地遵守和执行。争端方如果对仲裁裁决的解释或执行发生争端，除有相反的约定外，应提交原仲裁庭处理。不过，仲裁裁决也可能因缺少管辖权或者严重违背仲裁程序而自始无效。①

6. 仲裁地点

争端方可以在仲裁条约中约定仲裁的地点，在没有约定的情况下，由仲裁庭庭长决定仲裁地点。

1900 年，国际社会在荷兰海牙成立了常设仲裁法院（The Permanent Court of Arbitration），它是根据《1899 年海牙和平解决国际争端公约》第 20～29 条的规定成立的。法院在受理案件时，除当事国另有规定外，按照《1899 年海牙和平解决国际争端公约》所载的程序规则办理。

常设仲裁法院由常设行政理事会、国际事务局和仲裁法院组成。常设行

---

① ［德］沃尔夫刚·格拉夫·魏智通主编. 国际法，吴越，毛晓飞，译. 北京：法律出版社，2002：757.

政理事会由《1899年海牙和平解决国际争端公约》各缔约国驻荷兰的外交代表和荷兰外交大臣组成,后者任理事会主席。理事会的任务是指导和监督国际事务局的工作,决定常设仲裁法院的一切行政问题,制定理事会议事规则和其他必要的规章,就法院的日常工作、行政工作、经费情况向缔约国提出年度报告等。① 国际事务局作为常设仲裁法院的书记处,负责保管法院所有档案和处理法院的一切行政事务。如国际事务局应负责管理仲裁程序档案。另外,根据当事人各方或仲裁庭的书面要求,国际事务局还应担任当事人与仲裁庭之间的联系渠道,并提供书记处服务,特别是安排听证室以及听证的速记和电子记录。

常设仲裁法院的基础是一份仲裁员名单,由《1899年海牙和平解决国际争端公约》缔约国任命的"公认深通国际法和道德名望极著"的仲裁员组成。每一缔约国最多可以提名4人担任仲裁员职务;两个或两个以上国家可以共同提名1名或数名仲裁员,同一名仲裁员可以由不同的国家提名;每名仲裁员任期6年,可连选连任。当缔约国将特定的争端提交常设仲裁法院解决时,由争端当事国在法院的仲裁员名单中各选定2名仲裁员,再由被选定的仲裁员共同指定第5名仲裁员组成仲裁庭审理和裁决争端。在1900—1932年,常设仲裁法院受理了20件仲裁案件,但此后未受理任何案件。② 而从1932年到1972年的40年间,常设仲裁法院仅仅审理了20个案件。

(二)国际司法解决

司法解决(International Judicial Settlement)是指争端方将它们之间的争端提交给一个事先成立的、由独立法官组成的国际法院或法庭,根据国际法对争端作出判决。司法解决也是一种自愿解决国际争端的方法。与国内法院对私人具有强制管辖权不同,国际上不存在一个能够不经主权国家同意而对它们行使强制性管辖权的法院或法庭。自"一战"结束以来,国际社会相继出现了常设国际法院、国际法院、纽伦堡国际军事法庭、东京国际军事法庭、前南国际刑事法庭、卢旺达国际刑事法庭、国际海洋法庭、世界贸易组织争端解决机构以及国际刑事法院等许多各种类型的国际司法机构,下面主要就常设国际法院以及国际法院做一阐述。

1. 常设国际法院

常设国际法院(Permanent Court of International Justice)是根据1919年

---

① 邵津主编. 国际法(第3版). 北京:北京大学出版社、高等教育出版社,2008:446.

② [英]伊恩·布朗利. 国际公法原理. 曾令良,余敏友等,译. 北京:法律出版社,2007:624.

《国际联盟盟约》建立的,该盟约第14条规定:"行政院应筹拟设立国际常设法院之计划并交国联各会员国采用。凡各方提出属于国际性质之争议,该法院有权审理并判决之。"经国际联盟行政院和大会审议修正,《常设国际法院规约》于1920年12月通过。1921年,行政院和大会根据《常设国际法院规约》的规定,分别投票选出11名法官和4名候补法官。1922年2月,常设国际法院在荷兰海牙正式宣告成立。1929年以后,法官增为15名,并取消了候补法官。

从1922—1942年,常设国际法院共受理诉讼案件65个,其中作出判决的32个;提出了28项咨询意见。第二次世界大战爆发后,常设国际法院的工作被迫停止。1945年,在筹建联合国的旧金山会议上,决定结束常设国际法院的使命,成立国际法院来代替。1946年1月1日,常设国际法院的全体法官提出辞职,同年4月,国际联盟最后一次大会解散了常设国际法院。

2. 国际法院

国际法院(International Court of Justice)是根据《联合国宪章》第7条、第92~96条设立的。根据《联合国宪章》和《国际法院规约》的有关规定,联合国大会和安全理事会于1946年分别选举了法院的15名法官;同年4月3日,国际法院在荷兰海牙召开第一次会议,宣布国际法院正式成立。①

(1) 国际法院的法官

国际法院由15名法官组成,同一个国家不得有两名法官。法官候选人由常设仲裁法院的各国团体提名,或者由在常设仲裁法院没有代表的联合国会员国委派的团体提名,每一团体提名不得超过4人。联合国大会和安全理事会同时并分别选举法官,每3年改选法官人数的1/3,在大会和安理会同时获得绝对多数票者即当选为国际法院法官。

法官应是品格高尚并在其本国具有最高司法职务的任命资格或公认的国际公法学家,这些法官作为整体应确能代表世界各大文化及各主要法系。法官任期9年,可以连选连任。法官为专职,不是其国籍国的代表,更不得担任任何政治或行政职务,或执行其他任何职业性质的任务。除其他法官认为其不再符合法官所必要的条件的情况外,法官不得被免职,除非其他法官一致同意。法官在执行职务时,享受外交特权和豁免。

属于诉讼当事国国籍的法官有权参与该诉讼案件的审理。依据《国际

---

① 关于国际法院的详细情况可参见其网站:http://www.icj-cij.org/.

法院规约》第 31 条的规定，国际法院在处理与某一争端当事国有关的案件时，如果该国无人为法院法官，该国可指派一人任该案法官。这种法官即"专案法官"（或称"临时法官"）在参加案件的审理工作时与其他法官的权利和地位完全平等。

（2）国际法院的管辖权

国际法院的管辖权包括诉讼管辖权（Contentions Jurisdiction）和咨询管辖权（Advisory Jurisdiction）。

根据《国际法院规约》第 34 条，只有国家才能在国际法院成为诉讼当事方。国际法院的诉讼管辖权是建立在国家同意的基础之上的，国家表示同意的方式有三种形式，相应地，国际法院行使诉讼管辖权的情况也有三种。第一种同意方式是争端当事国在争端发生后就将该争端提交国际法院解决达成协议。第二种同意方式是有关国家在签订的条约或协定中作出规定，同意今后把它们之间因条约所载事项发生的争端提交国际法院解决。第三种同意方式是声明接受《国际法院规约》第 36 条第 2 款，就与同样接受该条款的其他国家之间发生的"某些性质的法律争端"①，国际法院具有强制管辖权，而不需另行订立特别协定。国际法院根据第一种、第二种和第三种同意方式行使的管辖分别被称为自愿管辖、协定管辖和任意强制管辖。所谓任意强制管辖，是指国际法院在一定条件下具有强制管辖权，这个条件就是当事国接受《国际法院规约》第 36 条第 2 款，而各国在是否接受该条款上是自愿的，即具有任意性，但一旦接受，国际法院即获得了强制性管辖权。

国际法院的咨询管辖权是指国际法院应有关机构的要求，对有关法律问题提供权威性的法律意见。依据《联合国宪章》第 96 条的规定，大会和安理会对于任何法律问题得国际法院发表咨询意见；联合国其他机关、各专门机构对于其工作范围内的任何法律问题得随时以大会之授权请求国际法院发表咨询意见。国家和个人都无权要求国际法院发表咨询意见。

国际法院的咨询意见不具有拘束力，但具有一定的影响力，对国际争端的解决和国际法的发展都可能产生一定的作用。

（3）国际法院审理案件的组织形式

国际法院审理案件一般采取委员会的方式，委员会通常由 9 名法官组成。但可以在下列情况时设立分庭：①为了迅速处理案件，每年可以组织由

---

① 依据《国际法院规约》第 36 条第 2 款的规定，某些性质的法律争端主要包括：（1）条约的解释；（2）国际法的任何问题；（3）任何事实的存在，如经确定即属违反国际义务；（4）因违反国际义务而应予赔偿的性质及其范围。

5名法官参加的简易分庭；②随时可以设立至少由3名法官组成的处理特种案件分庭（例如劳工、交通或环境案件）；③经争端当事国请求，为处理某个特定案件而临时成立特别分庭。特别分庭一般由3名或5名法官组成，在具体组成时要考虑当事国的意见。

（4）国际法院适用的法律

《国际法院规约》第38条规定了国际法院审判案件时所适用的法律，该条规定：

"法院对于陈诉各项争端，应依国际法裁判之，裁判时应适用：（子）不论普通或特别国际协约，确立诉讼当事国明白承认自规条者；（丑）国际习惯，作为通例之证明而经接受为法律者；（寅）一般法律原则为文明各国所承认者；（卯）在第59条①规定之下，司法判例及各国权威最高之公法学家学说，作为确定法律原则之补助资料者。前项规定不妨碍法院经当事国同意本'公允及善良原则'裁判案件之权。"②

值得注意的是，尽管国际法院在其规约里明确规定其不受先前判决的拘束，也就是不承认所谓的判例法，但在实践中，法院常常提到它以前所作类似的有关判决，借以表示它对于某一问题的意见的连续性。

（5）国际法院的程序

首先是起诉。《国际法院规约》第40条第1款规定，向法院提出诉讼案件，应按其情形将所订特别协定通告书记官长或以请求书送达书记官长。不论用何项方法，均应叙明争端事由及各当事国。

其次是诉讼程序。国际法院的诉讼程序分为书面和口头两部分。书面程序系指以诉状、辩诉状及必要时之答辩状连同可资佐证之各种文件及公文书，送达法院及各当事国。口头程序系指法院审讯证人、鉴定人、代理人、律师及辅佐人。

法院的审讯应由院长主持，院长不能出席时，由副院长主持；院长、副院长均不能出席时，由出席法官中之资深者主持。法院之审讯应公开行之，但法院另有决定或各当事国要求拒绝公众旁听时不在此限。

最后是判决。法院院长宣布辩论终结后，法官应退席讨论判决。法官之评议应秘密为之，并永守秘密。一切问题应由出席法官之过半数决定，如果

---

① 《国际法院规约》第59条规定："法院自裁判除对当事国及本案外，无拘束力。"

② 王铁崖，田如萱编．国际法资料选编．北京：法律出版社，1986：1029-1030.

赞成票与反对票相等，院长或代理院长职务之法官投决定票。在每个案件判决部分，不仅仅写出具有法律约束力的法院决定，如果判决书的全部或一部分不能代表法官的一致意见，还附上各个法官的相关声明、个别意见、补充意见和异议意见等。同意判决结果但不同意判决理由的意见被称为"个别意见"（Separate Opinion）。而既不同意判决结果也不支持判决理由的意见则称为"反对意见"（Dissenting Opinion）。

法院之裁判除对于当事国及本案外，无拘束力。某一国家若认为某案件之判决可影响属于该国具有法律性质之利益时，得向法院申请参加。法院的判决是终局的，不得上诉。判词的意思或范围发生争端时，经当事国之请求，法院应予解释。

当事国可以申请国际法院复核判决。申请法院复核判决，应根据发现具有决定性之事实，而此项事实在判决宣告时为法院及申请复核之当事国所不知，但以非因过失而不知者为限。申请复核至迟应于新事实发现后6个月内为之，但自判决之日起逾10年后不得为之。

关于判决的执行，《联合国宪章》第94条规定："联合国每一会员国为任何案件之当事国者，承诺遵行国际法院之判决。遇有一国不履行以法院判决应负之义务，他国得向安全理事会申诉；安全理事会认为必要时，得作建议或决定应采取办法，以执行判决。"

第三节　国际争端的强制解决方法

一、反报

反报（Retortion）是指一国对于对另一国不礼貌、不友好、不公平、不适当的行为以同样或类似行为所作的反击。引起反报的行为不是违反国际法的行为。在实践中，各国在遇到下列情形时，往往采取反报行为：本国公民在国外受到不公平待遇；本国侨民在国外被禁止从事某种职业；本国产品被征收高额的保护性关税；外国拒绝对本国法院提供通常的协助；外国不允许本国船舶进入港口，等等。反报的形式包括断绝外交关系、拒绝提供经济援助、停止或减少贸易与投资、对进口商品课以重税等。

应该指出，既然反报只是有关国家针对来自另一个国家的不礼貌、不友好或不公平行为的反应，如果一旦这个国家改变了这种不礼貌和不友好的行为，有关国家原来对其所施加的一切反报行为都必须立即停止。

二、报复

报复（Reprisals）是指，当一个国家以非法的方式对另一个国家作出的一种侵害行为时，而该另一个受到侵害的国家同样也以非法的方式以回报那个国家所施加侵害的一种行为。报复的目的是迫使不法行为者停止不法行为或作出赔偿。报复只能是针对国际不法行为采取的。报复可以针对国家或其国民行使，可以采取扣押船货、财产、拒偿债务、停止履行条约等形式。报复可以是积极的，也可以是消极的；积极的报复是那些在通常情况下可以构成国际不法行为的行为，消极报复是拒绝履行那些在通常情况下应予履行的行为，如履行条约义务或偿还债务。无论积极或消极报复都必须与所受损害和为取得的赔偿所需要的强制成比例。① 例如，甲国对乙国的公民拒绝司法而违反有关国际义务，乙国可以停止履行与甲国缔结的条约，但不能以逮捕甲国的公民作为报复。报复在程度以及规模方面与不法行为不得明显地不成比例。如果报复与引起报复的行为完全不成比例，应视为过度而不合法。此外，只有在用尽了国内的法律救济措施，并且已经要求加害国家停止违法行为的情况下，有关国家才被允许采取报复行动。②

联合国 1970 年 10 月 24 日通过的《关于各国依联合国宪章建立友好关系及合作之国际法原则宣言》，呼吁国家不得从事武装报复行为，"各国皆有义务避免涉及使用武力之报复行为"③。报复不能减损有关禁止使用武力或以武力相威胁的义务。

三、平时封锁

平时封锁（Pacific Blockade）是指一国或数国在和平时期以军事力量阻止船舶出入另一国的港口或海岸的行为。在近代历史上，国际关系中有关国家所采取的所有平时封锁行为或者是为了对一国内部事务进行干涉，或者是为了对他国进行报复。如果被封锁国的船舶试图突破封锁，可以将其拿捕和扣押，但封锁国不得判决没收，应予封锁终止时予以放还。平时封锁是对被

---

① [英]劳特派特修订. 奥本海国际法（下卷第一分册）. 王铁崖，陈体强，译. 北京：商务印书馆，1972：99.
② [德]沃尔夫刚·格拉夫·魏智通主编. 国际法. 吴越，毛晓飞，译. 北京：法律出版社，2002：776.
③ 由于禁止使用武力，武装报复在和平时期被认为是非法的，除非是为了应对不法的小规模使用武力行为。

封锁国领土主权的侵犯，因此，任何非自卫性质的单边封锁行为都是违反《联合国宪章》的。在联合国的框架内，安理会可将平时封锁作为开展集体强制执行行动的正当工具。为执行宪章义务和原则，平时封锁可以合法地由联合国集中使用。

四、武装干涉

作为解决国际争端方法的武装干涉（Armed Intervention），是指一国为了强制他国按照本国意志或意图行事而通过使用武力的方式强行介入他国主权范围内事务的行为。施加干涉国一般要求冲突一方或双方按照其所拟订的某种方式解决冲突，以达到左右冲突各方意志的目的，从而实现自己的利益或愿望。在当代国际法上，由于已经完全禁止使用武力，武装干涉行为已经演变成为一种解决国际争端的非法手段。

五、《联合国宪章》第7章下的强制解决方法

《联合国宪章》第7章明确规定，联合国安理会可以采取强制方法解决国际争端。安理会负有断定需要采取强制行动的情势的职责。《联合国宪章》第39条规定："安理会应断定任何和平之威胁、和平之破坏或侵略行为之是否存在，并应做成建议或抉择依第41条及42条规定之办法，以维持或恢复国际和平及安全。"在断定"和平之威胁、和平之破坏或侵略行为"以后，安理会并无立即采取强制方法的义务，它可以向当事国提出建议，而这种建议是不具有拘束力的。安理会依照第41条和42条采取的措施即执行行动才是强制方法。

《联合国宪章》下的强制方法有两种，一种不涉及武力的使用，另一种涉及武力的使用。《联合国宪章》第41条规定，安理会得决定采取武力以外的办法以实施其决议，并得促请联合国会员国执行此项办法。此项办法包括经济关系、铁路、海运、航空、邮电、无线电及其他交通工具之局部或全部停止，以及外交关系之断绝。如果安理会认为上述办法不足或已经证明为不足时，则可以根据《联合国宪章》第42条采取必要之空海陆军行动，以维持或恢复国际和平及安全。此项行动可以包括联合国会员国之空海陆军示威、封锁及其他军事举动。

【难点追问】

1. 在什么情况下才可以使用武力？

当代国际法要实现国家之间的和平共处，并以和平的方法解决彼此之间

的国际争端，就必须限制国家之间使用武力。禁止使用武力是国际法的一项基本原则，只有在极为例外的情况下，如行使自卫权以及经过安理会的授权才允许使用武力。

2. 如何理解禁止武力原则中的"武力"？

这里的"武力"是指国际关系中的武力，也就是说这种武力行为一般只发生国家之间。因此，武力禁止一般只能理解为禁止一个国家针对另一个国家动用武力。私人的武力行为（如海盗、劫机、恐怖组织的袭击）不能归属于国家的武力禁止的范围。但如果某个国家基于某种原因要对私人武力负责，那么就属于国家的武力行为了。例如，如果一国资助或帮助了私人的或别国组织的武力行动，导致该国卷入了私人的或者别国的武力行动，那么可以考虑将这种资助行动理解为武力的一部分。一个明显的例子是国家给私人提供行动基地或者提供大量的武器装备以发动对别国的武装袭击。如果一国只是纵容或立场上支持恐怖活动，而没有实质性的物质帮助或金钱资助，就不能简单地将恐怖活动视为该国自己采取的武力行动。

【前沿提示】

1. 关于安理会的武力授权依据

在1990年的海湾战争中，联合国安理会授权以美国为首的多国部队采取措施（包括武力措施）将伊拉克军队从科威特赶出，对于这种授权的法律依据，在国际法学界存在分歧。这种授权是否根据《联合国宪章》第42条作出的？或者联合国安理会的武力授权是否符合《联合国宪章》原有的精神？有学者认为不符合。海湾战争中以美国为首的多国部队是在联合国安理会的授权之下采取的军事行动，目的是把伊拉克从科威特赶出去，但这种授权行动不是真正意义上的联合国行动，不属于《联合国宪章》第42条下的强制措施，因为这次行动的采取不是联合国直接承担的，不受联合国指挥。

安理会根据《联合国宪章》第42条所采取的军事强制措施是指在安理会的领导之下的军事行动，《联合国宪章》的本意是安理会设立一个指挥机构（第45、47条）。如果安理会自己不行使军事指挥权，那么这些措施就不属于第42条规定的情形。①

---

① ［德］沃尔夫刚·格拉夫·魏智通主编. 国际法. 吴越，毛晓飞，译. 北京：法律出版社，2002：831.

2. 武力威胁与正当的自卫准备

哪些形式的威胁应当被视为违法的武力威胁?这是一个难以回答的问题。合法的武力威胁,例如《联合国宪章》第51条规定的以自卫形式作出的威胁不可能是非法的。一个国家的威慑系统,只要属于自卫性质,就不属于违法的武力威胁。无论如何,以发动战争为威胁是违法的。在一定条件下,可以认为违反军备控制条约以制造或获得大规模杀伤性武器构成违法的武力威胁。不过,在具体情况下,军备措施也可能属于自卫性质,因而是合法的。然而,在实践中,要区分自卫性质的军备和攻击性质的军备几乎是不可能的。①

【思考题】

1. 简述国际争端解决的概念及特征。
2. 简述反报和报复的区别。
3. 论述国际法院在和平解决国际争端中的作用。
4. 安理会在强制解决国际争端方面有哪些权限?
5. 接受国际法院任意强制管辖权的情况如何?
6. 论述联合国在解决国际争端中的地位与作用。

---

① [德]沃尔夫刚·格拉夫·魏智通主编. 国际法. 吴越,毛晓飞,译. 北京:法律出版社,2002:802-803.

第十五章 战 争 法

【引言】 战争法是国际法上最古老的一个分支。通过对于本章的学习，我们可以深刻认识到，尽管战争法主要是规范政府或有关政治实体或武装团体的交战行为或武装冲突行为，但其主要解决的是关于交战各方如何在军事需要方面和人道保护要求方面之间进行平衡的问题。

【学习的目的与要求】 通过对本章的学习，要了解和把握战争或武装冲突发生时，各交战方如何开始、进行和结束战争，期间应遵守哪些战争法的规则，同时，我们也应知晓战争法是如何保护平民和战争受难者的。要重点掌握1949年《日内瓦四公约》及其三个附加议定书的主要内容；对于违反战争法规的战争犯罪所应承担的法律责任问题。

【知识结构简图】

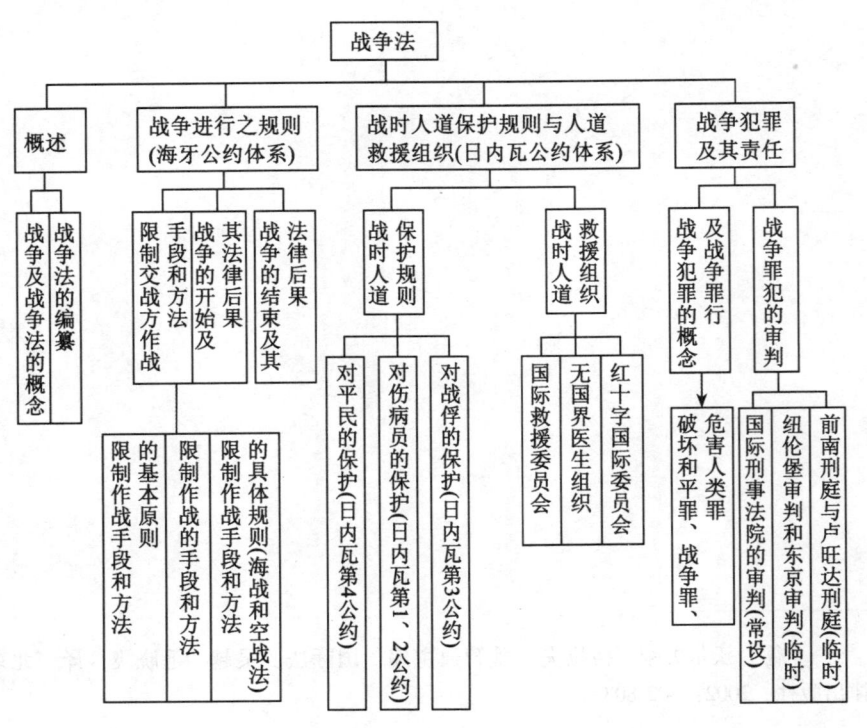

第十五章 战争法

【引例】

侵华日军细菌战中国受害者索赔案

从 1931—1945 年，侵华日军曾先后对中国 20 多个省区发动大规模细菌战至少 36 次，给中国人民造成巨大灾难。然而，多年来，日本政府对这一暴行不予承认。1997 年 8 月 11 日，在土屋公献等日本律师的帮助下，108 名来自浙江省和湖南省的中国原告向日本东京地方法院正式提出起诉，强烈要求日本政府谢罪赔偿。原告团在两年后增至 180 人。中国民间发起的这场诉讼，历时 5 年的漫长庭审，终于在 2002 年 8 月 27 日由东京地方法院作出一审判决。

然而，东京地方法院对原告团作出"承认事实、回避责任"的一审判决。不过，该判决作出了如下三个重要的认定：1940—1942 年，日军在中国浙江省和湖南省实施了细菌战，导致 1 万以上的中国人遭到杀害，此举违反了 1925 年《日内瓦毒气议定书》。依据 1907 年《海牙陆战条约》第 3 条的规定，日本应承担损害赔偿的国家责任，该判决强调，日本上述所负的国家责任不是对于受害者个人的，而是对受害国中国所负的赔偿义务，该赔偿义务因 1972 年《日中共同声明》等而消失。

2002 年 8 月 30 日，中国原告团向日本东京高等法院提起上诉。二审阶段，日本律师辩护团就细菌战受害者作为个人享有对日本提出损害赔偿请求权。2005 年 7 月，日本东京高等法院仍然驳回了原告的上述请求，作出了基本维持原判的二审判决。2005 年底，日本律师辩护团向日本最高法院提交了上诉状。2007 年 5 月 9 日，日本最高法院驳回中国战争受害者的上诉请求以及开庭审理的申请。

请问：本案中，日本东京地方法院的判决的理由是否符合国际法？为什么？中国对日民间索赔的难点在哪？

第一节 概　述

一、战争及战争法的概念

战争自古以来就存在于人类社会，它是各个部落、民族、国家以及政治派别或国家集团之间为解决纠纷的一种最极端的暴力手段。战争和法律在某种意义上都是人类解决纠纷的两种手段和方式。尽管国际法在避免战争（禁止使用武力）方面作出了巨大的努力，但这些预防战争的法律根本不可能彻底阻止战争的发生。鉴于战争的残酷性和破坏性，战争本身也需要法律来进行规范。

自冷战结束以来，战争爆发的形式发生了很大的变化。一方面，国家之间发生战争的频率大大下降，彼此之间爆发更多的是武装冲突；另一方面，发生在一个国家内部的武装冲突却非常频繁。国际法上的"战争"有其特定的含义，它主要是指两个或两个以上的敌对国家，以武力解决国际争端或推行国家政策造成的武装冲突和法律状态。① 而"武装冲突"指未构成战争状态的武装对立，其往往表现为局部的，有时是偶然发生的、暂短时间的、未经宣布战争状态的武装斗争形式。② 一般而言，武装冲突只有发展到了一定的规模和持续了相当长时间，并且，冲突各方之间存在"交战意向"（Animus Belligerence）时才可能发展为战争。因此，有关国家之间存在武装冲突并不必然导致发生战争，反之，两国之间可以互相宣战而进入战争状态，但并不一定需要存在武装冲突的事实。

而作为反映战争法之核心内容的1949年《日内瓦四公约》及其议定书主要适用于有关缔约国之间爆发的战争，也可适用于他们之间发生的国际性武装冲突，还可适用于一个缔约国领土内的国内武装冲突，而且，鉴于目前国家之间很少爆发严格意义上的战争，大部分都是武装冲突，所以，相应地，我们日益倾向于提"武装冲突法"（Law of Armed Conflict）或国际人道法（International Humanitarian Law），而很少再提"战争法"（Law of War）。③ 不过，鉴于现有的战争法规则主要调整国家之间爆发的战争行为，基于习惯和方便的考虑，本章仍然采用"战争法"的名称来进行编排。所谓战争法，它是指调整战争中交战国之间、交战国与中立国或非交战国之间关系以及有关战时人道保护方面的原则、规则和制度的总和。

---

① 参见王铁崖. 国际法. 北京：法律出版社，1981：499.
② 慕亚平，周建海等主编. 国际法词典. 西安：陕西人民出版社，1993：118.
③ 一般认为，国际组织、大学以及各国多倾向于"国际人道法"的表述，而各国武装部队则更倾向于"武装冲突法或战争法"的提法。

二、战争法的编纂

战争法作为国际法中最古老的一个分支,其规则大部分来源于国际习惯法规则。不过,自19世纪以来,战争法中的绝大部分习惯法规则已经被编纂成为了各种国际公约。概括起来,战争法方面的规则主要体现为两个大的体系:一个是1907年10月18日,以海牙第二次和平会议上所形成的公约与宣言为基础的"海牙公约体系"(The Hague Convention System),这一部分规则主要是侧重于规定战争如何开始、如何进行和怎样结束,以及限制交战各方的作战手段和方法等方面的规则和制度,或者是规定关于交战各方在从事军事行动时的权利与义务,并对伤害敌人的手段加以限制等方面的规则,也即所谓的"武装冲突法规则";另一个是1949年8月12日,以红十字国际大会通过的《日内瓦四公约》及其附加议定书(1977年两个和2007年一个①)为基础的"日内瓦公约体系"(The Geneva Convention System),这部分规则主要侧重于保护战争中未参与或不再参与敌对行动的平民及各种受难者,也即所谓的"国际人道法规则"。不过,从其本质上看,海牙公约体系中关于限制交战方的作战手段和方法的规则在一定程度上也是有关人道保护的规则,而且,1977年通过的两个附加议定书已经将上述海牙公约体系和日内瓦公约体系结合在了一起,因此,有时,我们也将战争法笼统地称为"国际人道法"。

第二节 战争进行之规则

一、战争的开始及其法律后果

(一)战争的开始

战争开始可以以一方或双方宣战为标志,也可以以事实上的武装行为使敌对双方进入战争状态为断定的标准。宣战是一国通知另一国结束他们之间的和平关系,并进入战争状态的一种法律形式。在国际关系中,战争通过宣

---

① 2007年1月14日,《1949年8月12日日内瓦公约关于采纳一个新增特殊标志的附加议定书(第三议定书)》生效,该议定书采纳了一个新增标志红水晶,该标志与红十字和红新月标志具有相同的国际地位。

战程序而开始是一项古老的惯例。1907年《关于战争开始的公约》(海牙第三公约)第1条作出明确规定:"缔约各国承认,除非有预先的和明确无误的警告,彼此间不应开始敌对行为。警告的形式应是说明理由的宣战声明或是有条件宣战的最后通牒。"战争的开始,是一种法律状态,它标志着交战国之间的关系从和平状态进入战争状态。因此,传统国际法认为,战争的开始必须通过宣战,而且把是否经过宣战程序作为判断战争正义与否的标准之一。作为一项程序,宣战宣告了交战国之间的关系进入了战争状态,并可使对方和中立国获悉战争状态的开始存在,从而使对方有所准备。在现代国际关系的实践中,许多国家往往因为军事利益上的需要而针对对方发动突然袭击或先发制人,如美国于2003年发动针对伊拉克发动先发制人的武力攻击等。因此,现代战争往往是不宣而战的。然而,不管是不宣而战发生的武装冲突还是通过宣战而发生的战争都必须适用战争法的规则。

(二)战争开始后的法律后果

当一方使用武力而另一方认为是战争行为时,战争亦即开始。无论是以宣战还是以事实上的武装行为进入战争状态,交战各方的关系都由和平关系转变为战争关系,交战各方开始适用战争法和中立法,从而产生一系列的法律后果:

1. 交战国之间法律关系的变化

(1) 外交、领事关系开始断绝。战争状态开始后,交战国之间的外交关系和领事关系完全断绝,根据1961年《维也纳外交关系公约》的规定,享有外交豁免权的人员应得到便利尽速离境,在离境前其仍然享有外交特权和豁免权;使馆的馆舍、档案应受到尊重,派遣国可以委托第三国,通常是中立国保管馆舍、财产和档案,照看它的利益及侨民利益。

(2) 条约关系发生变化。根据1985年联合国大会通过的《武装冲突对条约影响的决议》的规定,武装冲突的爆发本身并不当然全部终止或中止武装冲突当事国之间以及当事国一方与第三国之间的有效条约的施行。因此,一般来说,交战国之间在和平时期订立的条约根据性质和内容区别对待,分别给以废除、中止或继续实施。凡以维持共同政治行动或友好关系为前提的双边条约或协定,如同盟条约、互助条约或和平条约,因两国关系已变成战争敌对关系而立即废止。而一般政治性条约和经济性条约,如引渡条约、商务条约等,除条约另有规定外,应停止生效,战后是否自动恢复其效力或重订条约由缔约国在条约中明确。有的条约，如边界条约一般则继续有效而不受影响。而对于交战方订立的多边条约的效力问题也应视情况而定，对于规范战争行为的日内瓦公约当然应加以适用，而其他有关的多边公约则依据其本身的规定来处理。

（3）对交战国人民及其财产的影响。战争开始后，处于敌国领土上的交战国人民，既可以撤退，也可继续居留，但交战国一般都对留在其境内的敌国公民实行各种限制，或登记、或强制居住，而对其私人财产原则不予侵犯，但可以对其实施禁止转移、冻结和征用等限制。对于处于交战一方境内的敌国公共财产来说，交战各方都可以加以没收，但使领馆除外；对于所占领的敌国领土内的非军事公共财产，交战方可以将其用于军事目的，但不能变卖，而对用于军事用途的公共财产则可以毁坏。

2. 交战国与中立国之间的法律关系

（1）战时中立国及相关概念。战时中立国，是指在战争与武装冲突的情况下，既不参加交战，也不支持任何一方的非交战国。战时中立国不同于永久中立国。永久中立国是指根据国际条约或国际承认，在对外关系中承担永久中立义务的国家，其地位是一种永久的选择，而战时中立则是战争时期国家地位的一种临时选择。在现代国际法上，由于战争的废弃，特别是非法使用武力的禁止，使传统的战时中立制度受到了很大的冲击，并发生了很大的变化。即使国际上的武装冲突日益增多，但因其不构成战争状态，处于武装冲突以外的国家因此而无法按传统中立法确定自己的中立地位。另外，联合国集体安全制度的建立不仅限制了联合国会员国的中立权，而且也限制了非联合国会员国的中立权，这也对中立法的适用产生了冲击。

（2）战时中立国与交战国之间相互承担的法律义务。1907年第二次海牙和平会议签订的《中立国和中立国人民在陆战中的权利义务公约》、《关于中立国在海战中的权利义务公约》以及1949年《改善战地武装部队伤病员境遇的公约》和《改善海上武装部队伤者病者及遇船难者境遇的公约》等都对战时中立国与交战国之间相互承担的法律义务作出了有关的规定。战时中立国与交战国之间的权利和义务是相互的，即中立国的义务就是交战国的权利，而交战国的义务就是中立国的权利。

战时中立国对交战国承担的义务主要有：自我约束的义务（即中立国对交战国既不得直接参加战争行为及提供任何军事援助）、防止的义务（即中立国应采取可能的措施防止交战国利用其领土或者其法权管辖范围内的区域进行战争)以及容忍的义务(即对于交战国为进行战争而依据战争法对中立国违反中立义务的船舶所采取的有关登临、紧追及拿捕等强制措施)。

交战国对战时中立国承担的义务主要有：自我约束的义务(即交战国不得将中立国领土或其管辖区域作为作战基地)、防止的义务(即交战国有义务采取措施防止在其境内或占领区内发生虐待中立国使节及其人民的事件以及侵犯中立国及其人民的合法权益)以及容忍的义务(即交战国应容忍中立国在本国领土范围内收容前往避难的敌国伤病员以及中立国与敌国保持正常的外交关系和商务关系)。

二、限制交战方的作战手段和作战方法

(一)限制交战方之作战手段和方法的基本原则

战争与武装冲突的目的是消灭敌方作战能力，使之无力反抗和进攻，因此，交战各方必然要施用各种武力，但这并不意味着交战国可以毫无限制地使用任何武力手段和方法。所谓作战"手段"(Means)是指战争或武装冲突各方所使用的武器；而所谓的作战"方法"(Methods)则是指战争或武装冲突各方如何使用武器及其他的作战方法。战争和武装冲突行为应服从人道的要求，以便在战争和武装冲突消灭之前，尽可能地减少战争灾难。战争法对战争中作战的手段和方法加以原则性的限制，从而形成了下列有关战争的一些基本原则：

1. 人道保护原则(Humariantarian Protection)

战争法要求交战各方尽量减低战争的残酷性，不仅对平民和非战斗人员应加以保护，即使是敌对方的战斗员，也不应施加与作战目的不成比例的、没有必要的伤害，增加不应增加的痛苦或死亡。

2. 军事必要不能解除交战国义务的原则(Military Necessity)

战争法在制定时已经考虑到"军事必要"的问题，然而，1868年《圣彼得堡宣告》指出，战争的需要应服从人道的要求，不能借口军事必要而取消战争法所规定的义务。

3. 相称性原则(比例原则)(Proprtion)

作战方法和手段的使用应与预期的、具体的和直接的军事利益成比例，禁止过分损害的攻击行为以及引起过分伤害和不必要痛苦性质的作战手段和方法。

4. 区分原则（Distinction）

该原则要求把平民与武装部队、战斗员与非战斗员，有战斗能力的战斗员与丧失战斗能力的战争受难者、军用物体与民用物体、民用目标与军事目标区分开来，并在武装冲突中给予不同对待。

5. 限制原则（Restriction）

为了尽量减低战争的残酷性，对各交战国和冲突各方作战手段和方法应加以限制，如禁止使用不分青红皂白的作战手段和方法、禁止使用改变环境的作战手段和方法以及禁止使用具有过分杀伤力和滥杀滥伤作用的武器等。

6. 条约无规定的情况下不解除交战国尊重战争法义务的原则

1977 年《日内瓦四公约第一附加议定书》中的"马尔顿条款"（Martens Clause）① 针对这种情况作出了规定："在本议定书或其他国际协定未包括的情况下，平民和战斗员仍受来源于既定习惯、人道原则和公众良心要求的国际法的原则保护和支配。"

7. 中立原则（Neutrality）

武装部队的伤者、病者、战俘和平民是武装冲突法所保护的对象，通称为"被保护人员"。为了平衡交战各方或武装冲突各方与上述被保护人员的权利和义务，既然武装冲突法的具体规则已经使得被保护人员享有被保护的权利，那么这些已经退出战斗、不再参加战斗的被保护人员就必须严守中立而不得再从事任何敌对行为。

（二）限制交战方之作战手段和方法的具体规则

1. 陆战规则

限制作战手段和作战方法，尽量减低战争的残酷性，这是自 1868 年圣彼得堡宣言开始确立的一项国际人道原则，也是战争法规的一项重要内容，该宣言指出："战争之行为应本人道之原则，故需限制技术使用之范围。" 1899 年和 1907 年的海牙公约附件《陆战法规和惯例章程》第 22 条明文规定："交战者在损害敌人的手段方面，并不拥有无限制的权利。"《1977 年日

---

① "马尔顿条款"（Martens Clause）最初出现于编纂陆战法规和习惯的 1899 年海牙第二公约的前言中，从那时起，它就已经成为了武装冲突法的一个组成部分。在颁布更完整的战争法规之前，缔约各国认为有必要声明，凡属他们通过的规章中所没有包括的情况，居民和交战者仍应受国际法原则的保护和管辖，因为这些原则是来源于文明国家间制定的惯例、人道法规和公众良知的要求。该条款是根据俄国赴 1899 年海牙和会代表——冯·马尔顿（Fyodor Martens）教授宣读的一份声明作出的，并由此而得名。

内瓦公约第一附加议定书》第 35 条把限制作战手段和方法列为一项原则。在实践中,被限制或禁止的作战手段和作战方法主要包括:

(1) 使用具有过分伤害性和滥杀、滥伤作用的武器①

一方面,这种武器主要包括极度残酷的武器,即是指超越使战斗员丧失战斗力程度,造成极度痛苦,甚至使死亡不可避免的武器。1868 年《圣彼得堡宣言》、《海牙第四公约附件》、1980 年《联合国禁止或限制使用某些可被认为具有过分伤害力或滥杀滥伤作用的常规武器公约》及其相关议定书和决议等对那些易使人致残或陷入长期痛苦的常规武器,如小口径武器、燃烧武器、射出大量碎片、小箭、小针之类的集束炸弹或地雷、饵雷等统统都加以禁止或限制。

另一方面,这种武器还包括化学武器和生物武器。化学武器指以通过化学作用来伤害人、动物和植物为作用目的的物质及应用该物质制造的一切器具、材料的总称。而生物武器,即以细菌、病毒、毒素等使人、动物、植物致病或死亡的物质材料制成的武器。1899 年和 1907 年的《海牙公约》、1925 年《禁止在战争中使用窒息性、毒性或其他气体和细菌作战方法的议定书》、1972 年《禁止细菌(生物)及毒素武器的发展、生产及储存以及销毁此类武器的公约》、1992 年《禁止研制、生产、贮存和使用化学武器以及销毁此种武器公约》等都对生化学武器的生产和使用做了禁止性的规定。

(2) 不分青红皂白的攻击

不分青红皂白的作战手段(The Indiscriminate Means and Methods of Combat)指在战争或武装冲突中,对平民居民、民用物体和战斗员、军事目标不加区别的作战手段和作战方法。1907 年《海牙第四公约附件》第 25 条、第 27 条、1949 年《日内瓦第四公约》、1954 年《海牙公约》以及 1977 年《日内瓦四公约第一附加议定书》等都作出了有关规定。而其中 1977 年

---

① 毫无疑问,核武器是极具残酷性的非人道武器,但《日内瓦公约》并没有对其作出禁止或限制性使用的规定。1993 年,世界卫生组织就使用核武器的合法性问题请求国际法院发表咨询意见,国际法院以"不属于其职权范围"为由拒绝发表咨询意见。1994 年,联合国大会在第 49 次大会上通过决议,请求国际法院就"是否允许在任何情况下威胁和使用核武器"的问题发表咨询意见。1996 年 7 月,国际法院在其咨询意见中认为,威胁或使用核武器,一般是违反适用于武装冲突的国际法规则,特别是国际人道法的原则和规则,鉴于当前国际法的状况和法院面对的事实,还不能就一个国家处于极端情况下以及受害国处于危急存亡之际威胁或使用核武器是否合法的问题作出明确的答复。

的《日内瓦四公约第一附加议定书》第 51 条明确规定："禁止不分皂白的攻击"，并列举了"不分皂白的攻击"，此外，该议定书第 56 条还规定：对含有危险力量的工程或设施，如堤坝或核发电站，即使这类物体是军事目标，也不应将其作为攻击的对象。

（3）改变环境的作战手段和方法

改变环境的作战手段和方法，是指在战争或武装冲突中，使用蓄意操纵自然过程，改变地球或外层空间的动态的作战手段和方法。① 这种手段和方法可引起地震、海啸及其他破坏地理自然环境情形。1971 年、1974 年联大连续两次通过决议呼吁禁止为了军事或其他敌对目的影响环境和气候的行动。而后来 1977 年《禁止为军事或任何其他敌对目的使用改变环境的技术的公约》及 1977 年《日内瓦四公约第一议定书》对这种作战手段和方法作了禁止性的规定：禁止通过蓄意操纵自然过程改变地球或外层空间的动态、组成或结构的技术和使用旨在或可能对自然环境引起广泛、长期而严重损害的作战方法或手段。

（4）背信弃义的行为

早在 1907 年，海牙第四公约的附件《陆战法规和惯例章程》就规定禁止以背信弃义的方式杀伤敌方人员。依据 1977 年《日内瓦四公约第一附加议定书》第 37 条的规定，所谓"背信弃义"（Perfidy），是指以非法的手段诱取敌人的信任，使敌人相信其有权享受战争法规则对其所设定的有关权利，或使其相信有义务给予对方人道保护的行为，具体可包括：假装在休战旗下谈判或投降的意图；假装因伤因病而无能力；假装具有平民、非战斗员的身份；使用联合国或中立国家或其他非冲突各方的国家的记号、标志或制服而假装享有被保护的地位。而"兵不厌诈"中所使用的军事伪装、假情报等诈术行为并不违反战争法规则，也就不是背信弃义的行为。

2. 海战规则

1856 年《巴黎会议关于海上若干原则的宣言》、1907 年《关于战时海军轰击公约》、1907 年《关于敷设自动触发水雷公约》、1909 年《伦敦海军会议文件》、1936 年《关于潜艇的伦敦议定书》、1922 年《关于在战争中使用潜水艇和有毒气体的条约》、1930 年《限制和裁减海军军备的国际条约》、1936 年《关于潜艇作战规则的伦敦议定书》、1937 年《关于把潜艇作战规

---

① 王铁崖主编. 中华法学大词典·国际法学卷. 北京：中国检察出版社，1996：150.

则推行于水面船只和飞机的尼翁协定》等国际公约对于海上武装冲突发生期间，交战各方所应遵守的作战手段和方法作出了规定。

（1）关于海军轰击

1907年《关于战时海军轰击公约》规定，禁止海军轰击未设防的城市、海港、村庄、房舍及建筑，不得以在港口设置自动海底触发水雷为设防；可以轰击处在不设防地点的军事设施，但在轰击前应通知有关地方当局限期拆除，如不执行，才可以轰击。轰击时必须尽力保全一切宗教、美术、技艺、慈善事业所用之建筑、历史上之古迹及病院和伤病者收容所，但应以这些地方当时不用于军事目的为限，并在建筑物上标明显见的标志；在情况许可时，轰击前应尽力设法通知地方当局。军舰是海战中作战的主要工具，也是海战的主要攻击目标。

（2）关于海上封锁

海上封锁（Sea Blockade）又称"战时封锁"（Blockade in the Time of War），是"平时封锁"①的对称，指战争爆发期间交战国为切断敌国的海上对外联系，削弱敌国经济，用军舰阻挡一切国家的船舶和飞机进出敌国的港口和海岸的手段。一切国家也包括中立国。实施封锁的国家必须由其政府或海军当局以政府名义正式宣告封锁的事实，包括封锁的区域、时间、中立国撤离的期限；并及时通知中立国。实施封锁必须连续维持，如果执行封锁的军舰被驱散，封锁即告失败。但军舰因不可抗力而暂时撤离不构成封锁的失败。

（3）关于海战武器的使用

关于私掠船和商船使用问题。一般来说，海军部队只能使用属于自己编制的船舰攻击敌舰，禁止使用其他船只。如"私掠船"（Privateer）②，即经交战国政府允许发给私掠许可证的武装私人商船就在禁止之列。为了防御目的而武装自卫的商船，即"武装商船"应受国际法的保护，但一旦武装商船主动攻击敌国军舰或商船，则不再是国际法的保护对象。如果商船改装为军舰，则具有了军舰的法律地位。

关于潜水艇（Submarine）问题。潜水艇指能够潜入水中进行攻击作战的军事舰艇，其具有与军舰相同的法律地位。最早规定潜艇攻击规则的是

---

① 可参见本教材第十四章（国际争端的解决）中关于国际争端的强制解决方法。

② 1856年《巴黎会议关于海上若干原则的宣言》正式废除了私掠船，私掠船被认为是海盗船，船上人员被视为海盗。因而，如在海战中使用私掠船，非战斗员虽然也有免受攻击的权利，但因所乘船舶的性质而可能受到攻击和伤害。

1922 年签订的《关于在战争中使用潜水艇和有毒气体的华盛顿公约》。该公约规定：潜艇不得对遇到的商船立即攻击，在拿捕商船前应先命令它接受临检，以便确定它的性质。1930 年 4 月 22 日《限制和裁减海军军备的国际条约》第 22 条重申："潜水艇在对商船的行动中，必须遵守水面军舰所应遵守的国际法法规。"

关于水雷和鱼雷问题。1907 年《关于敷设自动触发水雷公约》规定，禁止敷设没有系缆的自动触发水雷，但失去控制 1 小时后失效者除外；禁止敷设虽有系缆，但离开系缆后仍能为害的水雷；禁止敷设未击中目标后仍有危险性的鱼雷；禁止以断绝贸易通航为目的的在敌国沿岸或港口敷设自动触发水雷；使用系缆自动触发水雷时，应尽力避免威胁海上和平航行的安全。

3. 空战规则

飞机投入战争在很大程度上改变了战争的传统面貌。但目前尚没有有关空战法规的专门条约，而 1922 年法学家委员会在海牙拟定的《海牙空战规则草案》① 只是一个草案，不具有条约的法律效力。事实上，在现代战争时期，由于武装部队往往都是海、陆、空立体协同作战，那么，有关陆战法规和海战法规自然将对空战适用。

因此，总的来看，陆战与海战的原则、规则都应该同时适用于空战，而且在许多有关陆战和海战的条约中，直接或间接包括着有关空战的原则。1899 年和 1907 年《海牙宣言》规定，禁止用氢气球或类似方法投掷炮弹和爆炸物；1907 年海牙第十公约即《关于将 1906 年 7 月 6 日日内瓦公约的原则适用于海战的公约》也适用于空战，该公约规定：轰炸只能针对军事部队、军事工程、军用建筑物或仓库、军工厂和用于军事目的的运输线，要尽量避免轰炸宗教、艺术、科学和慈善事业的建筑物、历史纪念碑、医院船、医院及收容伤病员的其他场所，但以此种建筑物、物体或场所当时并未用于军事目的为限。1937 年《尼翁协定》规定把潜艇作战规则适用于空战。1977 年《日内瓦公约第一议定书》规定其有关规定亦适用于空战，如第 51 条至第 56 条和第 59 条所作的对平民、民用物体、文物和礼拜场所、自然环境、不设防地的保护，以及对含有危险力量的工程和装置的保护的规定。

---

① 该草案的主要内容规定：飞机的外部标志和交战资格；燃烧性和爆炸性子弹的使用；空中轰炸；对敌国非军事飞机和中立国飞机的待遇及对它们采取的军事行动；交战国对中立国和中立国对交战国的义务；它参加敌对行为的飞行人员应受适用于地面部队的战争和中立法规的支配等。

三、战争的结束

从国际实践来看,战争的结束一般分两步:停止敌对行动和结束战争状态。

(一)敌对行动的停止

战争的结束是一种法律状态的变化,它的结束可以通过停战(Armistice)或投降(Surrender)的方式来实现。

停战是指根据交战双方的协议而停止军事敌对行动的行为。停战可以是全面的,也可以是局部的;可以是有期限的,也可以是无期限的。习惯上将无期限的全面停战称为"停战"(Total Armistice),指交战方之间停止所有战场的军事行为,这往往是战争终止的前兆。而将有期限的局部停战(Partial Armistice)称为"休战"(Truce),这主要是指在某些特定的局部地区停止战斗,目的一般是为了派遣军使、打扫战场、交换战俘、安排投降等。局部的停战大都是临时性的,还有重新开战的可能。对于不定期限的停战,交战方可随时再行开战,但应按停战条件的规定警告对方。交战一方如果有严重破坏停战条件的行为,另一方有权废除停战协定,情况紧急时可立即恢复战争行动。此外,还有停火(Cease-fire),停火类似于局部的停战,但涉及的战场范围更有限,时间更短暂。

投降是指交战一方承认自己战败而要求对方停止战斗。根据1907年海牙第四公约的规定,投降一经交战一方提出,交战另一方必须接受,不得拒绝,投降后的军人不得受侮辱。投降通常是无条件的,无条件的投降(Unconditional Surrender),是指战败方按战胜方的要求和条件而自己不得提出任何条件的投降。第二次世界大战末期,德国于1945年5月8日签署了无条件投降书,日本于同年8月15日宣布无条件投降,并于9月2日正式签署了无条件投降书。与停战一样,投降只是结束敌对行为的步骤,而不是战争状态的结束。

(二)战争状态的结束

战争状态的结束是指交战双方停止战争行动并对一切政治、经济、领土和其他问题作出全面的、最终的解决,以结束战争状态,恢复和平状态。战争状态的结束是一种法律状态,其法律后果意味着交战国之间的关系从战争状态恢复到战前的和平状态。涉及恢复互派外交代表,恢复因战争中断的条约关系,恢复国家间正常的政治、经济、文化、军事等方面的往来和人民之间的往来等问题。战争状态通常是通过缔结和平条约结束,和平条约中包括了与结束战争及处理交战国关系有关的一切事项。

另外,战争状态的结束也可由战胜方单方面宣布结束战争状态,或由交战双方以发表联合声明的方式结束战争状态，前者如 1955 年 4 月 7 日中华人民共和国主席发布命令，宣布结束与德国之间的战争状态，后者如 1972 年 9 月 29 日中日两国发表联合声明宣布结束两国间的战争状态。由于第二次世界大战后国家之间的战争往往以实际发生武装对抗开始，所以最后没有签订和平条约，而是以事实上停止军事行动、签订国际协定或接受联合国安理会的决议来结束战争状态。

第三节 战时人道保护规则与人道救援组织

一、战时人道保护规则

1949 年《日内瓦四公约》及其附加议定书是整个国际人道法或战争法的核心。和其他国际多边公约不同的是，上述日内瓦公约及其有关议定书既可以规范传统意义上发生在缔约国之间的战争行为，也可以规范发生在缔约国之间的武装冲突行为。而且，上述公约既可适用于缔约国之间爆发的国际性武装冲突，也可适用于某个缔约国内部发生的国内武装冲突。另外，按照《日内瓦公约》第 2 条的规定，即使交战一方不是缔约国，其他参加武装冲突的缔约国相互之间仍然受《日内瓦公约》的约束。最后，《日内瓦公约》还允许非缔约国在接受并援引公约规定的条件下受公约的约束。概括起来，《日内瓦公约》及有关议定书关于战时人道保护规则主要体现在以下几个方面：

（一）对平民的保护

军事行为应限于针对武装部队，不得攻击和杀害平民。在传统战争法中，平民指位于交战国领土而不属于交战者的和平居民；广义的平民应泛指交战者之外的所有和平居民，包括占领地和占领地以外的平民。然而，现有公约中保护平民的规定往往限于占领区内的平民，对占领区之外的平民保护缺乏关注。在战争与武装冲突中，敌对行动应针对武装部队和战斗员，禁止或限制使用波及平民的武器和作战方法。

对在交战国或冲突各方领土内的敌国平民，一般应允许其离境，对继续居留者应予以基本的人道待遇，保障他们的基本权利，如有权利领受救济物品和获得非歧视性待遇，非绝对必要时不得对其加以拘禁，特别是妇女和（15 岁以下）儿童的权利应特别得到尊重和保护。

对占领区的平民，一般也应允许其离境，禁止将其个别或集体平民强制移送或驱逐到占领国领土或任何其他被占领土或为被占的国家领土上去。占领国不得强迫占领区平民为其武装部队服务。占领国应尽力并不加歧视地向被占领土的平民居民提供基本的生活必需品。

（二）对伤病员的保护

依据1864年《改善战地武装部队伤者境遇的公约》、1906年《关于改善战地武装部队伤者和病者境遇的公约》、1929年《关于改善战地武装部队伤者病者境遇的日内瓦公约》、1949年《改善战地武装部队伤者病者境遇之日内瓦公约》及《改善海上武装部队伤者病者及遇船难者境遇之日内瓦公约》等有关公约对伤病员的基本权利作出了规定。所谓伤病员，一般是指基于创伤、疾病或其他肉体或精神上失调或失去能力而需要医疗救助和照顾且不再从事任何敌对行为的军人或平民。当然，依据1949年《改善海上武装部队伤病员及遇船难者境遇的公约》的规定，还应保护和尊重海战中的特殊群体，即"遇船难者"，他们系指"任何原因之船难，并包括飞机被迫降落海面或被迫自飞机上跳海者在内"。

1. 对伤病员的尊重和保护

交战各方及冲突方对敌我伤病员在一切情况下应无区别地予以人道的待遇和照顾，不得基于性别、种族、国籍、宗教、政治意见或其他类似标准而有所歧视。对其生命之任何危害或对其人身之暴行均应严格禁止，尤其不得加以谋杀或消灭，施以酷刑或供生物学试验，不得故意不给予医疗救助及照顾，亦不得造成使其冒传染病危险之情况。凡交战国不得已而委弃伤病者于敌军时，应在军事考虑许可的情况下，将本军救护人员及卫生用具的一部分留为该伤病者救护之用。交战国落于敌手的伤病员受双重保护，既享受战俘待遇，又享有给予伤病员的人道待遇和特殊照顾。每次交锋后，交战或冲突各方应采取一切可能的措施寻觅伤者和病者，并予以适当照顾和保护。在环境许可时，应商定停战或停火办法，以便搬运、交换或运送战场上遗落的受伤者；冲突各方应尽速登记落于其手中的敌方伤、病、亡者，并交换名单，发还其本人物品，埋葬或火化死者。

2. 对医疗机构、医疗队和医疗人员的尊重和保护

用来救助和救治伤病员的医疗机构的建筑物、运输工具、医院船、医务航空器、医疗队、医务所、医务人员等都应受交战各方或冲突方的尊重和保护，在任何情况下，他们都不得被攻击，除非他们有损害敌军的行动。医疗机构及其建筑物、运输工具、医疗人员等均应悬挂或佩带或使用公约所承认

的红十字、红新月和红水晶等特殊标志。军事当局应准许居民或救济团体自动收集和照顾任何国籍的伤者、病者,任何人不得因看护伤者、病者而被侵扰或定罪。

(三) 对战俘的保护

战俘也称"俘虏",指在战争或武装冲突中落于敌方权力之下的合法战斗员。可见,只有"合法战斗员"才能享有战俘的待遇。依据《海牙公约》和《日内瓦公约》的有关规定,所谓合法战斗员一般包括正规军(Regular Army)、非正规武装部队(Non-Regular Forces)①、军使(Parliamentary)、侦察兵(Reconnoiterer),但不包括雇佣兵(Mercenaries)②和间谍(Spy)③。

1899年《陆战法规和惯例公约》、1929年《关于战俘待遇的日内瓦公约》、《1949年8月12日关于战俘待遇之日内瓦第三公约》及其议定书等都对战俘的基本权利作出了规定。战俘是在敌国国家权力管辖之下,而不是在俘虏者的个人或军事单位权力之下,因此,交战各国或冲突各方有义务使得他们得到合乎人道的待遇和保护。战俘的人格和荣誉必须尊重,交战或冲突各方不得虐待、侮辱战俘,也不得以强迫手段向战俘索取情报。战俘应获得应有的饮食、衣服、住宿及医药照顾等,除考虑到军职等级、性别、健康状况、年龄与职业资格外,所有战俘应享受同样待遇,不得因种族、国籍、宗教信仰不同而加以歧视。战俘的自用物品,仍归他个人所有。另外,交战或冲突各方还应准许战俘与家属通信,并准许其收寄邮件包裹,战争停止后,战俘一般应立即遣返,不得扣留。

---

① 非正规武装部队指在战争或武装冲突的状态下由一国居民自发组成并直接参加战斗的武装力量,具体可包括民兵、义勇军、游击队和志愿军。民兵和义勇军一般是在一个国家面临外敌入侵以及实行总体抗战时临时组成的地区性的非正规部队。而游击队(Guerrilla Force)主要指在已被敌人占领的地区内以武装形式从事反抗活动的非正规武装部队,通常由被占领地区的居民和残败军人组成,他们没有统一制服和明显的身份标志。志愿军(Volunteer Army)指自愿参加或组成,受所在国政府和最高司令部统一指挥,从事反侵略战争的外籍武装人员。

② 根据1977年《日内瓦公约第一附加议定书》第47条的规定:"外国雇佣兵(Mercenaries)不应享有作为战斗员或成为战俘的权利。"1989年12月联合国大会通过的《反对招募、使用和训练雇佣军国际公约》第1条对于雇佣兵作出了明确的界定。

③ 间谍不是合法的战斗人员,如果被俘,不享受战俘待遇,但应经过审判才能处罚。

二、战时人道救援组织

在战争或武装冲突爆发期间,许多人道救援组织经常为战争或武装冲突当中的受难者提供最低限度的人道与人权保护,这方面比较杰出的组织主要包括红十字国际委员会(International Committee of the Red Cross,ICRC)、国际救援委员会(The International Rescue Committee,IRC)、无国界医生组织(Doctors Without Borders,Medicines Sans Frontiers,MSF)、乐施会(Oxfam)、国际寻人服务局(International Tracing Service,ITS)等,其中尤以红十字国际委员会最为重要。

1863年,瑞士银行家亨利·杜南(Henry Dunant)与古斯塔·莫瓦尼埃(Gustave Moynier)、吉勒姆-亨利·杜福尔(Guillaume-Henri Dufour)、路易斯·阿皮亚(Louis Appai)及西奥多·莫诺瓦(Theodore Maunoir)一同成立了"救援伤兵国际委员会"(International Committee for the Relief of the Wounded),此即为国际红十字运动的滥觞。1875年,救援伤兵国际委员会正式被改名为"红十字国际委员会"。红十字国际委员会是一个公正、中立和独立的组织,其特有的人道使命是保护战争和武装冲突事件中受难者的生命与尊严,并向他们提供援助。该组织还指导和协调国际援助工作以及推广和巩固国际人道法和普遍人道原则的工作。红十字国际委员会于1965年拟定了七项基本原则作为其工作的准则,同时得到整个红十字运动的采用,这七项原则包括:人道、公正、中立、独立、志愿服务、统一和普遍。根据1949年《日内瓦四公约》及《红十字国际委员会的章程》的规定,该组织的基本职能包括如下几个方面:

监督交战方对《日内瓦公约》的遵守情况;组织对战场伤员的救护工作;监督战俘待遇并与拘留当局进行保密交涉;协助搜寻武装冲突中的失踪人员(寻人服务);组织对平民的保护和救护工作;在交战方之间发挥中立调解者的作用;维护并传播红十字运动的基本原则;承认符合条件的新组建或改组的国家红十字会;受理据称违反国际人道法的指控;致力于医务人员的培训和医疗器械的准备;解释、传播、推动适用于战争或武装冲突中的国际人道法;执行红十字国际大会交付的任务。

近年来,红十字国际委员会的活动已从战争或武装冲突领域扩展到其他领域①,譬如探视与冲突无关的政治犯以及在发生自然灾害时提供援助。

---

① 红十字国际委员会的具体活动情况可参见该组织的网站:http://www.icrc.org。

2010年1月13日，海地发生地震后，红十字国际委员会就一直在海地积极开展工作。

第四节 战争犯罪及其责任

一、战争犯罪的概念

依据1945年《欧洲国际军事法庭宪章》、1946年《远东国际军事法庭宪章》、1949年《日内瓦四公约》及其附加议定书、1993年《前南斯拉夫问题国际法庭规约》、1994年《卢旺达问题国际法庭规约》、1998年《国际刑事法院规约》，特别是根据1945年《欧洲国际军事法庭宪章》和1946年《远东国际军事法庭宪章》的规定，战争罪行主要包括以下三大类：

（1）破坏和平罪，即计划、准备、发动或从事一种侵略行为，或违反国际条约、协定或保证之行为，或参与上述任何罪行的共同计划或同谋。

（2）战争罪，即违反战争法规或惯例，此种违反包括为奴役或其他目的而虐待或放逐占领地平民、谋杀或虐待战俘或海上人员、杀害人质、掠夺公私财产、毁灭城镇或乡村或非基于军事上必要的破坏，但不以此为限。

（3）违反人道罪，又称危害人类罪，即在战前或战时，对平民施行谋杀、歼灭、奴役、放逐及其他任何非人道行为；或基于政治的、种族的或宗教的理由，而为执行或有关于本法庭裁判权内之任何犯罪而作出的迫害行为，至于是否违反犯罪地国国内法，则在所不问。欧洲国际军事法庭宪章强调指出：一切为轴心国的利益而以个人资格或团体成员资格犯有上列任何罪行的人员应负其个人责任，并规定凡参与规划或实行旨在完成上述罪行的共同计划或阴谋的领导者、组织者、教唆者或共谋者，对于任何人为实现此种计划而作出之一切行为，均应负责。

因此，所谓战争犯罪，是指违反国际法基本原则，策划、发动侵略战争，破坏和平，违反战争法规和惯例以及国际人道准则的各种犯罪行为的总称。

二、战争罪犯的审判

在传统国际法上，国家发动或从事战争并不构成犯罪。国际法对发动和组织侵略战争追究个人刑事责任始于第一次世界大战。1919年《巴黎和约》第277条及第288条规定：同盟国及协约国将组织特别军事法庭审判威廉二世，而对于德皇以下的战争责任者，德国承认有权提交军事法庭审判，但由于有关国家拒绝交出或引渡罪犯,这些规定并没有真正付诸实施。国际社会真正对战争罪犯加以审判的实践是第二次世界大战结束以后。

(一) 对第二次世界大战战争罪犯的审判

第二次世界大战后,国际社会组织成立过两个国际军事法庭,即"欧洲纽伦堡国际军事法庭"和"远东东京国际军事法庭",分别对"二战"中德国和日本的首要战犯进行了审判,即著名的"纽伦堡审判"和"东京审判"。纽伦堡审判和东京审判在国际上开创了审判战争罪犯的先河,其贡献在于扩大了战争犯罪的内涵,确立了战争罪犯个人刑事责任原则,并使自1928年巴黎《非战公约》以来形成的"侵略战争是严重的国际罪行"和"对战争罪犯必须予以严惩"的理想变成现实,这无疑对制止侵略、反对战争、维护国际和平产生了积极的影响。尤其是纽伦堡审判所揭示出来的"纽伦堡原则"(Nuremberg Principle)① 对战后国际刑事司法实践更是产生了深远的影响。

1. 纽伦堡国际军事法庭审判

纽伦堡审判是根据1945年《控诉和惩处欧洲轴心国主要战犯的协定》(伦敦协定)及其附件《欧洲国际军事法庭宪章》《纽伦堡宪章》成立的欧洲军事法庭(纽伦堡法庭),该法庭主要对第二次世界大战中的德国主要战犯所进行的审判。法庭由苏、美、英、法各指派一名法官组成,并且由四国各指派一名检察官组成侦查和起诉委员会,负责侦查轴心国主要战犯的罪行及起诉工作。法庭于1945年11月至1946年10月在纽伦堡先后对24名被告(在审理过程中,1人死亡或丧失行为能力)中的22人进行了审理和宣判。经审判,法庭最终判处戈林、里宾特洛甫等12人绞刑,绞刑于1946年10月16日执行,赫斯等3人无期徒刑,邓尼茨等4人分别为10—20年有期徒刑;宣布纳粹党领导机构、秘密警察、党卫军为犯罪组织,但未宣布冲锋队、德国内阁、参谋本部及国防军最高统帅部为犯罪组织。

2. 东京国际军事法庭审判

东京审判是由1946年远东盟军最高统帅部根据《远东国际军事法庭宪

---

① "纽伦堡原则",即从纽伦堡国际军事法庭宪章和该法庭判决书中归纳出的关于惩处战争罪犯的7项国际法原则。这些原则的主要内容可参见1946年12月11日联合国大会第95(2)号决议通过的"纽伦堡原则——纽伦堡宪章和纽伦堡审判中确认的国际法原则"。在以上7项原则之后又先后形成了战争罪犯无权申请和享受庇护(1967年《领土庇护宣言》)及战争罪不适用法定时效(1968年《战争罪及危害人类罪不适用法定时效公约》)两项原则。

章》设置的远东国际军事法庭对第二次世界大战中的日本战犯进行的审判。1946年1月19日,远东盟军最高统帅部公布了内容与《欧洲军事法庭宪章》基本相同的《远东国际军事法庭宪章》,据此,国际社会成立了来自中国、美国、英国、法国、苏联、荷兰、印度、加拿大、新西兰、澳大利亚、菲律宾的11名法官组成的法庭,同时,11国各派1名检察官组成检察官委员会。法庭自1946年5月至1948年11月,先后对28名被告(3人在审理过程中死亡或丧失行为能力)中的25人进行了审理和判决。法庭最后判处了东条英机等7人绞刑,荒木贞夫等16人无期徒刑,东乡茂德等2人有期徒刑。整个审判共开庭818次,法庭记录48000页,判决书1200页,检察方与辩护方共提出证据4336件,双方提供证人1194人,其中419人出庭作证,整个审判共耗资750万美元。在审判中,同时还配备了大量翻译人员,并设有一个三人语言仲裁小组,以便当庭对翻译问题作出裁定。从而构成人类历史上规模最大的一次审判,在现代国际法发展史上具有里程碑意义。

(二)前南国际刑事法庭与卢旺达国际刑事法庭的审判

1993年5月25日,联合国安全理事会通过第808号和第827号决议设立了关于"起诉1991年以来前南斯拉夫境内所犯的严重违反国际人道法行为负责的人的国际法庭"(简称"前南国际刑事法庭")。随后,1994年11月8日,联合国安全理事会又通过第955号决议建立了关于"起诉在1994年期间在卢旺达境内或卢旺达国民在邻国所犯灭绝种族和其他严重违反国际人道法行为的人的国际法庭"(简称"卢旺达国际刑事法庭")。这两个国际法庭尽管是互相独立的,但后来卢旺达国际刑事法庭的设立在很大程度上参照了此前的前南国际法庭,两个法庭拥有许多共同点,甚至有许多制度上的联系。这两个国际刑事法庭的审判开创了由国际法庭审判国内战争罪犯的先例,并对国际刑法的实体法和程序法都有深远影响,也对刚刚开始运作的国际刑事法院具有重要的参考价值。

1. 前南国际刑事法庭[①]

1991年以后,在前南斯拉夫境内发生的武装冲突中,发生了灭绝种族罪、危害人类罪以及严重违反1949年《日内瓦四公约》规定的行为。在此背景下,安理会依据《联合国宪章》第7章和第29条的规定通过了附有《前南国际法庭规约》的第827号决议,并成立了联合国前南刑事法庭(The International Criminal Tribunal for the former Yugoslavia, ICTY)。前南刑庭由分庭(包括三个审判庭和一个上诉庭)、检察官办公室和书记官处组

---

① 该法庭的网站:http://www.icty.org.

成。其中审判分庭由9名常设法官和9名审案法官组成，其中任何两名常设法官均不得为来自同一国家的国民，而上诉分庭由7名法官组成，同时为卢旺达国际刑事法庭服务。检察官办公室由检察官领导，负责案件的调查和起诉。书记官处负责前南刑庭的行政管理和服务。前南国际法庭于1994年11月首次开庭，2004年以来，前南法庭的工作重点紧紧围绕着安全理事会第1503号决议规定的《完成工作战略》开展，该战略要求法庭采取一切可能的措施，在2004年年底完成调查，在2008年年底完成所有一审工作，2010年12月31日前完成上诉工作。截至2007年11月，法庭起诉的161个被告人，11个处于预审阶段，等待开始受审，还有4人在逃。总共27个被告人目前正在受审（最高纪录），还有8个提出上诉等待审理，其他案件均已完成。但是，由于法庭无法掌握被告可以采取的法律行动或逮捕被起诉者的工作进展，是否能按时完成各项工作任务仍无法确定。

2. 卢旺达国际刑事法庭①

1994年4月6日，卢旺达境内胡图族的政府军与图西族的卢旺达爱国阵线之间发生武装冲突。1994年4月7日，震惊世界的卢旺达大屠杀开始。在其后的约100天里，有80万~100万人惨死在弯刀、锄头、棍棒和火器之下，一半多的图西族人口被灭绝，卢旺达国际刑事法庭（The International Criminal Tribunal for Rwanda，ICTR）就是在这种背景下建立起来的。卢旺达刑庭由分庭、检察官办公室和书记官处组成。卢旺达刑庭设3个审判庭和1个上诉庭，由16名常任法官和最多（同一时期内）9名审案法官组成。每个审判庭由3名常任法官和最多（同一时期内）6名审案法官组成。卢旺达刑庭的上诉庭同时也是前南刑庭的上诉庭，组成上诉庭的7名常任法官中，2名来自卢旺达刑庭，另外5名来自前南刑庭。建立卢旺达国际刑事法庭主要是为了起诉和审判两类犯罪嫌疑人：一类是在1994年间在卢旺达境内实施了灭绝种族及其他严重违反国际人道法行为的人（包括非卢旺达国民），另一类是在同一时期在卢旺达的邻国境内实施了此类罪行的卢旺达人。自1995年11月卢旺达刑庭提出第1项起诉以来，刑庭已对卢旺达前总理坎班达、前政府部长和其他高级军事将领和地方官员等22名被告作出判决，其中9名被判处终身监禁。

（三）国际刑事法院的审判

"二战"结束以来，国际社会设立的上述国际军事法庭以及国际刑事法庭等都是临时性的国际刑事司法机构。为了更有效地威慑和惩处战争罪犯，

---

① 该法庭的网站：http://www.ictr.org.

1998年7月17日,联合国外交全权代表会议通过《国际刑事法院规约》(又称《罗马规约》),并建立了常设性的国际刑事司法机构——国际刑事法院(International Criminal Court, ICC)。《罗马规约》于2002年7月1日起正式生效,国际刑事法院也于当天正式成立。① 根据《罗马规约》及其相关文件的规定,国际刑事法院是一个常设的国际刑事司法机构,设有18位法官,1个检察官办事处,1个预审庭,1个审判庭和1个上诉庭。② 根据规约的规定,国际刑事法院可受理来自缔约国及联合国安理会移交的案件,并可在符合下列条件之一的情况下行使管辖权:一是所涉的一方或多方是缔约国;二是被告人是缔约国国民;三是犯罪是在缔约国境内实施的;四是一个国家虽然不是缔约国,但决定接受法院对在其境内实施的或由其国民实施的一项具体犯罪的管辖权。然而,只有在缔约国国内法院不能或不愿意进行有关审判战争犯罪行为的时候,国际刑事法院才进行受理案件,并只对规约生效后实施的种族灭绝罪、战争罪、侵略罪和反人类罪等严重的4类国际犯罪案件具有管辖权。此外,国际刑事法院只对个人具有管辖权,任何国家、组织和法人均不受国际刑事法院的管辖。2009年11月24日,国际刑事法院开庭审理"检察官诉托马斯·戴伊洛·卢班加案"(Case The Prosecutor v. Thomas Lubanga Dyilo)一案,刚果民主共和国(刚果金)前武装组织指挥官托马斯·戴伊洛·卢班加被控在刚果金东部伊图里地区冲突期间犯有多项战争罪和反人类罪,这是国际刑事法院成立6年多来首次开庭审理的第一案。

【难点追问】

关于国际人道法或战争法的适用和遵守问题。

尽管国际人道法的核心体现为1949年《日内瓦四公约》及其三个附加议定书,但其适用范围不仅限于国际法传统意义上的战争,而且适用于任何其他类型的武装冲突(国际性武装冲突和国内武装冲突)等。而且,《日内瓦四公约》的适用范围不限于缔约国,同时也适用非缔约国与缔约国之间的战争;《日内瓦四公约》可以对非缔约国适用,允许非缔约国在接受并援用该公约的条件下受该公约的约束(和平时期必须经过一定的加入、批准手续等),《日内瓦四公约》还适用于任何卷入武装冲突中的团体和部队,如联合国维和部队。按照马尔顿条款的规定,条约即使无规定的情况下也不

---

① 到目前为止,美国、中国、以色列、日本等国都还没有签署或批准《罗马规约》。

② 有关国际刑事法院的机构及制度可参见该法院的网站:http://www.icc-cpi.int。

解除交战国尊重战争法之习惯义务原则，所有这些都集中体现了战争法适用上的普遍性，这主要是基于国际人道和保护战时最低限度人权的考虑。

为了确保交战各方对战争法的遵守，尽管几乎所有国家都成为了《日内瓦公约》的缔约国，但加入该公约只是第一步，各国还必须努力实施国际人道法以便将规则转化为现实的行动。因此，各国有义务在平民和军队中传播国际人道法，防止违反国际人道法行为的发生，并在此类行为发生时予以惩处。然而，基于军事和政治上的考虑，国际人道法在实践中并不总是能得到很好的遵守。

【前沿提示】

冷战结束以来，战争依然存在，由于领土、宗教、民族等方面的矛盾与纷争，有关国家或武装团体违反国际人道法的情况时有发生，国际人道法正遭遇诸多挑战：由于政治与军事上的原因，国际人道法执法机制存在一定的软弱性，许多具有滥杀滥伤或极端残酷效应的高科技武器还未列入禁止或限制使用的法律之中，传播国际人道法常常在一些国家被视为灌输西方价值观念而受到政府或当局者质疑，红十字国际委员会的工作人员，因保护或帮助了敌方的应受保护人员而受到袭击，内战中频繁出现诸多严重违反战争法的行为，越来越多的儿童被编入非正规的武装团体等。另外，随着信息化战争时代的来临，现有的战争法规已经严重滞后于时代的发展，战争法的修订或重订显得迫在眉睫。

【思考题】

1. 什么是国际法上的战争和武装冲突？它们具有哪些区别和联系？
2. 试述战争的开始与结束及其法律后果。
3. 限制作战手段和方法的基本原则有哪些？
4. 武装冲突法中限制或禁止使用的作战手段和方法具体有哪些？
5. 请简要评价纽伦堡审判和东京审判的国际法意义。
6. 红十字国际委员会在战时人道救援中发挥怎样的作用？

推荐阅读书目

1. ［英］詹宁斯，瓦茨修订．奥本海国际法．王铁崖等，译．北京：中国大百科全书出版社，1995.
2. ［英］斯塔克．国际法导论．赵维田，译．北京：法律出版社，1988.
3. 李浩培．国际法的概念和渊源．贵阳：贵州人民出版社，1994.
4. 王铁崖．国际法引论．北京：北京大学出版社，1998.
5. 梁西．国际法．武汉：武汉大学出版社，2003.
6. 慕亚平，周建海，吴慧．当代国际法论．北京：法律出版社，1998.
7. 赵建文．国际法新论，北京：法律出版社，2000.
8. 赵理海．国际法基本理论．北京：北京大学出版社，1990.
9. 杨泽伟．宏观国际法史．武汉：武汉大学出版社，2001.
10. 吴刚．国际法（中英双语）．北京：法律出版社，2006.
11. 梁淑英．国际法教学案例．北京：中国政法大学出版社，1999.
12. 杨泽伟．主权论——国际法上的主权问题及其发展趋势研究．北京：北京大学出版社，2006.
13. 黄瑶．论禁止使用武力原则——联合国宪章第二条第四项法理分析．北京：北京大学出版社，2003.
14. 叶兴平．和平解决国际争端（修订本）．北京：法律出版社，2008.
15. 李伯军．不干涉内政原则——国际法与国际关系分析．湘潭：湘潭大学出版社，2010.
16. 黄仁伟，刘杰．国家主权新论．北京：时事出版社，2004.
17. 王英津．国家统一模式研究．北京：九州出版社，2008.
18. 凯尔森．法与国家的一般理论．沈宗灵，译．北京：中国大百科全书出版社，1996.
19. 黄进．国家及其财产豁免问题研究．北京：中国政法大学出版社，1987.

20. 龚乃韧．国家豁免问题的比较研究．北京：北京大学出版社，2005.

21. 陈体强．关于承认的国际法——英国与美国的实践．伦敦：伦敦史蒂文森父子有限公司，1951.

22. 陈体强．国际法论文集．北京：法律出版社，1985.

23. 范宏云．国际法视野下的国家统一研究．广州：广东人民出版社，2008.

24. 黄德明．现代外交特权与豁免问题研究．武汉：武汉大学出版社，2005.

25. Eileen Denza. Diplomatic Law—Commentary on the Vienna Convention on Diplomatic Relations. 2thed. Oxford：Clarendon Press，1998.

26. 梁西．国际组织法（总论）．武汉：武汉大学出版社，**2001**.

27. 饶戈平．国际组织法．北京：北京大学出版社，2003.

28. 余敏友．二十世纪的国际组织研究与国际组织法学．法学评论，1999（2）.

29. 杨泽伟．联合国改革的国际法问题研究．武汉：武汉大学出版社，2009.

30. 李双元，蒋新苗．现代国籍法．长沙：湖南人民出版社，1999.

31. 刘书．华侨国籍问题与中国国籍立法．广州：广东人民出版社，2005.

32. 张勇，陈玉田．香港居民的国籍问题．北京；法律出版社，2001.

33. 黄风．中国引渡制度研究．北京：中国政法大学出版社，1997.

34. 黄风．引渡问题研究．北京：中国政法大学出版社，2006.

35. 薛淑兰．引渡司法审查研究．北京：中国人民公安大学出版社，2008.

36. 翁里．国际移民法理论与实践．北京：法律出版社，2001.

37. 梁淑英．国际难民法．北京：知识产权出版社，2009.

38. 北京大学法学院人权研究中心编．21世纪法学系列教材参考资料/国际人权文件选编．北京：北京大学出版社，2002.

39. 夏勇．人权概念的起源．北京：中国政法大学出版社，2001.

40. 邵津．国际法（第3版）．北京：北京大学出版社，2008.

41. 张爱宁．国际人权法专论．北京：法律出版社，2006.

42. 李浩培．条约法概论．北京：法律出版社，1987.

43. 万鄂湘等．国际条约法．武汉：武汉大学出版社，1998.

44. [西] 胡安·诺格．民族主义与领土．徐鹤林，朱伦，译．北京：中央民族大学出社版，2009．

45. 盛愉，周岗．现代国际水法概论．北京：法律出版社，1987．

46. [埃及] 布特罗斯·加利．非洲边界争端．仓友衡，译．北京：商务印书馆，1979．

47. 陈德恭．现代国际海洋法．北京：海洋出版社，2009．

48. 袁古洁．国际海洋划界的理论与实践．北京：法律出版社，2001．

49. 高健军．中国与国际海洋法——纪念〈联合国海洋法公约〉生效10周年．北京：海洋出版社，2004．

50. 季国兴．中国的海洋安全和海域管辖．上海：上海人民出版社，2009．

51. 屈广清．海洋法．北京：中国人民大学出版社，2005．

52. 饶戈平．国际法．北京：北京大学出版社，1999．

53. 贺其治．外层空间法．北京：法律出版社，1992．

54. 凌岩．国际空间法问题新论．北京：人民法院出版社，2006．

55. 李寿平．中国空间法年刊．北京：世界知识出版社，2009．

56. 赵海峰．空间法评论（第2、3卷）．哈尔滨：哈尔滨工业大学出版社，2009．

57. 赵海峰．空间法评论（第1卷）．哈尔滨：哈尔滨工业大学出版社，2006．

58. [法] 亚力山大·基斯．国际环境法．张若思，编译．北京：法律出版社，2000．

59. 徐祥民，孟庆垒等．国际环境法基本原则研究．北京：中国环境科学出版社，2008．

60. 刘惠荣主编．国际环境法．北京：中国法制出版社，2006．

61. 林灿铃等．国际环境法的产生与发展．北京：人民法院出版社，2006．

62. 李爱年，韩广等．人类社会的可持续发展与国际环境法．北京：法律出版社，2005．

63. 王曦主编．国际环境法资料选编．北京：民主与建设出版社，1999．

64. 李寿平．现代国际责任法律制度．武汉：武汉大学出版社，2003．

65. 林灿铃．国际法上的跨界损害之国家责任．北京：华文出版社，2000．

66. 林欣主编．国际刑法问题研究．北京：中国人民大学出版社，2000．

67. 叶兴平．和平解决国际争端．北京：法律出版社，2008．

68. 叶兴平．国际争端解决机制的最新发展．北京：法律出版社，2006．

69. 叶兴平．国际争端解决重要法律文献．北京：法律出版社，2006．

70. 边永民．国际公法案例选．北京：对外经济贸易大学出版社，2006．

71. ［美］路易斯·亨金．国际法：政治与价值．张乃根等译．北京：中国政法大学出版社，2005．

72. ［英］劳特派特修订．奥本海国际法（下卷第一分册）．王铁崖，陈体强，译．北京：商务印书馆，1972．

73. ［德］沃尔夫刚·格拉夫·魏智通主编．国际法．吴越，毛晓飞，译．北京：法律出版社，2002．

74. ［法］卢梭．武装冲突法．张凝等，译．北京：中国对外翻译出版公司，1987．

75. 朱文奇．国际人道法．北京：中国人民大学出版社，2007．

76. ［荷］格老秀斯．战争与和平法．何勤华等，译．上海：上海人民出版社，2005．

77. 俞正山．武装冲突法．北京：军事科学出版社，2001．

78. ［德］克劳塞维茨．战争论．杨南芳，译．西安：陕西人民出版社，2004．

79. 张召忠编著．打赢信息化战争．北京：世界知识出版社，2004．

80. ［日］杉原高嶺．国际司法裁判制度．北京：中国政法大学出版社，2007．

81. ［美］托马斯·伯根特尔．国际公法（第3版）（美国法精要·影印本）．北京：法律出版社，2005．

82. ［美］托马斯·伯根特尔．国际公法（第3版）（美国法精要·中译本）．北京：法律出版社，2005．

83. ［英］马尔科姆·N. 肖（Malcolm N. Shaw）．国际法（第6版）（上下册）．白桂梅等，译．北京：北京大学出版社，2011．

84. ［英］马尔科姆·N. 肖（Malcolm N. Shaw）．国际法（上下册）（第5版·影印本）．北京：北京大学出版社，2005．

85. ［奥］阿·菲德罗斯等．国际法（上、下册）．李浩培，译．北京：商务印书馆，1981.

86. ［英］布朗利. 国际公法原理（第5版）. 曾令良，余敏友等，译. 北京：法律出版社，2003.

87. 李伯军. 联合国集体安全制度面临的新挑战——以武力打击索马里海盗为视角. 湘潭：湘潭大学出版社，2013.

88. 李伯军. 当代非洲国际组织. 杭州：浙江人民出版社，2013.

89. 王铁崖，田如萱. 国际法资料选编. 北京：法律出版社，1995.

90. 邵沙平. 国际法院新近案例研究. 北京：商务出版社，2006.

91. 万鄂湘. 欧洲人权法院判例评述. 武汉：湖北人民出版社，1999.

92. ［日］井上清. 钓鱼岛：历史与主权. 贾俊琪，于伟，译. 北京：中国社会科学出版社，1997.

93. 任梦华，郭琨. 南极政治与法律. 北京：法律出版社，1989.

94. 赵维田. 国际航空法. 北京：社会科学文献出版社，2000.

95. ［美］汉斯·摩根索著，［美］肯尼思·汤普森，［美］戴维·克林顿修订. 国家间政治：权力斗争与和平（第七版）. 徐昕等，译. 北京：北京大学出版社，2005.

96. 王绳祖，何春超. 国际关系史资料选编（17世纪中叶—1945）（修订本）. 北京：法律出版社，1986.

97. 王绳祖，何春超. 国际关系史（1945年—1980年）. 北京：法律出版社，1986.

98. 日本国际法学会编. 国际法词典. 北京：世界知识出版社，1985.

99. 张海文等.《联合国海洋法公约》图解. 北京：法律出版社，2010.

100. 联合国文献中心网站：http：//www. un. org/document/.

101. 欧洲人权法院网站：http：//www. echr. coe. int/.

102. 美洲国家间人权法院网站：http：//www. corteidh. or. cr/.

103. 人权因特网（HRI）网站：http：//www. hri. ca/welcome. asp.

104. 北京大学法学院人权研究中心网站：http：//www. hrol. org/.

105. 南极条约体系网站：http：//www. ats. aq.

106. 中国大陆国际法学会：http：//www. csil. cn/.

107. 中国台湾国际法学会：www. csil. org. tw/.

108. 联合国网站：www. un. org.

109. 中国外交部网站：http：//www. fmprc. gov. cn/mfa_chn/.

110. 国际法律研究中心：http：//www. cils. net/.

111. 中国南沙群岛在线：http：//www. nansha. org. cn/.

112. 时事与国际法：http://publiclaw-events.com/.
113. 中国联合国协会：http://www.unachina.org/.
114. 红十字国际委员会网站：http://www.icrc.org/eng/.
115. 国际法院网站：http://www.icj-cij.org/.
116. 国际刑事法院网站：http://www.icc-cpi.int/Pages/default.aspx.
117. 世界贸易组织网站：http://www.wto.org/.

后 记

国际法这门课程是我国高等院校法学教学中的一门必修课程，同时也被国家教育部法学学科教学指导委员会列为法学教学的核心主干课程。本书是由武汉大学出版社策划的"应用型系列法学教材"中的一种，旨在为实现教学型、应用型高等院校法学专业本专科生"应用型"人才培养的目标，以教育部制定的法学课程教学基本原则为依据而组织编写的，它立足于提高学生的整体素质、综合职业技能和实践性技能。

参与编写本书的人员全部都是我国高等院校中常年从事国际法教学的青年教师，各章编写具体分工如下（按章节顺序）：

李伯军（湘潭大学法学院）：第一章、第九章（合写）、第十章、第十五章

王 菁（中南财经政法大学武汉学院）：第二章、第九章（合写）

王 斐（郑州大学升达经贸管理学院）：第三章、第六章

罗 洁（华中科技大学武昌分校新闻与法学系）：第四章

陈永蓉（华中科技大学武昌分校新闻与法学系）：第五章

黄行文、李江红（中国人民解放军通信指挥学院政治理论教研室）：第七章

丁 波（武汉大学东湖分校法学院）：第八章、第十三章

蔡高强（湘潭大学法学院）：第十一章

蒋 帅（宁波大学法学院）：第十二章、第十四章

在具体编写本书的过程中，首先，负责本书各个章节的编写教师付出了艰辛的劳动。此外，本书主编就具体编写事宜与负责各个章节的撰稿教师进行了多次交流，并就各个章节的初稿内容提出了具体的修改意见，并反馈给各位编写教师。最后，由本书主编负责对本书各个章节的某些内容、观点和结构进行了细致的修改、调整和校稿，以完成全书的统稿和定稿工作。需要说明的是，我们在编写本书过程中所参考的有关资料主要通过本书各个章节的正文注释和文末指定阅读书目来得以体现。

本书在出版的过程中得到了武汉大学出版社张琼女士以及这套应用型系

列法学教材策划编辑胡荣女士的大力支持，在此深表谢意！

在本书第 2 次印刷付印前，主编根据学生在阅读过程中发现的问题以及建议进行了小幅度的修订，主要是更正了第 1 次印刷中的一些错别字，还包括每章引例的选择及设问环节的补充等内容，最后，还新增加了一些推荐阅读书目。

欢迎广大读者对本书提出宝贵的意见和建议，以便我们再版时进行修订，可发送电子邮件到 libojun@ xtu. edu. cn，非常感谢。

主编：李伯军
2014 年 1 月 1 日

图书在版编目(CIP)数据

简明国际法实用教程/李伯军主编.—武汉：武汉大学出版社,2010.8
(2014.1 重印)
应用型系列法学教材
　ISBN 978-7-307-07974-8

　Ⅰ.简…　Ⅱ.李…　Ⅲ.国际法—高等学校—教材　Ⅳ.D99

中国版本图书馆 CIP 数据核字(2010)第 127236 号

责任编辑:张　欣　　责任校对:王　建　　版式设计:马　佳

出版发行：武汉大学出版社　　(430072　武昌　珞珈山)
　　　　　（电子邮件：cbs22@whu.edu.cn　网址：www.wdp.com.cn)
　印刷：湖北金海印务有限公司
　开本：720×1000　1/16　　印张：22　　字数：390 千字　　插页：1
　版次：2010 年 8 月第 1 版　　2014 年 1 月第 2 次印刷
　ISBN 978-7-307-07974-8/D·1024　　　　定价：32.00 元

版权所有，不得翻印；凡购我社的图书，如有质量问题，请与当地图书销售部门联系调换。